KB053585

DIGITAL DISCONNECT

디지털 디스커넥트

자본주의는 어떻게 인터넷을 민주주의의 적으로 만들고 있는가

지은이 로버트 W. 맥체스니
옮긴이 전규찬
펴낸이 송병섭
펴낸곳 삼천리
등 록 제312-2008-121호
주 소 121-820 서울시 마포구 월드컵로 15길 19(망원동 376-12)
전 화 02) 711-1197
팩 스 02) 6008-0436
이메일 bssong45@hanmail.net

1판 1쇄 2014년 12월 12일

값 28,000원
ISBN 978-89-901250-30-8 93300

디지털 디스커넥트

자본주의는 어떻게 인터넷을
민주주의의 적으로 만들고 있는가

로버트 W. 맥체스니 지음 | 전규찬 옮김

삼천리

일러두기

이 책에 나오는 저작물 가운데 한국어로 출판된 것은 그 제목을 따르고 괄호 안에 원어를 넣었다. 다만, 출판 연도는 원서가 출간된 해를 가리킨다.

한국어판 서문

《디지털 디스커넥트》가 한국에서 번역 출간된다니 참으로 영광스럽고 기쁩니다. 그것도 전규찬 교수에 의해 이루어진다니 개인적으로 의미가 참 깊습니다. 그는 내가 위스콘신대학에서 맨 처음 교수 생활을 시작하고 미디어정치경제학과 비판 커뮤니케이션 이론을 가르칠 때 배출한 첫 번째 박사입니다. 그가 한국에서 나처럼 진보적 미디어 운동에 적극 참여하고 있다는 사실을 나는 잘 알고 있습니다. 전 교수는 한참 전에 나의 또 다른 책 한 권을 한국어로 번역해 주기도 했습니다. 우리의 두 번째 협업의 성과물인《디지털 디스커넥트》가 한국에서 자본주의와 미디어, 민주주의 문제를 비판적으로 점검하는 데 의미 있는 관점으로 공유될 수 있기를 희망합니다.

이 책은 자본주의 현실과 민주주의라는 문제에서 시작됩니다. 지난 몇 년에 걸쳐, 다음과 같은 사실이 더욱 분명해지고 있습니다. 현존하는 자본주의는 심각한 경제 부진의 수렁에서 빠져나오지 못하고 계속 허우적거리고 있습니다. 불평등이 빠르게 확산되고 있으며, 빈곤은 사실상 오늘날의 삶을 대표하는 모순 현상에 다름 아닙니다. 글로벌 환경은 치명적인 파괴 양상으로 치닫고 있고, 인류는 물론 지구의 모든 생명이 생존의 위험을 심각하게 받고 있습니다.

민주주의는 더 이상 제대로 작동하는 시스템이 아닙니다. 미국에서는 명백히 사실입니다만, 한국의 상황도 크게 다르지 않다는 안타까운 이야기를 들었습니다. 어디에서나 자본주의 시스템은 몇몇 부자들의 지배 아래 있으며, 대다수 민중의 여론은 정부 정책에 거의 반영되지 않습니다. 이런 일이 역사상 가장 대단하다고 떠드는 기술혁명 시기에 일어나고 있다는 사실을 어떻게 설명해야 할까요? 사실, 대다수 사람들에게 디지털 혁명은 아무 상관이 없는 일입니다. 어쩌면 앞서 이야기한 문제들을 해결할 잠재적인 경로가 겨우 될 수 있을지 모릅니다.

이 책《디지털 디스커넥트》에서 나는 인터넷에 관해 정치경제학적인 분석을 내놓고자 했습니다. 성공했는지 판단은 물론 전적으로 독자 여러분의 몫입니다. 여기에서 독자들이 곧 확인하게 될 명백한 내용들을 반복하지는 않겠습니다. 다만, 마지막 결론에서 꺼낸 이야기에 관해서만 좀 더 언급코자 합니다. 기술혁명의 직접적이고 엄청난 결과가 이제 곧 닥쳐올 것입니다. 신기술이 심지어 저임금 노동까지도 대체하면서 모든 분야에서 심각한 고용 기회 축소의 문제가 발생할 것입니다. 몇몇 엔지니어들이나 업계 출신의 저자들은 또 하나의 산업혁명을 말하기도 합니다. 200년 전 증기기관이 가져온 엄청난 변화만큼이나 대단한 혁명일 겁니다.

이 혁명이 담고 있는 함의는 무엇보다 앞서 언급한 문제들을 더욱 위험스럽게 만든다는 데 있습니다. 우선 경제적인 측면에서, 불평등과 빈곤이 엄청나게 늘어날 수가 있습니다. 아직 남아 있는 일자리들은 끊임없이 축소 압박을 받게 될 것입니다. 소비자 수요가 줄어든 탓에, 경기 부진은 더욱 심각한 상태로 치닫게 될 수밖에 없습니다. 단언컨대, 자본주의 경제는 더 이상 효율적으로 작동하지 않습니다. 자신의 특권을 보존하는 데 혈안이 되어 있는 시스템 꼭대기의 극소수 특혜 받은 집단만을 예외로 하고서 말이지요. 일자리 창출이라는 명분 하에 장기적인 환경 보존 노력 같은 것은 단기적인 고용 효과 창출을 위해 뒷자리로 밀려납니다. 결국 기업들의 이익에는 도움이 되겠지만 지구의 종말은 더욱 앞당겨질 공산이 큽니다.

이러한 상황에서 정부와 시민을 연결시켜 주는 경로는 더욱 좁아졌습니다. 법의 지배 원리라는 것도 제대로 작동할 리 만무합니다. 민주주의는 작동 불가능한 상태로 빠집니다. 심지어 민주주의의 존립 자체를 위협하는 목소리까지 나오기 시작합니다. 지난 10년 동안 보수적인 미국인들 사이에서 민주주의가 골칫거리라는 이야기가 흘러나왔습니다. 민주주의는 애당초 실현 불가능한 이상이며 인민의 자율 통치는 바람직하지 않다는 목소리입니다. 꼭대기에 있는 자들이 우리를 대신해서 결정을 내리는 권위주의 통치 시스템과 민주주의를 적당히 혼합해야 한다는 주장도 있습니다.

이렇듯 자본주의 정치경제가 크게 위축된 상태에서, 우리는 지금 파시즘으로 회귀하려는 징후를 목도하고 있습니다. 미국 사회에서 버젓이 나타나고 있는 현상입니다. 불편하지만 나는 향후 10년 안에 파시즘 회귀 현상이 더욱 두드러질 수 있다는 경고를 하지 않을 수 없습니다. 자본주의 위기가 심화되고 좌파 진영이 현 체제에 대한 비판의 목소리를 높이면서, 부를 독점하고 권력을 가진 자들은 잔뜩 겁을 먹게 됩니다. 파시즘은 현재의 사회관계를 유지하고 재생산하는 데 필요한 다른 선택지가 없을 경우 자동 채택하는 디폴트 옵션(default option) 같은 게 될 수 있습니다.

해결책은 어쩌면 간단하고도 명백합니다. 혁명적 기술의 혜택을 모든 인민이 공유할 수 있고, 환경과 사회의 문제를 해결하는 데 효과적으로 응용할 수 있게 하며, 민주주의의 재활성화나 확장에 연결시킬 수 있게끔 할 새로운 경제로 바꾸는 것입니다. 나는 그것을 '포스트자본주의적 민주주의'라 이름 붙입니다. 자본주의와 민주주의 사이에 갈등이 더욱 고조된 상황에서 둘 중 하나는 사라져야 합니다. 인류의 앞날을 고려할 때, 나는 자본주의가 이 갈등의 패배자가 되는 게 옳다고 확신합니다. 그래야 민주주의가 살아남을 수 있습니다. 우리의 삶도 마찬가지입니다.

수십억 달러 투자자들의 요구를 충족시키는 게 인간 사회의 가장 중요한 목표라는 생각을 서둘러 폐기해야 합니다. 오직 그렇게 할 때, 인류가 처한 온갖 중요한 문제를 해결할 수 있는 방도가 나올 수 있습니다. 디지털 기술의 성격도 변해야 합니다. 디지털이 지금처럼 인류를 감금하고 통제하는 수단으로 남아 있어야 할 이유가 없고, 거꾸로 '해방의 기술'이 되지 못할 절대적인 이유란 어디에도 없습니다. 다행스러운 것은 전 세계 곳곳에서 기술과 경제 문제를 새롭게 사유하려는 몇몇 흥미로운 노력들이 나타나고 있다는 점입니다.

사실상 포스트자본주의적 민주주의 사회를 만들어 내기 위한 노력입니다. 문제는 이런 노력이 대개는 지역 차원에서 진행되고 있고 그래서 많은 사람들에게 잘 알려져 있지 않다는 사실입니다. 정부 정책의 강력한 관여 없이는 그 효력이 제한된 범위 안에 머물 수밖에 없는 지역 이니셔티브들입니다. 그렇기에 핵심 문제 하나가 또렷하게 드러납니다. 곧 정부의 운영 시스템을 바꿔 내는 일이 꼭 필요합니다. 국가의 통치 시스템을 소수 부유층의 손아귀에서 빼내 대다수 대중 주권자들에게 되돌려주는 일입니다.

무엇보다 지금 당장 필요한 것은 인민의 자율 정부를 가능케 하고 효율적이게 할 민주적 사회 인프라에 대한 투자입니다. 선거 시스템과 뉴스 미디어, 교육 제도 같은 것들이 모두 민주적 사회 인프라에 포함됩니다. 정부 기구들이 효율적이고 책임성 있게 작동할 수 있도록 하는 데 꼭 필요한 사회적·제도적 조건들입니다. 빈곤을 퇴치하고 의료 서비스와 노령연금을 보장하는 일도 민주적 사회 인프라 확충의 내용이자 목표로서 무척 중요합니다. 헐벗은 사람들이 시민의 자격을 갖추고 정치에 참여하는 건 불가능하니까요.

미국에서 이러한 민주적 사회 인프라들은 지난 40여 년 동안 끊임없는 공세에 시달렸습니다. 자본과 기업들이 표적으로 삼은 첫 번째 과제가 바로 이런 인프라를 해체시키는 것이라고 해도 과언은 아닙니다. 그들은 실제로 상당한 성공을 거두었습니다. 오늘날 우리는 바로 그들이 성공을 거둔 세상에 갇혀 살고 있는 셈입니다. 다행스러운 소식은, 자본의 지배에 맞서 민주적 사회 인프라를 다시 구축하려는 소중한 풀뿌리 차원의 노력들이 미국뿐 아니라 전 세계에 걸쳐 일어나고 있다는 사실입니다. 한국은 어떠한가요?

공교육 시스템을 정상적으로 복원시키는 게 매우 중요합니다. 선거가 돈으로 혼탁해지지 않도록 투명하게 만드는 일도 빠트릴 수 없습니다. 동시에 우리는 미디어를 민주적 사회 인프라로서 반드시 지켜 내고 필요하다면 복구시켜야 합니다. 공영방송을 자본과 국가의 통제로부터 독립시키는 일, 인터넷을 권력의 감시로부터 해방시키고 '망 중립성'(net neutrality)을 관철시키는 일, 인터넷을 포함한 미디어 부문의 독점화와 사유화 흐름을 저지하고 공공성을 강화하는 일, 이 모든 일을 절대로 소홀히 할 수 없습니다. 민주적인 저널리즘이 존재하지 않는 한, 체제 변화를 위한 모든 노력들이 알려지지 않고 그래서 실패로 돌아갈 공산이 다분히 커집니다.

《디지털 디스커넥트》는 이러한 점에서 단순히 인터넷으로부터 절연하자는 이야기를 하고 있지 않습니다. 디지털 미디어 기술에 관한 논의에 국한되어 있지도 않습니다. 오히려 나는 자본주의와 민주주의, 인터넷과 사회변화라는 좀 더 크고 중요한 이야기를 짚어 보고자 했습니다. 이 중대한 메시지를 제대로 전했는지는, 한국에서 책을 읽을 여러분이 판단하실 겁니다. 우리는 지금 자본주의 위기의 심화만큼이나 중요한 혁명적 변화의 시간으로 들어서고 있습니다. 새로운 기회이기도 합니다. 결정적 투쟁의 시간이 될 것입니다. 뜻을 함께하는 한국의 독자들과 시민, 연구자, 활동가들에게 이 책이 조금이나마 의미 있게 다가가길 기대합니다.

2014년 11월

로버트 맥체스니

머리말

1960년대 후반과 1970년대 초반에 걸친 유년 시절에, 나는 또래 세대들 상당수가 그랬던 것처럼 정치적으로 좌파에 이끌렸다. 세대 전체는 아니더라도, 수적으로 크게 늘어난 우리 세대는 대개 미국 사회가 안고 있는 경제와 사회 불평등, 부패 문제에 깊은 관심을 가지고 있었다. 우리는 뇌사 상태에 빠진 상업주의와 광분한 군사주의에 경악했다. 우리들 가운데 상당수는 현실의 자본주의를 진정 미래가 없는, 일종의 죽어 가는 체제라고 여겼다. 끔찍하고 흉악한 빈곤을 양산할 뿐 아니라 민주주의 가치나 실천과 모순된 게 바로 자본주의라는 생각이었다. 그런가하면 무척 낙관적이기도 했다. 역사라는 바람이 우리 등 뒤에서 불어온다고 여겼다. 청년 특유의 오만함으로 우리는 세상의 모든 일을 다 알고 있다고 믿었으며, 역사의 큰 흐름은 돌이킬 수는 없는 것이라고 생각했다.

그런데 바로 이 질풍노도의 시기를 오늘날의 비평가들이 미국 자본주의의 전성기로 꼽는다는 사실은, 우리가 살고 있는 지금의 현실에 관해 대체 무엇을 말해 주고 있을까? 오늘을 살아가는 사람들 상당수와 아마도 젊은 층 대다수는, 1972년 무렵의 미국 자본주의와 같은 경제로 돌아갈 수만 있다면 뭐든지 다 내놓으려 할 것이다. 지금의 기준에 비춰 보자면 그 시절은 사회적 불평등이 존재하지 않는 것과도 같았다. 보수가 높은 일자리가 넉넉했고, 산업 인프라는 전 세계적으로 선망의 대상이었다. 근대적인 부패상에 견주어 지배 구조가 아직은 건실했다. 청년층이 들어갈 자리가 남아 있는 경제였다. 그야말로 오늘날에는 찾아보기 너무나 힘든 희망이라는 게 그때는 존재했다.

지난 반세기 동안 가장 특별하고 중대한 발전이라고 주장할 수 있는 디지털 혁명을, 오늘날의 가장 중요한 위기들과 연결시켜 고찰하려는 이 책은 바로 이러한 패러독스에서 비롯되었다.

나는 이 책을 무려 20년 전인 1992년부터 구상하기 시작했다. 그때 나는 첫 저작 출간을 앞두고 마무리 손질을 하고 있었다. 막 출판사에 메일을 보내려고 하던 차에, 《파이낸셜타임스》에 실린 조지 길더의 《텔레비전 이후의 삶》(Life After Television)에 대한 서평을 읽게 되었다. 길더는 인터넷이 우리가 알고 있는 방송을 해체하는 중이라고 주장하고 있었다. "인터넷은 미디어 독점과 상업주의에 관한 전통적인 우려를 모두 불식시킬 것이며, 정책 결정의 필요성까지도 없애 버릴 것이다. 우리는 그냥 시장이 알아서 하도록 내버려 두면 되고, 전례 없을 만큼 위대하고 민주적인 커뮤니케이션 혁명을 지켜보게 될 것이다." 내가 마무리하고 있던 책이 미국 상업방송의 고착화로 귀결된 여러 정책 갈등을 다루고 있었기에, 나는 길더의 이런 주장을 책에 덧붙일 필요성을 느꼈다. 사실 길더의 책은 인터넷이 혁명적인 매체라는 생각을 가장 구체적이고 도발적인 어투로 정리한, 내가 본 최초의 사례였다. 그래서 원고를 출판사로 보내기 직전 책 말미에 주석 하나를 덧붙인 것이다.

실제로 그때부터 인터넷은 미디어와 커뮤니케이션의 현실을 아래위로, 안팎에서 완전히 뒤집어 놓고 있었다. 당연히 인터넷이 내 연구의 핵심 요소로 자리 잡았다. 인터넷에 관해 쭉 강의해 왔고 연구 노트도 꾸준히 업데이트시켜 왔다. 2005년쯤 내 강의는 1999년에 강의한 내용과 완전히 달라져 있었고, 요즘의 강의 노트는 또 2005년 무렵에 강의한 내용과 크게 차이난다. 1995년부터 2011년까지 나는 주요 학술지와 공저로 묶어 낸 책에 여섯 편의 인터넷 관련 논문을 실었다. 이 모두 상당 수준의 조사 작업에 기초한 것이었다. 이 주제에 관해 책을 한 권 쓰고 싶었지만 그럴 만한 시간 여유가 없을 것 같았다. 사실 나는 논문 여섯 편 가운데 마지막 것을 빼고는 모든 데서 분석 결과를 서둘러 업데이트하거나 심각하게 수정하지 않으면 안 되겠다고 생각했다. 사안들이 너무나 빠르게 변모하고 또 예측이 불가능해져 인터넷을 파악하는 일은 마치 폭풍우 속에서 움직이는 표적물을 맞추려는 것만큼 어려운 일이었다.

내가 가장 최근에 쓴 글은 《먼슬리리뷰》(Monthly Review) 2011년 3월호(62권 10호)에 실린 〈인터넷과 자본주의의 불경한 혼사〉(The Internet's Unholy Marriage to Capitalism)이다. 존 벨라미 포스터와 함께 작업한 논문이다. 바로 이 논문을 쓰면서, 나는 온라인 관련 사안의 범주가 어느 정도 획정되어 인터넷의 현주소와 이후 방향들을 정리하는 작업이 가능하리라는 생각을 갖게 되었다. 디지털 관련 제도와 활동들이 일정하게 자리를 잡은 것 같았고 금방 바뀔 것 같지는 않았다. 이 논문에 대한 반응도 꽤 호의적인 편이었다. 포스터와 내가 핵심을 건드린 게 틀림없었다.

마침내 나는 이 책을 쓰기로 작심했다. 논의의 가닥이 되어 줄 만한 결정적인 논거도 갖게 되었다. 나는 수많은 대중적 논의의 바탕을 이루고 있는, 인터넷과 그 잠재성에 관한 현재의 이해방식이 근본적으로 잘못되어 있다고 확신했다. 이 문제는 매우 중요하다. 왜냐하면 앞으로 몇 세기에 걸쳐 펼쳐질 인터넷의 미래, 그리고 좀 더 확장시키자면 현재 우리 사회의 운명까지도 획정할 일련의 결정적인 정책 투쟁이 바로 향후 10년 동안에 펼쳐질 것이기 때문이다.

내가 주장하는 핵심은 이렇다. 무엇보다 인터넷에 관한 대다수 비평자들의 이야기가 정치경제에 제대로 천착하지 않고 있다는 점이다. 인터넷을 주조하고 길들이는(더 적당한 말을 찾지 못해 이 표현을 쓸 수밖에 없다) 자본주의의 중요성을 이해하지 못한다. 자본주의를 언급할 때 흔히 '자유시장'이라는 표현을 대신 사용해 버린다. 자애롭게 주어진 것을 뜻하고 민주주의의 동의어처럼 쓰는 몹쓸 단어이다. 자본주의를 둘러싼 이런저런 토론은 이런 상투어들로 가득 찬 말의 성찬으로 끝나 버리기 일쑤다. 그래서 실제로 펼쳐지고 있는 자본주의와 거의 연관성을 갖지 못한다.

현실의 자본주의는 이제 언제 끝날지 모를 전 지구 차원의 위기 상황에 처해 있고, 민주주의 통치 상황은 적어도 미국에서는 끔찍한 지경에 이르렀다. 인터넷과 자본주의의 연관성, 이들과 민주주의의 관계를 좀 더 비판적으로 조망하는 일이 매우 절실한 시점에 이른 것이다. 한편 세계 전역에서는 백 년에 몇 번이나 나올까 싶을 정치적 격동들이 펼쳐지고 있다. 어디에서나 자본주의는 곤욕을 치르고 있고, 인터넷이 다양한 투쟁과 직접적으로 연결되어 있다. 이렇듯 인터넷의 발전은 정치경제의 발전과 복잡하게 얽혀 있다. 이게 책의 핵심 포인트이다.

추가로 작업한 조사를 바탕으로 다시 썼지만, 2011년에 포스터와 공동 연구한 논문이 4장과 5장의 기본 틀을 마련한다. 여기에서 자본주의가 인터넷을 어떤 식으로 주조했는지 평가해 볼 것이다. 정치경제학적 논의는 포스터와 내가 지난 몇 해에 걸쳐 수행한 연구 조사로부터 도출한 것인데, 2012년 공저로 펴낸 《끝없는 위기》(The Endless Crisis, Monthly Review Press)에 내용이 좀 더 구체적으로 정리되어 있다.

이 책에서 나는 대부분 미국의 사례를 파고들 것이다. 내가 살고 있는 나라일 뿐 아니라 가장 잘 알고 있는 국가인 탓이다. 다른 나라나 지역에 관해서는 권위를 갖고 글 쓰는 일을 주저하지 않을 수 없었다. 그렇더라도 이 책에서 제기되는 사안은 대부분 전 지구에 걸친 것들이며, 다양한 층위에서 전 세계에 적용할 수 있다고 생각한다. 더욱이, 인터넷을 둘러싼 주요 정책 투쟁은 대부분 그 성격 자체가 글로벌 차원에서 펼쳐지는 것이며 국가의 단위를 뛰어넘는다. 미국 디지털의 장래는 수도 워싱턴을 비롯한 미국의 여타 지역에서만큼이나 글로벌 차원의 논의를 통해서 결정될 것이다.

여러 사람의 도움 없이는 이 책을 쓸 수 없었을 것이다. 앞서 언급한 존 벨라미 포스터와 함께 잉어 스톨, 벤 스콧, 댄 실러, 빅터 피카드가 처음부터 끝까지 책을 읽고 꼼꼼히 비판해 주었다. 제프 코언, 맷 로스차일드 또한 책을 읽고 탁월하게 편집까지 해주었다. 패트릭 바렛, 마이클 페렐먼, 로드니 벤슨, 사샤 메인래스, 제임스 로시, 조시 스턴스도 저마다 이 책의 일부를 읽어 주었다. 이 모든 친구들이 내 글을 '진지하게' 읽고 약점까지 참으로 꼼꼼하게 지적해 주었다. 이토록 우애 깊고 유능한 친구들을 둔 나는 행운아임에 틀림없다. 쉽지 않겠지만 언젠가 보답할 날이 오기를 바랄 뿐이다. 애정 어린 비판 없이 출판되었다면 과연 이 책 어떤 꼴이었을지, 생각조차 하고 싶지 않다. 물론 책의 결론과 실수에 관해서는 도로지 내가 책임을 질 것이다.

R. 자밀 조나가 본문에 들어 있는 표와 그림을 책임졌다. 대부분 이

책을 위해 특별히 작성한 것들이다. 내용을 가장 잘 설명할 수 있는 도표가 나올 때까지 그는 쉬지 않고 작업했다.

존 니컬스는 책에 나오는 내용을 놓고 오랫동안 이야기를 나누었으며, 대화는 내 생각과 주장을 또렷하게 하는 데 큰 도움이 되었다. 책을 읽으면서 시종일관 니컬스의 영향력을 느낄 수 있을 것이다. 저널리즘에 관한 6장 내용 가운데 일부는 《미국 저널리즘의 죽음과 삶》(The Death and Life of American Journalism, Nation Books, 2010)을 비롯하여, 최근에 니컬스와 함께한 작업의 연장이거나 거기서 직접 가져온 것이다.

존 벨라미 포스터는 지난 40년 동안 지적으로나 정치적으로 형제나 다름없었다. 마치 자신이 저자라도 되는 양 이 책에 많은 애정을 쏟아 주었다. 만약에 포스터가 갖춘 지식과 지혜를 뛰어넘는 무언가가 있다면, 그의 관대함일 것이다.

뉴프레스(The New Pess)의 마크 파브로는 맨 처음 이야기를 나눈 순간부터 줄곧 이 작업을 격려하고 지지해 왔다. 이 출판사 직원들은 가히 영웅적이라 할 만큼 수준 높은 전문성을 갖추고 있었다. 사라 팬, 키아누시 하셈제이드, 개리 스티멜링에게 특히 감사를 드리고 싶다. 개리는 좀 까다롭긴 하지만, 열정과 지성에 유머 감각까지 과시하며 원고 교열을 맡아 주었다. 뉴프레스의 저자가 되는 건 영광스러운 일이다.

일리노이대학(어바나 샴페인) 커뮤니케이션학과에서 함께 일하는 동료들은 나의 연구를 변함없이 지지해 주고 있다. 특히 학과장 데이브 툭스베리에게 감사를 드린다. 대학의 후원이 없었다면 이 책이 나올 수 없었을 것이다.

프리프레스(Freepress.net)에 있는 사람들, 크레이그 애런, 데릭 터너, 팀 카, 예세니아 '제시' 페레즈, 킴벌리 롱기, 맷 우드, 조시 스턴스는 풍부한 정보와 분석력을 갖고 나를 지원해 주었다. 이 책을 완성하면서 프리프레스가 얼마나 중요한 조직인지를 새삼 절감하게 되었다.

이 밖에도 많은 사람들의 도움을 받았다. 헤더 브룩, 폴 벌, 페드로 캐반, 선디아타 차-주아, 비벡 치버, 맷 크레인, 제임스 쿠란, 라이언 엘리스, 나탈리 펜턴, 톰 퍼거슨, 데스 프리드먼, 제임스 K. 갤브레이스, 피터 하트, 매슈 힌드먼, 에이미 홀랜드, 해너 홀먼, 재니 잭슨, 폴 크루그먼, 레베카 매키넌, 프레드 맥도프, 그레그 미첼, 에브게니 모로조프, 존 노턴, 에릭 뉴턴, 몰리 니슨, 리치 포터, 에이너 스캘롭슨, 트래버스 스콧, 노먼 스톡웰, 크리스티나 윌리엄스.

지금껏 그랬듯이 영원히 함께 할 루시와 애미 그리고 잉어에게 이 책을 바친다.

이 책은 어디에 살든 나와 함께하는, 특히 사랑하는 미국의 젊은이들을 위한 것이다. 만약 지금부터 펼쳐 나갈 이야기로부터 끌어내야 할 결론 또는 '디지털 혁명' 자체에서 얻어 낼 뭔가가 있다면, 그것은 1968년 5월에 내걸린 저 유명한 슬로건만큼 분명한 목소리가 필요하다는 점이다. "현실적이면서도, 불가능한 것을 요구하라!"

위스콘신 주 매디슨에서

2012년 9월

CONTENTS

그림과 표

DIGITAL DISCONNECT

1

디지털이라는 방 안에 있는 코끼리

지난 30년의 역사에서 우리는 무엇보다 인터넷, 좀 더 나아가 디지털 혁명에 주목하게 된다. 2010년대에 나타나는 갖가지 신호는 이 두 가지가 전 지구 차원에서 인류 문명의 미래를 크게 규정할 것임을 분명히 보여 준다. 마치 언어처럼 너무나 자연스럽게 자리 잡고 사회 중추신경의 일부가 되어 버린 탓에, 더 이상 새롭고 특이한 걸로 인식되지 않는 혁명이다.

이 혁명은 생성되고 공유되는 정보의 양을 기준으로 어느 정도 연대순으로 정리해 볼 수 있다. 마치 백 년도 더 지난 것처럼 느껴지는 1989년에 리처드 솔 워먼은 과부하가 불러온 '정보 불안'(information anxiety)에 관해 글을 썼다. 전 세계적으로 하루에만 1천 권이나 되는 책이 출판되고 있으며, 미국에서만도 1만 종에 육박하는 정기간행물이 출간되고 있다.[1] 구글 회장 에릭 슈미트는 이렇게 말한 적이 있다. 만약 누군가 유사 이래 2003년까지 만들어진 인류의 모든 문화적 결과물과 정보를 디지털로 기록하고자 한다면, 약 50억 기가바이트 정도의 저장 공간이 필요할 거라고. 그런데 2010년에 이르러 사람들은 이틀마다 슈미트가 예상한 그 만큼씩 데이터를 만들어 내고 있다.[2] 2012년 유튜브에 업로드되는 영상물의 양은 2010년에 견주어 곱절로 늘어났다. 매주 18만 건에 이르는 장편 영화가 업로드되는 셈이다.[3] 말하자면, 유튜브는 할리우드가 지금껏 만들어 낸 영화나 텔레비전 프로그램을 다 합친 것보다 더 많은 콘텐츠를 채 일주도 안 되는 시간에 생산해 낸다.

디지털 혁명의 실체를 파악할 수 있는 또 다른 방법은, 사람들이 미디어에 몰입하는 시간의 양을 가늠해 보는 것이다. 2009년에 나온 한 폭넓은 연구는, 나이와 관계없이 대부분의 미국인들이 '적어도' 하루 여덟 시간 반 정도를 텔레비전과 컴퓨터 모니터, 이동전화 화면과 함께 보낸다는 사실을 발견했다. 사람들은 흔히 둘 또는 세 개의 화면을 동시에 사용하면서 시간을 보냈다.[4)] 글로벌정보산업센터가 진행한 또 다른 연구는, 7.4시간이던 1980년과 비교해 2009년에 미국인들은 하루 평균 11.4시간 동안 '정보'를 소비했다고 밝혔다.[5)] 2011년에 매사추세츠주에 살고 있는 어린 학생 2만 명을 대상으로 조사한 또 다른 연구 결과에서는, 3학년 학생 20퍼센트가 이동전화기를 갖고 있으며 그 가운데 90퍼센트는 온라인에 접속되어 있는 것으로 나타났다. 5학년의 40퍼센트, 중학생의 85퍼센트가량이 휴대전화기를 갖고 있었는데, 대부분 인터넷 접속이 가능한 스마트폰이었다.[6)] 인터넷은 이미 오래전부터 선택이 아닌 필수가 되어 버렸다.

미국과 유럽을 비롯한 대부분의 국가에서, "소셜네트워크가 보편화되었고 필수적일 뿐 아니라 중독성 높은 것이 되어 버렸다"는 사실을 이해하기 위해 더 이상 10대 아이들만 계속 언급할 필요는 없다.[7)] 내가 가르치는 대학생들에게도 모바일 인터넷이 없는 삶은 이제 상상할 수 없는 환경이 되었다. 1970년대 초반에 내가 보낸 대학생활을 이야기해 주면, 그 시절 사람들은 대체 어떻게 대화하고 뭔가를 할 수 있었는지, 심지어 생활이 가능하기나 했는지 도무지 이해할 수 없다는 표정이다. 마치 노바스코샤와 동부 켄터키 출신인 나의 증조할아버지와 증조할머니가 1860년에서 미래로 튀어나와 1960년 무렵 클리블랜드 교외에서 유년기를 보내던 내게 자신의 젊은 시절에 관해 이야기해 주는 것과 다를 바 없을 것이다. "사회 전반적으로 네트(Net)가 커뮤니케이션과 정보 미디어의 선택지가 되어 버렸다"고 니컬러스 카는 쓰고 있다. "그 활용 범위는 20세기 대중매체의 표준에 비춰 보더라도 전례가 없는 일이다. 영향력의 범위 또한 너무도 넓다."[8)]

이런 생각을 한번 해보자. 1995년에 인터넷은 1천만 명의 이용자를 보유하고 있었다. 그중 상당수가 미국 대학들이었지만 그래도 대유행이라고 할 만했다. 그런데 2011년에 인터넷 이용자 수는 20억 명에 이르렀고, 지금도 그 수는 급격히 늘어나고 있다. 2020년이 되면 30억 인구가 추가로 온라인에 접속하게 될 것이다. 아프리카만 두고 보면, 휴대전화 보급률이 2000년 2퍼센트이던 게 2009년에 28퍼센트로 늘었고, 2013년에는 70퍼센트를 뛰어넘었다.[9)] IMS?? 연구소에 따르면, 2020년이 되면 인터넷과 연결되어 온라인 커뮤니케이션을 가능케 할 온갖 장치의 수가 대략 220억 개에 이르게 된다.[10)] 2012년 현재, 세계 인구의 4분의 3이 이미 이동전화기를 갖고 있다.[11)] 같은 해 세계은행이 펴낸 보고서는 이렇게 적고 있다. "인류 역사상 그 어떤 창조물과 견주어 보더라도, 모바일 커뮤니케이션은 더 짧은 시간에 훨씬 더 큰 영향을 끼쳤다고 주장할 수 있다."[12)]

이상은 지금까지 나타난 변화의 윤곽을 겨우 글로 옮기기 시작한 것에 지나지 않는다. 인터넷은 전신과 사진, 전화에서 시작해 영화와 라디오, 텔레비전으로 이어지고, 마침내 위성과 컴퓨터로 귀결된 약 200년에 걸친 커뮤니케이션 분야 전자적 발전의 정점을 이룬다. 인터넷 자체는 지난 20년 동안 유즈넷 시대부터 월드와이드웹과 AOL에 이르기까지, 그리고 브로드밴드와 그 후 구글이나 와이파이, 아이패드, 스마트폰, 소셜미디어로 이어지는 몇 차례의 생애주기를 이미 체험했다. 벤 스콧의 말마따나 우리는 지금 "3중 패러다임 변화"의 한가운데 있다. 대인관계 커뮤니케이션과 매스미디어, 시장 정보가 새로운 질서 속에 함께 자리한 오늘날, 이 세 가지를 구분하는 일은 시대에 뒤떨어진 게 되어 버렸다.[13] 경제는 이미 인터넷에 적응했으며, 대다수의 미국인들이 태어났을 때는 존재하지도 않은 디지털 산업과 거대기업들이 득실댄다. 인터넷이 이런 진로에 있는 모든 걸 식민지로 만들고 탈바꿈시켜 버린 듯하다.

더 놀라운 건 이 모든 것도 겨우 시작일 뿐이라는 사실이다. 적어도 이론적으로 모든 인류는 궁극적으로 빛의 속도로 상호 연결되고, 갖가지 형태의 커뮤니케이션 송수신을 통해 인간 문화의 총체에 즉각 접속할 수 있을 것이다. 파멜라 룬드의 말처럼, 심지어 "인간과 사물, 인포스피어(infosphere: 'information'과 'sphere'를 합친 신조어로서, 온라인 사이버스페이스에 국한되지 않는 정보 생산과 유통, 교환의 세계 또는 공간을 말한다—옮긴이) 사이의 인터페이스가 직관적일 뿐 아니라 편하게 느껴지고 있다."[14] 우리가 인간으로 존재한다는 게 무엇인지에 관한 기본적인 이해를 기계가 바꾸어 놓은 그런 천지개벽할 만한 시대에 들어서고 있는 것이다. 그리고 지금도 이런 세계의 본질은 우리의 이해 능력을 비켜나고 있다.

이렇듯 이해하기 어려운 미래의 변동과 변화에도 불구하고, 인터넷은 이제 그 성격이 꽤나 명료해졌다. 인터넷이 인간의 삶 거의 모든 측면과 결부되면서 거대기업들은 그것을 (그리고 우리의 정치를) 지배하려고 한다. 발전과 관련해 핵심적인 결정적 정책 이슈들이 제기되는 와중에, 우리는 이제 대체로 일종의 베이스캠프 같은 곳에 도착해 있는 것 같다. 우리는 이 베이스캠프에서도 좀 더 탄탄해진 지대에 올라서서 우리가 어디에서 왔는지 되돌아볼 수 있고 또 어디로 향하고 있는지 내다볼 수 있다.

우리는 이제 어떤 면에서는 최초로 인터넷 경험의 의미를 파악하고 인터넷이 사회에 제기하는 최첨단 이슈들을 뚜렷하게 드러낼 위치에 다다랐다. 아울러 사회가 어떤 유형의 인터넷을 갖게 될 것이며, 그에 따라 미래 세대는 또 어떤 유형의 인간이 되거나 혹은 되지 않을 것인지에 관한 결정 사항들을 좀 더 잘 이해할 수 있는 위치에 서게 되었다.

이런 대화에 이바지하는 것이 바로 이 책을 펴내는 목적이다. 디지털 혁명의 광폭함 탓이지만, 굳이 어떤 포괄적이거나 일반적인 이론을 제시하지는 않을 것이다. 오히려 인터넷에 관한 갖가지 문제를 내놓고 답을 제시해 나가려 한다. 무엇보다 가장 중요한 질문은 이렇다. 인터넷의 중대성과 복잡성, 그리고 기하급수적인 성장세와 예측 불가능한 선회들을 염두에 두고, 지금 벌어지고 있는 일들을 과연 어떻게 이해해 나가야 것인가?

인터넷과 연관된 온갖 문제를, 탁월한 미국 사회과학의 전통에 따라 분리 규정하고 조사한 엄청나게 많은 학문적 성과들이 있다. 하지만 대부분 주로 특정 유형의 사람들이 어떤 특정한 목적을 위해 디지털 커뮤니케이션을 활용하는지 따위의 미시적인 이슈에 초점 맞추고 있다. 이런 연구 조사는 사회 내 인터넷의 폭넓은 역할에 관해 좀 더 폭넓은 주장을 내놓는 것을 꺼리는 경향이 있다. 제도적 문제점이나 구조에 관한 문제 제기를 무시하는 측면도 있다. 이런 조건에서 세상을 '있는 그대로' 보고 받아들이며 평가하려 든다. 물론 이런 연구도 필요하고 충분한 가치가 있다. 몇몇 연구는 내가 이 책에서 직접 인용하기도 한다. 문제는 이런 연구들이 결정적인 문제를 제기하지 않으며, 애당초 우리가 궁금해 하는 답변을 내놓을 수 없는 방식으로 설계되어 있다는 점이다.

여러 학문 분야의 지식인들과 학자들이 지난 20년 동안 내놓은 다양한 인터넷 관련 저작을 검토하고 그것을 폭넓은 역사적 시야 속에 위치시켜 보면서, 큰 질문으로 나아가는 방향 찾기를 시작해 보자.

1990년대 초로 되돌아가, 조지 길더의 《텔레비전 이후의 삶》과 니컬러스 네그로폰테의 《디지털이다》(Being Digital)에서부터 클리퍼드 스톨의 《허풍떠는 인터넷》(Silicon Snake Oil)과 로런스 레시크의 《코드: 사이버공간의 법이론》(Code and Other Laws of Cyberspace)에 이르기까지 디지털 혁명에 관해 저마다 평가를 내놓았다. 충분히 예견할 수 있듯이, 이 가운데 어떤 책은 시대에 따라 내용이 많이 수정되었지만 또 어떤 책은 지금 보면 우스꽝스럽기 짝이 없다. 인터넷 관련 저작은 지난 10년 사이에 기하급수적으로 늘어나 사실상 출판의 한 분야가 되었을 정도이다. 인터넷이 우리 삶에 얼마나 많은 영향을 끼쳐 왔는지를 염두에 둔다면 당연한 일이다.

모든 책이 시간의 테스트를 견뎌 내는 것은 아니며 또 몇몇은 피상적인 것처럼 보일 수도 있지만, 이런 저작들은 무척 중요하다. 무엇보다 공적 지식인들이 디지털 혁명을 이해하고자 하는 바로 그런 노력들이, 학자와 관심 있는 시민, 활동가, 저널리스트, 정책 입안자들을 포함해 미국인들이 인터넷을 대하는 태도와 관련된 수많은 이슈들을 정리하고 규정한다. 내가 참여하고 싶은 토론의 과정이다.

로빈 맨셀은 이러한 인터넷 관련 문헌들이 대체로 '예찬론'과 '비관론' 두 진영으로 나뉜다고 분석한 바 있다. 맥락이나 이슈는 변했지만 두 진영 모두 지금까지 건재하고 있다. 몇몇 관측자는 두 진영 사이를 오가기도 한다. 양쪽을 나누는 베를린 장벽 같은 것은 없다. 두 진영 가운데 한쪽으로 확실히 맞아떨어질 몇몇 개인들도 있을 테지만, 뚜렷하게 두 부류로 나뉘는 개인들만큼이나 구분되는 생각의 틀을 포착해 내기 위한 도식이라고 보는 게 맞다.

나는 예찬론과 비관론 양쪽으로부터 영향을 받았다. 사실 우리를 막다른 골목으로 몰아넣는다는 점에서 궁극적으로는 두 쪽 다 불만스럽다. 이 책에서 나는 양쪽이 제공해 줄 수 있는 사항들을 최대한 잘 활용하면서 진정한 정치적인 함의를 띤 훨씬 더 진지한 토론으로 만들어 낼 방식을 제안할 것이다. 이미 인터넷은 막대하고 혁명적인 잠재성을 내포하고 있다. 일부는 이미 실현된, 이 엄청난 민주주의의 잠재성은 손상될 수 있으며 무엇보다 실제로 손상되고 있다는 점에 우려를 금할 수 없다. 다가올 세계는 최악의 경우 '컴퓨터가 발명되지 않았더라면……' 하고 논리적으로 바랐을 그런 모습일 수도 있는 것이다.

예찬론

예찬론자들은 인터넷을 둘러싸고 가장 목소리도 크고 가장 많은 글을 써 온 관측자들이다. 그래서 예찬론자들의 주장을 먼저 도마에 올리는 게 더 좋을 것 같다. 2012년에 내놓은《인터넷에 관한 오해》(Misunderstanding the Internet)라는 탁월한 책에서, 제임스 쿠란은 인터넷 예찬론자들의 첫 번째 파고를 요약했다. '1990년대'의 상황을 그는 이렇게 써내려 간다.

> 최고 전문가와 정치인, 공무원, 기업가, 저널리스트들은 인터넷이 세계를 완전히 바꿔 놓을 거라고 예측했다. 인터넷이 비즈니스를 혁명적으로 개조시킴으로써 장밋빛 미래가 펼쳐질 것이라는 말들이 쏟아졌다. 인터넷은 문화 민주주의의 새 세기를 도래시킬 것인 바, 뒷날 '프로슈머'(prosumer, 생산에 참여하는 소비자)라고 일컫게 될 주권 가진 이용자들이 모든 걸 결정하게 될 것이다. 올드미디어라는 거대 군주는 썩어 문드러져 사멸할 것이다. 인터넷은 민주주의의 회춘을 불러올 것이다. 대

중 투표를 통해 e-정부를 실현할 수 있을 것이라고 내다보는 이들도 있다. 전 세계적으로 약자나 주변부로 밀려 있는 존재들이 세력을 얻게 될 것이며, 이는 독재 군주들의 몰락과 권력관계의 재편으로 귀착될 것이다. 좀 더 일반적으로, 인터넷이라는 글로벌 매체는 우주를 압축하고 민족 간 대화를 북돋우며 전 지구 차원의 이해도를 증진시킬 것이다. 희망컨대, 인터넷은 멈출 수 없는 힘이 될 것이다. 인쇄술이나 화약의 발명처럼, 세계를 영원히 되돌릴 수 없는 방식으로 바꾸어 놓을 것이다.

덧붙인다면 "세상을 누구도 인식할 수 없을 수준으로" 영원히 되돌릴 수 없게끔 '더 좋은 방향'으로 변화시켜 놓을 것이다. 쿠란이 말한 것처럼, 이런 대다수 주장들의 핵심에는 "인터넷 중심주의, 즉 인터넷이 기술의 알파이자 오메가이며, 모든 난관을 극복할 대리인으로써 산출 결과를 좌우할 힘을 갖고 있다는 믿음"이 자리하고 있다.[15] 또는 맨셀이 말한 것처럼, "인터넷 버추얼 스페이스를 비롯한 디지털 기술혁신은 거의 신비에 가까운 특질을 부여받는다."[16]

이런 예상이 거의 실현되지 않고 이런저런 문제점이 드러남에 따라, 초창기 예찬론자들은 비관론자들로부터 반발을 불러일으켰다. 하이테크 거품에 이어 2000~2001년의 경제 붕괴 같은 사건이 디지털이라는 이상향으로 치달리는 기세를 꺾는 방해물이 되는 듯했다. 그럼에도 인터넷, 특히 구글 검색과 블로고스피어, 위키피디아, 브로드밴드, 스마트폰, 소셜미디어 같은 것들이 예찬론자들을 다시 들뜨게 했다. 사이버스페이스의 비상한 특질과 그것이 창조하고 있는 영광스러운 세계에 관해 설명하는 온갖 잘나가는 직종이 등장했다.

디지털계의 '조니 애플시드'라 할 수 있는 클레이 셔키만큼 더 열정적으로 인터넷 혁명을 찬미하고 옹호하는 사람은 없다. 2010의 책 《많아

지면 달라진다》(Cognitive Surplus)에서, 그는 디지털 뉴미디어와 더불어 "오늘날 우리가 상대적으로 적은 사례에서 볼 수 있는 참여의 형태가 점차 전역으로 확대되어, 문화가 어떻게 작동해야 할지에 관한 여러 가설의 중추가 될 것"이라고 썼다. 젊은 세대들은, "미디어란 소비와 생산, 공유가 동시에 이루어질 가능성을 내포하며 또한 그러한 가능성은 어느 누구에게나 개방되어 있다고 그냥 가정해 버릴 것이다." 더욱이 이것이 바로 혁명성이 진정으로 발현되는 지점인데, "네트워크를 통한 인류의 상호 연결은 자유의 시간을 전 지구인의 공유 자원으로 여기도록 만들 것이고, 그 자원을 유용하게 가져다 쓸 새로운 참여와 나눔의 형태를 디자인토록 할 것이다. 우리의 삶을 근본적으로 전환시키고 향상시켜 줄, 예전에는 상상할 수 없었던 수준의 협업 잠재성을 지닌 게 바로 '인지 과잉'이다.[17] 우후죽순으로 늘어나는 '집단 지성'을 극구 칭찬하면서, 헨리 젠킨스도 인터넷 덕택에 "우리가 가진 자원을 모으고 또 기술을 결합할 수 있게 되었다"는 비슷한 주장을 내놓는다.[18]

물리학자이자 양자컴퓨터 전문가 마이클 닐슨은 2012년에 나온《발견의 재창조》(Reinventing Discovery)에서, 인터넷을 통해 생성된 대중 협업이 인지 다양성과 척도를 증대시키면서 과학을 혁신시키고 있는 중이라고 주장한다. "이런저런 온라인 툴이 과학자들의 발견 방식을 변환시키고 있고," 이는 과학과 사회의 관계에 큰 변동을 이끌어 낼 것이다. 이제 무수한 시민들도 참여할 수 있게 되었으며 그 잠재성은 끝도 없고 무한히 흥분할 정도로 크다. 닐슨은 스스로에게 질문한다. "언젠가 우리는 아마추어들이 주도한 위대한 협업의 결과가 노벨상을 차지하는 광경을 보게 되지 않을까?" 닐슨은 "지식이 구성되는 방식"에 나타나는 이런 혁명이 이따금 과속방지턱을 만나게 될 것이며, 모든 것에 관한 특허를 욕망하는 상업적 이해관계가 불러올 장애물도 결코 적지

않을 거라고 인정한다. 그러면서도 일반적인 궤적은 더 이상 되돌릴 수 없다고 단언한다.[19]

요차이 벤클러는 2011에 출간한 《펭귄과 리바이어던》(The Penguin and the Leviathan)에서, 인터넷이 인간 본성을 더 나은 방향으로 근본적 변화를 추동하고 있다고 본다.

> 우리는 주위에서 사람들이 서로 협력하여 일하고, 선행을 배풀거나 공평하고 관대하게 행동을 하고, 자신이 속한 집단이나 팀을 보살피고, 친절에 친절로 예의바르게 처신하려 노력하는 모습을 보게 된다. 위키피디아와 오픈소스 소프트웨어가 큰 성공을 거둔 온라인에서만큼 이런 사실이 뚜렷하게 드러나는 곳은 없다. 리눅스의 펭귄 툭스(Tux)는, 토머스 홉스가 말한 '리바이어던'에 숨결을 불어넣으면서 인간 속성에 관한 부정적 전망을 조금씩 해소시켜 내기 시작했다.[20]

인터넷의 발전 양상은 너무나 강력해, 비관론을 표방한 사람들조차 예찬론자 편으로 되돌려놓을 정도이다. 과거 카스 선스테인은 '정보 코쿤(cocoon)'이 공적 생활에 가져올 불길한 함의에 관해 기술한 바 있다. 인터넷이 인간 속성의 상당 부분을 회피하거나 무시할 수도 있는 방향으로 사람들을 바꾸어 놓을 것이라고 했다.[21] 그런데 2007년에 내놓은 《인포토피아》(Infotopia)에서 서스테인은 "놀라울 만큼 폭넓은 새로운 재화와 활동을 양산하는" 온라인 "축적 지식의 발전상"에 관해 떠벌이면서 기존의 입장을 완전히 바꿔 버린다. 위키와 더불어 "정보 집적이라는 측면에서 우리는 혁명의 첫 단계에 들어섰다"고 주장한다.[22]

한편 2011년의 책 《위 퍼스트, 우리가 원하는 세상을 산다》(We Frist)에서 사이먼 메인워링은 이렇게 쓰고 있다. "인터넷과 소셜미디어 덕분에 우리는 지리·문화·언어라는 장벽을 뛰어넘어 서로 연결할 수 있게 되었다. 감정 이입이라는 타고난 능력을 다시 일깨울 수 있게 되었으며, 사회에 대한 기여뿐 아니라 자신에게 이익이 되는 여러 가지 시도를 통해 큰 만족을 얻을 수 있게 되었다." 이어서 그는 이렇게 덧붙인다. "우리는 인류 역사상 가장 놀랍고 흥미로운 시대에 발을 들여 놓았다. 가난과 영양실조, 유아 사망, 지구를 파괴하는 온갖 사회 질병을 해결할 지식과 기술을 빠르게 습득하고 있다."[23]

2011년에 나온 《공개하고 공유하라》(Public Parts)에서 제프 자비스는, 인터넷이 역동적인 공적 영역으로 기우는 '공공성'을 특징으로 한 전례가 없는 무선연결 사회의 정치적 함의에 관해 다루었다. "공공성은 획기적인 변화를 상징한다. 그것은 대단히 혼란스럽다. 공공성은 정보와 수용자를 통제하는 데 힘을 기울여 온 기존의 제도들을 크게 위협한다." 이어서 그는 이렇게 주장한다.

> 공공성은 이를 대가로 한 대중 권능화의 신호이다. 독재자과 정치가, 미디어 거물과 시장의 장사꾼들은 항상 우리가 무엇에 관해 이야기하고 생각해야 하는지 말해 주려고 한다. 그러데 이젠 진정한 공적 사회에서 우리가 트위터로 특정 제품에 관해 불만을 드러내고 페이스북을 통해 저항을 조직한다. 이제는 그들이 우리가 하는 말에 귀 기울여야 한다. 만약 그들이 성공을 원한다면, 우리를 개인으로 존중해야 하고 또 우리가 집단 즉 공중으로서 행사할 수 있는 힘을 인정해야 한다. 그러면서 같은 눈높이에서 우리를 대하는 방법을 터득해야 할 것이다.[24]

요컨대, 예찬론자들은 1990년대에 나온 가장 중요하고 색다른 주장 가운데 하나를 다시 한 번 확인한다. 인터넷이 글로벌 민주주의와 선행의 힘이 되고 있으며 정보 독점과 커뮤니케이션의 집중적 통제를 없애 버릴 거라는 주장이다. 2009년 마누엘 카스텔은 반란하는 대중의 힘들이 민주 정치의 발전을 위해 인터넷을 성공적으로 활용한 전 세계의 다양한 사례를 연대순으로 정리한 바 있다.[25] 피터 D. 다이아맨디스나 스티븐 코틀러 같은 예찬론자들도 발전도상국에서 확대된 디지털 커뮤니케이션의 접근이 "경제 발전과 빈곤 감소, 표현의 자유와 정보의 자유로운 흐름, 나아가 인권의 증진을 포함한 민주화"에 기여했다는 2009년 스웨덴 정부 보고서를 인용한다.[26]

2011년 튀니지와 이집트를 비롯해 전 세계에서 벌어진 저항이 결정적인 증거로 제시된다. 파멜라 룬드는 다음과 같은 결론을 내렸다. "소셜미디어와 테크놀로지가 여러분에게 세계를 당신들이 원하는 대로 창조할 수 있도록 전에 없던 많은 힘을 가져다줄 것이다."[27] 비록 몇몇 예찬론자들은 관료와 독점 세력이 모든 걸 엉망으로 만들 수 있다는 우려를 표명하지만, 주워 담을 수 없을 만큼 강력한 변화가 이루어졌다는 게 일반적인 정서이다. "우리는 이제 첨단의 최종점에 와 있다. 새로이 부상한 소셜미디어의 전례 없는 힘이 온라인과 길거리에서 사람들을 서로 연결시켜 전 세계를 변화의 길로 밀어붙일 수 있도록 도움 주고 있다." 경험이 풍부한 저널리스트이자 영화 제작자인 로리 오코너가 주목한 것도 이 지점이다. "거대 매체와 거대 기업, 거대 정부는 이제 조심하시라. 여기 우리의 친구, 우리의 추종자, 우리의 미래가 몰려오고 있다!"[28] 자비스의 말처럼, "저항해도 아무 소용이 없다."[29] 이런 책을 읽고 난 후에는, 누구나 이처럼 영광스러운 역사적 순간에 자신이 지구에 발 딛고 서 있음에 감사하지 않을 수 없다. 하늘을 올려다보며 자기 행운의 별자리를 향해.

비관론

비관론자들은 예찬론자의 이야기 가운데 몇 가지를 놓고 노골적으로 반발한다. 상당 기간 두 진영은 서로를 무시하면서 자신의 주장을 피력해 왔다. 예컨대 샤이드 닉 모하메드는 2012년에 출간한 《(반)정보시대》(The (Dis)information Age)에서, 인터넷이 수준 높은 지식을 양산하고 있다는 주장이나 "이런 기술과 그 대중적 사용 양식이 좀 더 많은 정보를 갖춘 공중의 탄생으로 귀결될 거라는 생각"을 정면으로 반박했다. 그는 인터넷이 지식만큼이나 무지를 확대시키는 쪽으로 작동할 수 있다는 데 주목했다. 실제로 한 설문 조사 결과는, 1989년과 2007년 사이에 미국인들의 지식수준에 그 어떤 의미 있는 향상도 없다는 사실을 잘 보여 준다.[30] 마크 바우얼레인은 이 점을 더 발전시켜, 오늘날의 젊은이들이 시민의식과 역사·지리·과학·문학에 관해 놀랄 만큼 무식한 "가장 멍청한 세대"라는 사실이 여러 조사에서 거듭 확인되고 주고 있다고 적는다. 바우얼레인이 보기에는 디지털 미디어의 출현이 이 급격한 변화를 불러온 장본인이다. "유치한 놀이와 조악한 이미지 세계 안에 살면서," 청년 세대들은 이전 세대와 달리 현실세계로부터 "자발적으로 유리되어 버렸다."[31]

가상현실 기술의 아버지라고 일컫는 재런 래니어 또한 2010년 《디지털 휴머니즘》(You are Not a Gadget)에서, 인터넷이 일종의 지식 공장이라는 발상에 의문을 제기했다. 결론적으로 셔키의 주장을 기각하면서 그는 이렇게 썼다.

> 내 동료들 가운데 몇몇은, 1백만 번 또는 10억 번의 단편적인 모욕들이 궁극적으로 지혜를 내놓을 거라 생각하는 모양이다. 어떤 비밀스러

운 알고리즘이 그 수많은 파편들을 탁월한 에세이 한 편보다 나은 지혜로 만들어 줄 거라고 믿는 모양이다. 나는 전혀 동의할 수 없다. 컴퓨터 과학 초창기에 유행하던 비유 하나가 떠오른다. 쓰레기가 들어오면 곧 쓰레기로 나간다.

'인지 과잉'이라는 셔키의 발상을 길게 언급한 뒤에 래니어는 반문한다. "쓸데없는 낭비나 다름없는 텔레비전을 아무리 오래 시청한들 알베르트 아인슈타인의 업적에 버금갈 만한 뭔가를 만들어 낼 수 있는가? 설혹 우리가 은하계의 잠재적 외계인들과 모두 네트워크하고 그들에게 몇 초씩 위키의 물리학 관련 지식에 기여하도록 한다고 하더라도, 우리는 위대한 한 물리학자는커녕 이류 물리학자 한 명이 이룬 업적을 결코 따라잡지 못할 것이다."[32)]

일라이 프레이저는 2011년에 《생각 조종자들》(The Filter Bubble)에서, 구글과 소셜미디어의 발전 탓에 인터넷 이용자들은 점차 거의 인식하지 못한 상태에서 이미 알려진 선호도를 강화하는 개별적 세계로 끌려가고 있다고 주장한다. 우리가 저마다 속해 있는 '필터 버블'은 공동체와 민주정치에 필요한 공통의 기반을 근본에서부터 침해한다. "새로운 아이디어를 이해하고 습득하려는 우리 욕망의 연료가 되는 혼란스럽고 불확실한 사건들, 즉 '기존 의미의 위협들'을 제거해 버리기도 한다. 프레이저는 창의성에는 뜻밖의 발견이 필요하다는 사실, 그리고 "맹목적인 발견이 과학혁명의 필요조건"이라는 사실을 보여 주는 과학적 연구 결과를 빌려온다. 이런 조사들은 '필터 버블'이 만연한 환경이 발견을 더 어렵게 만들어 버릴 것임을 실제로 입증시켜 준다. "아인슈타인과 코페르니쿠스, 파스퇴르 같은 위대한 인물은 이따금 자신들이 대체 뭘 찾고 있는지 인식하지 못했다. 아무리 위대하고 획기적인 발전이라 하더라도 때로는 전혀 예상치 못한 데서 나오는 것이다."[33]

재런 래니어는 이런 주장을 인터넷상의 모든 창의성 문제로 확장시켜, 인터넷이 예술가들에게 끼친 가장 뚜렷한 효과는 이들 사이의 자립적인 환경을 더욱 어렵게 만들어 버린 점이라는 의견을 내놓는다. 예술과 문화계 쪽에서 보면 상당히 우울한 결과이다. "창의적인 사람들(새로운 경쟁자들)은 마치 자원이 고갈된 사막에서 올드미디어라는 반경이 줄어든 오아시스로 몰려드는 동물들을 빼닮았다."[34]

레베카 매키넌은 2012년에 출간한 《인터넷 자유 투쟁》(Consent of the Networked)에서 그리고 에브게니 모로조프는 2011의 책 《네트 망상》(The Net Delusion)에서, 공히 인터넷이 당연히 전 세계적인 민주정치 혁명으로 이어질 거라는 생각에 반대 의견을 내놓았다. 두 사람은 권력을 가진 나쁜 사람들도 힘없는 사람들만큼이나 디지털 커뮤니케이션을 규제하고 조작할 수 있는 능력과 자원을 갖고 있다고 지적한다. 매키넌은 예컨대 중국 정부가 규제와 미묘한 검열을 통해 민주적인 조직력인 인터넷을 사실상 무력화시키면서도, 경제적인 목적을 위해서 필요하다고 생각되는 것들은 인터넷을 통해 어떻게 제공토록 했는지 기록을 통해 꼼꼼히 보여 준다.[35] 또 사기업들이 권위적이거나 민주적인 정부와 파트너가 되어 이 같은 인터넷 자유의 축소에 어떤 식으로 가담했는지 자료를 보여 준다. 인터넷에 저항하는 일이 명백히 소용없는 일이 '아니다.'[36]

이러한 현실 인식이 비관론자들 사이에 익숙한 반복 어구를 되뇌게 한다. '기술은 진보적지만 그 만큼 파괴적이기도 하다.' 버지니아 유뱅크스는 2011년에 《디지털의 막다른 길》(Digital Dead End)에서 이렇게 지적한다. "미국에 살고 있는 사람들 가운데 상당수가 기술, 특히 정보기술의 힘에 관해 집단적으로 일치된 대규모 환각상태에 빠져 있었다.

마치 IT 기술이 '기울어진 경기장을 평평하게' 해주고, 경제적·사회적으로 상당히 평등하게 해주고, 민주적 지배 구조의 투명성과 책임성을 향상시켜 주기라도 할 것처럼 말이다."[37] 바로 그런 미국에서조차 회의적인 학자들은, 인터넷이 가짜 정보를 주기적으로 생산하고 대중의 사생활과 인권을 끝없이 위반하며 온갖 위협을 인위적으로 조장해 온 역사를 기록해 왔다.[38] 예컨대 빅터 메이어숀버거는 인터넷 시대에 들어와 사람들은 자신의 과거로부터 결코 도망칠 수 없게 되었을 뿐 아니라, 인간에게 너무도 중요한 무언가가 어떤 식으로 없어지고 있는지 적고 있다.[39]

이는 클리퍼드 스톨 같은 이들이 내놓은 비관론의 초창기로 되돌아가는 모양새다. 1999년에 쓴 《하이테크 이단자》(High-Tech Heretic)에서 스톨은, 인터넷이 사람들을 소외시키고 중독에 빠트리고 끔찍한 불행과 불만을 불러온다는 점을 강조했다.[40] 섹스 문제는 비관론자들이 주목하는 또 하나의 지점이었다. 점차 많은 사람들이 인터넷을 통해 성적 만족을 찾게 되면서 온라인 포르노의 폭발이 이른바 '오르가슴 보모'(orgasmatron)의 효과를 불러오다시피 했다.[41] 작가 러셀 뱅크스도 2011에 출판한 소설 《살갗에 대한 기억상실》(Lost Memory of Skin)에서, "실제의 살갗이 가상의 피부로 대체되는" 그런 현실에 관해 이야기하고 있다.[42]

비관론자들은 페이스북을 비롯한 소셜미디어의 출현이 아이러니하게도 고독의 심각한 증대와 상관관계가 있다고 주장한다. 미국은퇴자협회(AARP)에서 발표한 조사 결과는, 미국인 가운데 고독하다고 느끼는 비율이 지난 20년 동안 거의 곱절로 늘어난 것으로 나왔다. 스티븐 마시는 이렇게 쓰고 있다. "즉각적이고 절대적인 커뮤니케이션이 가능한 바로 지금의 세상만큼 우리가 서로 더 많이 분리된 채 더 많이 외로움을 탄 적은 결코 없었다." 학자들은 여기에 '인터넷 패러독스'라는 이름을 붙인다. 마시는 또 이렇게 쓰고 있다. "인간적 상호작용의 혼란상을 훨씬 수월하게 피할 수 있도록 해주는 바로 이 순간에, 널려 있는 온갖 신기술은 우리를 더욱 피상적인 관계로 이끌고 있다." "외로움이 우리를 비참하게 만들고" 갖가지 건강 문제를 일으키고 있다는 증거가 뚜렷하다.[43] 심리학자 래리 로슨은 인터넷 중독이나 강박관념이 갖가지 정신 건강 문제를 불러일으키고 있다고 주장한다.[44]

심리학자 셰리 터클 또한, 사람들이 "점차 관계의 요구 없이도 마치 동반자가 있는 것처럼 착각하도록 만들어 주는 다양한 기술로 이끌리고 있다"는 견해를 내놓았다. 그녀는 점차 서로 이야기 나누는 걸 힘들어 하게 되면서 나타나는 '대화 회피' 현상에 관해 이렇게 말한다. "수많은 사람들이 나한테 이야기를 해준다. 애플 아이폰의 디지털 도우미 '시리'가 진화해 감에 따라 '그녀'가 더 친한 친구가 되어 주기를, 다른 사람들은 들어주지 않으려 할 때도 내 얘기를 들어주는 그런 사람이 되어 주길 갈망하게 된다." 터클은 다음과 같은 결론을 내린다. "친구나 연인, 아이가 있더라도 여전히 사람들은 자신만의 전자 장치에 기대어 산다."[45]

인터넷이 그다지 좋지 않은 방식으로, 눈치 채지 못하는 상태에서 사람들을 변모시키고 있다는 주장을 가장 잘 펼치는 책은 니컬러스 카의 《생각하지 않는 사람들》(The Shallows)이다. 자신도 인터넷 중독 상태임을 인정하면서, 카는 인터넷의 모든 장점이 "일정한 대가를 치르면서" 특히 우리 뇌의 작동 방식이 바뀌는 대가로 얻은 거라고 주장한다. 인간의 뇌라는 게 '엄청나게 유연해서' 환경에 따라 급격히 변화할 뿐 아니라 쓰이지 않을 수도 있다고 한, 최근에 쏟아져 나온 뇌 과학 연구 결과를 인용하고 있다. 웹의 부상 및 전통적인 독서의 퇴행 현상이 나타남에 따라 인간이 '선형적 사고 과정'을 상실하고 있음을 이런 연구 결과가 입증해 주고 있다고 카는 주장한다.[46] 인터넷의 "자극적인 불협화음들은 의식적이거나 무의식적인 사고를 망가뜨려 깊이 사고하거나 창의적인 생각을 하지 못하도록 방해한다." 사람들은 대충 훑어보는 걸로 독서를 대신하며, 자신의 기억을 컴퓨터에 "맡겨 버린다." 결론은 참담하다. 카는 "기억의 기술은 사유의 예술이다"라고 주장한 윌리엄 제임스의 말을 인용한다.[47]

뉴미디어와 민주화의 기본이 될 것이라며 인터넷을 누구보다 옹호한 인물 가운데 한 사람인 애리애너 허핑턴 같은 사람도 이런 우려에 어느 정도 동의한다. 2012년에 그녀는 열광적인 소셜미디어 자율 규제라는 어리석음에 관해 통렬하게 공격했다. "이 모든 사회적 도구는 우리가 좀 더 강력한 증인이 되는 데 도움될 수 있거나, 거꾸로 더 심한 강박증으로 내몰리게 할 수도 있다."[48] 니컬러스 카나 재런 래니어 같은 비관론자들은, 인터넷이 사람들을 기술의 이미지에 따라 재탄생시키고 지성을 밋밋하게 만들어 버리며, 나아가 창의성까지 빼앗고 있다고 심각한 우려를 표한다. 말하자면 우리가 한때 인간성이라고 여겼던 것들을 상실하고 있다는 얘기이다. 결점을 있는 대로 다 꺼내 보면, 미래보다는 과거가 더 매력적으로 보이는 바로 그런 세상이 도래했다는 말이다.

디지털 혁명과 정치경제학

대립하는 두 주장을 돌아보면서, 우리는 마치 한쪽 발은 얼음물에 다른 발은 끓는 물에 담그고 서 있는 사람처럼 느끼게 된다. 차이 나는 지점들을 정확하게 구분하고 "균형을 맞추면 괜찮아"라고 말할 수 있는, 누가 보더라도 확실하고 지적으로 정직한 중간 지점은 없다. 양쪽에서 얻어 낼 수 있는 것들은 많지만, 둘 다 약점을 갖고 있는 것도 사실이다. 우선 예찬론자들은 대부분 그 누구보다 더 미국적이다. 전혀 해롭지 않은 기술과 장치, 시장, 유토피아 사상, 진보, 개인주의의 몇몇 조합들에 관해 거의 덮어 놓고 애정을 보인다. 성가신 정치의 개입 없이도 혁명과도 같은 혜택을 얻어 낼 수 있다는 이야기이다. 이런 입장을 주류 문화가 그토록 폭넓게 받아들이는 까닭이 바로 여기에 있다. 예찬론을 인터넷에 관한 지배적인 생각이라고 볼 수 있겠다.

반면에 비관론자들은 현실주의적인 태도를 취하면서, 밑바닥에 깔려 있는 중대한 우려 사항을 지적한다. 그렇지만 고대 그리스의 고전적인 비관론자들처럼, 그들의 가치관은 너무 불투명할 뿐 아니라 어떤 믿음이 가는 대안적 경로를 내놓지도 못하고 있다. 존 노턴은 그런 비관론자를 가리켜 '지배적인 집단 사고에 딴죽을 거는 반대론자'라고 비꼰다.[49] 비관론자들은 안타까운 비명을 지르면서도 기본적으로 예찬론자들이 내놓는 현실 규정적인 언설에 각주를 단다. 그런 점에서 비관론자들은 예찬론자들의 주장을 정당화하는 데 거의 필수적이며, 예찬론자들의 지배적 견해를 마치 확장된 논쟁의 결과처럼 보이게끔 하는 중요한 구실이 된다. 비관론자들은 추가적인 조사 결과를 내놓기보다는 오히려 논의를 끝내 버리기도 한다. 이런 보조역 위치에서, 몇몇 비관론자들은 까다로운 심술쟁이 역할을 하거나 주장하는 요점에서 완전히 벗어날 정도로 자신의 잣대를 굽히기도 한다.

아주 드문 예외를 제외하면, 두 진영 모두 자신들이 내놓은 주장의 가치를 심각히 손상시킬 한 가지 중대하고 때로는 치명적인 취약점을 안고 있다. 간단히 말하면 실재하는 자본주의를 무시할 뿐 아니라 자본주의가 지배하고 있는 사회생활을 평가절하하고 있다. 예찬론과 비관론은 둘 다 정치경제적 맥락을 빠뜨리고 있다. 자본주의를 배경의 일부로서 당연시하고 테크놀로지를 역사보다 더 높은 자리에 올려놓는다.[50] 또한 자본주의가 우리가 살아가는 오늘날은 물론이고, 우리 사회의 정치를 비롯한 사회적 본성 거의 모든 걸 규정하고 있다는 명백한 진실을 무시한다.

자본주의, 나아가 자본주의와 민주주의의 관계에 관한 지적인 이해인 '정치경제학'은 인터넷을 이해하는 데 일종의 방향타가 될 수 있다. 그런데 예찬론이든 비관론이든 자본주의를 고려한다고 하지만, 기껏해야 거의 신비주의적인 인식에 그치고 만다. 바야흐로 '방 안에 있는 코끼리'를 제대로 인식할 때가 되었다.

정치경제학이 디지털 혁명을 평가하는 조직적인 원리가 되어야 하는 이유는 수없이 많다. 자본주의가 제대로 작동하거나 반대로 제대로 작동하지 않는 방식, 바로 이것이 사회 속에서 작동하는 인터넷의 역할까지도 결정한다. 수익 동기와 상업성, 홍보, 마케팅, 광고 같은 오늘날 기업자본주의의 온갖 규정적인 특징들이, 인터넷이 발전해 온 역사와 앞으로 발전해 나갈 방식을 평가하는 데 근본이 되는 사항들이다. 민주주의를 자본주의와 따로 떼놓고 이해하려는 그 어떠한 시도도 모두 수상쩍다. 자본주의 또는 그 완곡한 표현인 자유시장을 민주주의와 등치시키려는 모든 상투적인 가정에도 불구하고, 양자 사이에는 직접적 갈등으로 치달을 수 있는 매우 강력한 긴장이 두드러진 양상으로 늘 존재한다.

미국 공화국 초기, 사실상 고대 아테네에서부터 사유재산 체제와 자율 정부 사이에 이슈가 되어 온 가장 뚜렷한 긴장은, 경제가 창출한 불평등이 불러오는 빈부 갈등이었다. 이 갈등은 민주주의가 전제로 하는 정치적 평등을 위태롭게 만들 수 있다. "만약 소득과 부, 경제적 지위가 모두 정치의 자원이 된다면, 그리고 이 모든 게 불평등하게 배분되어 있다면 어찌 모든 시민이 정치적으로 평등할 수 있겠는가?" 예일대학 정치학 교수 로버트 달은 이렇게 되묻는다. "그리고 만약 시민들이 정치적으로 평등할 수가 없다면, 도대체 민주주의가 어떻게 존재할 수 있다는 말인가?"[51]

이제는 누구나 지난 30년에 걸쳐 미국에서 경제적 불평등이 심각한 지경에 이르렀다는 점을 인정한다. 이 불평등은 자율 정부의 가능성, 나아가 대다수 미국인들이 당연하게 여기는 온갖 자유에 대해 일종의 존재론적인 위협을 가하고 있다. 빈곤 계층은 말할 것도 없고, 심지어 중산층조차 자신이 선출한 정치적 대표자들에게 사실상 그 어떤 영향력도 행사하지 못한다는 학술 연구 결과들이 나와 있다. 부자들의 경우에는 물론 양상이 전혀 다르다.[52] 부유층이 미국 정치에서 계급의 규모보다 더 큰 힘을 행사할 수 있다는 사실은, 오랫동안 진행되어 온 과정에서 겉으로 드러난 한 가지 측면일 뿐이다. 자율적인 지배 구조와 자유에 대한 불평등의 직접적인 위협을 간과한 상태에서, 인터넷에 대해 큰 그림 그리기 식으로 평가하려 드는 것은 애초에 무언가 크게 잘못되어 있다.[53]

부유층의 특수한 이해관계가 관철되고 이들의 특권을 유지하고 증진시킬 방향으로 체제가 움직임에 따라, 불평등은 통치 방식의 철저한 타락을 조장한다. 예찬론자든 비관론자든 인정하고 있듯이, 디지털 커뮤니케이션의 앞길에 영향을 끼치거나 좌지우지할 여러 핵심적인 정책 이슈들이 존재한다. 만약 통치 시스템이 특수한 이해관계를 좇는 방향으로 가 버리면, 그것은 인터넷의 형태에도 직접적인 영향을 끼치게 될 것이다. 자본주의의 역동성에 관해 이해가 없는 상태에서, 대부분의 예찬론자와 비관론자는 지루한 일반화나 커다란 절망감 이상의 뭔가를 내놓을 수 있는 능력이 사실상 없다.

단언컨대, 앞에서 인용한 인터넷 전문가들 가운데 현존 자본주의를 옹호하는 사람은 거의 없다. 오히려 대부분은, 자본주의 그 자체는 아니더라도 자본주의의 무절제나 문제점이 제거된 그런 세계를 이상으로 여기고 있었다. 특히 예찬론자들은 협력적이고 인간적인 경제를 더 많이 허용하는 바로 그 이유 때문에 인터넷에 지지를 표하는 경우가 많았다. 위키피디아를 비롯해 협력이 확대되는 추세를 염두에 둔다면, 이런 주장의 근거가 순전히 가설적인 것만 결코 아니었다.

그렇다고 역사적으로 타당하거나 신뢰할 만한 주장도 아니었다. 자본주의에 관한 역사적이고 실증적인 이해가 결여된 상태에서, 예찬론자들은 정치경제학에 관해 지나치게 유토피아적인 관점을 내비친다. 예컨대 사이먼 메인워링은 이렇게 쓰고 있다.

> 미국을 비롯한 서방 국가들에서 현재 실현되고 있는 자유시장 자본주의의 전체 시스템은, 우리를 더욱 더 잘못된 길, 협소한 사리사욕과 탐욕, 조합주의, 인류의 행복이나 지구 자체에 대한 무감각이 지배하는 세계로 이끌고 있다. 수익성 추구와 근시안적인 사고방식은, 그렇지 않았더라면 모두에게 고루 혜택을 줄 수 있는 능력을 지닌 경제 시스템을 더욱 무너뜨리고 있다.

그러면서 그는 소셜미디어 덕택에 "우리는 기업과 소비자 모두를 포함하는 사적 영역이 지닌 더 나은 사회 건설의 역할을 변화시킬 수 있게 되었다"[54]는 지극히 낙관적인 결론으로 글을 맺는다.

문제는 이런 예찬론이 때때로 디지털 기술이 정치경제보다 훨씬 더 많은 힘을 갖고 있는 것처럼 믿어 버리는 데 있다. 요차이 벤클러는 이렇게 말한다. "내가 발견한 것은 인터넷이 사회적이고 비시장적인 행위들을 산업경제의 주변부로부터 지구적이고 네트워크화된 경제의 핵심부로 옮겨 왔다는 사실이다."[55] "우리는 이제 공개성과 친구 맺기, 공유하기, 지구적으로 행동하기 같은 새로운 경쟁 원리에 기반을 둔, 기업과 우리 경제구조 및 운영 방식에 나타나는 심층적인 변화에 관해 이야기해야 한다." 돈 탭스콧과 앤서니 D. 윌리엄스는 이렇게 썼다. 좋은 소식은, "스마트 기업들이 온라인 커뮤니티의 눈부신 성장세에 맞서 싸우는 게 아니라 오히려 선도하고 있다는 사실이다."[56] 한편 제프 자비스는, 기업들이 종업원과 소비자, 주주들에게 통제권을 위임한 상태에서 사실상의 민주적인 기관, "근원적으로 공개된 회사"로 발전하고 있다고 내다봤다.[57] 레이첼 보츠먼과 루 로저스는 지금 시기를 새로운 도약기로 본다. 오래된 시장 원리와 협력적인 행동에 뿌리를 둔, 특히 공동체와 개인의 정체성, 인정, 의미 있는 활동 같은 인간의 기본 욕구를 충족시켜 주기 위해 만들어진 지속 가능한 시스템을 재창조할 때라고 정의한다. "참으로 현 시기는 그야말로 혁명의 시대라 할 수 있다. 예사롭지 않은 도전에 직면해 있지만, 사회는 이제 개인적인 소득이나 소비를 향한 고삐 풀린 열광에서 벗어나 집단 선행의 재발견으로 가히 지진을 능가하는 위치 이동을 해내기 시작했다."[58]

메인워링은 힘주어 말한다. 소셜미디어의 "도전에 기업이 응대하기 시작했다." 공포에 뿌리를 둔 상명하달 위계적 조직 원리가 유기적이고 분산적이며 자유로운 흐름의 구조로 대체되고 있다. 최첨단 회사들이 가치를 기업의 전략에 통합시키고 있으며, 공동체와 지구의 안녕을 지속적으로 지켜 내는 걸 자신의 역할로 받아들이기 시작했다."[59]

대단한 일이다! 정말로 그렇다면, 우리 삶은 이제 더 없이 행복할 게 아닌가? 다이키리 칵테일과 감자 칩 한 봉지는 말할 것도 없고, 우리가 갖고 있는 노트북과 아이팟, 킨들, 스마트폰을 들고 해변으로 달려가 영원히 행복하게 살 수 있게 된 것 아닌가?

안타깝게도, 여전히 한 가지 결정적인 문제가 남아 있다. 자본주의 체제 자체가 그런 방향으로 이동하고 있다는 의미 있는 증거가 거의 없다! 좀 더 정확히 말해 단 하나의 증거도 없다. 현재의 자본주의 시스템은 누가 봐도 심각한 위기 상태에 와 있고, 새로운 디지털 점성술의 시대로 돌입하는 중이라는 증거는 티끌만큼도 없다. 확실히 인터넷은 자본주의를 의미심장한 방식으로 변화시키고 있고, 정치 무대에서 자본주의를 개혁하거나 대체하고자 하는 이들에게 상당한 도움을 줄 것이다. 그렇더라도 현실에서 인터넷은 다른 적당한 표현이 없어 이렇게 쓰지만, 자본주의를 녹색의 민주적이고 사회주의인 유토피아가 되도록 만들어 주지는 않는다. 그렇게 할 수가 없다는 게 지금부터 내가 주장할 핵심 내용이다.

설혹 예찬론자들이 정치경제학을 자신의 분석에 포함시키더라도, 그들은 결코 비관론자나 냉소주의자가 될 수 없다는 게 내 생각이다. 다만 정치의 중요성에 관해 훨씬 더 잘 인식하게 될 것이다. 그들은 '디지털이 희망'이라는 자신의 견해를 버릴 필요가 없다. 단지 그 전망을 바로 자신이 실제로 살고 있는 정치경제적인 세계와 결부시키면 된다. 마찬가지로 가장 도발적인 비관론자들이 정치경제학을 빌려다 쓴다면, 현재 그들이 드러내고 있는 무능력과 패배주의를 어느 정도 해소할 수 있다. 인간 행위자가 기술을 통해 무엇을 성취할 수 있는지 좀 더 나은 인식을 제시할 수 있을 것이다. 찬물과 끓는 물은 오직 이런 식으로만 섞을 수 있고, 이렇게 된다면 훨씬 제대로 된 결론을 이끌어 낼 수 있다.

자본주의 현실

인터넷 평론가들은 정치경제학과 관계를 맺고, 실재하는 자본주의에 관해 철저히 논의하는 걸 끝까지 주저한다. 이런 거부감을 갖도록 하는 이유는 대체 무엇일까? 시장과 민주주의를 자유 사회의 '동전의 양면'이라고 생각하는 카스 선스테인 같은 인터넷 평론가들만의 문제가 아니다.[60] 사회과학, 진보에서 보수에 이르기까지 학자들 전반에 공통으로 발견되는 양상이다. 자본주의에 관해 질문을 던지기보다는 자본주의를 인간적인 모습으로 바꾸는 걸 자신의 역할로 여기는, 존경받는 좌파 상당수도 여기에 포함된다.

결정적인 문제는, 중국을 비롯하여 현대사회 전반에 걸쳐 실재하는 시장을 최고의 논리를 갖춘 자본주의 시장 '시스템'과 동일시하는 데 있다. 가히 신비화된 경쟁적 '자유시장'이란 말이 자유롭고 효과적인 경제의 강력한 은유로 쓰이지만, 현실 세계의 자본주의는 자유시장과 거의 관련이 없다. 찰스 E. 린드블룸이 말한 것처럼, 관습화된 지혜는 자본주의 '시스템'을 제대로 파악하는 데 도움이 되지 않는다. "사람들을 현혹하는 시장의 성과들이 나머지 절반의 한계를 은폐해 버리기 때문이다."[61] 의도적으로 도발적인 표현을 한번 써 보자. 모두가 경배할 것으로 예상되는 '자유시장의 정신'이 실재하는 자본주의와 맺은 관계는, 노동자 천국에 대한 찬가가 구소련에서 현실 공산주의와 맺은 수준에 가깝다.

우리 사회에서 '자유시장'이라는 관념에 그토록 숭고한 위상을 부여하고, 그리하여 자본주의를 총체적으로 연구하는 사람들조차 현존하는 경제 구조에 대해 인정에 앞서 충성을 서약하지 않으면 안 된다고 느끼는 까닭은 대체 무엇인가? "자유시장 이데올로그들이 퍼뜨리는 허약한 가설과 협량한 안목에 기초한 '진실들'을 예리하게 비판해 온, 캠브리지대학의 탁월한 경제학자 장하준의 경우를 보자. "누더기가 된 글로벌 자본주의"에 대한 통렬하고 때로는 천재적인 비판을 펼치기에 앞서, 장 교수는 먼저 자본주의가 여전히 실현 가능한 최고의 경제 시스템이라는 확고한 믿음을 강조한다.[62] 왜 이따위 충성 서약이 필요한가? 대체 어떠한 목적을 위한 것인가?

문제는 이것이 오늘날의 자본주의를 분석하는 데만 국한된 현상이라는 것이다. 가령 소련을 연구하는 학자라면 결코 공산당과 국가가 장악한 경제적 정치적 독점 권력의 문제를 소홀히 하지 않으면서도 여러 문제점들을 깊이 파고들 수 있었다. 이 경우 정치경제학은 모든 신뢰할 만한 분석의 핵심이며, 이를 채택하지 않는 학자는 당장 협잡꾼으로 몰릴 것이다. 고대 문명들에 관한 그 어떤 학술적 연구의 경우에도 마찬가지이다.

질문에 대한 가장 훌륭한 설명은 이렇다. 학자들이 자신이 살고 있는 사회를 조사하고 탐색할 때, 정치적으로 민주적인 국가에서조차 상층부를 차지한 채 현 상태에서 이익을 보는 사람들의 특권에 도전하는 것은 일반적으로 금기 사항이다. 구소련에서와 마찬가지로, 미국에서도 이런 상황은 거의 진실에 가깝다. 미국에서 진짜 권력은 가장 많은 돈을 소유한 자들에게 있다는 점에 의심의 여지가 없다. 물론 오늘날의 미국은 경찰국가도 아니고 노동수용소 같은 것도 없지만, 자본주의에 대한 불간섭 정책을 조장할 온갖 강력한 물질적·문화적 유인책들은 갖추고 있다. 자유시장의 정신을 향한 의식적인 찬양은 논의를 풀어 가는 좋은 출발점이 된다.

자본주의에 대한 이런 내면화 현상은, 지지자들과 적들에 의해 자본주의의 유일하게 가능한 대안으로 꼽혔던 일당 공산주의 정권이 참담한 결과를 드러내면서 더욱 강화되었다. 유일하게 가능했던 정권이 실패로 돌아간 탓에, 민주주의 지지 입장을 분명히 한 학자들은 이제 다른 대안에 눈을 돌릴 필요가 없어졌다. 문제가 있더라도 현재의 자본주의에 딱 달라붙어 자기 행운의 별자리에게 감사를 표하라! 사실 이 협의의 '자본주의 또는 공산주의'라는 선택지는 별다른 의미를 갖지 못했다. 자본주의를 비판했던 바로 그 현실 사회주의 정권들이, 발전된 민주주의가 갖추어야 할 정치적 자유와 선거권, 사회 프로그램들 가운데 상당 부분을 크게 훼손시켜 버렸기 때문이다. 마찬가지로, 자본주의를 주도하고 자본주의에서 혜택을 본 집단들은 민주주의의 실질적인 발전으로부터 눈을 돌리거나 아예 노골적으로 거부감을 드러내는 경향을 보이기도 했다.

아무튼 주류 학계가 자본주의를 민주주의와 동격이라고 보고 유일하게 가능한 경제 시스템으로 받아들여 버린 상태에서, 정치경제를 강조하는 학문은 흔히 '래디컬'이라 불리는 사람들에게 남겨진다. 그리고 이는 정치경제학이 '이데올로기적이고 비과학적'인 것으로 낙인찍힐 가능성을 더욱 부추긴다. 현재의 시스템을 좀 더 나은 방향으로 변화시키기를 바라는 학자에게 남은 합리적인 활동 방식은 우선 현 시스템에 충성서약을 표하는 것이었다. 권력을 가진 사람들에게 진지하게 수용되고 그럼으로써 효과적일 수 있기를 희망하면서. 이런 서약의 동기는, 선행을 행하고자 하는 것만큼이나 오늘날의 정치 지형에 대해 지극히 현실주의적인 평가를 내리려는 욕망에 근거를 둔 것이었다.

정치경제가 제대로 작동하는 안정기에는 이렇듯 현 상태를 호의적인 시스템으로 상정하는 게 지적으로는 문제가 있겠지만, 그래도 어느 정도 이해할 만한 것이었다. 그렇지만 오늘날 미국을 비롯한 전 세계는 대부분 정치경제적으로 심각한 위기에 처해 있다. 그런 때에 이런 안이하고 관습화된 가정은 무지의 차원을 넘어 무책임한 처사가 되고, 학문이 아닌 선전으로 전락하고 만다. 인터넷처럼 광범위하고 중대한 사회 현상을 논의할 때는 더 말할 필요가 없다.

물론 인터넷을 연구하는 학자들이 모두 반자본주의자가 되어야 할 필요는 없다. 오히려 내가 보기에 오늘날의 자본주의, 특히 시장이 바람직한 사회가 갖추어야 할 몇 가지 (어쩌면 상당한) 장점을 지니고 있다고 여기는 것은 꽤나 현명한 자세이다. 그러면서도 나는 다음과 같이 생각하는 것도 마찬가지로 현명하다고 생각한다. 누진세 제도와 널리 보급된 자유 노동조합, 고품질의 대중교통 시스템, 보편적인 무상 건강보험, 고용 보장, 수준 높은 보편적 공교육 시스템을 갖춘 게 좋은 사회이다. 그런데도 이런 것들은 미국의 학자들 사이에서 물의를 일으킬 정도는 아니더라도 논쟁거리가 되고 만다.

사실 이런 사안들은 모두 '보수 대 진보'의 이슈가 아니다. 지난 세기 자본주의 또는 자본주의와 민주주의의 관련성을 무자비하게 비판했던 가장 탁월한 지성들 가운데 몇몇은 실제로 자본주의의 주창자이자 정치적으로는 보수주의자들이었다. 조지프 슘페터를 필두로 그 전통은 계속되었다. 예컨대 케빈 필립스는 지난 20여 년 동안 바로 이런 문제의식을 바탕으로 여러 생각 깊은 저작들을 써 왔다. 2009년과 2010년에 리처드 포스너라는 저명한 보수주의자도 자본주의의 위기와 자율적인 정부의 문제에 관해 두 가지 주요 저술을 내놓았다.[63] 한편 존 케네스 갤브레이스를 비롯하여 손에 꼽을 만한 자유주의자들 또한, 자본주의를 부정하지는 않으면서도 자본주의의 밑바탕에 있는 약점에 대해 솔직한 시각을 제공하는 역할을 떠맡았다.[64] 만약 자본주의가 옹호자들이 주장하는 것처럼 대단하다면 이런 비판과 탐구, 공개 토론에서 당연히 살아남아야 하고, 오히려 이런 토론을 통해 더욱 번창할 수 있을 것이다. 첫 라운드에서 바로 승리를 거두지는 못하더라도, 오랫동안 미뤄 온 대화를 촉발하는 계기 정도는 충분히 될 것이다.

분석과 전망

이 책에서 나는 정치경제학이 인터넷을 이해하는 데 핵심이라는 사실을 입증해 보일 것이다. 모든 질문에 대해 늘 정답을 내놓는 것은 아닐 테지만, 정치경제학은 가장 중대한 질문들에 관해 가치 있고 필수불가결한 맥락과 분석을 제공한다. 대다수 인터넷 사회과학자들과 더불어, 예찬론자들과 비관론자 모두 우리가 인터넷의 운명을 생각해 보는 데 상당한 역량을 발휘했다. 정치경제학은 이들의 성과를 무시하지 않는다. 오히려 그 성과를 더 발전시키고 거기에 힘을 불어넣고자 한다.

내가 이런 주장을 펼친 유일한 사람은 아니다. 여럿 있지만, 특히 댄 실러와 마이클 페렐만, 제임스 쿠란, 빈센트 모스코, 그레이엄 머독, 루이스 수아레즈-빌라 같은 이들이 이 대의에 크게 기여해 왔다. 물론 지금까지 우리가 해온 작업 가운데 주류 논쟁 내부로 진입하는 데 성공한 건 거의 없었다.[65] 그렇지만 자본주의 정치경제학에 바탕을 둠으로써, 학자와 시민들은 인터넷이 왜 지금 같은 방식으로 되었으며 참된 선택지는 무엇인지 훨씬 더 잘 이해할 수 있을 것이다. 정치경제학은 거실에서 나누는 수다를 진지한 사회비평 차원으로 끌어올리는 데 필요하지만 그동안 활발하지 않았다.

2장과 3장에서는 뒤에 나올 인터넷 문제에 관한 확고한 분석틀을 제시한다. 그렇지만 어떤 지점에서는 인터넷을 직접적인 논의로 끌어들일 것이다. 2장에서 나는 정치경제학의 몇 가지 요소를 소개할 것이다. 자유시장의 신비화된 개념들, 즉 '교리문답'을 폭로할 것이며 자본주의에 관한 훨씬 정확한 이해의 방식을 제시할 것이다. 이어서 나올 자본주의와 정치 민주주의의 관계를 비판하는 데 필요한 주된 요인들을 소개하는 게 목표이다. 특히 불평등과 경제 권력의 집중, 경제성장에 자본주의가 어떤 영향을 끼치는지 상세하게 평가해 볼 것이다. 첫 번째와 두 번째 요소가 점차 확대되는 반면에 세 번째 것은 반대로 줄어들거나 정체될 때, 우리의 정치경제는 심각하게 위협을 받는다.

미국인들이 일반적으로 자율 정부의 가능한 전형으로 여기는 국가, 즉 현존하는 미합중국이 자본주의 관점에서 볼 때는 오히려 허약한 민주주의이다. 디지털 혁명이 민주주의를 근본적으로 활성화시킬 수 있다는 대단한 주장을 내놓으려면, 학자들은 훨씬 더 강력한 근거를 갖추고 다시 작업을 시작해야 할 것이다. 자본주의는 인민의 물질적 풍요를 지속적으로 향상시킬 그런 마술과도 같은 회전목마가 아니다. 증거는 오히려 반대 방향을 가리킨다. 예측 가능한 장래의 미국 자본주의는 점점 증대하는 불황을 그 특징으로 할 것이다. 지난 80년 동안 지켜보지 못한 수준의 불황이 소득 하락과 금융 긴축, 불평등 확대, 삶의 질 저하로 표출될 것이다. 역사는, 도래할 미국의 자본주의가 결코 수준 높은 민주주의와 양립할 수 있는 그런 정치경제가 아님을 암시하고 있다.

3장에서는 커뮤니케이션 정치경제학(PEC, political economy of communication)의 하위 분야들을 소개할 것이다. 자본주의 전반을 이해하는 데 일정한 분석적 가치를 지니고 있을지 모르지만, 표준화된 자유시장 모델은 정보와 상업적 엔터테인먼트, 저널리즘과 관련된 시장이 어떻게 작동하는지 이해하는 데는 거의 쓸모가 없다. 인터넷 시장에 대해서도 마찬가지다. 자유시장 규준으로부터 이들 분야의 시장들이 어떻게 이탈해 나갔는지 논의를 통해 생생히 살펴볼 것이다. 커뮤니케이션과 자본주의, 커뮤니케이션과 민주주의의 관련성에 특히 관심을 기울일 것이다. 커뮤니케이션 정치경제학자들은 기술과 광고, 홍보 문제에 주된 관심을 가지며, 무엇보다 커뮤니케이션 정책과 정책 결정 과정 연구에 하나같이 애착을 보인다. 디지털 혁명의 의미를 간파하고 그 문제점들의 작동 가능한 해결책을 모색하는 데 이러한 전통은 매우 효과적이다.

4장과 5장에서, 나는 현실 자본주의와 인터넷의 관계로 다시 돌아갈 것이다. 인터넷 관련 문헌은 예찬론과 비관론 할 것 없이 다들 인터넷과 자본주의가 본성 탓이나 필요한 관계 때문에 지금까지 늘 함께해 왔고 앞으로도 그럴 거라고 여기는 듯하다. 나는 양자 사이에 드러나는 큰 폭의 불일치를 부각시키는, 전혀 다른 관점을 제시할 것이다. 사실 최근 여러 역사적 지점에서 기술의 가능성과 상업적 이해관계의 필요성과 욕망들 사이에 긴장감이 고조되었으며, 이는 열띤 정책적 논쟁으로도 이어지고 있다.

5장에서는 인터넷이 1990년대 들어 비상업적인 오아시스로부터 어떻게 자본주의적인 열점(hot spot)으로 변모해 버렸는지, 그 과정을 되돌아볼 것이다. 대체로 멸종 위기에 다다랐다는 텔레커뮤니케이션과 미디어 분야의 '공룡' 기업들이 어떻게 여전히 생존해 가고 있는지 냉정하게 평가해 볼 것이다. 인터넷을 지배하는 몇몇 거대 독점 기업들의 부상을 텔레커뮤니케이션 분야의 몇몇 거물들과 더불어 살펴본다. 아울러 어떻게 광고가 '올드미디어'에서 작동하던 것과는 전혀 다른 방식으로 인터넷에 홍수처럼 밀어닥쳤는지 연대순으로 좇아 볼 것이다. 또한 불과 10년 전만 해도 사실상 불가능했을 정도로, 거의 모든 미국인들을 상대로 감시가 이루어지고 있는 현실을 폭로할 생각이다. 이 장은 인터넷 공룡들과 미국 정부 그리고 군사·국가안보 기관들 사이의 은밀한 관계에 관한 비판적 검토로써 결론을 맺는다. 천상의 결혼처럼 보이는 자유와 민주의 미래에 관해 음울한 함의를 지닌 현상이다.

6장에서는 디지털 시대의 저널리즘 상황에 관해 구체적으로 살펴볼 것이다. 1990년대로 돌아가 보면, 디지털 시대의 출현은 때로 정보화 시대라고 일컬어졌다. 여기에는 시민 모두가 풍부한 고급 정보를 마음껏 향유할 수 있으며, 이러한 정보는 시민들이 자기 삶을 좀 더 효과적으로 관리할 수 있도록 하고 정치를 더욱 민주적인 것으로 만들어 놓을 거라는 가정이 깔려 있었다. 인터넷에 관한 아마도 가장 강력하고 매력적인 주장이었던 것 같다. 신뢰할 만한 정치 정보 시스템은 효율적인 자율 정부의 기초이기에 무엇보다 중요한 이슈이다. 우리가 살고 있는 오늘날의 온갖 사회 문제에 관해 효과적이고 민주적인 해결책을 찾고자 할 때에도 필수 불가결한 것이 된다.

요컨대, 저널리즘은 현대사회가 정치 정보를 생산·유포하는 주된 경로로서 민주주의에 대해 특별한 중대성을 갖는다. 인터넷이 어떻게 상업적인 뉴스 매체의 비즈니스 모델을 파괴했는지에 관해서는 이미 많은 논의가 나와 있다. 인터넷이 자유시장과 결합해 언젠가는 전혀 새롭고 차원이 다르며 훨씬 탁월한 뉴스 미디어 시스템을 재창조할 거라고 농담기가 전혀 없는 진지한 주장을 펼치는 사람들이 많다. 나는 이런 주장과 평가들에 반대한다. '황금기' 동안에도 저널리즘의 질은 사실 크게 높지 않았으며, 이런 현실에 비춰 볼 때 사람들의 생각은 너무 순진하다. 커뮤니케이션 정치경제학의 전통에 바탕을 두고 나는 저널리즘을, 그리고 자유 사회에서 차지하는 저널리즘의 중대성을 좀 더 잘 이해할 수 있는 대안적인 틀을 제시할 것이다. 미국을 비롯한 민주주의 국가의 실제 저널리즘 역사를 돌아보면, 저널리즘은 '공공재'이다. 저널리즘이 제대로 성장하려면 자원과 제도가 필요하고 그 말은 곧 대규모

공적인 투자를 의미한다.

이 책 전반에 걸쳐, 나는 인터넷이나 커뮤니케이션과 관련된 정책과 논쟁에 관해서도 살펴보게 될 것이다. 결론에 해당하는 7장에서는 이를 총체적으로 검토하고, 핵심 정책들을 자기이익을 좇는 기업들(과 정치인들)의 손아귀에서 빼내려면 무엇이 필요한지 질문해 볼 것이다. 학자로서 미디어 개혁집단 '프리프레스' 공동 창립자로서 내가 지금까지 해온 작업과 체험들로부터 이 정치적 핵심 질문에 대한 해답을 이끌어 낼 것이다.

그런 뒤에 나는 다음과 같은 함축적인 질문들로 마지막 방향을 튼다. 과연 인터넷은 더 포괄적인 정치경제 차원의 변화 없이도 민주적인 파괴력을 발휘할 수 있는가? 그것는 대체 어떤 종류의 혁명이 될 것인가? 나는 미국을 포함해 전 세계가 단순히 정치경제적인 혼란 상황에 놓여 있는 게 아니라고 생각한다. 우리는 지금 민주주의 혁신과 개혁, 혁명을 위한 광범위한 사회운동의 출현을 지켜보고 있다. 오랫동안 정치 후진국으로 평가되어 온 미국에서조차, 비록 타락하고 부패한 정치 시스템이 그런 현실을 은폐하려 하지만 우리는 일종의 정치적 세대교체를 목도하고 있다. 정치적 논쟁의 핵심에 경제가 자리하고 있다. 환경을 풍요롭게 하고 민주적인 가치와 구조, 자율적인 지배 구조를 증진하는 데 과연 어떤 종류의 경제가 가장 잘 어울리는가? 이 모든 사안의 한가운데에 바로 인터넷 문제가 자리 잡고 있다. 인터넷 민주화는 정치경제 민주화의 문제와 직결될 수밖에 없다. 더불어 성장할 뿐 아니라 함께 추락할 것이다.

DIGITAL DISCONNECT

2

벼랑 끝에 몰린 자본주의

자본주의는 개인들이 자신의 노동력을 포함한 온갖 재화를 팔고 사기 위해 자유롭게 시장에 모이는 그런 사회이다. 강제가 없는 자유로운 교환 체계를 뜻한다. 시장에서 공급과 수요가 가격을 결정하고, 가격은 상품의 가치를 정확하게 반영한다는 점을 보증해 준다. 시장에서 제품 수급에 제대로 부합하기 위해 기업체들이 출현하며, 수익성은 그 수요를 충족시키는 과정에서 성공한 기업들이 얻어 가는 보상에 해당한다. 기업들 간 수익을 둘러싼 경쟁이 좀 더 효율적인 생산을 보장하고, 사람들이 실제로 원하고 필요한 제품이나 서비스를 공급하는 경제를 만들어 내며, 또한 기술의 발전을 북돋운다. 그리하여 삶의 수준도 꾸준히 향상될 것이다. 시장에서 재산을 일구어 내고 부자가 되는 사람들은 그럴 만한 충분한 자격이 있다. 가난한 사람들도 부자가 되기 위해서는 시장에 더 많은 걸 내놓아야 한다는 자극을 받게 된다. 이런 사회에서 개인의 경제적 운명은 바로 자신의 손에 달려 있다. 그런 자유로운 사회인 것이다.

자본주의는 인간성이라는 걸 필요로 하지 않으며, 정부에 족쇄를 채우고 자유와 기업가 정신이 활개 치도록 해준 것은 다름 아닌 민주주의 혁명 때부터였다. 자본주의는 민주적 경제 운영의 예외 형태이며, 다른 체제의 경우 정부를 비롯한 강력한 권력의 관여를 일정하게 허용한다. 개인과 기업이 시장에서 알아서 결정하도록 내버려 두는 대신에, 그 의도가 어떻든 상관없이 그들에게 무엇을 해야 할지 지시해 주는 것이다. 시장은 인간이 발견하거나 발명한 절대 무오류의 시스템에 가장 가까우며, 특별한 예외 상황에서만 시장 개입의 정당성이 인정된다. 자유시장의 문제와는 달리, 오류가 없는 것은 물론 아니지만 자본주의 문제는 오직 체제 안에서만 논의될 수 있고 또 그리 되어야만 한다. 디지털 기술은 자본주의를 향상시키는 중요한 요소 가운데 하나가 될 수 있다.[1)]

이게 미국에서 통하는 공식 교리문답에 딱 맞아떨어지는 이야기이다. 문제를 파악하고 자본주의가 모두를 위해 더 잘 작동하도록 만들기 위해, 다른 무엇보다 정보가 더 많은 역할을 맡을 필요가 있다고 생각하는 미국인들이 있을 수 있다. 그렇지만 대다수는 자본주의가 거의 모든 경제 영역에서 가장 적절한 조정자이고, 이윤 시스템은 잘 작동하고 있으며 최대한 그런 시스템에 가깝도록 모든 걸 조장하는 게 모두의 이익에 도움 된다고 믿고 있다. 이게 미국적인 방식이며, 인터넷에 대한 대다수 미국인들의 사고 밑바닥에는 이런 원리가 깔려 있다.[2)]

이런 교리문답에 사실과 부합하는 요소도 있지만, 대부분은 허리케인처럼 불어 닥치는 강력한 이데올로기적 바람과도 같다. 실재하는 세계 자본주의를 이해하는 방법으로는 거의 쓸모가 없다. 자본주의에 헌신하는 미국 같은 나라가 바로 자신의 현실에 관해 이런 설익은 생각을 갖고 있다는 사실이 너무도 충격적이다.

교리문답은 실재하는 자본주의에 관해 오류투성이 이해만을 제공할 뿐 아니라, 자본주의를 민주주의의 동의어로 만들어 버린다. 민주주의라는 단어에 사기업 경제를 보호하고 경제를 증진시키는 시스템이라는 의미를 부여해 버린다. 이런 관습화된 지혜에 따르면, 자본주의 경제 시스템을 갖추지 않은 정치적으로 자유로운 민주사회를 상상한다는 게 애당초 불가능하다. 이러한 견해는 자본주의 전통과 완전히 다를 뿐 아니라, 때로는 자본주의에 적대적인 민주주의의 실제 전통에 비춰 볼 때 암울할 정도로 불공정한 것이다. 관습화된 지혜는 미국 정치의 본성을 모호하게 만들어 버리며, 민주주의의 확장 가능성을 가로막는다. 우리 시대 민주주의의 딜레마에 관한 좀 더 명확한 인식은 이런 교리문답을 뛰어넘어, 자본주의에 대한 참된 이해를 통해서만 가능할 것이다.

이 점이 내가 지향하는 목표이다. 나는 정치경제학 전통에 바탕을 두고 이런 교리문답의 가면을 벗겨 낼 것이다. 그러고 나서 좀 더 정확한 그림이라 생각되는 이해 방식을 보여 주고자 한다. 민주주의 관련 함의에 특히 주목하면서, 자본주의 발전과 연관된 주요 이슈를 다룬 정치경제학 문헌들의 핵심 주제 가운데 몇 가지를 제시해 볼 것이다. 자본주의는 무엇보다 불평등과 독점, 지나친 상업주의, 불황을 조장하며, 이 모든 것들은 정치적인 민주주의를 좀먹는다. 특히 불평등과 독점, 지나친 상업주의는 대중의 탈정치화를 부추긴다. 수단이 없는 사람들은 결국 정치과정으로부터 소외되기 십상이다. 인터넷의 출현이 자본주의 경제가 불러온 이런 반민주적인 요인들을 누그러뜨릴지 (또는 진정성 있게 경감시킬 것인지) 따져 보아야 한다. 좀 더 세밀한 연구 작업을 통해 다양한 방식으로 정교하게 다듬고 수정할 필요가 있다. 내가 목표로 하는 것은 다른 인터넷 관측자들이 제시하는 바와 유사한 수준의 추상화 작업이고 폭넓은 일반화이다.

이미 어느 정도 예측하고 있겠지만, 이 장의 제목으로 제기한 질문에 대한 나의 짧은 답변은 '아니다'다. 좀 더 긴 답으로 들어가 보자.

자본주의

논의를 위해, 인류가 농업을 발견하고 커다란 포유동물을 길들이기 시작한 8천 년~1만 년 전으로 거슬러 올라가 보자. 그 무렵이 되어서야 인류는 처음으로 생존에 필요한 것보다 많은 잉여를 창출할 수 있었다. 그 전까지 오랜 세월 사람들은 주로 사냥하고 채집하는 유목민으로 살아갔다. 사실상의 계급 없는 사회였으며, 아주 드문 경우에만 일정한 잉여 생산물을 만들어 낼 수 있었다. 그러다가 농업과 함께 식량 생산이 늘어나고 정착하게 되었으며 인구도 급격히 증가했다. 어떤 사람들은 일을 하지 않고 다른 사람들의 노동에 기대어 살아갈 수 있게 되었다.[3] 이런 엘리트들 가운데 부족장과 종교 지도자, 군인이 나오고 나아가 제국이 출현하게 되었다. 지구의 인구는 기원전 3000~8000년에 5백만에서 5천만 명으로 늘어났고 기원전 1000년에는 1억 명으로 크게 증가했다.[4]

이렇게 해서 인류 사회는 다양한 형태를 띠기 시작했다. 그러나 근대 자본주의 이전까지, 농업에 익숙하지 않은 경우를 제외하면 한 가지 특징이 뚜렷하게 나타났다. 잉여 생산물의 양은 많지 않았고 봉건계급이나 지주 엘리트의 관리 아래 있었으며, 대다수 인민은 힘들게 생계를 이어 가야 했다. 잉여 생산물을 두고 엘리트들이 서로 다투던 이 시기를 인류학자들은 종종 '도둑 정치'(kleptocracy)의 시대라고 일컫는다. 이런 다툼은 이따금 전쟁으로 치달았다. 어떤 왕국이 다른 왕국을 정복하면 정복된 사람들은 새 지배자를 위한 잉여 생산에 동원되는 노예 상태로 전락하게 된다. 거의 평등한 세계로부터 출발한 인류는 농업이 전파되고 불과 몇 천 년 사이에 노예제와 더불어 뚜렷한 계급차별 제도를 만들어 냈다. 제러드 다이아몬드의 지적이 전혀 놀랄 만한 게 아니다. 대부분의 인류에게 삶의 질이라는 측면에서 볼 때, 농사는 어쩌면 잘못된 방식으로 나아간 중대한 진일보였을지 모른다.[5] 역설적이지만 문명이 치른 일종의 대가였다.

시장은 물론 자본주의 이전 사회에서 이미 다양한 차원에서 존재하고 있었다. 하지만 뭔가를 빌려주거나 상인들을 위해 존재하는 시장은 그때까지도 여전히 중심을 차지하지 않았다. 잉여 생산물도 대부분 농업과 관련된 것이었다. 잉여 생산물은 쓰기 위해 창출되었을 뿐 그 양을 키워야 하는 특별한 자극 요인 같은 것은 없었다. 그러다가 봉건제에서 시작하여 중상주의를 거쳐 산업자본주의로 급변하면서, 1500~1850년 무렵에 마침내 자본주의가 모습을 드러냈다.

자본주의는 근본적인 전환을 가져왔다. 잉여 생산물이 어떤 사회의 생존에 필요한 것을 뛰어넘는 양만큼 산출되고 나아가 다른 무언가로 바뀌게 된다는 특징이 있다. 잉여는 곧 수익 창출을 위해 투자되는 자본의 형태를 띠게 된다. 수익이 발생한다면 잉여는 또 다른 수익을 위해 재투자되기 마련이고 그렇게 무한대로 이어진다. 과거 어떤 사회에서도 찾아볼 수 없는 방식으로 시스템 전체가 그렇게 돌아갔다. 이런 논리는 관계자들에게 복종하지 않으면 안 되게끔 강제되다시피 했다. 이제 더 이상 잉여는 엘리트가 소비할 재화를 농민들에게 덮어씌우는 방식에 기반을 둔 정적인 존재물이 아니다. 자본주의 안에서 생산된 잉여는 소비되는 게 아니라 저축하고 투자되는 것으로 여겨졌다. 부자들에 의해 소비될 때조차도 '그러하다.'

농민들이 농촌 지역을 떠나 생존을 위해 자기 노동력을 팔 수 있는 도시로 몰리면서 상황은 급격히 바뀌게 되었다. 맨 처음 영국에, 그러고 나서 서유럽과 미국에, 그 후에는 전 세계에 산업자본주의가 찾아왔다. 그 무렵 대부분의 나라들은 자본주의 역사에서 나타난 특정 국면인 제국주의를 이식 받는 쪽에 있었다. 그 이전의 모든 사회와 달리, 자본주의 아래에서 잉여는 끝없이 늘어나고 잉여가 어떻게 산출되고 분배되는지 여부가 곧 정치경제의 '자산 포트폴리오'가 된다. 자본주의 편을 들어주는 가장 강력한 실증적인 주장은, 자본주의가 잉여와 부, 수익을 과거에는 상상도 못할 만큼 극적으로 증가시켰다는 것이다. 그렇지만 자본주의의 장점을 둘러싸고 제대로 논쟁을 펼치기에는 아직 이르다. 우리가 자본주의 방식의 성장을 얻어 내기 위해 치르는 대가를 따져 보고 잉여가 분배되는 방식을 살펴보고 난 뒤에야 비로소 장점을 논의할 수 있을 것이다.

자본주의는 여러 면에서 자본주의 이전 경제로부터 근본적인 변화를 가져왔다. 교역과 신용 면에서 상대적으로 발전한 시장을 봐도 그렇다. 이제 자본주의는 거의 매 세기마다 세상을 새롭게 만들어 낼 것 같은 역동적인 경제 시스템으로 여겨진다. 2013년의 미국은, 1913년이나 1813년의 미국과는 완전히 다른 나라이다. 프랑스나 일본, 아프가니스탄 같은 나라에서 813년과 913년, 1013년에 걸쳐 나타난 차이가, 전쟁이나 흑사병을 고려하더라도 훨씬 적을 정도였다. 엘런 메이크신스 우드 같은 역사학자는 자본주의가 처음 출현한 게 불가피한 것은 아니었다는 믿을 만한 주장을 내놓는다. 북유럽이나 서유럽의 인류는 봉건제에서 벗어날 또 다른 경로를 찾을 수 있었으며, 자본주의로 굳어지는 데는 특정 행태의 역사적 환경이 필요했다.[6] 그런데 일단 형성되기 시작하면서 자본주의는 그 위상을 특정할 독특한 논리를 따르게 된다. 수많은 나라들이 근대화하거나 아니면 몇몇 산업화된 국가에 의해 경제적으로 군사적으로 지배당하게 되는, 그런 강력한 압박 상태가 나타난 것이다.

자본주의에서 맨 꼭대기는 물론 자본가들이 차지한다. 그들은 자신의 노동력을 다른 사람에게 파는 게 아니라 자신이 소유한 자산으로부터 수익과 소득을 창출함으로써 돈을 번다. 봉건제를 비롯한 자본주의 이전 사회와 달리 자본가의 지위는 결코 확정되어 있지 않다. 계속 수익을 낸다는 보장이 없으며, 실패하면 죽음보다 더 끔찍할 수도 있는 처지가 된다. 다른 사람을 위해 일해야 하는 운명이 되는 것이다. 자본가들은 다른 자본가들을 상대로 수익을 쟁취하고 자신의 영토를 보존하기 위하여 홉스식 전쟁 상태에 놓이게 된다. 이 역동성이 시스템을 추동하고 또 시스템을 규정한다.

어떤 국가를 막론하고, 상당 수준의 생산과 금융 수단을 소유한 상태에서 자기 노동력을 팔지 않고 풍족하게 안정적으로 살 수 있는 자본가의 비율은 얼마 되지 않는다. 카를 마르크스와 프리드리히 엥겔스는, 19세기 영국을 인구 10퍼센트가 생산수단을 독차지한 사회로 묘사한 바 있다.[7] 오늘날 우리는 상위 1퍼센트가 사회를 사실상 소유하고 있다고 이야기하는데, 어쩌면 이조차 너무 높게 잡은 수치일지도 모른다. 사실, 자본주의 국가들이 점점 더 부유해진다고 해서 자본가 인구의 비율이 눈에 띄게 늘어나는 것은 아니다. 다만, 고수입 상위 중산층 전문가 계급을 포함하여 노동 인구의 생활수준이 어느 정도 나아지는 모양새를 보이게 된다.

자본주의는 절대주의 봉건제가 아니다. 이론적으로는 누구나 부자가 될 수 있고 거꾸로 부자들도 가난해질 수 있다. 물론 상층부에 있는 사람들은 대개 그곳에 머물고 하층 사람들도 마찬가지로 자기 자리에 늘 머물지만, 자본주의 시스템은 역사상 가장 유동적이고 역동적인 계급 사회이다. 그렇다 하더라도 누군가를 스리랑카 최고의 아이스하키 선수라고 말하는 격이긴 하다. 《월스트리트저널》이 2005년에 주목한 것처럼, "상당수 연구 조사는 [미국에서] 부모의 소득 가운데 적게는 45퍼센트, 많게는 69퍼센트 정도가 자식에게 상속된다는 사실을 밝혀냈다. …… [당신의 계급을 결정하는 데] 중요한 건, 당신의 부모가 얼마나 많은 돈을 갖고 있는가 하는 것만이 아니다. 여러분의 고조부가 가진 부까지도 현재의 당신에게 주목할 만한 강점으로 작용할 것이다."[8]

이 제한된 경제적 유동성이, 소셜미디어와 신기술이 새로운 유형의 따뜻하고 건강한 자본주의와 기업 조직을 창출한다는 인터넷 예찬자들의 주장 가운데 하나를 논박하는 맥락이 된다. 스크루지, 존 록펠러, 포터 씨, 엑손, 골드먼삭스, 월마트에 이르기까지 천박한 자본이 지배하던 낡은 시대는 갔다. 그 자리를 리처드 브랜슨과 스티브 잡스, 구글과 페이스북의 CEO들이 차지했다. "하이테크 혁명과 더불어 전 지구적인 문제, 풍요와 관련된 문제를 해결하는 데 자신의 재산을 기꺼이 사용할 완전히 새로운 테크노 자선가들이 형성되고 있다"고 피터 다이아맨디스와 스티븐 코틀러는 썼다.[9] 이 새로운 표상의 자본가들은 기본적으로 쿨한 사람들이며, 공동체 마인드를 갖고 있을 뿐 아니라 생태 친화적이기까지 하다. 단기적인 수익만 노리는 나쁜 자본주의자들의 모든 계략은 곧 역사의 백미러에서나 볼 수 있게 될 것이다. 착한 이들이 이길 것이다.

자본주의에 관해 우리가 알고 있는 수많은 사실들은, 이게 말도 안 되는 헛소리임을 정확히 입증한다. 포드재단이 수십 년 동안 수익성 없고 상업적이지 않는 일에 상당한 돈을 기부한 것처럼, 빌 게이츠와 워런 버핏도 자선단체에 수십억 달러를 내놓을 수 있다. 그렇지만 게이츠의 경우 마이크로소프트처럼 수익이 창출되는 핵심 사업 분야에서는 여전히 온갖 수단을 통해 수익을 극대화하느라 분주하다. 구글과 페이스북, 애플, 아마존 할 것 없이 모두 두려움 속에서 생존해 가고 있으며, 약간의 실수가 최대 수익 산출 능력을 위협하는 계기가 될 수 있다는 점을 잘 알고 있다. 이 공포는 자본주의 역사만큼이나 오래된 것이다. 여러 세대에 걸쳐 상당한 부를 축적하거나 상속받은 멋진 예술가들과 격조 높은 호화 생활자들이 존재해 왔다. 그들은 세상에 관해 전혀 개의치 않는다는 듯이 행세한다. 그렇지만 어디선가에서 그들의 자본은 최대의 수익성을 위해 인정머리 없을 정도로 잘 관리되고 있을 거라고 여러분께 확실히 말해 줄 수 있다. 이런 부유한 인간들은 더없이 풍족한 삶의 특권을 누리기 위해 자기 대신 돈을 관리해 주고자 나선 다른 사람들에 관해 별다른 행동을 취하지 않는 것처럼 보인다. 그렇지만 실제로 그들의 자본은 불어나느냐 아니면 죽음을 맞느냐를 두고 일종의 전쟁을 치르고 있다.

애플과 구글이 얼른 떠오를 텐데, 인터넷의 도래와 더불어 사업에 성공한 거대기업들 가운데 상당수는 낡은 행색의 자본주의자가 되고 싶다고는 결코 생각하지 않았을 이상주의자들에 의해 시작된 것일 수도 있다. 그렇지만 시스템은 이들을 빠르게 채찍질해 현실과 어울리는 지금의 체질로 길러냈다. 프라이버시와 상업주의, 세금 회피 또는 제3세계 공장 노동자들의 저임금 따위에 관한 그 어떤 양심의 가책도 금방 잊어버리게 만든다. 경영주들이 특별히 나쁘다거나 탐욕스러운 사람이라는 뜻이 아니다. 그들의 개인적인 도덕 기질과는 아무 상관이 없다. 시스템은 특정 유형의 행동은 보상해 주는 반면에 다른 형태의 행동에 대해서는 징계한다. 그래서 사람들은 일정한 프로그램을 따르게 되고 필요한 가치를 내면화하기 마련이다. 그렇게 하지 아니면 사업에 실패할 수밖에 없게 된다. 자본주의는 죽었다 깨어나도 받아들일 수 없는 한 가지 논리를 갖고 있다. 만약 당신도 참여하게 된다면, 반드시 승리할 수 있는 플레이를 펼쳐야 한다. 물론 성공한 자본가와 경영인들은 필요한 가치를 이미 내면화시켜 버리기에 이런 말을 논쟁거리로 의식하지 못할 것이다. 이 말이 기업을 적대시하는 비판이 결코 아니다. 밀턴 프리드먼이 시스템을 옹호하면서도 가장 강력하게 문제 제기했던 게 바로 이 측면이다.

오늘날의 자본주의가 과거에 견주어 더 자비롭거나 사회를 더 생각한다는 증거는 거의 없다. 리처드 브랜슨이나 테드 터너 같은 사람도 있지만, 현 상태에 아주 만족하면서 당연하게 그걸 유지하고 싶어 하는 데이비드와 찰스 코시 같은 수십억 달러 자산가들과 그보다 훨씬 많은 백만장자들이 있다. 테드 터너는 자기 주변에 자선행위에 인색한 구두쇠인 수십억 달러 부자들이 떼거리로 뭉쳐 있다고 불만을 터트린 적이 있다. 실제로 하이테크 흥행주를 비롯해 막대한 재산을 가진 사람들은 상당히 오만한 경향이 있다. 최근의 한 연구 조사는, 상류층 사람들이 다른 사람에게 동정심을 별반 느끼지 않으며 탐욕은 자신들이 획득한 삶의 위상을 두고 볼 때 어느 정도 정당한 것이라고 느끼는 측면이 많다는 사실을 보여 준다.[10] 심리학자 대처 켈트너의 표현대로, "부는 내가 먼저라는 심리 상태를 조장한다." 그리고 이 심리 상태가 합리화하는 탐욕이 "도덕적 행위를 가로막는다."[11] 예를 들어, 수십억 달러 재산가이자 페이팔(PayPal)의 공동 창업자인 피터 티엘은 이런저런 비영리단체에 상당한 돈을 기부한다. 그렇지만 그 돈 대부분은 자신이 지지하는 친기업주의 우익 정당의 의제를 밀어붙이는 데 흘러 들어간다.[12] 기업이 공적 영역에 발을 들일 때는 자신의 상업적인 이해관계를 직간접으로 증진시키기 위한 경우가 대부분이다. 하이테크 기업도 다를 바 없다. 미국 사회가 지금의 모습을 띠게 된 이유도 상당 부분 바로 저들이 바라는 방식이기 때문이다.

인터넷이 자본주의를 바꿔 놓고 있으며 민주주의에 활력을 다시 불어넣는 중이라는 그럴듯한 주장이 있다. 하지만 따뜻하고 양심적인 '네트 기업가'라는 새로운 계급이 존재한다는 주장은 전혀 설득력이 없다. 수십억 달러 자산가들이 지구상의 잉여에 대해 그토록 멋대로 할 수 있는 권세를 가져야 하는지는 의문을 품기에 충분하다. 그들이 실제로 너무나 멋진 사람들이고 사심이 눈에 띌 만큼 없어졌다거나, 미래에 관해 어느 정도 전망을 갖추고 있다는 증거는 어디에도 없다. 똑같은 자원에 접근할 수 있다고 할 때, 민주적인 정부보다 더 훌륭한 공적 서비스를 제공할 수 있다는 증거도 거의 없다.

노동과 불평등

그 역동적인 특성 탓에 세상을 끊임없이 뒤집어 놓고 있지만, 자본주의는 수익성 추구 탓에 불가피하게 야기하는 몇 가지 특징을 갖고 있다. 자본가들은 언제나 될 수 있으면 수익을 최대화하고 자신이 투자한 걸 잃게 될 위험성을 최소화하고자 한다. 디지털 시대라고 해서 이런 특성이 사라질 거라고 암시하는 근거는 어디에도 없다. 오히려 바로 이런 것들이 디지털 시대를 구성하고 또 정의한다.

첫째, 계급과 불평등이 시스템 내부에 유전자처럼 똬리를 틀고 있다. 이 말은 세계에서 가장 부유한 자본주의 국가에서조차 극소수만이 자본가가 될 수 있다는 의미에 머물지 않는다. 수익을 창출하는 시스템은 될 수 있으면 노동계급에게 가장 적은 임금을 지불하는 데 기반을 두고 있다는 얘기이기도 하다.[13] 만약에 어떤 괴짜 같은 자본가가 노동자들에게 지불해야 하는 것 이상의 임금을 지불코자 마음 먹었다고 가정해 보자. 그렇게 하면 주주나 상속자들은 물론하고, 그 자본가의 경쟁자들까지 한꺼번에 덤벼들 것이다. 곧 그 괴짜 자본가는 더 이상 자본가가 아니라 히피로 전락하고 말 것이다. 경제학은 기업이 비용보다 더 큰 수익을 창출하는 한도 안에서만 노동자를 고용한다는 사실을 잘 보여 준다. 비용이 낮을수록 수익이 커지는 법이다. 다 아는 것처럼, 부의 계급적 기반에 관해 자본주의 옹호자들은 큰 목소리로 떠들지 않

는다.[14)]

자본주의 사회에서 파이의 좀 더 큰 몫을 주장할 수 있는 수단을 갖기 위해 노동자들이 노동조합을 설립하는 일이 언제나 분란을 일으키는 것도 바로 이 때문이다. 대부분의 자본가들은 앞에서 든 이유로 노동조합에 반대한다. 노조 결성 자체를 불가능하게 하지는 않더라도 더 힘들게 할 수 있는 온갖 법률을 생각해 내고 정치인들의 지지를 끌어낸다.[15)]

미국에서 지난 세기에 떠돌던 중대한 이야기 가운데 디지털 혁명과 겹치는 것은 조직화된 노동계급의 몰락과 임금 동결, 경제 불평등의 엄청난 증가에 관한 것이었다. 이 시기에 부자는 더욱 번창했고 나머지 사람들은 다들 더 크게 허우적대야 했다. 조지프 스티글리츠는, 경제학이라는 학문이 미국의 엄청난 경제 불평등 문제에 다가갔지만 조금이라도 설득력 있는 변명은 내놓은 바가 없다고 적는다.[16)] 학자와 정치가들은 불평등의 심화가 숙련된 노동자들을 대하는 새로운 정보 경제의 기능 가운데 하나이자 혁신적이고 역동적인 경제에 필요한 효과 중에 하나라고 떠벌인다. 제임스 갤브레이스와 제이콥 해커, 폴 피어슨 같은 학자들이 이렇듯 자본주의를 합리화하는 논리를 체계적으로 깨뜨려 왔다. 갤브레이스의 연구는 지난 30년 동안 막대한 불평등을 가져온 재정 부문과 부채의 성장이 안고 있는 심각성을 강조한다.[17)] 이러한 성장은 정부의 정책적 후원이 필요한 것이었다.[18)]

제이콥 해커와 폴 피어슨도 미국인들 사이에서 나타난 소득 불균형은 무엇보다 주요 정책의 변화가 만들어 낸 결과라는 사실을 입증해 냈다. 특히 수십억 달러 갑부들을 위해 세법과 기업 규제 정책이 개정되었고, 노동의 조직화를 약화시키는 갖가지 법률이 제정되었다. 이러한 변화는 주로 다음과 같은 이유 때문에 빚어진 일이었다. 스스로를 탁월하게 조직한 기업들은 1970년대 후반부터 워싱턴 정가를 사실상 완벽히 장악해 버렸다.[19] 그 결과, 노동자들을 대표할 노동조합 설립의 필요성이 더욱 커진 상황에서도, 민간 부문에서 노조를 성공적으로 출범시키는 일이 거의 불가능해졌다.

1950년대에 35퍼센트 정도가 노조 조합원이었던 것에 견주어 지금은 미국 노동자들 가운데 약 11퍼센트 정도, 민간 부문에서는 불과 6퍼센트만 노조에 가입해 있다.[20] 공공 부문 노조는 정부가 기업체처럼 노조 와해 공작에 관여할 수 없기에 좀 더 버틸 수 있었다. 하지만 최근 들어 공공 부문 노조를 해체하려는 노골적인 정치 공세가 점점 거세지고 있다.[21] 2011년에 《미국사회학리뷰》에 실린 한 연구가 입증한 것처럼, 이러한 상황이 직접적으로 불평등을 확대시켰다. 노동조합은 이제 노동시장에 나와 있는 전체 노동자들은커녕 조합원들의 임금을 끌어올릴 만한 힘이 별로 없다.[22] 결과는 다음과 같다. 1980년 제조업 분야 생산직과 비관리직 노동자들의 임금은 부가가치의 35퍼센트를 차지했는데, 1950년대부터 변함없이 그 정도 수준에 머물러 왔다. 그런데 2011년에 이르면 노동자의 몫은 17퍼센트로 확 줄어 버린다.[23] 민간 부문에서 노동조합의 부재가 불평등을 간접적으로 증대시켰다. 노동조합은 기업과 부유층에 맞서 정치나 정책에서 적대세력이 될 수 있는 자원과 힘을 지닌, 사실상 유일하게 조직화된 제도이기 때문이다. 공교육과 의료보험, 공적연금을 위해 싸워 온 것도 다름 아닌 노동조합이었다. 세이무어 마틴 립셋과 노아 멜츠의 고전적인 비교 연구가 관측한 바와 같이, "노동조합에 대한 지지는 사회의 민주적인 힘과 밀접하게 연관되어 있다."[24] 조직화된 노동조합의 변모하는 역할과 힘에 대한 몇몇 징후를 살펴볼 수 있다[그림 1]. 파업은 적어도 50년 전에 견주어 더 이상 미국에서는 거의 존재하지 않는다.

그림 1 1천 명 이상의 노동자들이 참여한 파업 수

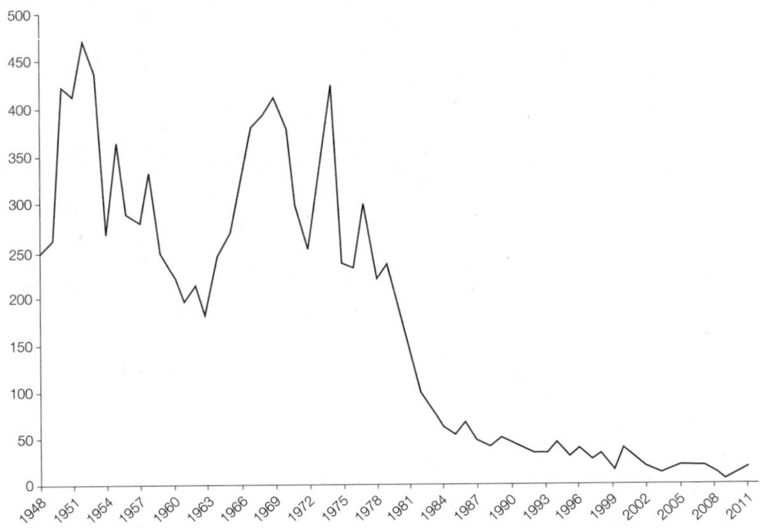

출처: 미국 노동통계청, "No. of Work Stoppages Idling 1,000 Workers of More Beginning in Period" (WSU100), bls.gov.

임금 인하 압박은, 미국 기업들이 임금이 매우 낮은 해외로 제조업 분야의 일자리를 더욱 수월하게 이동시킬 수 있도록 한 새로운 무역 정책을 통해서도 더 강화된다. 세계노동기구(ILO)에 따르면, 1980년부터 2007년까지 전 세계 노동자 수는 19억 명에서 31억 명으로 63퍼센트나 늘었다. 그중에 73퍼센트가 발전도상국, 특히 40퍼센트는 중국과 인도에 살고 있다. 모건스탠리의 스티븐 로치는 이를 '글로벌 노동 환차익'라고 이름 붙였다. 말하자면, 국제 임금 위계를 착취에 이용함으로써 기업과 투자자들에게 막대한 이익을 가져다주는 경제 보상 시스템이다. 어떤 연구 조사는 글로벌 자본주의의 높은 성장률을 감안하더라도 아직 개발되거나 이용되지 않은 전 세계 노동 저장량이 너무 많기 때문에 앞으로 수십 년 동안에도 임금 인하 압박은 대체로 지금 수준에서

유지될 것이 분명다고 밝혔다.[25]

인터넷 관련 산업들도 해외로 이전한 제조업 일자리를 좇아 중국 같은 저임금 지역으로 옮겨 갔다. 예를 들면, 시장 가치로 규모가 가장 큰 기업인 애플은 2012년 현재 미국 국내에서 고용하고 있는 직원이 고작 6천 명 정도밖에 안 된다. 미국에서 가장 규모가 큰 기업인 제너럴 모터스(GM)가 이보다 대략 열 배는 더 많은 미국인을 직원으로 고용하고 있다. 한편 애플은 미국 바깥에서 대략 70만 명에 가까운 인원을 간접 고용하고 있다.[26] 2012년에 《뉴욕타임스》는 중국에서 애플 관련 제품을 생산하는 공장들의 작업 조건에 관해 분석한 기사를 실었다. 찰스 디킨스 시대가 차라리 노동자의 천국처럼 보일 정도로 상황이 열악했다. 주 7일 노동과 과도한 초과근무, 혼잡한 기숙사, 위험한 노동조건, 효과적인 노동조합 통제, 보조금 정책의 부재, 똑같은 노동의 대가로 서구 노동자가 기대하는 것에 견주면 말도 안 되는 임금에 이르기까지.[27] 애플은 경쟁사 모두가 똑같은 관행을 따르고 있기에 누구도 중국을 떠날 처지가 아니라면서 스스로를 옹호했다. 결국 괴짜 자본가들이 시스템의 기존 논리를 뒤엎을 수 있다는 생각은 허구라는 사실이 탄로 나고 만 것이다. 오히려 더 많은 역외 이동의 위협이 미국을 비롯한 여러 선진국의 국내에 남은 일자리에 대한 임금과 노동조건을 악화시키는 엄청난 압박으로 작용한다.

계급투쟁이라 말하지 않을 수 없는 현실이 분명히 드러난다. 1945년부터 1975년 사이, 미국에서는 노동생산성이 높아짐에 따라 임금도 비례하여 올랐다. 그런데 1970년대 후반부터는, 노동생산성은 계속 늘어났지만 새로 창출된 소득은 대부분 자본가들에게 돌아갔다. 노동자들은 거의 아무것도 얻어 내지 못했다. 로버트 레이치가 2012년 3월에 정부 생산성 관련 데이터를 새로 분석한 결과, "자본가가 아닌 사람

그림 2 하위 99.5퍼센트의 소득 점유율

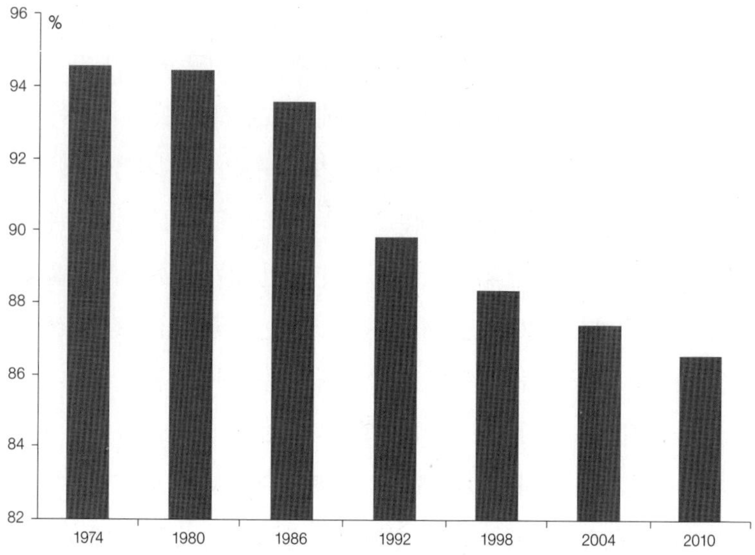

출처: Thomas Piketty & Emmanuel Saez, "Income and Wage Inequaity in the United States 1913-2002, in Anthony B. Atkinson & Thomas Piketty, eds., Top Incomes over the Twentieth Century: A Contrast Between Continental European and English-Speaking Countries (New York: Oxford University Press, 2007), ch.5. 자본 소득은 무시해도 좋을 수준이라 제외하고 있음.

들에게 임금의 형태로 돌아가는 소득 지분이 줄어든 것으로 나타났다. 1947년 정부가 자료를 모으기 시작한 이래, 비자본가 소득의 지분은 이제 가장 낮은 수치로 떨어졌다."[28] 월스트리트의 한 임원도, 2010년 미국의 개인소득 인상 지분 가운데 93퍼센트(2천억 달러)가 연간 소득이 35만 달러를 넘는 사람들한테 돌아갔다고 인정한 바 있다.[29] [그림 2]와 [그림 3], [그림 4]에서 불평등이 크게 확대된 현실을 체감할 수 있을 것이다.

기업들은 어떻게 해서 소득과 재산이 지난 몇 십 년 사이에 완전히 바뀌었는지 잘 인식하고 있다. 2006에 나온 한 대외비 메모에서, 시

그림 3 상위 1퍼센트의 소득 점유율

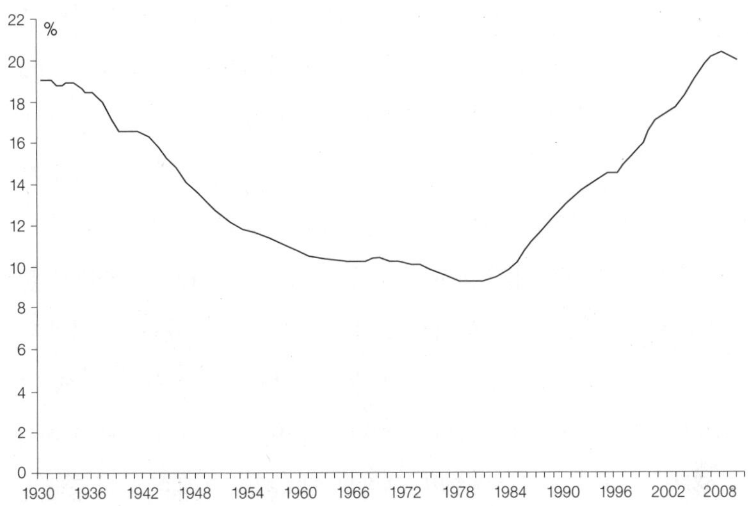

출처: 앞의 자료. 자본 소득을 포함하고 있음.

그림 4 노동생산성과 노동에 대한 보상

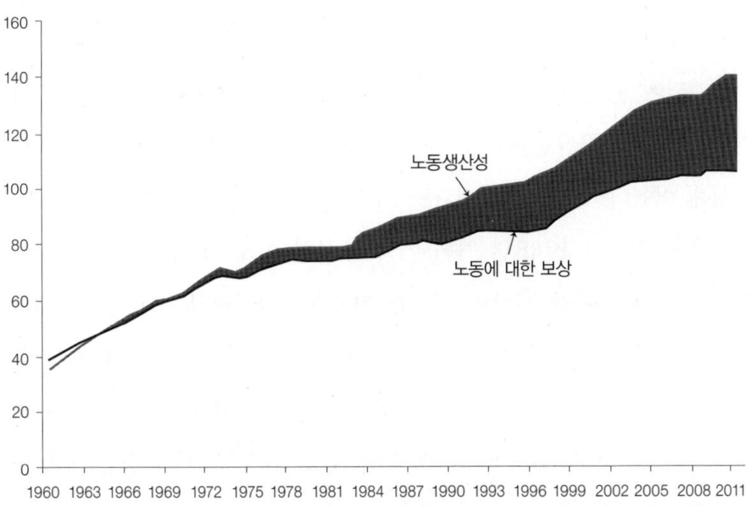

출처: 미국 노동통계청, "Labor Productivity (Output Per Hour)" (PRS85006091)과 "Real Hourly Compensation" (PRS85006151), Nonfarm Business, bls.gov.

티그룹은 미국이 "부유한 소수가 경제성장의 동력을 제공할 뿐 아니라 거의 모든 걸 소비하는" 근대식 금권정치(plutonomy)의 형태로 자리 잡아가고 있다고 말했다. 2011년 《애드버타이징에이지》(Advertising Age)의 특집 기사 또한 이렇게 결론을 내리고 있다. "대중적 풍요의 시대는 끝났다." 매디슨애비뉴(미국 광고 산업의 중심지—옮긴이)는 이제 미국 가구 가운데 상위 10퍼센트한테만 관심을 보일 것이다. 이들이 현재 전체 소비지출의 거의 절반 정도를 차지하기 때문이다. 소비의 많은 부분은 상위 10퍼센트 중에서도 최상층부에 있는 사람들한테서 나온다.[30] 《애드버타이징 에이지》의 데이비드 허시먼은 이렇게 요약한다. "간단히 말해, 특히 기술과 금융 서비스, 여행, 자동차, 의류, 개인 건강관리 같은 분야에 종사하는 몇몇 부유한 엘리트를 중심으로 한 금권정치가 전체 소비자 지출과 관련해 점차 더 많은 부분을 추동시켜 내고 있다. 동시에 그들은 엄청나게 큰 구매 파워를 갖는다."[31]

2010년의 총인구조사는, 이 스펙트럼의 반대쪽에 있는 미국인 가운데 48퍼센트가 가난하거나 '저소득층'이라고 정리했다.[32] 그토록 많이 이야기되어 왔던 시장, 기업들 사이에서 꿈의 표적으로 간주되던 7천만 명의 신흥 '중산층'(18~34세) 미국인들은 이제 그 매력을 상당 부분 상실해 버렸다. 2009년 현재 18~24세 인구 가운데 취업률은 약 54퍼센트인데, 정부가 1948년 처음 기록 조사한 이래 가장 낮은 수치이다. 2009년, 34세 이하 가장이 이끄는 가구는 1984년의 경우에 비해 68퍼센트나 더 적은 인플레이션-보정 재산을 갖고 있다. 한 광고대행사 임원은 2012년 이렇게 말했다. 시장 경영자들은 오랫동안 "우리가 저들에게 뭔가를 팔 시간이 엄청나게 많이 남아 있다"고 여겼지만, 이제 문은 "그들의 면전에서 쾅 닫혀 버린" 것 같다.[33]

경제학자들은 국가 불평등 정도를 측정하기 위해 오랫동안 지니계수라는 것을 활용해 왔다. 이 수치가 0점이면 경제적 평등 정도가 완벽하고(국민 모두가 같은 소득), 1점이 되면 반대로 경제 불평등이 완벽한 상태이다(한 사람이 해당 국가의 모든 소득을 독차지). 미국 인구통계청에 따르면, 이용 가능한 가장 최근의 수치인 2009년 미국 지니계수는 0.47로서, 지난 20년에 걸쳐 소득 격차가 20퍼센트나 늘어났음을 보여 준다. 2005년과 2009년 사이 독일(0.27), 이탈리아(0.32), 아일랜드(0.29), 스웨덴(0.23)를 비롯한 몇몇 유럽 국가들의 수치와 비교해 보면, 대략 감을 잡을 수 있을 것이다. 요컨대 미국은 부자 나라들 가운데 경제 불평등 측면에서는 전 세계적인 국외자로 전락했다. "우리의 지니계수는 이제 필리핀이나 멕시코와 비슷하다. 이런 현실을 당신은 과거에 상상조차 못했을 것이다." 프록터앤갬블(Procter & Gamble)의 북아메리카 소비자시장 부회장인 필리스 잭슨은 이렇게 말한다. "미국이 이처럼 소득 격차가 큰 나라인 걸 우리가 대체 언제부터 당연히 여기게 되었는지 잘 모르겠다."[34)]

미국의 이런 경제적 불평등은, 정치적 평등을 전제로 하는 효과적인 민주주의에도 직접적인 위협이 된다. 티머시 노아는 2012년에 펴낸 탁월한 책의 제목을 '위대한 분리'(Great Divergence)라고 이름 붙였다. 노아는 조사 결과, 경제 불평등과 그 원인에 대해 점차 대다수 전문가들 사이에 어느 정도 합의가 이루어지고 있다고 결론 내린다.[35)] 이 정도로 극단적인 불평등의 현실은, 표피적인 민주주의는 말할 것도 없고 그 어떤 정치와도 쉽사리 어울리지 않는다.

역설적이게도 바로 이러한 사실을 가장 잘 입증하는 이슈는 불평등 그 자체일 것이다. 하버드 경영대학원의 마이클 노턴과 듀크대학의 댄 에이리엘리는 설문조사를 통해, 미국인들이 바람직하다고 생각하는 사회 불평등의 수준을 알아보았다. 조사는 소득이 아니라 재산을 기초로

했다. 재산은 기본적으로 누군가가 갖고 있는 자본과 저축을 가리키며, 그리하여 자본주의 사회에서 진정한 경제력의 측정 기준이 될 수 있기 때문이다. 구체적으로 미국인 수천 명에게 이상적인 부의 배분율에 관해 질문하면서, 에이리엘리와 노턴은 미국과 스웨덴 두 나라의 재산 분배를 비교하는 예시로 제시했다. 실제로 스웨덴에서는 가장 부유한 20퍼센트 인구가 전체 부의 35퍼센트밖에 차지하고 있지 않았다. 반면에 오늘날 미국에서는 상위 20퍼센트 인구가 부의 84퍼센트를 지배하고, 하위 20퍼센트는 고작 0.1퍼센트만을 보유하고 있다. 2004년 조지 부시에게 투표를 한 응답자의 90퍼센트조차 스웨덴의 재산 분배 형태를 선호했다.

"지금까지 사람들은 미국의 재산 불평등 정도를 놀랄 만큼 낮춰 보고 있었다." 에이리엘리는 이렇게 말한다. "사람들은 이제 스웨덴보다 더 평등해져야 한다고 말하고 있다."[36] 물론 이처럼 가치 있는 주제임에도, 부와 소득의 불평등 문제는 여전히 미국 정치의 테이블에서 효과적으로 밀려나 있다. 선거가 다가올 때마다 민주당이 터뜨리는 주기적인 수사들을 제외하고는, 절대로 논의될 가망이 없는 이슈이다. 1년에 1백만 달러 이상을 버는 사람들에게 최소 30퍼센트 정도의 소득세를 부과하는 2012년의 이른바 버핏세 규칙처럼 기껏해야 공청회에서나 볼 수 있는 제안은, 부자에 대한 기본 세율이 최소 67퍼센트에 이르렀던 1965년 미국 상공회의소에서도 꿈의 입법으로 받아들여졌을 것이다. 미국의 정치가 이토록 타락해 버렸다.

경제 불평등은 더욱 포괄적이고 심대한 문제가 된다. 증대하는 불평등이 미국 사회와 다른 모든 국가들의 건강성에 끼친 효과에 관해, 지난 10년 동안 수 없이 많은 연구 조사가 이루어졌다. 리처드 윌킨슨과 케이트 피켓의 《정신 수준》(The Spirit Level)은, 부가 실제로 사회 엘리트들의 손에 얼마나 많이 들어가 있는지를 알아보는 것 이상으로, 확대된 불평등이 기대 수명과 정신 건강에서 폭력과 인간적인 행복에 이르기까지 거의 모든 수준의 복지를 어떻게 해치는지를 꼼꼼히 기록으로 확인해 보았다. 그래서 충분히 받을 만한 찬사를 얻었다. 경제 불평등은 가난한 사람들은 물론이고, 아이러니하게도 부자들한테도 상당한 문제가 된다.[37] 경제 금융화와 연관될 측면을 제외하고, 이렇게 늘어난 불평등의 책임을 인터넷에게 돌리기는 쉽지 않다. 그렇지만 디지털 혁명이 이런 상황을 개선하기 위해 그 어떤 주목할 만한 일도 하지 않은 점 또한 분명한 사실이다.

독점

자본주의에 내재된 두 번째 파괴적 요인은 바로 독점의 경향이다. 성공한 기업들은 시간이 갈수록 점차 그 덩치를 키우게 되며, 이에 따라 시장에 참여해 수익을 좀 얻고자 하는 신참 기업들의 경우 훨씬 많은 자본을 요구받는다. 덩치 큰 기업들은 그보다 작은 것들에 비해 확실히 규모의 이점을 누리며, 훨씬 더 강한 영향력을 행사하게 된다. 20세기 들어, 19세기에 흔했던 전통적인 소유주-운영자 자본주의는, 전국적·초국적 기업이 경제를 지배하는 자본주의로 대체되었다. 소유주들이 주식시장에서 지분을 매도하고 매수하는 역할을 맡는 반면에, 경영진들은 광대한 관료제를 관리하고 차별성 있는 제품을 갖고 경쟁을 펼치는 전문적이고 구별된 활동을 담당한다. 인터넷 같은 신규 산업이 출현할 경우, 소유주들은 이런 방식으로 모든 게 확고해지기까지 정신없는 초기 단계를 다시 거치게 된다.

애덤 스미스에서 시작해 여러 관측자들이 이해한 것처럼, 상황은 이보다 훨씬 더 심각하다. 자본가가 성공할 기회는 경쟁이 약할수록 일반적으로 더 커진다. 교리문답에 나오는 경쟁적 자유시장 개념에 따르면, 새로운 경쟁자가 장에 발을 들이고 총 산출량이 늘어남에 따라 결과적으로 가격이 떨어지고 저마다 수익도 줄어들며 궁극적으로 한 개인이 벌어들일 수 있는 과다 이익도 없어지게 된다. 그러나 이런 시스템은 경제학 교재 속에서나 소비자들 사이에서는 대단한 것이겠지만, 제정신인 자본가에게는 악몽과도 같은 게 된다. 환상적인 시나리오는, 시장으로 진출해 수요가 있는 어떤 제품을 오로지 혼자서 팔고 있는 그런 자신의 모습을 발견하는 것이다. 그렇게만 된다면 당신은 이미 정해진 가격을 따르지 않고 직접 제품의 가격을 정할 수 있다. 이렇게 되면 위험이 크게 줄어들고 수익은 증대한다. 이것이 바로 거의 독점적인 상황에서 그토록 많은 부가 창출될 수 있었던 이유이다. 조지프 스티글리츠는 다음과 같이 썼다. 자본주의 경제에서 "진정한 성공의 열쇠는, 독점을 없애 버릴 수 있는 경쟁의 구도를 일정 기간 절대로 존재하지 않도록 하는 일이다.[38]

한 기업이 제품의 100퍼센트를 판매하고 그 어떤 예상 가능한 경쟁자들도 쫓아 내거나 깨뜨려 버릴 수 있는, 그런 완전한 독점 상태는 사실상 존재하지 않는다. 대신에 자본주의는 독점적 경쟁 또는 과점이라 불리는 상태로 발전하는 경향이 있다. 소수의 기업들이 특정 산업 분야에서 생산이나 매출을 장악하고, 자신의 제품을 팔 가격까지 결정할 수 있는 정도의 시장 권력을 확보하는 상태를 뜻한다. 과점의 핵심은, 아무리 수익성이 높다고 하더라도 신규 사업자는 기존 선수들의 덩치나 위세 탓에 시장으로 진입하기가 몹시 어렵다는 사실에 있다. 과점 상태에서는 시장 점유율 확대를 위해 특정 기업이 가격 전쟁에 돌입하는 그런 인센티브가 전혀 주어지지 않는다. 왜냐하면 주요 선수들은 이미 가격 경쟁에서 살아남을 수 있을 정도로 모두 충분히 규모가 크며, 경쟁을 펼치는 것은 결국 기업들이 서로 다투고 있는 해당 업계의 수익성 파이 크기만 줄이는 꼴이 되기 때문이다. 실제로 과점적 산업에서 가격은 완전 독점 상태의 가격 방향으로 이끌리는 경향이 있고, 경쟁자들은 수익성 파이의 가장 큰 가능한 조각을 위해 서로 다투게 된다.[39)]

언뜻 봐도, 이런 그림은 20세기와 21세기 우월한 위치를 점한 미국 경제에 관한 상당히 정확한 설명이 된다. 인터넷이 소비자에게 힘을 부여하고 진입 장벽을 깨뜨리며 전통 산업은 물론이고 온라인에서도 훨씬 커다란 시장 경쟁을 창조할 것이라는 주장이 아주 많았다. 그러나 실제로 디지털 시대에 와서 몇몇 업계의 위아래가 뒤집히긴 했지만, 여전히 경제의 지속적이고 가속화된 독점 비율이 일반 규칙으로 유지된다. 이러한 상황에 대한 한 가지 척도를, 소수 기업들의 매출 지배 정도를 뜻하는 산업 집중 비율을 통해서도 살펴볼 수 있다.[40)] 다음에 제시된 [그림 5]를 살펴보자. 4대 기업의 집중 비율이 50퍼센트가 넘는 제조업(예컨대 자동차 생산)의 수치와 비중이 1990년대 중반, 즉 디지털 시대 이후에 모두 크게 늘어났다는 걸 잘 보여 주고 있다. 제조업 분야에서 점점 더 많은 산업들이 상당 수준의 독점을 특징으로 한 과점 또는 유사 독점 시장으로 굳어지고 있는 것이다. 무엇보다 문제는, 이러한 경향이 더욱 가속화되고 있다는 점이다.

집중의 문제는 소매업과 교통, 정보, 금융을 비롯하여 거의 대부분의 경제 부문에서도 급속도로 진척되고 있다. 1995년에 규모가 큰 6대 은행 지주회사들(JP모건체이스, 아메리카은행, 시티그룹, 웰스파고, 골드먼삭스, 모건스탠리, 그 무렵 몇몇은 약간 다른 이름을 갖고 있었다)은 미국 국내총생산

그림 5 집중화된 미국 제조업들의 수와 비율

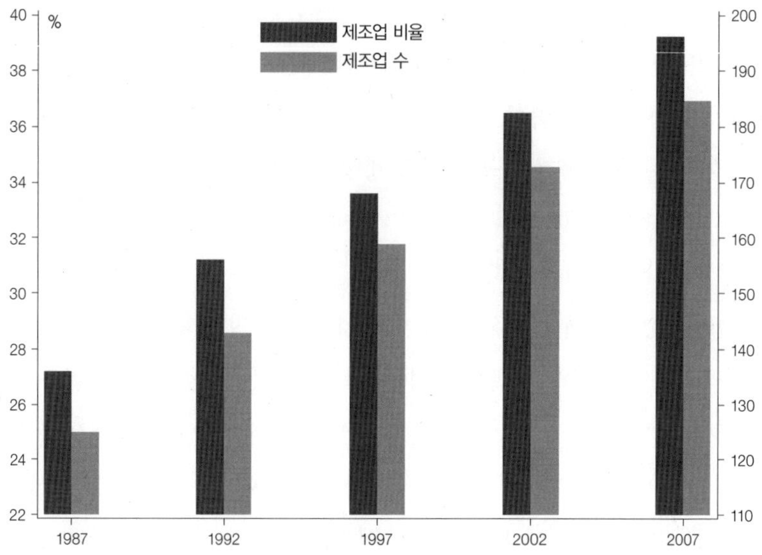

출처: Census of Manufactures, "Shipments Share Of 4, 8, 20 % 50 Largest Companies in each SIC: 1992-1007," 그리고 Economic Census of 1997, 2002, and 2007, American FackFinder (U.S. Census Bureau), census.gov (2011년 2월 검색한 내용).

(GDP)의 17퍼센트나 되는 자산을 차지하고 있었다. 2006년이 되면 그 총액은 무려 55퍼센트를 넘어서고, 2010년 3분기에는 다시 64퍼센트로 뛰어오른다.[41] 소매업의 경우에는, 1992년 22.3퍼센트였던 상위 5대 기업의 총 소매 매출 점유율이 2007년에는 33.3퍼센트로 늘어났다.

독점의 냉혹한 출현은, 자유시장이라는 자질의 논거를 훼손하면서 거의 한 세기에 걸쳐 경제계 내부의 가장 민감한 주제로 자리 잡았다. 2012년 스티글리츠는, "지난 30년 동안 이루어진 업계의 몇몇 주요 혁신들이 어떻게 경제를 더 효율적으로 만드는 길이 아닌 독점력을 더 잘 보장하는 방법에 집중해 왔는지"를 글로 쓴 바 있다.[42] 프리드리히 하이에크도 이렇게 말한 적이 있다. "가격 체계란 경쟁이 우세한 경우에만, 다시 말해서 개별 생산자들이 가격 변화를 통제할 수 없고 그 변화에 오히려 자신을 적응시켜야 할 때만 비로소 그 기능을 수행할 수 있다."[43] 한편 워런 버핏은 2011년 경제에 관해 아주 현실적인 진술을 내놓았다. "기업을 평가할 때 한 가지 가장 중요한 결정 지점은 가격을 정하는 힘이다. 만약 당신이 경쟁 업체에게 기업을 잃지 않으면서도 가격을 올릴 힘을 갖고 있다면, 그렇다면 당신은 정말 좋은 기업을 갖고 있는 셈이다. 반면에 당신이 가격을 10퍼센트 정도 올리기 전에 기도 시간을 가져야 한다면, 그러면 당신은 끔찍한 사업을 하고 있는 셈이다." 버핏이 보기에 중요한 것은 경영이 아니라 독점력이다. "만약 당신이 유일하게 그 동네에서 지난 5년 정도 신문을 소유해 왔다면 당신은 가격을 결정할 수 있는 힘을 보유하고 있는 셈이다. 따라서 사무실로 돌아가 경영 문제에 관해 크게 염려하지 않아도 될 것이다."[44]

만약에 가격 체계와 시장 경쟁이라는 주요 규제 장치가 사라진다면, 주류 경제학이 내다보는 결과는 가히 파멸적일 것이다. 경제는 비효율적이고 불공정한 모습을 띠게 될 것이다. 그런데도 일반적으로 경제학자들은 버핏이 말하고 하이에크가 우려를 표한 세계를 직면하는 대신에, 이러한 문제들을 발로 걷어차며 회피해 버린다.[45]

이처럼 산업의 집중도가 여전히 중요하고 의미 있는 것은 틀림없지만, 오늘날 거대기업의 독점력을 제대로 이해하는 데는 과거에 비해 훨씬 제한된 의미만을 갖는다. 왜냐하면 이제 전형적인 거대기업체는 하나의 업종에서만 작동하지 않는, 여러 산업에 걸쳐 운용되는 복합 기업체이기 때문이다. 이런 전형적인 거대기업의 다종 산업적 특성을 염두에 둔 경제 집중 경향에 관해 완전한 그림을 그리는 가장 좋은 방법은 '혼합 집중'(aggregate concentration), 즉 경제계 모든 기업들과 비교해 본 200개 최대 규모 기업들의 경제적 위상에 관한 몇몇 척도들을 살펴

그림 6 미국에서 상위 200개 미국 법인체 총수익이 차지하는 비율

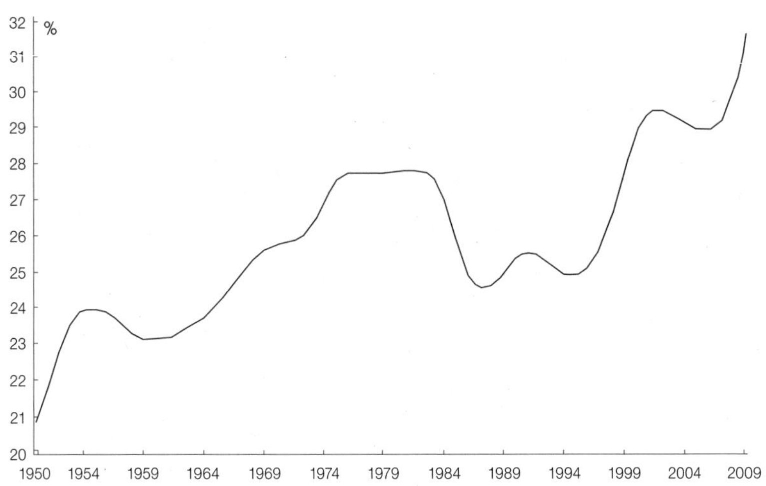

출처: 200개 상위 법인체들에 대한 자료는 맥그로힐의 자회사 스탠더드앤드푸어스의 한 부처인 캐피털아이큐(Capital IQ)의 컴퓨스태트(Compustat.com) 요약본 "Fundamentals Annual" (2011년 2월 15일 검색)에서 뽑아낸 것이다. 그리고 전체 총수익은 "Statistics of Income," (SOI) "Corporate Income Tax Returns" Division, Internal Revenue Service, Washington, D.C., 1950-2008에서 가져온 것이다. (컴퓨스태트의) "전체 총수익"(Total revenues)과 (SOI)의 "전체 수령액"(total receipts)는 같은 뜻이다. 컴퓨스태트 북미 지국의 데이터는, 미국에서 운용 중인 외국 기업들을 위한 복합기업 수준의 데이터만을 갖고 있다; (미국 내에서 법인 등록하지 않은) 모든 외국 기업들은 샘플에서 빠져 있다. 자료는 대략 5년 동안의 변동 평균치를 가리킨다. 컴퓨태트 데이터는 와턴리서치데이터서비스(WRDS, Wharton Research Date Service)를 통해 추출된 것이다. 이 논문을 준비하는 데 WRDS가 활용되었다. 이 서비스와 그로부터 이용 가능한 데이터는, WRDS 및/혹은 그 제3자 공급자들의 지적재산 및 기업 비밀에 해당된다.

보는 것이다.[46]

200대 기업들을 이런 관점에서 살펴보면, 이들은 2000년 현재 미국에서 총 550만 개의 법인체와 200만 개의 합명회사, 1,750만 건의 비농장 대지 독점 소유권, 그리고 180만 건의 농장 대지 독점 소유권을 갖고 있었다.[47] [그림 6]은 1950년 이후의 미국 경제에서 전체 기업 가운데 상위 200개 미국 법인들이 거둔 총수익이 차지하는 정도를 백분율로 나타낸 것이다. 1950년에 전체 기업 총수익의 21퍼센트이던 200

개 상위 법인체들의 총수익이 2009년에는 32퍼센트로 크게 늘어났음을 알 수 있다.[48]

과점적 지배, 좀 더 상식적인 말투로 바꿔 '자본주의 기업 권력'은 자본주의와 민주주의 사이의 연관성이라는 논거를 크게 훼손한다. 밀턴 프리드먼이 우아하게 내놓은 핵심 주장은 이러하다. 자본주의가 민주주의에 도움 되는 자질은, 경제에 관한 통제권을 정부의 통제권으로부터 분리시켜 버린 시스템에 있다는 것이다. 이런 주장에 따르면, 권력의 분산은 개인의 자유를 보호할 공간을 창출한다. 프리드먼이 지적한 바와 같이, 설혹 정부가 어떤 누군가를 좋아하지 않더라도 그 사람이 사적 부문에 고용되어 수입을 얻는 걸 막아 내지는 못한다. 그의 분석에서 핵심 요소는, 사적 부문은 경쟁적이고 개방적이며 또한 유동적이라는 것이다. 시스템을 왜곡할 만한 확고한 독점은 존재하지 않는다는 것이다.[49]

그러나 거대 독점 기업들이 번창하면서 경제와 정치의 분리는 점차 위태로워진다. 지배 구조는 갈수록 부패하는 경향성을 띤다. 잘나가는 정치인과 정책들이 강력한 기업의 이해관계에 좌우되다시피 한다. 국가와 자본이 효과적으로 합체하며, 국가는 부자들의 이해관계와 더욱 유착된다. 정치적인 논쟁이 없지는 않지만, 가장 중대한 논쟁은 오히려 이해관계를 달리하는 기업과 부문들이 서로 다툴 때 발생한다. 20세기 동안 정치학자들은, 노조와 가난한 자들을 대의하는 여타 조직들이 자본주의 기업 권력에 맞서 일종의 구조적 균형점을 이루고, 그럼으로써 통치 체제로 하여금 대중들의 관심사에 적극 반응토록 만들 수 있다는 가정을 세워 놓고 있었다. 이런 발상에 때로는 다원주의라는 이름이 붙여졌지만, 아마도 1930년부터 1970년에 이르는 진보적인 성취들의 상당 부분을 적절하게 설명해 준다. 그렇지만 오늘날 노동계급이 사실상 소멸하고 기업들의 덩치와 권세가 더욱 커짐에 따라, 이러한 이론은 왜 다원적 민주주의가 그토록 깊은 위기에 빠져 있는지를 겨우 설명해 줄 수 있을 따름이다. 2012년 《이코노미스트》는 기업들 간 흡수 합병의 물결과 독점적 시장 권력의 증대하는 합병을 예고했다.[50] 물론 이런 현상을 두고 민주적인 지배 구조를 위한 긍정적 발전이라 여겨야 할 까닭은 전혀 없다.[51]

어떤 사회 질서의 이데올로기이든 궁극적으로는 현존 시스템을 받아들이라고 떠벌인다. 독점의 지배는 더 이상 무시할 수 없는 현실이며, 그리하여 현상 유지를 노래하는 음유시인들은 독점을 찬미한다. 데이비드 브룩스는 2012년 이런 결론을 내렸다. "이 나라의 미래는 아마도 미국인들이 독점주의자가 되는 데 얼마나 성공할 것인지 여부에 따라 결정될 것이다."[52]

'무슨 말인지 모르겠는가?' 현대적인 초대형 기업들 가운데 가장 논란이 큰 거대 은행들을 해체해야 되지 않는가 하고 질문을 받자, 전직 재무부 장관 로버트 루빈은 이렇게 대꾸했다. "너무 덩치가 커서 실패할 수 없는 것은 시스템에 전혀 문제가 되지 않는다. 그게 바로 시스템이다."[53]

광고

독점이 확대됨에 따라 심각할 정도로 촉발된 미디어와 커뮤니케이션, 인터넷과 관련된 한 가지 중요한 전개 상황이 있다. 바로 광고다. 현대의 상업 광고는 새로운 기업의 용이한 시장 진입과 산출량 증가, 가격 인하에 도움을 주는 역할을 결코 떠맡지 않는다. 소비자들이 어느 때보다 더 행복하게 생활할 수 있도록 도움을 주는 경쟁적인 시장과 수익성이 높은 시장들의 기능도 전혀 아니다. 그런 시장들의 경우 오히려 광고가 상대적으로 적다. 왜냐하면, 이런 시장에서 생산자들은 자기가 만들어 낸 걸 자신이 아무런 통제력을 갖지 못하는 시장 가격에 내다팔 수밖에 없기 때문이다. 이것이 19세기 후반 이전까지 주로 지역에 기반을 둔 경쟁적 미국 경제에서는 20세기의 기준에 비춰 거의 광고를 찾아볼 수 없는 이유이다.

현대의 설득 광고는, 몇몇 기업들이 산출량이나 매출을 사실상 지배해 버린, 낮은 경쟁의 시장들이 지닌 기능으로서 발전했다. 광고는 수익을 해칠 파괴적 가격 경쟁에 관여하지 않으면서도 시장 점유율을 늘리거나 보호하기 위한 주된 방법으로 전면 부상한다. 교리문답을 가져다 쓸 필요도 없이, 광고는 자본주의 작동 방식의 급격한 변화를 반영한다. 폴 배런과 폴 스위지는 1964년에 이렇게 썼다.

> [기업] 매출 노력의 목표는 더 이상 단순히 상존하는 인간의 필요를 충족시켜 줄 기능 상품의 매출 증진에 있지 않다. 매출 노력의 목적은 이제 상품에 대한 수요를 창출할 욕구 창조에 있다. 그리하여 독점적 생산자는 단순히 가격대와 산출량을 조작할 위치에만 있는 게 아니다. 그는 자기 제품의 물리적 특성을 요구 조건에 맞출 수도 있다. …… 달리 말해서, 매출 노력이 생산 과정의 부수적인 것에서 핵심적인 것으로, 생산과정에서 결정적으로 중요한 일부로 발전한다. 판매될 수 있는 것은 더 이상 만들어진 게 아니다. 거꾸로, 판매할 수 있는 것이라면 무엇이든지 만들어 낸다. 이러한 상황에서 인간의 욕구를 주조하고 충족시키기 위한 제품 설계는 더 이상 시장이라는 객관적인 힘에서 비롯되지 않는다. 상대적으로 적은 수의 독점 기업들이 매달리는 의식적 조작 노력의

결과물이 된다.[54)]

광고는 1920년대에 들어 완전히 성숙한 일종의 산업이 되었다. GDP의 대략 2퍼센트를 차지하게 되며, 그 수준은 지금껏 그럭저럭 유지되고 있다.

효율적이기보다는 시장을 더욱 부조리하게 만들 수 있는 광고는 그 내용 탓에 늘 논란이 따르는 비즈니스였다. 과점 상황에서 기업들은 대체로 유사 제품을 만들어 비슷한 가격에 팔려는 경향을 보인다. 그러므로 가격과 제품 정보에 강조점을 둔 광고는 반생산적이라고 할 수는 없지만 비효율적일 수밖에 없다. (가격과 제품의 정보를 광고하는 유형은 좀 더 경쟁적인 소매 시장이나 전통적인 광고에서나 찾아볼 수 있다.) "여러분! 경쟁 업체의 것과 맛도 같고 가격도 똑같으니, 우리가 만든 음료수를 사 드세요!" 하는 광고 캠페인은 그 어떤 보상이나 승진도, 장기적인 출세도 가져다주지 않을 것이다. 기업들은 경쟁 업체와 차별화된 것으로 인식될 브랜드를 창조하는 데 혼신의 힘을 기울인다. 광고는 상표에 일종의 아우라를 부여하는 데도 매우 중요하다. 공평하게 말해 제품들 사이에 가끔씩 의미 있는 차이가 발견되기도 하는데, 광고 대행사들은 일반적으로 바로 그런 제품을 선전 광고할 기회를 반긴다.

그런데 그다지 차별성을 지닌 제품을 광고하는 경우는 거의 없다. 1960년대의 전설적인 광고업자 로서 리브스는 자신의 광고대행사 테드베이츠(Ted Bates)에 새로 고용된 카피라이터들에게 몇 해 동안이나 똑같은 강연을 되풀이해 구설에 올랐다. 그는 두 개의 동일한, 반짝이는 은도금 달러 동전을 양 손에 하나씩 들고는 강연을 듣는 사람들에게 이렇게 말할 것이다. "당신이 할 일은 너무도 간단하다는 걸 결코 잊지 마시라. 그냥 사람들로 하여금 왼손 안에 있는 은도금 달러 동전이

오른손의 은도금 달러보다 더 귀하다고 생각하도록 만드는 것이다."[55] 리브스는 사실상 오래되고 평범한 해당 제품의 성질을 새롭고 독특한 것인 양 제시하는 기만적인 광고 전략을 주창한 사람이었다. 상표에 내재하는 제품의 차별성은 거의 피상적인 수준에 그칠 뿐이며, 효용성과는 사실상 아무 관련이 없을 것이다. 바로 그것이 광고 캠페인에서 매우 중요하다. 윌리엄 그레이더는 이렇게 썼다. "대부분의 상표는 기본적으로 크게 다르지 않기 때문에, 이 상품을 저 상품 대신 선택토록 하는 광고의 환상이 무엇보다 중요해진다."[56]

말도 안 되고 무의미한 광고들의 사례가 궁금하다면 끝도 없이 계속되는 맥주 광고와 비누 광고, 석유회사 광고 같은 무수한 광고들을 한 번 보시라. 예컨대 팹스트블루리본(Pabst Blue Ribbon)은 자사 제품을 가난한 노동계급의 맥주라고 마케팅하는 동시에 최신 유행에 민감한 도시 사람들을 위한 쿨한 맥주라고 자랑한다. 그럼으로써 중국에서는 눈길 끄는 소비의 아이콘이자 샴페인을 대체하는 상품으로 팔려 나가고 있다. 일라이 패리저의 말대로, "똑같은 음료가 사 먹는 사람에 따라 매우 차이 나는 의미를 갖게 된다."[57] 실제로 광고는 감정을 조작하고 두려움을 동기 부여의 무기로 가져다 쓰는 데 가히 전문가 수준이다. 특히 텔레비전 광고는 상당히 복잡한 메시지를 30초도 안 되는 시간 안에 전달하기 위해 여러 문화적인 실마리를 활용한다. 여러 의미를 짧게 스치는 순간에 전달하기 위해 상투적인 표현이나 문화적인 편견을 이용하기도 한다. 만약 누군가 자막만 읽거나 대사만 듣는다면 전달되는 광고의 핵심을 놓쳐 버릴 정도로, 시각 효과가 중요해진다.[58]

여러 비평가들이 거듭 강조했듯이, 온갖 광고에서 반복되는 (특히 여성을 표적으로 한) 테마는 당신에게 어떤 문제가 있다면 이 제품이 바로 그 해결책이 된다는 식이다.[59] 이렇게 말한다고, 그 자체로서 광고에 대한 어떤 '래디컬'한 비판이 되는 것은 결코 아니다. 사실 이런 식의 비판은 주류 미시경제학 이론에서 흔히 제기된다. "수많은 광고들은 근본적으로 그 어떤 정보도 제공하지 않는 게 분명하다." 시카고대학의 경제학자 게리 S. 베커와 케빈 M. 머피는 1993년에 이미 이렇게 쓴 바 있다. "오히려 광고는 사람들에게 위안을 주고 성적인 매력과 광고 상품 사이에 호의적인 연상 관계를 만들어 내는 효과가 있다. 운동선수나 미녀, 다른 엘리트들 사이에 인기가 높은 제품을 따라서 소비하지 않는 사람들에게 불편함을 야기할 뿐이다. 다시 말해서, 사람들로 하여금 제품을 소구토록 유인하는 것이다."[60]

과점적 광고의 특징은 다음과 같은 두 가지 역설로 귀결된다. 우선 첫 번째는, 제품들이 점점 서로 닮아 가고 가격도 비슷해짐에 따라, 기업들은 자사의 제품이 뭔가 다르다는 점을 사람들에게 확신시켜 주기 위해 더 많은 광고를 해야 한다는 사실이다. 베커와 머피도, 가장 많이 광고되는 제품들의 상당수가 "주로 거의 어떤 의미도 전달하지 않는다"는 아이러니에 우선 주목했다.[61] 광고의 두 번째 역설은, 기업체들이 경쟁사로부터 자사의 제품을 차별화하기 위해 더 많은 광고를 하면 할수록 미디어와 문화에는 더 많은 상업적 '정보 혼란' 상태가 야기된다는 점이다. 그 결과, 기업들은 정보 혼란 상태를 지나 공중에게 도달하기 위해 더욱 많은 광고를 해야 하는 압박감을 느끼게 된다.[62] 광고의 철칙에 가까운 뭔가가 있다면 그것은 바로 이런 말일 것이다. '반복하면 통한다. 광고에 더 많이 노출될수록 더 좋은 상품이 된다.' 이는 사회과학 연구 조사에서 도출된 결론을 따른 것이다. 사람들은 자신이 언젠가 광고에서 들어 본 적 있는 상품을 더 쉽게 신뢰하는 경향이 있다.[63] 늘 성공이 보장되지는 않지만 광고는 유리한 조건을 상당히 증대시켜 준다.

이런 이유 때문에 기업체들은 자사 제품을 판매하기 위해 이용 가능한 사회 모든 구석과 벌어진 틈새, 갈라진 틈 사이로 끊임없이 광고를 전파한다. 광고는 자본주의의 선봉대와도 같다.[64] 특정 광고나 광고 캠페인이 과연 얼마나 효과적일 수 있는지에 관해서는 상당한 논란이 있을 수 있다. 하지만 광고가 전반적으로 미국을 지배하고 있는 문화적 권력이라는 사실에는 의심의 여지가 없다.[65] 마크 크리스핀 밀러가 언젠가 말한 바와 같이, 광고는 전 세계적으로 통하는 응용 선전의 가장 정교한 시스템이다.[66]

자신이 설정한 자유시장의 모델에 발목 잡힌 전통 경제학은 광고에 거의 관심을 보이지 않았다. 전통적으로 광고를 소모적인 것 혹은 독점의 신호 정도로 간주해 버렸다. 1960년 스위스의 자유시장 전도사인 빌헬름 로프케는, 자본주의 정신에 쓰레기를 내다버리는 "영혼 없는" 광고를 상대로 매우 유명한 공세를 펼친 바 있다.[67] 이런 공격에 대한 현대 광고의 최상의 방어 논리는, 그것이 소비자 수요를 자극하고 기업 자본주의 경제를 계속 작동토록 한다는 것이다.[68] 만약 누군가 기업자본주의를 비용과 상관없는 필수적 체제로 인정하지 않는다면, 광고의 지지 근거도 크게 약화될 수밖에 없다.

4장과 5장에서 논의하게 될 인터넷과 관련된 초창기 주장들 가운데 하나는, 인터넷이 상업 선전을 우스꽝스럽게 만들어 버릴 수 있는 정당한 소비자 정보에 접근을 용이하게 해줄 것이라는 주장이었다. 그렇게 함으로써 광고를 밀어내 버릴 거라는 주장이었다. 인터넷이 적어도 상업주의에 속박되지 않은 사람들의 생활과 문화를 근원적으로 향상시켜 줄 것이라는, 가장 요란스러운 주장 가운데 하나였다. 이러한 상황에서, 인터넷 광고를 어떻게 사람들과 친근하게 만들 것인가 하는 문제가 1990년대 내내 매디슨애비뉴의 사람들을 현혹하고 괴롭혔다. 어떤 측면에서 이 갈등은 어떠한 가치들이 인터넷이라는 경로를 추동할 것인지를 둘러싼 일종의 테스트와도 같았다.

나는 더 이상 여러분의 마음을 졸이게 하지 않을 것이다. 광고가 승리했다. 우리 문화의 초과적 상업화도 빠르게 진척되고 있다. 기업들은 "소비자의 심금을 울리기" 위해, 자신의 상품을 몇몇 사회적으로 가치 있는 프로젝트와 연결시키는 이른바 '공익 마케팅' 기법까지도 냉소적으로 활용한다.[69] 잉어 스톨은 다음과 같은 아이러니에 주목했다. 사회 문제에 맞서 싸우기 위해 필요한 자원들로 짜인 공적 부문을 발가벗기는 데 성공한 바로 그 기업들이, 이제는 몸을 돌려 공적 부문을 마케팅 캠페인의 일환으로 취급하고자 한다. 그 수상쩍은 결과는 확실히 공적 생활의 상업화를 가져왔다.[70] 마이클 샌델은 상업주의의 확산을 쭉 기록으로 쫓아왔다. 상업주의가 더 이상 성장하지 못하도록 붙들거나 되돌려놓는 게, 미국이 신뢰할 만한 시민 생활과 기능적인 민주주의를 갖추는 데 일종의 근본적 필수 사항이라고 샌델은 주장한다.[71]

광고는 이제 상품을 사람들의 감정 및 기층 심리와 연결시키는 데 상당한 자원을 투여하고 있다. 예일대학의 로버트 E. 레인은 이렇게 쓴다. 광고의 기능은 "최근의 모든 현실 상황에 대한 사람들의 불만족 심리를 증대시키는 데 있다."[72] 핵심은 '비이성적인 모서리'(irrational edge)를 끌어내는 데 있다.[73] "우리는 이성 대신에 충동적으로 판타지를 쫓아 행동토록 부추김을 받고 있다." 경제학자인 제프리 삭스는 2011년 광고의 위력에 관한 한 논의에서 다음과 같이 썼다.

> 풍요로운 미디어 경제에서 균형을 유지하는 일이, 10년 또는 15년 전에 우리가 예상할 수 있었던 것보다 훨씬 힘들다는 사실을 제대로 이해할 필요가 있다. 현대 신경생물학과 심리학은, 프로이트와 베르네이스조

차 깜짝 놀랄 정도로 인간의 취약성을 들춰냈다. …… 불과 한 세기 동안에 미국인들은 자제력 상실과 더불어, (흡연, 과식, TV시청, 도박, 쇼핑, 대출 같은) 충격적인 여러 중독행위들을 보이고 있다. 이런 건강치 않은 행위들은 이제 확실히 거시경제적인 규모에 이르렀으며, 끝없는 광고와 과잉의 시대에 우리의 복지에 관해 심각한 의문을 제기한다.

삭스는 선진국의 미디어 문화가 얼마나 상업화되었는지를 측정했다. 또한 그 측정치를 전반적인 공공복지 및 공통이익의 수준과 비교하기 위해 일종의 상업주의 지수라는 것을 개발해 냈다. 그 결과, 상관관계가 뚜렷하게 나타났다. 구체적으로, 가장 상업화된 국가들이 또한 무질서한 공익 및 시민 생활을 특징으로 하는 사회라는 아주 뚜렷한 신호가 확인되었다. 미국은 이 리스트에서 가장 상업화되고 사회적으로는 가장 낙후한 일등국가의 자리를 차지했다.[74)]

상업적 주입 교육에 투입되는 것만큼의 자원과 재능을 예술과 과학, 인문학적 가치 그리고 비판적 사유의 교육에 투입할 때 과연 우리는 어떤 믿기지 않는 사회에 살게 될 것인가? 우리는 오직 상상으로만 그려볼 수 있을 따름이다. 그때 자율 정부는 또한 얼마나 강력한 기반을 갖추게 될 것인가? 광고를 하는 기업들이 도덕적으로 타락했다는 게 내 말의 요점은 아니다. 핵심은, 문화적인 효과를 무시한 채 그토록 엄청난 지출을 강제하는 경제 시스템에 관해 함께 성찰해 보자는 얘기이다.

기술과 성장

디지털 혁명 관련 책자를 읽는 독자들에게, 자본주의 경제의 모든 층위에서 발견되는 세 번째와 네 번째의 특징은 전혀 이상하게 들리지 않을 것이다. 그것은 다름 아닌 신기술의 발전을 위한 끝없는 질주이다. 자본가들은 생산성을 높이고 경쟁에서 우월한 지위를 차지하기 위해 기술 활용이라는 엄청난 유인동기를 갖게 된다. 만약에 어떤 기업이 그렇게 할 수 없는 상황에서 경쟁사에 의해 기선을 제압당하게 된다면, 그 기업은 심각한 곤경에 처할 수가 있다. 그러므로 기술 변화는 시스템의 핵심을 차지하는 문제이며 앞으로도 늘 그럴 것이다. 자본주의 이전 시대와 비교할 때, 1700년 전 어떤 임의로 선택한 한 세기 동안 나타난 것보다 더 많은 기술 변화가 당신이 이 글을 읽기 전 단 한 주 만에 일어났다고 말할 수 있다.

아울러 기술은, 자유시장이라는 교리문답이 실제로는 자본가들게 얼마나 혐오스러운 것인지를 뚜렷하게 강조해 준다. 교리문답에 따르면, 혁신을 시도하는 기업은 짧은 기간에 매우 큰 이익을 낼 수 있다. 그러나 다른 기업들이 자사 상품을 모방하고 새로운 기업들이 싸움에 끼어들면서, 해당 기업은 수익상의 우월권을 상실하게 된다. 그렇다면 대체 무슨 재미가 있겠는가? 특허가 어느 정도 기업들에게 일정 기간 독점적 우월권을 유지할 수 있도록 해준다. 그렇지만 모든 혁신이 특허를 통해 보호받을 수 있는 것은 아니다. 나는 4장과 5장에서 이 문제로 되돌아갈 것이다. 어떤 기업이 가질 수 있는 기술혁신의 최고 보호책은 과점 상태에 있다. 그럴 때 기업들은 생산성을 늘리고 비용을 줄일 수 있으며, 제품의 가격도 반드시 하락하지는 않을 수 있다. 수익의 대부분은 회사의 금고로 들어갈 것이며, 노조가 있을 경우 노동자들에게도 약간 양보하면 된다.

기술은 성장에 핵심적이며, 성장은 또 자본주의의 핵심이다. 기술은 시간이 경과하면서 생산의 심대한 증가를 낳는 일종의 경제 시스템에 해당한다. 그 생존을 위해 일정한 경제적 성장을 요구하는 시스템인 것이다. 어떤 자본주의 경제가 아주 잠시 동안이라도 성장을 멈추거나 성장세가 위축된다면, 그 경제는 즉각 경기후퇴 상태에 빠져 든다. 위축이 상당 기간 계속되면 이제는 불황이 초래된다. 이는 자본주의 경제에서 일종의 실존적 질문과도 같다. 개인 기업들과 마찬가지로, 시스템의 진언은 다음과 같다. '성장하거나, 아니면 죽거나'.

물론 말보다 행동이 훨씬 어려운 문제다. 자본가들은 수익을 올릴 수 있는 합리적 기회라고 여겨질 때만 투자를 한다. 그렇게 생각되지 않을 때는, 순실 부담을 짊어지기보다 자본을 순환 과정으로부터 빼내 보유하는 게 상책이다. 그런데 개별 자본가에게는 합리적일 수 있는 이런 선택이 시스템 일반의 측면에서는 비합리적인 것일 수 있다. 만약 일단의 자본가들이 자본을 회수해 버리면, 그들은 모든 제품의 수요 기반을 위태롭게 만들 수 있으며, 그러면 더욱 많은 자본가들이 투자를 유보해 버릴 것이기 때문이다. 결국 경기후퇴가 불어닥치는데, 이 경기후퇴는 자본주의에 늘 있어 온 비즈니스 사이클의 일부이다. 물론 경기후퇴는 재고 감축이나 악성 부채 처분 같은 조건이 변화할 때 끝이 나면서 다시 경기 활성화로 전환된다.

오늘날 미국인들이 다들 잘 알고 있듯이, 비즈니스 사이클의 최고 정점에서조차 완전고용 상태는 쉽사리 얻어지는 게 아니다. 오히려 존 메이너드 케인스가 《일반 이론》(General Theory of Employment, Interest and Money)에서 설파한 바와 같이, 발전한 자본주의 경제는 상당 수준의 실업과 미사용 재능이 존재할 때 오히려 편히 쉴 자리를 찾을 수 있다. 비즈니스 사이클은 "정점에 올랐을지" 몰라도, 여전히 수백만 명의 실업자가 발생하고 소득도 하락할 수 있는 것이다.[75] 케인스학파 경제학의 핵심 결론 중 하나가 그래서 경제에 관한 정부의 증대된 역할 필요성이었다. 민간의 투자가 바로 나타나지 않을 때, 정부는 묵히고 있는 자본을 빌리거나 그런 자본을 끌어내기 위해 세금 제도를 활용한다. 이를 소진하여 경제를 북돋우어 사적인 투자를 촉진시킬 시장을 마련한다.

이러한 접근법이 상당 기간 유효하게 작동해 왔으며, 불황에 관한 1930년대 최초의 우려는 그다지 중대하지 않은 것으로 간주되어 뒷전으로 밀려났다. 1930년대 이후 정부가 해야 할 가장 우선적인 작업은 불경기를 막고 경제성장을 불러일으키는 것이었으며, 모든 정치인들의 경력은 다른 무엇도 아닌 바로 이 지점에서 발휘하는 능력 여부에 따라 그 평가가 달라지곤 했다.

물론 정부가 경기 부양을 위해 돈을 풀어야 할, 수도 없이 많은 분야가 존재한다. 케인스 경에게 맡겨두거나 내게, 혹은 공개된 토론장의 거의 대다수 사람들에게 맡긴다면, 학교와 대중교통, 건강관리, 공원 같은 분야에 우선적으로 지출이 이루어질 것이다. 그러나 미국의 현실은 다르다. 정치경제적 지배계급 내부에서 별다른 적을 찾지 못하고 오히려 강력한 동맹 세력을 구할 정부 지출 분야 중 하나는 다름 아닌 군사비 지출이다. 실제로 1940년부터 군사비 지출은 미국 경제의 막중한 구성요소로 자리 잡았다.[76] 2012년의 군사비는 전쟁과 정보 관련 예산, 이자 지불 및 여타 비용을 모두 합산했을 때, 연방 예산 가운데 무려 1조 달러를 차지했다. 그런데도 어느 누구도 비판하지 않는 일종의 성역으로 남는다.[77] 군사비 지출이 경제 촉진을 빌미로 앞으로 얼마나 증대될 수 있을지는 논쟁에 붙여 봐야 할 문제이다. 다만, 최근 몇 십 년 동안

그림 7 실제 미국의 GDP 성장률

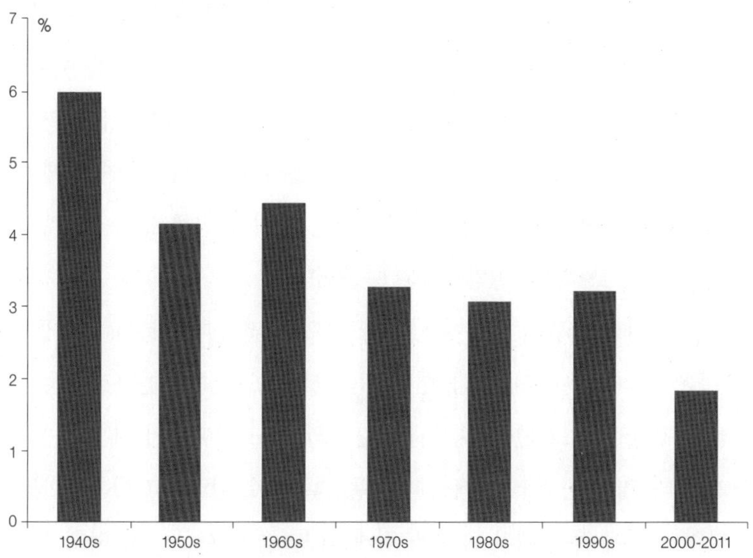

출처: 경제분석국(BEA, Beruau of Economic Analysis), "Percent Change from Preceding Period in Real Gross Domestic Producer," Table 1,1,1, bea.gov.

그래 왔다는 점에는 의심의 여지가 없다.[78)]

1970년대에 이르면, 불황에 대한 케인스주의 해결책들은 크게 효력을 상실한다. 미국 자본주의 시스템은 10여 년에 걸쳐 부진과 조정기로 들어간다. 그러다가 1980년대 이후 경제를 다시 부양시키게 된 결정적인 요인 가운데 하나는 엄청난 부채의 증가였다. 이제는 그 옵션조차 다 소진된 상태이다. 여러 정황에 비춰볼 때, 미국 경제는 향후 10년 동안 대공황 이후 어느 시기 때보다 낮은 비율의 성장세를 보이게 될 것이 확실해졌다.[79)]

일부 경제학자와 역사학자들은 기차나 자동차 같은 주요 신기술이 몇 십 년 동안에 걸쳐 투자를 촉진해 왔으며, 그런 게 없었을 경우와 비교해 훨씬 높은 수준의 성장 비율로 경제를 추동하는 결정적인 역할을 떠맡았다고 주장한다. 인터넷에 관한 하나의 중요한 정치경제학적인 질문은, 과연 인터넷도 이런 역할을 맡을 수 있는지 여부였다. 그 희망이 1990년대 '신경제'(New Economy)를 둘러싼 흥분의 기초를 이루었다. 어떻게 보면 디지털은 오늘날 기업자본주의를 지휘하는 유리한 고지이다. 인터넷과 정보기술에 투자가 넘쳐흘렀다. 문제는 과연 이게 어떤 식이든 경제성장으로 이어지고 있다는 증거가 현재로서는 별로 없다는 점이다. 그야말로 실망스러운 수준이다.

불황은 여전히 우리 코앞에 닥쳐와 있으며, 거의 대부분의 사람들에게 나쁜 소식에 속한다. 한편, 한 국가의 불평등 수준이 높아질수록 경제성장 가능성은 그 만큼 낮아지고 불황의 정도도 따라서 커진다는 증거가 있다. 역사는, 우리가 폭풍과 같은 격동기로 진입하고 있음을 암시한다.[80] 자본주의 경제가 불황을 겪게 되면, 곧 민주 국가와 사회 전반에 대한 심대한 압박으로 이어질 게 틀림없다. 폴 크루그먼이 지적한 바와 같이, "장기 불황이 민주주의 가치와 제도에 가하는 위험성들을 낮춰보는 것은 참으로 어리석은 일이 될 것이다."[81] 여러 행태의 고난을 거치고 나면 중대한 개혁과 쇄신의 시기로 이어질 수 있겠지만, 거꾸로 반동과 심지어 야만의 시대로 이어질 수도 있기 때문이다.

정부와 시장

자본주의 교리문답의 아마도 가장 두드러진 맹점은, 그것이 정부 또는 국가를 취급하는 방식이다. 이 교리문답에서 국가는 경제와 관련해 특별히 중요한 어떤 역할도 담당하지 않으며, 일반적으로는 시장이나 수익 창출에 적대적인 것으로 간주된다. 민간 부문이 부를 창출하는 동안에는 사이드라인 바깥쪽에 빠져 있다가, 이후 세금과 규제라는 것을 통해 이 과정을 엉망진창으로 만들어 버리려는 유혹을 느끼는 게 바로 국가라는 식이다.

이와 반대로 대공황 훨씬 이전의 정부는 매우 적극적인 역할을 맡았다. 사실, 시장경제를 창조하고 수익 시스템을 가능하도록 하는 데 정부는 아주 근본적인 역할을 자임했다. 사적인 재산과 투자를 보호할 법률을 제정하고 통화를 규제하며, 관세와 무역의 조항들을 결정한다. 나아가 정부는 국가 기간시설 구축 과정을 통합 조정하는 핵심적인 역할까지 도맡는다. 여기에는 도로와 운하, 철도, 우편제도, 전신을 비롯하여 교통과 커뮤니케이션 시스템이 모두 포함된다. 이러한 기간시설을 수립하는 프로젝트는 너무나 한계가 많고 복잡한 것이어서, 국가의 강력한 지원이나 통합 조정 없이 사적인 이해관계에 따라 달성될 가능성은 애당초 존재하지 않는 것이었다. 가장 뛰어난 미국 기업사가로 평가되는 앨프리드 듀퐁 챈들러 주니어는, 19세기 동안의 근대적인 교통과 커뮤니케이션 기간시설의 창설이 우리가 알고 있는 현대적 기업자본주의가 탄생하고 발전하는 데 첫 번째 조건으로 뽑는다.[82)]

시장경제에 기간시설을 마련하는 국가의 임무는 지난 세기에 더욱 크게 늘어났다. 오늘날에도 국가 기간시설은 교량과 상수도 시스템, 하수 및 쓰레기 처리 시스템, 댐, 공항 등은 물론이고, 경제 활동의 중추를 구성하는 여타 모든 공적인 사업들을 포괄한다. 우리 경제 활동의 상당 부분이 온라인으로 옮겨감에 따라, 점차 많은 미국인은 이제 인터넷과 광대역 접속까지도 기간산업의 핵심 일부라고 이해하고 있다.

정부가 어떤 역할을 떠맡는지에 따라, 한 사회가 지닌 자본주의 경제의 성격은 물론이고 다른 유형의 자본주의를 갖게 될 가능성까지도 결정된다. 모두가 주지하는 바와 같이, 자본주의 사회에는 사회적인 비용과 무관하게 이윤의 창출을 위해 착취할 수 있는 모든 분야를 시장에 개방하라는 자본의 강력한 압박이 존재한다. 결국 자본가들은 경제력을 바탕으로 비정상적인 수준으로 정치력까지 행사하게 된다. 그렇지만 모든 분야가 시장에 굴복해야 한다는 것은 진실과 거리 멀다. 그 특성상 그리고 인간의 존재와 관련하여, 생활의 조건 자체가 파괴되지 않는 한 양보하지 못할 분야들이 존재한다. 실제로 자본주의 사회의 많은 영역이 역사적으로 자본주의 축적 과정의 바깥에 있어 왔고 지금도 그러하다. 물론 자본이 최대한 식민화하려고 압박하지만, 예컨대 종교와 교육, 사랑, 선거, 연구 조사, 그리고 국방은 늘 예외적인 영역으로 남아 왔다. 가령 가족이 역사상 아마도 가장 반자본주의적인 제도라는 사실이 지닌 함의를 심각하게 고려하는 종교 보수주의자들은 거의 없을 것이다. 가장 성공적인 가족들은 다음과 같은 공산주의자들의 격언을 따르고 있음에도 말이다. "저마다 자신의 능력에 따르던 것에서, 저마다 자신이 필요로 하는 것으로."[83]

자본주의 사회의 여러 중요한 정치적 논쟁들이, 수익 추구의 규칙을 대체 어디까지 허용하고 또 어떤 영역에서는 허용하지 않을까 하는 문제와 직결되어 있다. 가장 이성적이고 인간적인 얼굴을 지닌 자본주의 사회의 경우, 상업적 이해 당사자들에게 넘겼을 경우 아주 높은 수익성을 창출할 건강보험과 고령연금 분야를 포함해 많은 것들을 여전히 비상업적인 영역으로 유지하는 경향이 있다. 자본주의 사회가 보다 민주적인 형태를 취할수록, 이런 문제에 관해 최소한 신뢰할 만한 공적 토론이 제공될 가능성은 그만큼 높아진다.

시간이 경과함에 따라 경제학자들은 시장의 오류를 이해하기 시작했다. 드러나는 갖가지 문제에 대처하면서, 궁극적으로는 자본주의 경제를 강화할 정부의 적절한 역할 규정을 위한 몇 가지 개념 혹은 도구들을 고안해 냈다. 이러한 것들은 모두 미디어와 인터넷을 이해하는 데도 핵심적으로 중요하다. 그중 하나가 경제학자들이 흔히 '외부 효과'(externalities)라 부르는 것이다. 매수자나 매도자가 부담을 짊어지지 않는 시장 거래 비용과 혜택을 가리킨다. 환경오염이나 전반적인 환경 퇴화가 전통적인 부정적 외부 효과에 해당한다. 예컨대, 자동차의 구매자나 제작자 어느 누구도 제품 가격에 자동차의 막대한 환경 비용을 계상해 넣지는 않는다. 시장 외부의 것이기 때문인데, 결국은 사회가 그 비용을 떠맡게 된다. 부정적 외부 효과가 클 때, 시장이 창출에 별 관심이 없는 잠재적이고 많은 긍정적 외부 효과가 남아 있을 때, 대체로 그런 시장은 비효율적이고 부적절한 것으로 간주된다.[84]

이러한 상황에서 정부는 종종 긍정적 외부 효과를 크게 창출할 수 있는 곳, 혹은 부정적인 발전 양상들을 예방하거나 최소화시킬 수 있는 데 집중된다. 공교육이 바로 그런 고전적 경우에 해당한다. 훌륭한 공교육은 좀 더 향상된 삶의 기준과 진화된 문화를 보유한 교양 있는 사회로 이어진다. 이는 모든 사람들에게, 심지어 공립학교에 다니는 어린이를 두지 않은 부모들에게도 혜택이 된다. 이런 외부 효과의 상실은 누구도 원치 않는 결과를 빚어낸다. 더 낮은 경제성장과 더 늘어난 범죄, 사회적인 불안 등등.[85] 사람들이 공교육을 지지하는 이유가, 미국을 건설한 사람들 중 상당수가 공교육을 그처럼 강조한 이유가 바로 여기에 있다.

삭스가 지적한 바와 같이, 광고는 종종 언급되지 않는 상당한 부정적 외부 효과를 지닌다. 반면 저널리즘은 강력하고 긍정적인 외부 효과들로 꽉 차 있다. 사람들에게 정보를 제공하고 사람들을 사회정치적인 사안에 관여시키는 탁월한 저널리즘은, 좀 더 효율적이고 효과적인 지배구조와 건강한 경제, 그리고 활력 넘치는 문화로 귀결된다. 우리 모두의 삶이 훨씬 더 풍요로워질 것이다. 모두에게, 심지어 저널리즘을 직접 소비하지 않는 방향의 삶을 선택한 사람들에게도 돌아갈 수 있는 혜택이다. 만약 시장이 저널리즘의 질을 떨어뜨리거나 타락시킨다면, 이는 곧 무지한 시민들을 만들어 내는 결과로 이어지고, 결국은 부패와 고통이 뒤따르게 될 것이다. 우리 모두가 그 부담을 고스란히 감당하게 된다. 물론 저널리즘을 중요한 외부 효과로 인정한다고 해서, 그게 우리에게 어떤 구체적인 정책이나 정책들을 채택해야 할지까지 가르쳐 주지는 않는다. 그렇지만 정책 결정 과정에 관해 어떻게 적극적으로 사유할지 정도는 알려 줄 수 있다.

한편 경제학에서 가져온, 이와 관계가 있고 더 중요하다고 여겨질 수도 있는 또 다른 개념이 있다. 다름 아닌 '공공재'(public goods) 개념이다. 대가를 '지불'하지 않은 소비자들의 이용 가능성을 사실상 배제할 수 없는, 어떤 한 사람이 이용한다고 해서 다른 이들의 이용 가능성이 줄어들지 않는 그런 물질 또는 이익을 가리킨다.[86] 국방과 전염병 예방, 공중 보건 등이 흔히 공공재의 대표적 사례로 꼽힌다. 우리는 보호를 받을 필요가 있고 전염병 예방을 위한 대책을 갖추고 있어야 할 필요가 있다. 개개인이 이 모든 걸 돈 내고 구입하기란 불가능한 일이다. 설혹 몇몇은 그렇게 할 수 있을지 모르지만, 예컨대 국방비를 자발적으로 지불하려는 사람은 거의 없을 것이다. 같은 나라에 살면서 이른바 '무임승차'를 선호할 것이다. 바보가 되고 싶어 하는 사람은 아무도 없으며, 따라서 어떤 기업도 이런 재화를 생산하여 판매할 수가 없다. 우리 모두가 갖거나 아니면 아무도 가질 수 없는 것, 바로 이게 공공재이다. 요컨대 공공재는 사회에 꼭 필요한 그 무엇이며, 시장은 그걸 충분한 양이나 질로 만들어 낼 수가 없다. 공공재는 집단적인 행동을 필요로 한다.

어떤 제품이나 서비스가 공공재 특질을 더 많이 띨수록, 그 제품의 생산을 촉진하고 비용을 공평하게 분담할 정책을 창조하는 과정에서 일정한 역할을 수행할 정부의 필요성이 그만큼 커진다. 상업적인 플레이어들과 시장 세력들의 역할이 없다는 뜻이 결코 아니다. 미식축구에 비유하자면, 정부는 쿼터백 역할을 맡는다. 그렇지 않으면 게임은 제대로 진행되지 않을 것이라는 의미일 뿐이다. 정책적인 협의와 토론의 문제이다. 다이앤 래비치가 빈틈없이 기록으로 남기고 있듯이, 지난 20년에 걸친 미국 교육 개혁의 경험은, 본질적으로 비영리 공공재들은 '시장 원리'와 어울리지 않는다는 사실을 잘 입증해 준다. 만약에 잘 어울리는 것이었다면 처음부터 미국 교육은 수익성 높은 사업 품목이 되어 있었을 것이다.[87] 자본주의 교리문답에 길들여진 사람들은 이해하기 쉽지 않겠지만, 교육 같은 공공재를 상업 논리에 종속시키는 것은 일반적으로 모두에게 파멸적인 결과만 불러온다.

공공재 이론은 미디어와 인터넷을 이해할 때도 여러 측면에서 무척 유용하다. 지금까지 작동해 온 지상파 방송은 사실 공공재였다. 어떤 프로그램을 세 사람이 보든 아니면 3억의 인구가 지켜보든, 그 프로그램의 제작비나 개별 시청자들의 만족에는 아무 영향을 끼치지 못했다. 공짜로 모두 볼 수 있고 굳이 돈을 내고 보려 하지 않기 때문에, 프로그램 제작 인센티브 같은 게 존재하지 않았다. 대부분의 국가는 누구나 이용할 수 있는 방송 콘텐츠 제작을 위해 공적인 기금을 사용함으로써 이런 문제를 해결해 왔다. 그런데 미국에서는 콘텐츠를 지원하고 방송 시스템을 유지하는 수단으로 광고가 등장했다.

인터넷 또한 공공재 특성을 뚜렷이 갖고 있다. 그래서 올드미디어가 지닌 '사유재적' 특질을 근본에서부터 위협한다. 명백하게 인터넷 서비스 공급업자들은 특정한 사람들을 임의로 배제할 수 있다. 실제 콘텐츠, 즉 가치와 아이디어는 가치의 그 어떤 손상도 없이 소비자들에 의해 공유될 수 있다. 인터넷 덕택에 자료를 공유하는 게 대단히 저렴하고 손쉬운 일이 되었다. 공유는 웹 문화와 활동에 사실상 내재된 요소이며, 이 공유의 성질이 회원 가입 모델의 효과적인 운용을 어렵게 만든다. 그리고 바로 이 사실이 영화와 음반 산업이 언론 기업들과 마찬가지로 인터넷에서 갖게 되는 문제의 상당 부분을 설명해 준다. 방송처럼 광고가 인터넷 미디어 콘텐츠의 재원이 되는 경우에도 부정적 외부 효과를 상당히 초래하기 때문에 우리는 광고가 어느 정도 제한되길 바랄 것이다. 어떠한 경우든, 우리는 지금 공공재 이론으로부터 많은 걸 배울 처지에 있다.

공공재에 가깝거나 강력한 외부 효과를 갖춘 경제 활동들의 경우, 사람들이 제품이나 서비스에 대한 자기 욕구를 표하기 위해 시장을 이용하는 것은 불가능하진 않더라도 매우 힘든 일이 된다. 이를테면, 자신이 국방이나 공중보건을 원하고 있다는 걸 시장에서 어떻게 보여 줄 수 있는가? 어떤 국방, 공중보건 상품을 구입할 수 있나? 그럴 수가 없다. 간혹 사람들은 사용 계획이 없는데도 돈을 내거나 제품을 갖고 싶어 한다. 시장은 이 경우에도 똑같이 실패하고 만다. 미국의 노동계급 인구를 상대로 한 연구 조사는, 상당수가 공영방송을 원하며 자신은 시청할 계획이 없더라도 그 재원에 필요한 세금을 낼 용의가 있다는 사실을 잘 보여 주고 있다.[88] 자기 아이를 위해 공영방송을 원하거나 비상업적인 프로그램을 보기 위해 채널 돌릴 데가 있는지 알고자 한다. 그런 이유로 공영방송은 정부 자금의 인기 있는 사용처가 된다.[89] 나는 저널리즘에 관해서도 똑같은 일이 있을 수 있다고 생각한다. 저널리즘을 정기적으로 이용하지 않는 사람들조차 그것이 존재한다는 생각, 정부와 경제 그리고 오늘의 뉴스에 관해 뭔가가 보도하고 있다는 느낌을 좋아한다. 여러 다양한 이유로 함께하지 못하더라도, 사람들은 저널리즘이 활성화되는 걸 지켜보기 위해 기꺼이 돈을 지불코자 한다.

자본주의와 민주주의

이제 이러한 내용을 기반으로, 경제와 정치의 관계로 돌아가 보고 또 미국의 경험을 살펴보도록 하자. 자본주의 교리문답은, 최근 현실보다는 19세기 초반 50년 동안의 미국 경제, 적어도 그 무렵 북부 주들의 경제에 관해 좀 더 정확한 그림을 제시한다. 그때까지만 해도 현실과 상당히 닮아 있던 교리문답이 이제 신화에 가깝게 그 모습을 바꾸어 버리는 사이에, 경제와 정부 그리고 정치 시스템의 관계는 어떻게 변화했는지를 살펴보는 일은 매우 의미가 크다. 효과적인 민주주의로 들어가는 열쇠는 언제나 분명하다. "민주주의는 재력가가 아닌 가난한 자들이 지배할 때 비로소 가능하다." 아리스토텔레스가 《정치학》에서 한 말이다. "자유와 평등 …… 은 민주주의에서 흔히 볼 수 있는 것이지만, 최대한 모든 사람이 동등하게 정부에 참여할 때 이를 가장 잘 손에 넣을 수 있다."[90)]

물론 아리스토텔레스는 '자본주의'라는 용어를 오늘날 사람들이 입에 올리는 방식으로 쓰지 않았다. 그 말을 일종의 경제 시스템으로 이해하기 무려 2천 년 전에, 민주주의와 공화주의라는 주제에 관해 글 쓰고 있었다는 사실을 염두에 두시라. 아울러 그가 민주주의와 경제적 부 사이의 긴장 관계를 강조하고 있다는 사실도 간과하지 말라. 자본주의 이전에는 늘 이런 식으로 이해되고 있었다. 민주주의란 재산이 부족한 사람들에게도 힘을 부여하는 체제 외에 아무것도 아니었으며, 불평등한 재산 소유는 민주주의 운명에 반하는 적수로 간주되었다. 뒷날 민주주의가 미국을 비롯한 여러 지역에서 출현했을 때, 사실 부유한 자산 소유자들이 민주주의 확산을 위한 투쟁을 이끈 경우는 드물었다. 오히려 그들은 가끔씩 말과 행위로 민주주의에 적대했고, 오직 수동적으로만 민주주의에 의해 끌려왔다. 토머스 페인과 유진 데브스에서부터 마틴 루터 킹 주니어에 이르기까지 미국에서 민주주의와 민권의 주창자들은 자산가 다수가 혐오한, 그들의 입장에서 보자면 정치적 스펙트럼의 왼쪽에 속한 사람들인 경우가 많았다.

공화국을 건설한 사람들, 그리고 영국으로부터 자유를 쟁취하기 위해 투쟁한 사람들 속에는 민주주의라는 아이디어에 별로 우호적이지 않은 요소들이 포함되어 있었다. 그런 부류 가운데 노예주와 노예제도 지지자를 찾아보는 건 그다지 힘든 일이 아니었다. 그럼에도 미국혁명이 얼마나 진정으로 혁명적이었는지 살펴보면 참으로 인상적이다. 많은 사람들이 토머스 페인의 말에 고무되어 봉기했으며, 평등한 정치를 향한 이들의 열망은 상당 기간 놀라울 정도로 발현되었다. 역사학자 고든 S. 우드는 18세기의 미국혁명이 19세기의 마르크스주의만큼이나 급진적이었다고 말한다.[91] 평등이란 말은 형식적인 정치 및 법적인 평등 이상의 의미를 갖는다고 노아 웹스터가 1787년에 썼다. "토지 재산의 일반적이고 상당히 공평한 분배," 진정한 의미의 경제적인 자율성이 주창되었다.[92] 이러한 정치경제에서는 심각한 불평등과 부패, 독재 같은 게 지금보다 훨씬 덜 나타났다. 반면에 자유와 대중적이고 효율적인 자율정부 같은 것들이 아주 뚜렷이 장려되었다. 지역적으로 분화되어 있고 경쟁적이며 무엇보다 계급 균질적인 시장경제가, 링컨과 더불어 제퍼슨과 페인이 공히 인정한 이상적 민주주의 정치경제 개념의 근간을 이루고 있었다.

그 본성 탓에 노예제와 봉건제는, 민주주의는 물론이고 심지어 민주의라 불릴 자격이 한참 부족한 체제와도 전혀 어울리지 않는다. 19세기 초반 미국 특히 북부 주들에서는 시장 경쟁 상황의 출현이 평등주의 정치에 생각보다 훨씬 더 많이 기여했다. 자산 보유가 계층을 가로질러 폭넓게 확대되어 있었으며, 노동계급의 상당수는 농부와 기술자, 소매상 또는 상인으로 자가 고용된 상태였다. 그런데 현대 자본주의가 발달하면서 대규모 기업들이 이들 영세업자들을 대체하고 상당수 재산이 없는 노동계급을 고용하게 된다. 그러면서 그 이전 시기에서는 상상할 수 없을 정도의 막대한 부를 창출해 낸다. 미국 민주주의에 가장 많이 기여한 정치경제가 결과적으로 크게 훼손되고 만다. 불평등이 확산되고 빈곤이 심화되었다. 시민들 사이의 균형을 대가로, 정부가 자신들만의 이익을 추구하도록 만들기 위해 가끔씩은 부정한 권력을 행사하기도 하는 상업적 이해관계들의 엄청난 동기 유발이 나타났다. 이러한 과정이 19세기 중엽의 위대한 산업혁명기 30년 동안에 확대되기 시작했고, 남북전쟁 이후의 악명 높은 황금시대에 폭발적 수준에 이른다.

막대한 부의 증가와 이에 따른 거대기업들의 정치 영향력 증대는 링컨 대통령을 소름끼치게 만들 정도였다. 1861년 내전이 발발하고 북군이 생존을 건 전투를 벌이느라 분주할 때, 링컨은 아마도 그때까지 자신의 정치 이력에서 가장 중요했을 첫 연두교서를 발표한다. 미국 전역은 물론이고 전 세계의 이목이 그에게 쏠렸다. 이해할 만한 것이지만, 링컨은 연설의 대부분을 전쟁과 그것이 지닌 중요성에 할애했다. 그런데 놀랍게도 그는 전장으로부터 크게 동떨어진 어떤 문제에 관해서도 우려의 목소리를 높였다. "만약 지금 내가 서 있는 이 위치에서 다시 다가오는 저 전제정치의 위협에 관해 경고의 목소리를 내지 않는다면, 나는 결코 용서받을 수 없을 것이다." 링컨이 우려를 표한 독재란, 다름 아닌 "정부 구조에서 자본을 노동보다 높지는 않더라도 그와 대등한 위치에 격상시키려는 노력"이었다. 링컨은 상세히 진술했다. "자본보다 노동이 먼저고, 노동은 자본으로부터 독립된 그 무엇이다. 자본은 노동의 열매에 불과하며, 노동이 앞서 존재하지 않았더라면 결코 존재하지 않았을 것이다. 노동은 자본보다 우월한 지위에 있으며, 지금 보다 훨씬 더 많은 존경을 받을 만합니다." 특히 부유한 자들이 정부에 지나치게 큰 영향력을 갖도록 하지 않는 게 중요했다.

> 오늘날, 가난 상태에서 힘써 삶을 개척한 사람들보다 더 믿을 만한 가치가 있는 이는 어디에도 없습니다. 정직하게 번 것 이상은 절대로 갖거나 손대지 않으려는 사람들입니다. 그런데 이들이 가졌던 정치력이 지금은 어느 누구에겐가 양도되고 있다는 사실을 모두가 깨달아야 합니다. 만약 저들의 손에 넘어가 버리면, 정치력은 가난한 대중들에게도 열려 있던 성공의 문을 면전에서 쾅 닫아 버릴 것입니다. 그럴 때 가난한 대중들에게는 모든 자유가 상실될 때까지 오직 새로운 무능력과 고역만이 강요될 것입니다.[93]

링컨의 경고는 얼마 되지 않아 선견지명으로 드러난다. 1887년에 은퇴한 19대 미국 대통령 러더퍼드 B. 헤이스는 이렇게 내다봤다.

> …… 소수의 사람들이 소유 통제하고 있는 막대한 부가 이 나라가 지닌 거대한 악덕이자 위협이며 다른 어떤 것보다 강력한 위험이라는 사실에 대중은 좀 더 귀를 기울여야 할 때다. 돈이 곧 권력이다. 의회와 주의회, 시의회, 법정, 정치적 대화, 언론 매체, 설교단, 학식 있고 재능 갖춘 사람들의 사교 모임, 이 모든 곳에서 부의 영향력이 점차 증대되고

있다. 그리고 이렇듯 소수의 손에 장악된 과도한 부는 많은 사람을 극도의 빈곤과 무지, 가련한 운명 속에서 허우적거리게 할 것이다.

남북전쟁의 끔찍한 대학살은 오직 민주주의를 보호하기 위한 것일 때만 그 정당성을 갖는다던 링컨의 심금 울리는 게티스버그 연설을 상기하면서, 헤이스는 이렇게 썼다. "이것이 바로 인민의, 인민에 의한, 인민을 위한 정부이다. 반대로 저것은 기업에 의한, 기업의, 기업을 위한 정부일 뿐이다."[94] 미국 좌파 역사에 관한 가장 뛰어난 역사학자인 폴 불은 다음과 같이 적는다. 이 시기, 즉 1880년대에 미국 자본주의는 아마도 가장 많은 대중봉기의 위협에 시달리고 있었다.[95] 뒷날 대법관에 오르게 되는 루이스 브랜다이스도 더욱 증폭될 우려의 문제의식을 공유했다. "우리는 민주주의를 갖게 되거나 아니면 아주 적은 사람들의 손에 집중된 부를 보게 될 것인데, 절대로 둘 다를 동시에 가질 수는 없는 일이다."[96]

불평등 문제에 덧붙여, 초기 국가의 기틀을 마련한 몇몇 사람들이 불평등을 야기하고 또한 자율 정부에 암적 존재이기도 한 다른 현상 하나도 잘 이해하고 있었다는 점에 주목할 만하다. 다름 아닌 군사주의이다. 고대 그리스와 로마 시대부터 사람들이 우려해 온 바로 그 문제이다. 예컨대 제임스 매디슨은 군사주의를 공화국에 대한 가장 심각한 위협으로 꼽았다. 헌법을 통해서, 국가가 전쟁에 나서기 전에 반드시 따라야 할 규칙을 정하고 또한 국내 상황에 대한 군사적 개입을 엄격히 금지시킨 것도 여기에 부분적으로 그 이유가 있었다. 매디슨은 이렇게 주장했다.

진정한 자유를 위협하는 모든 적들 가운데, 아마도 전쟁이 가장 무서운 적일 것이다. 왜냐하면 다른 모든 위협들의 기원이 될 뿐 아니라 이들을 발전시키기 때문이다. 전쟁은 군대의 아버지다. 전쟁에서 부채와 징세가 비롯된다. 그리고 이런 군대와 부채, 징세 같은 시스템은 많은 사람들을 소수의 지배 아래 두는 익히 잘 알려진 도구가 된다. 전쟁을 통해 행정부의 자유 재량권도 커진다. 직무와 특권, 보수 같은 것들을 분배하는 과정에서 정부의 영향력이 몇 배나 커진다. 아울러 사람들의 마음을 홀릴 수 있는 여러 수단들이, 사람들이 지닌 역능을 억눌러 버릴 수단에 추가된다. 공화주의의 악한 측면들을 우리는 전쟁 상태에서 자라나는 부의 불평등과 엉터리 사기의 기회들, 그리고 이 두 가지가 초래한 풍습 및 도덕의 타락에서 찾아볼 수 있을 것이다.[97)]

지금껏 이보다 더 놀라운 예지 능력을 갖추고 탁월한 어조로 쓰인 글은 거의 없다. 20세기 중반에 이르러 미국은 세계를 주도하는 군사 강국의 입지에 올랐다. 21세기에 들어서는 세계 역사상 가장 지배적인 군사 강국으로 부상했다. 현대 저널리즘에 대해서도 군사주의는 커다란 딜레마를 안겨 준다. 인터넷의 발전과 운영에서 군사주의는 일반이 인식하는 것보다 훨씬 더 많은 역할을 담당하고 있다. 5장에서 다시 이 문제로 돌아가 좀 더 살펴볼 것이다.

기업자본주의

민주주의 국가는 상당 수준의 자산을 가진 소수보다는 전체 인구에게 혜택을 가져다주는 정책을 실행할 잠재력을 늘 갖고 있다. 혁명을 위해 싸우는 사람들이 민주주의 사상으로부터 너무 멀어지는 걸 염려한 미국 공화국 건립자들 다수가 깊이 생각한 것도 바로 이 측면이었다. 벤저민 프랭클린과 토머스 페인 같이 이들이 남성 보통선거권을 강력히 주창했다. 그러나 이들은 소수 입장에 불과했다. 프랭클린은 이렇게 내다보았다. "대표자를 선발하는 과정에서 목소리를 갖지 못하거나 투표권을 행사할 수 없는 사람들은 사실상 자유를 누리지 못하는 것과 같으며, 투표권을 가진 사람들에게 지배되는 절대적인 노예 상태로 전락하고 만다."[98] 반면에 제임스 매디슨은 백인 남성들의 보통선거권에 대해서조차 노골적인 염려를 표했고 존 애덤스도 강한 적대감을 드러냈다. 애덤스는 이렇게 썼다. "만약 재산이 없는 사람들이 투표권을 행사할 수 있게 되면, 곧 혁명이 발발할지도 모른다."[99] 초대 대법원장 존 제이가 다음과 같이 주장할 때, 그는 결코 주류의 바깥에 있는 게 아니었다. "한 국가를 소유한 사람들이 그 나라를 통치해야 한다."[100] 그리하여 시민권 확장을 둘러싸고 미국 역사상 가장 중대한 정치적 투쟁들이 벌어졌다. 보편적 성인 투표제가 실시되면서 재산과 새롭게 출현한 기업을 중심으로 한 질서에 대한 위협이 크게 고조되었다. 미국 북부에서는 1930년대에, 그리고 남부에서는 1965년의 선거권법 통과와 함께 나타난 현상이었다.

일반적으로 이러한 위협은 쉽게 통제된다. 그렇지만 노조 조직의 권리에서부터 사회보장제도 및 건강보험에 이르는, 지난 세기 이루어진 가장 진보적인 정부 프로그램 가운데 상당수가 재산이 없는 자들이 스스로를 조직해 국가로 하여금 자신들이 원하는 바에 동의하도록 강제할 수 있었던 바로 이 시기 동안에 이루어졌다. 미국 내 정치의 대다수 내용들이 궁극적으로 바로 이런 절차에 따라 해결되었다.

그렇다면 숫자가 훨씬 많음에도 불구하고 어째서 미국의 대중 세력은 역사적으로 더 많은 성공을 거두지 못했을까? 좀 더 최근에 이르러서는 왜 절망적인 실패에 이르고 말았는가? 어떻게 해서 1880년대는 자본주의에 맞서는 저항의 최고점을 이룰 수 있었는가? 앞서 나는 대중정치를 증진시키는 데 결정적인 역할을 담당한 조직화된 노동계급의 중요성을 강조한 바 있다. 그리하여 질문은 부분적으로 이렇게 바뀔 수 있다. 왜 조직화된 노동계급은 정치적으로 더 큰 효과를 얻어 내지 못하는 현재의 상태에 계속 머무르고 있는가?

이런 질문들에 대한 해답은 많은 논의를 필요로 하며, 이와 관련한 학문적 연구가 적었던 것도 결코 아니다. 우리가 이 책에서 다루려는 목적과 관련하여 다음과 같은 두 가지 점이 중요해진다. 우선 첫 번째로, 100년 전 기업 중심의 정치경제가 공고해질 무렵 홍보라는 제도가 탄생했다. 피알(PR, public relation)은 사실 매우 복잡한 문제이다. 앨릭스 캐리가 지적한 바와 같이, PR은 무엇보다 시대의 근본적 정치 현안들을 다룬다. 엄청나게 수가 많은 투표권자들 가운데 다수가 부자들의 특권을 줄이거나 심지어 없애는 데 큰 관심을 보이는 정치 세계에서, 부를 얻은 세력들은 어떻게 해서 자신이 누리는 기득권을 보존할 수 있겠는가? PR이 기업과 자본주의의 장점을 찬양하고 동시에 노동과 정부의 사회 프로그램들을 폄훼하는 강력한 주의 주창의 역할을 떠맡는다. 캐리가 언급한 바와 같이, 홍보의 핵심은 이 나라를 소유하다시피 하고 있는 사람들을 위해 "민주주의로부터 위협 요소들을 빼내는 데" 있다.[101)]

그러나 이런 기조에 맞춰 노골적으로 실행에 옮겨지는 미국 상공회의소나 미국 제조업자 연합회 같은 기업 단체의 홍보는 홍보 생산물의 극히 일부에 불과하다. 홍보 자금의 최대 몫은 구체적인 정치적·상업적 목적 성취를 위해 지출된다. 정부에 로비를 펼치고 있고 여론을 마사지할 필요가 있는 사람들에 의해 홍보물들이 대량 제작된다. 정부로부터 원하는 (혹은 원하지 않는) 규제와 정책에 영향을 끼친다는 측면에서, 여론(public opinion)은 특수한 이해 당사자들에게 대단히 중요한 문제이다. 물론 노동계급과 비영리 집단을 포함해 누구나 여론 홍보를 할 수 있다. 그렇지만 큰돈은 대부분 정부가 자신들을 어떻게 다룰지 여부에 상당한 이해관계가 달려 있는 기업이나 기업 관련 단체들한테서 나온다.[102] 이러한 홍보는 일반적으로 앨릭스 캐리가 말한 다음과 같은 이미지를 강화시키는 데 목표를 둘 것이다. '기업은 좋은 것이고 시장도 마찬가지로 선한 것인 반면에, 정부는 나쁜 것이고 노동계급은 더욱 나쁜 것이다.' 때로 홍보는 기업의 제품 판매를 목표로 한 전통적인 광고 캠페인의 일부가 되기도 한다.

홍보가 지닌 또 다른 결정적 요소가 있다. 상당수 '뉴스' 스토리의 기초 자료를 제공할 정도로, 홍보는 전문화된 저널리즘 관습을 적극 이용한다. 홍보의 엄청난 양이 광고의 양에 비해 덜 실감나는 이유 가운데 하나는, 홍보는 은밀히 이루어질 때 훨씬 효과적이기 때문이다. 만약 지금까지 실행된 가장 대단했던 홍보 캠페인 10개를 대중들이 알아채 버렸다면, 이들은 결코 역사상 가장 위대한 홍보 캠페인 10위 안에 오르지도 못했을 것이다.[103] 물론 그러지 않았기 때문에 역사상 가장 효과적인 홍보 캠페인 '톱 10'으로 남을 수 있었음은 두 말할 나위도 없다.

홍보와 광고의 결합은 오늘날 우리가 살고 있는 시대를 진실과 거리가 먼 커뮤니케이션의 황금기로 전락시켜 버렸다. 만약 당신이 이제 선택만 한다면, 말이 되지 않는 그 어떤 이야기라도 대중들에게 주입할 수가 있다. 이러한 결합 형태는, '우리는 단지 원하는 바를 얻어 내기 위해 말할 필요가 있는 걸 말하고 있을 따름'이라는 관점을 조장한다. 사람들이 믿게끔 만들어 버리는 순간 모든 게 진실이 되고 만다. 민주주의 문제와 관련해, 이는 냉소주의라는 치명적인 환경을 불길처럼 더욱 부채질할 것이다.

그럼으로써 지난 세기 두드러진 두 번째 전개 상황에 기여한다. 바로 탈정치화의 확산 추세이다. 한마디로 미국인들은 정치에 별 관심이 없다. 투표율을 포함해 대부분의 측면을 고려할 때 그러하다. 사회 지도층은 탈정치화에 대해 반드시 나쁜 것이라고 여기지도 않는다. 비교되지 않을 정도로 비중이 큰 저소득층 인민이 정치에 관여하지 않을수록 부자들은 득을 본다는 사실이 암묵적으로 공유되고 있는 것이다. 1975년 엘리트 비즈니스 지식인 모임인 이른바 '3자위원회'(Trilateral Commission)는《민주주의의 위기》(The Crisis of Democracy)라는 제목의 보고서를 내놓았다. 이 보고서는 다음과 같은 결론을 내리고 있다. "민주적 정치 시스템을 효과적으로 작동시키기 위해서는 때때로 몇몇 개인과 집단의 일정 정도 무관심과 비관여적 태도가 요구된다."[104] 헤리티지재단 설립자이자 1970년대 이래 이른바 기업 권리의 위대한 조직가 가운데 한 명인 폴 웨이리치는 보수적 활동가들 앞에서 한 1980년의 어떤 강연에서 다음과 같이 통명스럽게 내뱉었다. "나는 사람들이 투표하는 걸 원치 않는다. …… 더 솔직히 말하자면, 투표 인구가 줄어들수록 우리가 선거를 통해 행사할 수 있는 힘은 커진다."[105]

최근 들어서 투표율은 지역이나 선거에 따라 다른 데, 총유권자의 15~60퍼센트 수준에 머문다. 만약 그 숫자가 60퍼센트를 넘어서게 되면, 사람들은 민주주의 문제에 관심을 가지기 시작한 자기 모습에 놀라 뒤로 공중제비라도 할 것이다. 단지 비교를 목적으로 말해 보자면, 19세기 후반만 해도 선거 유권자의 78.5퍼센트 정도가 대통령 선거에 참여했다. 남부를 제외하면 그 수치는 84퍼센트까지 올라간다. 예를 들어 미국 역사상 가장 치열한 선거전이 펼쳐진 1896년, 인민당 분파가 장악한 민주당은 윌리엄 제닝스 브라이언을 대통령 후보로 내놓았다. 그

그림 8 대통령 선거에서 나타난 소득별 투표참여율

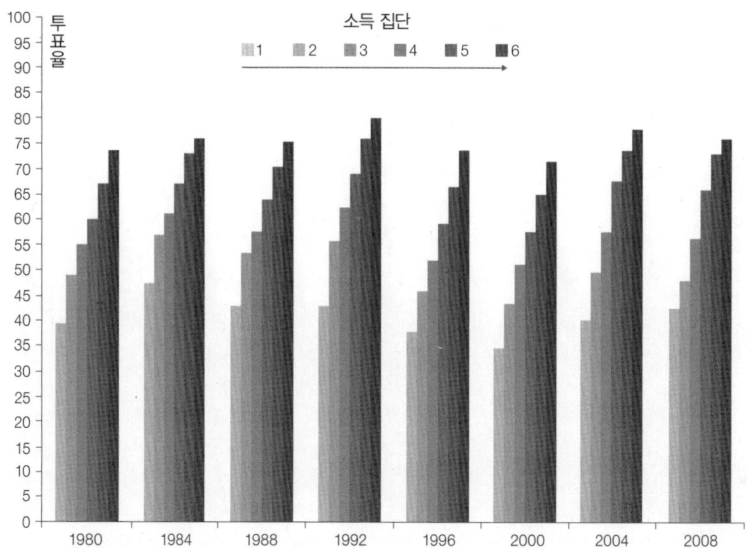

출처: 미국 통계청, "Reported Voting and Registration of Members, by Age and Family Income," 여러 해; 그리고 Robert Sahr, "Inflation Conversion Factors," Oregon State University, 2011, oregonstate.edu/cla/polisci/sahr/sahr (2011년 9월 1일 검색). 통계청에 보고된 소득 집단의 숫자는 해마다 약간씩 변화가 있었으며, 인플레이션을 고려하지 않은 수치이다. 총인구조사는 또한 백분율로 보고되고 있지 않다. 따라서 소득 집단별로 대표하는 전체 투표 연령 인구의 비율은 상당히 차이가 난다. 표에 나와 있는 기간에 보여 준 집단들의 일관된 수치를 얻기 위해, 그리고 좀 더 균등한 인구 분포를 구하기 위해서 특정 연도의 소득 범주들을 [그림 8]의 아래에 나타는 바와 같이, 몇몇 연도의 수치들은 제외시켜 버렸다. 총인구조사에서 추출한 소득 범주(1-6)의 2008년도 달러로 환산한 평균 소득은 [그림 9]에서도 똑같이 사용되고 있다.

해 미시간 주에서는 유권자 가운데 무려 95퍼센트라는 말도 안 되는 수가 투표장을 찾았다.[106] 이 보다 더 놀라운 것은, 바로 그때부터 사회의 특정 인구층은 더 이상 투표하지 않게 되었다는 사실이다. 대부분 가난한 사람들이었다. 최근에 나타난 현상이 결코 아니다. 1950년에 이루어진 블라디미르 O. 키의 선구적인 연구는, 20세기 초반 50년 동안의 투표 집계에 나타난 계급적 편향성을 잘 보여 준다. 잘 사는 사람이 못 사는 사람에 비해 거의 곱절 이상이나 투표에 많이 참여했다.[107]

그림 9 중간 선거에서 나타난 소득별 투표참여율

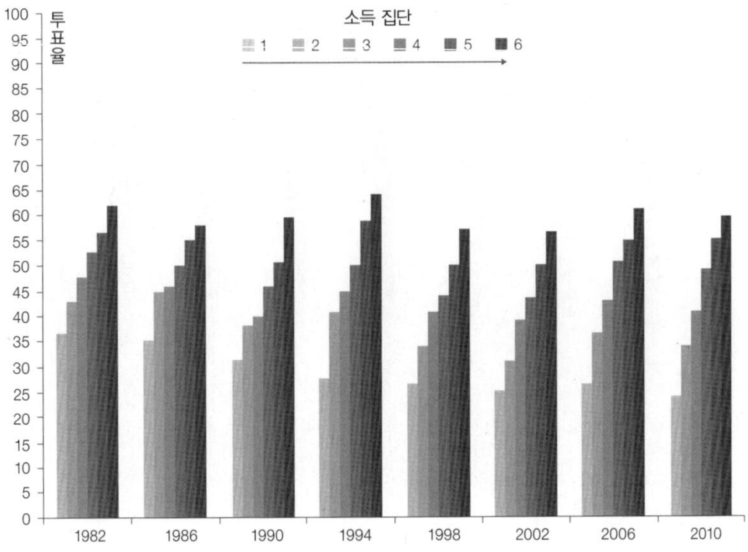

출처: [그림 8]과 같음

[그림 8]과 [그림 9]에서 나는 성인 인구를 소득 수준에 따라 대략 여섯 개 집단으로 나눠 보았다. 집단 간 투표율 격차가 한눈에 드러난다.

1970년대로 거슬러 올라가, 가령 월터 딘 버넘 같은 학자들의 연구는 다음과 같은 생각에 타당성을 제공하고 있다. 만약 다양한 소득 수준의 미국인들이 대부분의 북유럽 국가에서와 같은 비율로 선거에 참여한다면, 이 나라는 사회 민주적인 정책들에 관해 지금보다 훨씬 더 우호적인 정부 정책을 취하고 있을 것이다. 미국이 지금까지 지켜봐 왔던 것보다 좌파 쪽에 가깝다고 여길 수 있는 정책에 대해서도 그러할 것이다.108) 사실 미국인들은 1970년대 이후 핵심 정치 사안들에 관한 한 오른쪽으로 옮겨가지 않았음을 여러 연구 조사 결과가 보여 주고 있다. 오히려 더 진보적이었을지도 모른다.109) 문제는 빈곤계층의 낮은

투표율이다. 제임스 K. 갤브레이스의 연구는, 경제적인 불평등이 확대됨에 따라서 빈곤층과 노동자층의 투표율이 낮아지는 경향이 있음을 입증해 주고 있다.[110)]

크로퍼드 B. 맥퍼슨은 미국 같은 현대 자본주의 국가의 양당 정치 시스템이 사실은 "이슈를 정하기 위한" "엘리트들 사이의 경쟁"으로 전락해 버렸다는 점을 최초로 규명한 학자이다.[111)] 정치경제의 기본 내용들에 관해 민주당과 공화당 양당은 사실상 뜻을 같이한다. 따라서 이런 내용이 공적인 토론이나 논쟁의 테이블 위에 오르는 경우가 드물다. 맥퍼슨의 견해에 따르면, 양당 시스템은 특히 경제 스펙트럼의 밑바닥에 있는 사람들 사이에서 시민의 무관심과 탈정치화를 조장하고 엘리트의 지배를 유지하는 데 아주 이상적이다. 마틴 길렌스의 연구, 그리고 케이 레먼 쉴로즈먼과 시드니 버바, 헨리 E. 브래디가 함께한 최근의 탁월한 연구 작업들은, 가난한 사람들과 노동자계급 그리고 중산층 사이에 만연한 무관심이 나름대로 합리적인 근거를 갖고 있음을 보여 준다. 기업이나 부유층들에 비해 중산층과 노동자 빈민들은 정치인이나 정책에 대해 사실상 그 어떤 영향력도 갖고 있지 않다는 증거가 뚜렷하게 나타나기 때문이다.[112)]

자본주의 교리문답은 현재의 미국 민주주의와 탈정치화, 여론 같은 문제에 관해 아무것도 말해 주지 않는다. 인터넷에 관해 온갖 해설을 써대는 사람들 대부분도 마찬가지다. 그들은 현 상황을 사물의 자연스러운 질서처럼, '민주주의'인 양 간주해 버린다. 다른 모든 것은 그림의 떡처럼 공허하게 여겨지며, 성숙한 대화의 주제로 간주되지도 않는다. 잣대가 너무 낮게 설정되어 있기에, 대부분의 미국인들은 민주주의에 관해 허울뿐인 생각을 갖기 일쑤다. 당신이 거의 잘 모르는 정치인들, 핵심 이슈가 무엇인지 전혀 모르는 사람들 중 한 명이기에 아마도 당신을 무시해 버릴 공산이 큰 바로 그런 정치인들에게 투표하는 행위 정도로만 민주주의를 이해하고 만다. 우리는 페인이나 프랭클린, 링컨이 품고 있던 이상으로부터 너무 멀리 떨어져 버렸다. 단순히 대표자들을 위해 투표하는 것으로 결코 충분하지 않다고 주장하면서, 토머스 제퍼슨은 이러한 현상에 관해 심각한 우려를 드러낸 바 있다. 시민이라면 "하루하루 정부가 하는 일들에 대한 참여자가 되어야 한다"고 쓴 이가 바로 제퍼슨이었다.[113)]

만약 '상식'이 가리키는 그런 가치를 갖추려면, 그리고 가장 열렬한 예찬론자들이 한 약속을 지키고 또 가장 많은 불만을 가진 비관론자들의 우려를 불식시키려면, 인터넷은 민주주의를 발전시키는 힘이 되어야 한다. 불평등과 독점, 과도한 상업화, 부패, 탈정치화, 불황 같은 문제들을 제어하는 데 도움이 되어야 함을 의미한다. 그러는 건, 인터넷을 실재하는 자본주의의 한가운데에 놓는 일이 될 것이다. 바로 이 갈등을 나는 균형감을 갖고 검토해 보려고 한다.

DIGITAL DISCONNECT

3

커뮤니케이션 정치경제학과 인터넷

교리문답이 자본주의에 관해 표피적이고 잘못된 인상을 주고 약화된 민주주의를 사실상 용인해 주는 가운데, 미국의 상업 미디어 시스템은 그 나름의 교리문답으로써 보충한다.

상업 미디어 기업들이 수용자의 요구를 만족시키기 위해 서로 경쟁을 펼친다. 경쟁은 상업 미디어를 수용자 요구에 순종토록 강제하는데, 그러하지 못하는 업체들은 경쟁에서 도태되어 결국 문을 닫게 될 것이다. 결과적으로 현 시스템은 "사람들이 원하는 것을 제공한다." 저널리즘도 마찬가지로, 기업들을 적절히 처신하게 하는 경쟁의 압력이 작동한다. 여기서 상업적인 압박이 자칫 문제가 될 수 있는데, 그래서 나타난 게 바로 편향되지 않은 객관적 뉴스를 제공하는 독립적이고 전문적인 기자들의 출현이다. 미디어 시스템을 구성하는 엔터테인먼트와 저널리즘 두 가지 요소 모두를 만족시킬 핵심 열쇠는 정부에 의해 통제되지 않도록 하는 것이다. 아울러 두 가지 분야가 사적 부문의 일부로서 상호 경쟁하도록 내버려 두는 것이다. 미디어에 대한 정부의 관여는 위험하며 그 어떤 대가를 치르더라도 반드시 피해야 한다. 자유언론이 곧 자유 사회의 열쇠이며, 자유 시장은 자유언론과 건강한 민주주의 문화의 토대가 된다.

2장에서 살펴본 조금 포괄적인 교리문답과 마찬가지로, 이 자유 미디어 시스템의 전망을 대부분의 평자들은 쉽게 받아들인다. 디지털 기술에 대해서도 그대로 적용된다. 기실, 이 자유언론의 전망은 어느 정도 진실에 가까우며, 매력적인 요소 몇 가지를 갖추고 있다. 하지만 인터넷을 비롯한 미디어를 제대로 이해하고 그에 관해 어떤 행동을 취하고자 할 경우, 그 효용성이 심히 미심쩍어지기도 한다. 자본주의, 그리고 그것이 민주주의와 맺고 있는 관계를 조망해 주는 점에서 정치경제학처럼 나름의 가치를 지니고 있지만, 지금과 같은 관습적 형태로는 자유 미디어 시스템 개념에 대한 조악한 비판 이상의 뭔가를 제시해 줄 수가 없다. 다행히도 정치경제학의 하위 분야인 커뮤니케이션 정치경제학(PEC, political economy of communication)이 존재하는데, 이게 디지털 혁명과 관련된 핵심 사안들을 세부적으로 검토하는 데 훨씬 잘 어울리는 것 같다.[1)]

PEC는 커뮤니케이션 문제를 자본주의나 민주주의의 문제와 밀접하게 연관시켜 조망한다. 커뮤니케이션이 사회 내 정치·사회 세력들에게 어떻게 영향을 끼치는지, 미디어가 민주주의 또는 자치 정부의 성공적인 운영에 반하는지 아니면 기여하는지 따져 봄으로써, PEC는 특정 미디어와 커뮤니케이션 시스템의 가치에 대한 판단까지도 내려준다. 이런 면에서 정치경제학은 미디어 경제학이나 미디어 법학 같은 인접 학문과 뚜렷이 구별된다. 사실 주류 경제학과 마찬가지로, 미디어 경제학과 법학은 좋든 나쁘든 오늘날의 미국을 그대로 받아들여 버린다. 현 상태에 관해 일종의 중립적인 자세를 고수한다. 그래서 시스템 전반에 대한 비판적인 사유를 거의 내놓지 못한다. 일반적으로 이런 중립성은 현 상태와 현존하는 권력 구조를 자유 시장에 필요한 걸로 암묵적으로 수용하는 결과로 이어지고 만다.

PEC는 미디어 시스템, 심지어 수익성에 기반을 둔 상업 시스템을 창출함에 있어 정부 정책이 지닌 근본적인 역할을 강조한다. PEC는 어떻게 커뮤니케이션 정책들이 논의되고 결정되었는지를 연구 평가하며, 과거에 미디어 정책과 시스템이 실제로 어떻게 만들어졌는지 들여다보는 강한 역사주의의 경향을 띤다. 커뮤니케이션 정책 논쟁은 말하자면 원자의 핵과 같은 것으로서, 어떤 미디어 시스템이 변모하거나 전환될 때 반드시 거쳐야 할 과정이 된다.

내 생각에 이 두 가지 PEC의 핵심 내용은 인터넷이 어떻게 발전해 왔는지, 중요한 이슈는 무엇인지, 그리고 지금 우리 앞에 어떤 선택지가 남아 있는지를 이해하는 데 매우 귀중한 방도를 제시한다. 물론 PEC가 모든 의문에 해답을 줄 수 있는 것은 아니지만, 적어도 대다수 질문들에 대한 답변의 기초를 제공할 수는 있을 것이다.

PEC의 기초

PEC는 미디어를 일종의 사회적 사안으로 이해하는 데서 출발한다. 여기서 '문제'(problem)라는 말을 나는《메리암웹스터대학사전》에 나오는 첫 번째 의미, 즉 "탐구나 검토 혹은 해결을 목적으로 제기되는 질문"이라는 뜻으로 파악한다. 그런 의미에서 미디어는 일종의 정치적인 주제, 결코 회피할 수 없는 정치적인 문제가 된다. 여러 종류의 미디어 시스템이 존재할 수 있으며, 미디어를 통제·감독·규제하기 위해 설립된 제도들이 이러한 시스템의 논리와 성질을 사실상 결정한다. 이렇게 이해하면, 특정 사회가 미디어 시스템의 구조를 결정하는 방식, 그리고 그 사회가 미디어 문제를 해결하는 방법 같은 게 매우 중요해진다. 이런 정책 토론이 미디어 시스템의 틀과 가치를 결정하며, 그에 따라 모두가 만나 볼 갖가지 미디어 콘텐츠가 만들어질 것이기 때문이다.[2)]

미디어 문제는 어떤 형태로든 모든 사회에 존재한다. 이 문제와 관련해 백지 상태에서 출발하는 사회는 없다. 선택의 범위는 다른 여러 것들 중에서도 정치경제적인 구조와 문화적인 전통, 이용 가능한 커뮤니케이션 기술에 의해 상당 정도 영향을 받는다. 독재 정권이나 권위주의 정권에서 사안들은 주로 권력 가진 자들에 의해 해결된다. 이들 사회에서 권력층은 국가에 대한 자신의 지배를 강화하고 효과적인 반대의 가능성을 최소화시킬 미디어 시스템을 고안해 내는, 나름의 분명하고 확고한 목표점을 갖는다. 미디어에 대한 지배와 사회에 대한 지배 사이에 직접적 연관성이 또렷하게 나타난다. 형식적 민주주의 사회의 경우에도, 권력을 가진 집단과 그러하지 못한 집단 사이에 똑같은 긴장 상태가 발견된다. 다만 투쟁의 양상에서 차이를 보일 따름이다. 요컨대 미디어는 모든 사회에서 권력과 통제를 위한 투쟁의 핵심부 자리를 차지한다. 민주주의 국가들의 경우 이는 훨씬 사실에 가깝다고 할 수 있다. 누구든지 미디어를 쉽게 손에 넣을 수 있기 때문이다.

PEC는 민주적 가치에 이바지할 시스템을 고안하는 행태로 미디어 문제를 해결코자 한다. 물론 문제 해결을 위한 유일한 방도 같은 것은 존재하지 않는다. 더 많은 연구와 논쟁, 실험이 이루어질수록 더 나은 해답이 나올 것이다. 상황 탓이긴 하지만, PEC는 주로 지배적 상업 미디어 시스템과 관련된 문제에 초점을 맞추는 경향이 있다. 웨일스 출신의 위대한 학자 레이먼드 윌리엄스는 좀 더 공정하고 인간적이며 민주적인 사회를 건설하는 프로젝트의 일환으로, 미디어 시스템 개혁의 필요성에 관한 논의를 선도한 바 있다. 1960년대와 1970년대 초에 내놓은 그의 개척자적 작업들은 상업화된 미디어 시스템과 구조를 대체하는 작업을 현대 민주정치 프로젝트의 핵심 일부로 설정하는데 크게 기여했다. 1962년 페이비언협회를 위해 작성한 팸플릿에서, 윌리엄스는 비영리적이고 비상업적인 미디어 구조를 만들어 내는 게 현대 민주주의의 핵심 열쇠 중 하나라고 역설했다.[3] 그가 영어권 출신의 가장 중요한 커뮤니케이션 학자 가운데 한 사람이라는 사실은, 그가 주장하고 관심 가졌던 사항들의 중대성을 더욱 부각시켜 주었다.

내가 생각하기에, PEC가 내세우는 가장 영향력 있는 개념은 '공론장'(public sphere)이다. 이 용어는 독일 사회학자 위르겐 하버마스의 저작에서 나온 것이다. 하버마스는 현대 민주주의 혁명의 결정적 요소는 다름 아닌 독립 영역, 공론장, 공적 공간의 출현이었다고 주장했다. 정부의 간섭이나 통제로부터 자유로운 상태에서 시민들이 모여 동등한 자격으로 정책 문제에 관해 토론을 펼치고 논쟁을 벌일 수 있는 공간이다.[4] 미디어가 미국에서 (그리고 다른 사회에서도) 이 공론장의 역할을 떠맡는다. 공론장 이론의 핵심 논리는 국가나 지배적인 기업경제 제도 둘 다로부터 독립된 미디어 시스템을 갖추는 일의 중요성을 강조하는 데 있다. 이러한 통찰은, 국가에 대해 원론적 비판의 입장을 취하는 데 불편함을 느껴 온 좌파, 기업 통제나 광고가 제기하는 핵심 질문들에 관해 제대로 심사숙고하지 못했던 기존 좌파의 관행을 한참 뛰어넘는 것이었다. 공론장이라는 사유는 루퍼트 머독과 요제프 스탈린 가운데 한 사람을 선택해야 하다는 생각을 거부한다. 지난 한 세기에 걸쳐 공론장 이론은 민주주의를 위한 일종의 로드맵을 제공해 왔다. 제3의 길, 독립적인 비영리 중소기업 부문 그리고 사회가 필요로 하는 민주적 미디어 시스템을 적극 사유토록 한 것도 이 이론이었다. 공공재 이론과 마찬가지로, 공론장 이론은 어떠한 정책을 채택해야 할지 구체적으로 말해 주지는 않는다. 다만 적절한 정책 결정에 필요한 가치 있는 사유의 틀은 제시해 줄 것이다.[5]

미디어 시스템을 수립하는 과정에서 정책은 결정적인 문제이다. 그리고 정부는 미디어 정책과 미디어 시스템을 바꿔 낼 수 있는 능력을 지니고 있다. 그런데 실제 역사를 살펴보면 정부가 이런 능력을 발휘하는 경우가 드물다. 실제로 너무 드문 일이기에, 대부분의 사람들은 정책과 시스템을 변화시킬 권리가 존재하는지 전혀 느낄 수가 없었다. 이해할 만한 노릇이다. 대체 왜 그럴까? 이 대목에서 '결정적 국면'(critical junctures)이라는 말이 매우 중요해진다.

이 개념은 사회 변화가 어떻게 이루어지는지를 설명하는 데 큰 도움이 된다. 광범위한 선택지들로부터 도출된 극적인 변화가 논의되고 실행되는, 드물고 짧은 단기(brief period)가 있다. 그 뒤를 구조적이거나 제도적인 변화가 느려지고 어려워지는 장기(long period)가 잇따른다.[6] 조반니 카포키아와 R. 대니얼 켈레멘이 말한 바와 같이, 결정적 국면은 어떤 제도가 발전하는 단기 동안의 드문 사건들에 해당한다. "특정 제도의 정상적인 상태는, 안정성을 갖춘 상황 혹은 일정한 규칙에 따른 변화의 상태 이 둘 중 하나에 가깝다."[7] 대부분 10~20년 이상 지속되지 않는 이 결정적 국면에 사회가 택할 수 있는 선택지들이 어느 때보다 훨씬 많아진다. 한때는 법률로 금지된 것, 혹은 감히 생각해 볼 수 없었던 것들이 갑자기 테이블 위에 오를 수 있다. 이 기간에 이루어진 결정들이, 사회의 모양새를 몇 십 년 또는 몇 백 년 동안 쉽게 바뀌지 않을 형태로 정해 버린다. 그렇게 할 제도와 규칙을 결정하다시피 한다.

역사와 사회과학 분야에서 점차 이 '결정적 국면'이 의미 있는 개념으로 받아들여지고 있다. 사회 전반적인 차원의 근본적인 변화를 사유할 때 중요한 개념으로 이미 판정이 난 상태이다. 미디어나 커뮤니케이션 같은 특정 분야의 근본적 변화를 이해하는 방법으로도 가치가 높은 걸로 인정받고 있다. 미디어의 주요 제도들도 사실 대부분 이 결정적 국면의 결과물이다. 결정적 국면이 일단 지나가 버리면, 기존의 미디어 체제는 안정적인 기반을 갖추게 되고 그 정당성과 지속성은 거의 의

문시되지 않는다. 그리고 이 안정적인 시기에 이루어지는 커뮤니케이션 정책 논쟁들은 지배적인 제도를 지지하는 경향을 띠면서 대중적인 인지나 참여를 거의 끌어내지 못한다.

아래 조건들 가운데 둘 또는 세 가지가 모두 충족될 때 미디어와 커뮤니케이션 분야에서도 결정적 국면이 도래할 가능성이 높아진다.

- 현존 시스템을 위협하는 혁명적인 새로운 커뮤니케이션 기술이 출현한다.
- 미디어 시스템이 내놓은 콘텐츠, 특히 저널리즘이 점차 신뢰를 얻지 못하고 정당하지 않은 것으로 간주된다.
- 현 질서가 더 이상 정상적으로 작동하지 못하는 정치적 중대 위기 혹은 심대한 사회적 불안이 초래되고, 지배적인 제도들이 도전을 받으며, 사회 개혁의 주요 운동들이 생겨난다.

지난 세기 동안, 미국에서 미디어와 커뮤니케이션 분야의 결정적 국면은 대략 세 차례 정도 나타났다. 저널리즘이 심각한 위기에 처하고 정치 시스템이 전반적으로 혼란에 빠진 진보주의 시대(1890~1920년대). 대공황을 배경으로 상업주의에 대한 대중적 반감이 폭증하던 시점에 맞춰 라디오 방송이 출현한 1930년대. 그리고 미국의 대중 사회운동이 보다 광범위한 사회·정치적 비판의 일환으로 미디어에 관해서도 근본적 비판의 목소리를 제기했던 1960~1970년대.[8)]

우선 진보주의 시대의 결정적 국면은 전문적 저널리즘의 출현이라는 결과를 불러왔다. 그리고 1930년대 결정적 국면의 결과는 느슨하게 규제된 상업 방송 모델이었는데, 이 모델은 이후에 나온 FM 라디오와 지상파·케이블·위성텔레비전 같은 전자 미디어 기술의 모델로 자리 잡게 된다. 마지막으로 1960~1970년대 결정적 국면의 결과는 상대적으로 커뮤니케이션에 그다지 대단한 변화를 가져오지는 못했다. 그래도 몇 가지 개혁적인 조치들을 이루어 냈다. 여러 가지 이유로 당시 제기된 이슈들은 전혀 해결되지 않았고, 뒤따른 친기업주의 시기에 대부분 파묻혀 버렸다.

지금 우리는 커뮤니케이션 분야의 또 다른 심원한 결정적 국면 한가운데에 서 있다. 앞서 언급한 것들 중 두 가지 조건이 이미 갖추어진 상태이다. 디지털 혁명이 모든 미디어 산업과 비즈니스 모델을 뒤엎고 있으며, 저널리즘은 진보주의 시대 이래 최악의 쇠퇴기를 맞이하고 있다. 세 번째 조건, 곧 정치·사회 시스템의 전반적인 불안정성이 마지막으로 무너질 도미노이다.

과연 사람들이 우리 사회가 직면한 구조적 위기에 직접 관여할지 아니면 그 문제를 엘리트들에게 떠맡기고 말지는 시간을 두고 지켜볼 일이다. 1960년대와 1970년대의 결정적 국면 동안에 엘리트들은 '민주주의의 위기'에 심각한 우려를 드러냈다. 이 '위기'란 그 전까지만 해도 무관심하고 수동적이었을 뿐 아니라 무시되어 오던 소수자와 학생, 여성이 정치에 참여하고 시스템에 대해 뭔가를 요구하면서 유발된 것이었다.[9] 2011년의 '점거'(Occupy) 운동과 대중 시위들도, 그 이전 몇 십 년 동안 찾아보기 힘든 대중적 정치 행동주의의 희미한 빛을 비춘다. 뭔가 큰일이 일어나기 시작한 게 틀림없다면, 이 시대는 또 다른 결정적 국면으로 빠르게 들어서고 있는 게 맞다. 그 시간이 끝났을 때, 이 나라가 과연 어떤 모습일지는 어느 누구도 쉽게 예측해 낼 수 없다.

테크놀로지

결정적 국면의 논의가 제시하는 바와 같이, 커뮤니케이션 기술은 커뮤니케이션 정치경제에서 대단히 중요한 요소이다. 그 역할은 어느 정도 자명한 것이다. 왜냐하면 인쇄 신문이든 라디오, 텔레비전 할 것 없이, 대다수 미디어는 사실상 그 기술에 따라 규정되기 때문이다. 어떤 새로운 기술이 출현하면 그에 따라서 전혀 새로운 미디어가 생겨난다. 그런데 양상은 좀 더 심각하다. 어떤 점에서 그것은 정치경제와 커뮤니케이션이라는 말로써 더 잘 이해될 수 있다. PEC는 그 중요성을 인정하면서도, 커뮤니케이션 시스템과 정책을 둘러싼 논쟁에 관해 구조적인 분석을 내놓는 데 그치지 않는다. PEC 연구자들은 한걸음 더 나아간다. 커뮤니케이션이 어떻게 사회적 존재를 규정하고 또 인간의 발전을 정하는지, 그 문제까지도 분석해 보고자 한다. 사실 커뮤니케이션 연구는 우리 역사의 전개 과정에 관해 예리한 안목을 제공해 줄 수 있다. 정치경제가 커뮤니케이션에 영향을 끼치는 만큼이나, 커뮤니케이션이 정치경제에 미치는 영향이 크다. 이 두 요소를 상호 의존 변수로 간주하고 분석해 본다면 재미있는 결과가 도출될 것이다. 인터넷과 디지털 혁명을 논구하기 위해 우리에게 필요한 지적인 칵테일이 정확히 바로 이것이다.

커뮤니케이션 기술, 우리가 흔히 '지식 기술'이라고 부르는 것의 중요성이 바로 여기에 있다. 캐나다 출신의 미디어 정치경제학자 해럴드 이니스는 정치경제적 이용의 문제와 변별되는, 또는 좀 더 정확하게 말해 그러면서도 여전히 정치경제의 문제와 밀접히 연관되어 있는, 커뮤니케이션의 '편향성'(biases)을 강조한 연구 작업을 선도했다. 그는 인류 역사의 진로를 형성한 커뮤니케이션의 중요성과 관련해, 20세기 중반에 자신의 장기간에 걸친 연구의 결과를 발표했다.[10] 이니스는 커뮤니케이션 및 커뮤니케이션 기술의 양식이 인간 발전을 이해하는 데 매우 중대하며, 이 양식들은 타고난 편향성을 지니고 있다고 주장했다. 마셜 매클루언이 이런 이니스의 추종자였는데, 이 캐나다 출신의 영어학 교수는 이니스의 주장을 약간 바꾸어 놓는다. 매클루언은 "미디어는 메시지다"라는 주장, 즉 미디어 콘텐츠의 특성은 미디어의 구조와 그 기술에서 비롯된다는 주장으로 가장 널리 알려져 있다. 우리가 생각하고 인간 사회가 작동하는 방식을 변화시키면서, 결국은 지배적인 미디어 기술이 사회를 규정한다고 그는 주장했다.[11] 매클루언의 작업은 이후 수많은 사상가들에게도 많은 영향을 끼쳤는데, 그중 한 사람인 닐 포스트먼은 텔레비전이 표피성(superficiality)를 향한 선천적 편향성을 지닌 매체라는 주장을 내놓았다.[12]

니컬러스 카가 이야기한 것처럼, "모든 지적 기술들은 일종의 지적인 윤리, 즉 인간 정신은 어떻게 작동하고 또 작동해야 하는지에 관한 일련의 가정을 구체화하고 있다." 이러한 기술들은 "우리가 무엇을 어떻게 생각할지에 관해 가장 강력하고 지속적인 힘을 갖는다."[13] 정치경제적인 맥락을 염두에 두지 않은 상태에서, 이러한 접근법은 일종의 미디어 기술결정론의 뉘앙스를 풍긴다. 그렇지만 PEC와 연결시켜 활용한다면, 미디어 기술이 가진 중대한 영향력(사회학자들이 흔히 '상대적 자율성'이라고 일컫는 매우 큰 힘)을 부각시켜 줄 유용한 틀이 될 수 있다.[14] 사실 이니스는 커뮤니케이션 기술의 중요성에만 초점을 맞추지 않았다. 그는 기업화된 미디어와 미디어 상업화에 맞선 날선 비평가이기도 했다.[15] 닐 포스트먼도 마찬가지다. 그는 미국을 이른바 '테크노폴리'(technopoly)라고 불렀는데, "온갖 기술이 사회의 제도와 민중들의 생활에 관한 주권을 장악해 버린, 기술이 스스로를 합리화하고 자기 영속적이며 어디에나 편재하는 그런 무엇이 되어 버린 시스템"을 가리킨다. 포스트먼은 이렇게 썼다. "기술 문제의 핵심에는 상업적인 이익을 추구하기 위해서라면 소비자들의 영혼까지도 기꺼이 잠식해 버릴, 모든 상징을 이용할 수 있는 면허증을 획득한 거대 산업이 자리 잡고 있다."[16)]

기술과 산업이 이렇게 서로 혼연일체가 되어 버린 일례로서, 니컬러스 카는 인터넷이 우리 뇌가 작동하는 방식에 끼치는 엄청난 영향력의 문제를 강력하게 시비한다. 마찬가지로 일라이 패리저도, 인터넷이 주지의 사실들 위주로 우리의 관심사를 끊임없이 강화하고 반대로 감정이입과 창의성, 비판적 사유 같은 것들은 크게 약화시키는 그런 세계 안에 우리를 감금할 '거품들'을 계속 만들어 내고 있다며 심각한 우려를 표한 바 있다. 카와 패리저가 우려를 표한 이런 기술적 측면은 다름 아닌 상업적 규칙들에 의해 추동되고 고양된 것이다. 카가 말하듯, 구글은 "문자 그대로 정신을 분산시키는 비즈니스를 담당하고 있다."[17)] 결국, 통제되지 않는 기술에 대한 비판은 상당 부분 규제되지 않는 상업주의에 대한 비판으로 이어진다.[18)] 가끔씩 인터넷 탓으로 돌리게 되는 고독과 소외, 불행이라는 문제도, 사실은 미쳐 버린 시장의 문제이기도 하다.[19)] 현대의 미국에서 두 가지 문제는 이렇듯 매우 밀접하게 결부되어 있다.

디지털 혁명을 둘러싼 논쟁의 상당 부분은, 결국 이 기술이 어떻게 사회를 변혁시킬 뿐 아니라 인간의 본성 자체까지도 바꿔 놓을 것인가 하는 문제로 귀결된다. 그러기에 디지털 혁명을 인류의 발전이라는 측면에서 폭넓게 사유하지 않으면 안 된다. 인터넷의 영향력이 전신이나 라디오, 텔레비전의 영향력과 대등한지, 아니면 이들을 훨씬 넘어서 버렸는지는 문제라고 볼 수도 없다. 훨씬 더 큰 질문이 존재한다. 디지털 혁명은 과연 인류 역사상 네 번째의 위대한 커뮤니케이션 전환을 이끌어 갈 자격을 갖게 될 것인가? 나는 우리 사회의 발전 방식을 바꿔 놓은 이 엄청난 규모의 커뮤니케이션 혁명을 가리키기 위해 '전환'(transformation)이라는 단어를 가져다 쓸 것이다. 정치경제적인 환경 속 인간의 신체 조건과 사회구조에도 극적인 변화를 야기할 바로 그 거대한 커뮤니케이션의 전환이다.

인류에게는 지금까지 세 번의 위대한 커뮤니케이션 전환이 있었는데, 첫 번째는 말과 언어의 출현과 함께 시작되었다. 비록 언어의 몇 가지 발생학적 기원이 존재하지만, 한두 가지 돌연변이의 결과로 하룻밤 사이에 나타난 일은 결코 아니었다.[20] 몇몇 학자들은 그 발전의 시점을 불과 5만~6만 년 전쯤에서 찾는다. 적은 무리의 유인원들이 멸종을 피해 아프리카 어느 한 모퉁이에서 지구를 가로질러 다른 곳으로 이동해 나갈 수 있도록 해준 게 바로 언어였다고 확신하는 인류학자들이 많다.[21] 분명 언어의 습득은 인간 두뇌의 발전에 커다란 도움을 주었으며, 더욱 진화된 형태의 도구를 사용할 수 있도록 해주었다. 잉여의 축적과 문명, 역사의 성립은 농업의 궁극적인 발전과 언어 없이는 불가능했을 것이다.[22] 이런 점에서 첫 번째 커뮤니케이션 전환은 실제로 엄청난 사건이었다. 이 무렵 여러 가지 면에서 우리 인간이라는 종의 경계를 획정했다. 우리를 만들어 낸 것이다. 아리스토텔레스와 고대 그리스 사람들이 이해했던 바와 같이 우리는 '말하는 동물'이 틀림없다.

두 번째의 위대한 커뮤니케이션 전환은 농업이 시작되고 몇 천 년이 흐른 뒤, 지금으로부터 불과 5천 년 전쯤에 도래한 글쓰기이다. 글은 결코 '자연스러운' 발전 양상이 아니었다. 꽤 진화된 많은 사회들이 여전히 글이라는 걸 갖고 있지 않았으며, 현재 인류 언어에서 발견되는 다양한 양상에 전혀 근접하지 못하고 있었다.[23] 심지어 오늘날에도 전 세계 문자언어들은 서너 가지 기본 시스템에서 유래하는 데 그친다. 글은 농업이 창출한 잉여 탓에 정보를 기록할 필요성을 느낀 제국들에 의해 추동이 되었는데, 글을 갖지 않은 제국들은 그 확장이나 생존에 상당한 제약을 겪었다. 요컨대 글을 가진 제국들은 그러하지 않은 사회들에 비해 결정적인 이점을 지니고 있었으며, 전자가 후자를 무너뜨리고 흡수하는 게 당연한 경향처럼 나타났다. 글이 인간에게 가져다준 혜택과 관련하여 클로드 레비스트로스는 이렇게 썼다. "글의 출현이 가져다준 직접적인 결과들 가운데 하나는 수많은 사람들의 노예화였다."[24] 이니스 또한 글의 출현에 대해 비관적이었다. 그는 구전 문화의 상실을 안타까워했다.

글쓰기는 예상치 못한 엄청난 결과를 불러왔다. 우리가 문화유산이라고 여기는 것들 상당수가 글을 통해 직접 또는 간접적으로 만들어졌다. 글쓰기 없이는, 예컨대 인간 두뇌가 과학적이고 철학적이며 예술적인 성취를 이루어 낼 능력을 발휘할 수 있었으리라고 상상하기 힘들다. 특히 음성 알파벳의 발전이 결정적이었다. 그 유래는 기원전 1000년 이전 페니키아 시대로 거슬러 올라가는데, 그리스인들이 기원전 750년 무렵 알파벳을 받아들여 이를 더욱 발전시켰다. 알파벳은 "약호나 다른 그림 상징들을 해석하는 것보다 음성문자를 단어로 읽어 낼 때 뇌가 훨씬 덜 쓰인다는 점에서 매우 에너지 효율적이다."[25] 얼마 지나지 않아 인간 문명이 크게 비약하는 아테네 고전 문화가 활짝 꽃피운다. 이니스는 아테네의 독특한 정신은 구술의 전통이 여전히 강력하게 남아 있고 그 뒤 다시는 반복되지 않을 정도로 글쓰기와 공존한 사실에서 비롯된 측면이 크다고 생각했다. 하지만 글쓰기가 없었다면 아테네의 문화는 사실 아무 것도 이룰 수 없었을 게 틀림없다.

세 번째의 위대한 커뮤니케이션 전환을 가져다준 인쇄기에 관해서는 학자들이 아주 잘 정리해 놓았고 상당한 분석과 논의가 있었다.[26] 읽기와 글쓰기, 문자를 읽고 이해하는 능력이 인쇄 기술을 통해 널리 보급되기 전, 예컨대 영어라는 언어의 어휘는 불과 몇 천 개 정도에 그쳤다. 인쇄기가 출현하면서 영어 단어는 백만 개 이상으로 크게 늘어난다. 니컬러스 카가 말하듯, "언어가 확장함에 따라 의식도 깊어졌다."[27] 인쇄기는 중요한 제도들, 무엇보다 종교 제도의 즉각적이고 근본적인 개조를 가져왔다. 인쇄기와 대중적 문자 해득 능력의 출현을 빼놓고, 정치 민주주의와 과학혁명 또는 산업 경제를 이해하기란 사실상 불가능하다. 인쇄 매체가 곧바로 근대 민주주의와 산업자본주의를 불러왔다는 뜻은 결코 아니지만, 이 두 가지가 존재할 수 있게 된 중요한 전제조건 가운데 하나였음은 분명하다.[28]

마지막으로, 현재진행 중인 결정적 국면이 과연 네 번째의 위대한 커뮤니케이션 전환으로 이어질지 여부는, 시간이 좀 더 지나 봐야 제대로 정리될 것이다. 몇몇은 이미 판정을 내렸다. "알파벳과 숫자 체계를 제외하면, 네트가 지금까지 일반 사람들이 이용했던 그 어떤 것보다 강력한 정신 변화를 불러일으킨 유일한 기술일지 모른다"라고 카는 썼다. "가장 낮춰 잡아도, 네트는 책 다음으로 출현한 가장 강력한 기술이다."[29] 존 노턴은 이 커뮤니케이션 혁명이 이제 겨우 시작했을 따름이며, 이 혁명으로 어떤 결과가 빚어질지 누구도 장담할 수 없다고 경고한다.[30] 우리가 확실히 아는 건 다음과 같은 사실이다. 디지털 커뮤니케이션과 정치경제의 상호작용이 네 번째 혁명의 궤적을 결정할 것이며, 인류 발전에서 담당할 그 혁명의 역할까지도 크게 규정할 것이다.

그 기간 동안에 미국 사회는 다른 국가나 초국적 조직들과 마찬가지로, 디지털 커뮤니케이션에 영향을 끼칠 무수한 커뮤니케이션 정책 이슈들과 직면하게 될 것이다. 때때로 이런 사안은 기술을 선택하는 문제와 직결된다. 특정 커뮤니케이션 제도가 일단 확정되면, 기술은 현 상태를 강화하는 경향성을 띤다. 기술은 그렇듯 '경로 의존적'(path dependent)이다. 일단 특정한 표준에 의거하여 그 위상이 정해지면, 설혹 상당한 문제가 있다 하더라도 중대한 기술혁명이 없는 한 이들 기술을 대체하는 것은 어렵고 값비싼 일이 된다. 예컨대 우리는 알파벳 쿼티(QWERTY) 순으로 배열된 영어 자판을 문제가 많은데도 그대로 쓰고 있다. 이 시스템의 원리가 이미 몇 세기 전에 사라졌는데도 그렇게 한다.[31] 한편, 커뮤니케이션 기술은 늘 의도하지 않은 결과를 가져올 수 있다. 더 중요한 기술일수록 의도하지 않은 결과도 커지는 법이다. 바로 이 두 가지 측면 때문에 커뮤니케이션 정책 결정에 접근할 때 최대한 신중하고 주의를 기울일 필요가 있는 것이다. 필립 N. 하워드가 말한 바와 같이, "기술의 디자인은 정치 전략에도 상당한 영향을 끼칠 수 있으며, 한 국가의 '입헌적 계기'(constitutional moment)의 일부가 될 수도 있다."[32]

상업 미디어의 엔터테인먼트

인터넷과 디지털 기술은 모든 커뮤니케이션 양식을 포괄하고 있다. 여러 까닭에 현존하는 커뮤니케이션 산업들의 비즈니스 모델을 뒤엎어 버리며, 미디어 기업들에게 기존의 운용 방식을 재조정하도록 몰아붙인다. 이런 게 인터넷과 관련하여 가장 큰 관심사이며, PEC가 가치를 발휘하는 것도 바로 이 대목이다. 소비자들에게 더 좋은 조건을 제공하거나 기업들에게 어떻게 하면 더 많은 수익을 올릴 수 있을지 알 수 있도록 도움 주는 단순한 차원을 넘어서, PEC는 우리가 좀 더 큰 문제에 다가갈 수 있도록 해준다. 디지털 기술이 대체 어떤 유형의 문화 시스템을 가능하게 할지를 사유해 볼 수 있도록 도와준다. 먼저 상업화된 엔터테인먼트 부문을 돌아보면서 이야기를 시작해 보도록 하자.

미국은 현재 고도로 활성화된 상업 미디어 엔터테인먼트 산업을 갖고 있다. 기업과 음반, 라디오, 텔레비전의 출현과 더불어 20세기 미국 경제와 산업의 핵심으로 급성장한 부문이다. 물론 대중 상업문화도 그 나름의 비평가들을 두고 있는데, 이들은 대부분 다음과 같은 관점을 고수한다. 만약 문제가 있다면 그것은 문제 있는 콘텐츠를 요구하는 수용자의 탓이다. 만약에 사람들이 좀 더 좋은 문화를 원했다면 당연히 기업들은 그렇게 해주었을 것이다. 사람들이 원하는 것을 제공하는 게 기업에게 이익이 되기 때문이다. 자유시장이 어디에서나 작동한다면, 좋은 싫든 그것은 엔터테인먼트 영역에서도 마찬가지일 수밖에 없다. 적어도 이론적으로는 그러하다.

상업 미디어는 실제로 몇몇 뛰어난 콘텐츠들을 만들어 내고 미국인들의 원하는 바를 제공한다. 여러 가지를 따져 볼 때, 상업 미디어가 만들어 내는 것들은 이제 미국적인 문화의 전형이 되다시피 했다. 우리가 우리 문화유산을 이해하는 방식 그 자체가 되어 버렸다. PEC는 콘텐츠의 미학이나 특성에 관해서는 사실 많은 걸 말하지 않으며, 또 그렇게 할 수도 없다. 수용자들이 미디어 콘텐츠를 갖고 무엇을 하는지에 관해서도 분석을 시도하지 않는다. PEC는 단지 구조적이고 제도적인 요인들을 살펴보며, 콘텐츠의 형태를 결정하는 여러 유형의 압력들에 관해 평가할 것이다.[33] 자본주의 교리문답은, 상업 미디어가 "사람들에게 그들이 원하는 바를 제공하며" 수용자가 주문하면 미디어 기업은 직접적이고 확고한 관계 하에서 그 주문을 충족시키기 위해 달려갈 뿐이라고 주장한다. 수용자가 왕이라는 뜻이다. 나는 이런 주장에 관해 그 타당성을 비판적으로 따져 볼 것이다.

자유 경쟁의 교리문답은 현실에서 즉각 파산이 난다. 미국의 거대 미디어 콘텐츠 산업은 과점 경향이 뚜렷하다. 몇 안 되는 소수 기업이 여러 부문의 콘텐츠 생산을 지배한다. 지난 두 세기를 거치면서 규모가 가장 큰 미디어 기업들은 모두 복합기업으로 전환했다. 영화와 텔레비전, 음반, 잡지를 비롯한 다양한 미디어 시장에서, 이들 복합기업들이 시장 점유율의 대부분을 차지하는 경향이 뚜렷히 나타났다.[34] 지금도 소수의 대형 업체들이 영화 제작과 네트워크 텔레비전, 케이블 텔레비전 시스템과 채널, 출판, 음반 시장을 장악하고 있다. 이는 단순히 자본주의가 지닌 시장 집중의 표준을 따른 게 아니다. 미디어 엔터테인먼트 시장의 독특한 속성과 밀접한 관련이 있다. 구체적으로, 이 시장에서는 가령 영화 제작비처럼 이른바 '1차 카피'(first copy) 비용이 엄청나게 들어간다. 한 푼의 수익을 올리기 위해서는 오랜 시간이 필요하다. 말하자면 위험 부담이 무척 큰 산업이라 할 수 있는 것이다. 반면에, 1차 카피 비용 지출 이후 수용자들의 추가적 욕구를 채워 주는 데 들어가는 가외 비용은 최저 수준이다. 블록버스터가 엄청나게 높은 수익성을 올리는 까닭이 바로 여기에 있다. 복합기업으로 전환하고 규모의 경제를 갖추는 게 업체들의 가장 현명한 위험관리 방도로 자리 잡는다.[35]

결과적으로 생산자 주권이 소비자 주권을 대신하게 된다. 미디어 기업들은 이제 자신들이 무엇을 제작하고 무엇을 제작하지 않을지에 관해 상당한 권력을 갖게 된다. 물론 사람들이 원하는 걸 제공하겠지만, 기업에게 가장 큰 이익을 가져다주는 조건 하에서만 그러할 것이다. 결국 경쟁시장에서 찾아볼 수 있는 것보다 훨씬 좁은 범주 안에서 콘텐츠들이 생산된다. 미디어 합병 문제에 PEC가 주된 관심 갖는 것도 바로 이 때문이다. 문화와 저널리즘에 대한 집중된 통제는 자유민주주의 이론에 곧바로 적신호를 켠다. 물론 충분히 근거가 있는 일이다.

앞서 나온 교리문답은 미디어 기업과 창조적인 재능이 결합되어 있고 고수익과 고소득을 향해 발맞춰 나아가고 있다고 가정할 것이다. 이러한 가정은 몇 세기에 걸쳐 늘 존재해 온 다음과 같은 문제를 간과한다. 수익 창출을 위해 만들어진 예술은 사실 예술적 가치가 의심스러운 것인 경우가 많다. 예술가들에겐 작업을 하기 위해 일정한 보상이 필요하며, 자기 나름의 수용자에 관한 감을 가질 필요가 있다. 대중들의 찬사를 얻거나 기꺼이 받아들일 용의가 있을 수도 있다. 그런데 상업주의가 이런 예술의 자율성을 완전히 짓밟아 버리면, 예술은 망해 버릴 게 거의 틀림없다. 창조적 재능과 상업적 압박 사이에 모순이 종종 반복되는 것도 이 때문이다. 그러하지 않다면, 아마 루퍼트 머독을 비롯한 미디어 CEO들이 직접 글을 쓰거나 영화 연출을 할 수 있었을 것이다. 훨씬 낮은 임금을 주고 그런 일을 할 사람들을 마음대로 고용할 수도 있었을 것이다.

그런데 독점이 상업주의와 예술 사이의 중요한 긴장 관계를 크게 약화시켜 버린다. 설혹 창작자들이 불만을 갖게 되더라도 과점 시장 속에서 그들에게는 선택의 여지가 별로 없다. 시장의 모든 참여자들이 서로 흉내를 내고 있을 때는 더욱 그러하다. 미디어 기업과 창의적 재능 사이에 나름의 복잡하고 때로는 적대적인 관계가 존재해야 하는 까닭이 바로 여기에 있다. 대개 기업의 간섭이 적으면 적을수록 수준 높은 작품이 나온다. 이런 현상은 기업이 리스크가 큰 투자를 하는 시스템의 논리와 배치된다. 사실 기업은 본능적으로 기존에 통했던 상품을 다시 만들어 내고자 한다. 운에 맡기는 건 얼간이들이나 할 일이다. 금싸라기라도 나온다면 당장에라도 모든 걸 모방하려 들 것이다.

복합기업이 지배하는 시대에 돈이 된다 싶은 사업은 주로 예고편과 속편, 스핀오프(spin-offs, 이전에 발표된 작품으로부터 이와 연관된 추가적인 콘텐츠를 만들어 부가적인 수익을 추구하는 상품 전략과 그 해당 상품—옮긴이), 다른 미디어로의 개작, 장난감, 비디오게임, 상품 그리고 라이선스 수입에 적합한 것들이다. 팀 우(Tim Wu)는 1960~1970년대 제작비가 가장 많이 투입된 할리우드 영화들을 2000년대 가장 고액의 할리우드 영화들과 비교해 보았다. 먼저, 1960~1970년대 할리우드 영화는 모두가 오직 입장 관객 수에 따라 성패가 정해지는 독립형 자산이었다. 그리고 그런 1970년대에 미국 영화는 최고의 황금기를 구가했다. 이와 반대로 최근의 블록버스터 영화 예산은 전부 온갖 종류의 추가적인 소득 흐름을 갖춘 영화들에 지출된다. 영화 자체의 실질적 품질은 최종적인 수익성 측면에서 그 중요성이 크게 낮아진 시대에 이른 것이다.[36] 만약 누군가 할리우드 산업의 문화 생산 과정을 연구한다면, 어떤 프로젝트가 일단 기업 관료주의의 입맛에 드는 순간 무슨 일이든 가능해진다는 사실에 무척 당황할 것이다.[37]

시스템은 항상 "사람들에게 그들이 원하는 바를 제공하고 있다"는 관념이 지닌 한계는, 광고 문제를 덧붙일 때 더욱 뚜렷해진다. 지난 80년 동안 엔터테인먼트 미디어를 뒷받침하는 주요 수입원으로 자리 잡으면서 광고의 중요성이 더욱 커졌다. 바로 그 뒷받침이 사회에 대한 광고의 수상쩍은 공헌도를 방어하는 주된 논리로 작용한다. 그러나 현실에서 광고는 특정 유형, 대개는 좀 더 부유한 수용자들에게 소구한다. 그럼으로써 특정 유형의 주제들은 기피토록 만드는 확실한 압박 요인으로 작용한다. 광고가 미디어 콘텐츠의 특성에 강한 영향력을 행사할 수 있는 것이다. 물론 나쁜 결과를 빚으면서다.[38] 대개 라디오와 텔레비전처럼 수익 대부분을 광고에 의존하는 엔터테인먼트 부문은 거의 모두가 광고주들이 원하는 것을 제공하고 있을 따름이다. 물론 광고주들이 원하는 바와 수용자들이 원하는 것이 한참 다른 경우가 허다하다. 사실상 이런 매체는 광고 산업의 지국이라고 해도 과언이 아니다.

업계 내부에서 실시된 설문조사조차, 대부분의 사람들은 미디어 광고가 줄어들기를 간절히 원하고 있으며 상업주의를 줄이기 위해서라면 기꺼이 더 많은 돈을 지불할 용의가 있다는 사실을 확인시켜 주고 있다.[39] 물론 미디어 기업의 입장에서 볼 때 결코 수익에 유리한 여론이 아니다. 그렇다고 사람들이 시장에서 한 표씩 던져 인기투표로 정할 문제도 아니다. 상업주의를 막아 내기 위해 상업화된 시장을 사용할 수는 없는 노릇이다. 분명한 것은 "사람들에게 그들이 원하는 것을 주고" 있다는 온갖 담론들에도 불구하고, 시스템은 사람들이 극구 거절하고 싶은 초대받지 않은 콘텐츠들을 끊임없이 잔뜩 배달하고 있다는 사실이다.

결국 엔터테인먼트에 대한 수용자들의 요구는 미디어 복합기업들과 광고주들의 상업적 요구 사항들에 의해 우선 걸러진다. 이들 기업이 내놓는 시장조사라는 것은, 수용자가 원하는 게 무엇인지 결정하기 위해서라기보다는 타깃 수용자들에게 도달할 가장 싸고 안전하며 수익성 높은 방도가 무엇인지를 정하는 데 그 목적이 있다. 상업적인 필요와 맞아떨어지지 않는 수용자들의 요구는 그냥 무시될 공산이 다분히 크다.

앞서 언급한 교리문답은, 미디어가 생산 제공하는 프로그램들에 대한 사람들의 수요가 엄청나며 그것은 다른 세계에서 나오는 것일 뿐 아니라 신성할 정도로 민주적인 거라고 상정한다. 그렇지만 실제에서는 결국 사람들이 지속적으로 노출되는 게 그들이 이후에 원하게 되는 바를 중요하게 결정한다. '세이 법칙'(Say's law)을 빌려 말하자면 공급이 수요를 결정하는 것이다. 미디어 기업들은 수용자의 입맛을 끌어올릴 그 어떤 동기도 갖고 있지 않다. 시장을 현실 그대로 받아들일 뿐이다. 오히려 상업주의를 통해 수용자들의 취향을 더욱 낮은 수준으로 끌어 내린다고 볼 수도 있다. 사람들을 체험해 보지 못한 다른 문화에 노출시키는 일은 주로 비영리적인 제도나 비사업적인 환경을 통해서 이루어진다. 재즈와 록에서 레게나 힙합에 이르는 대중음악의 위대한 돌파구를 만들어 낸 것도 미디어 복합기업의 R&D 사무실이 아니라 변두리에 있는 소규모 공동체들이다. 사람들의 폭넓은 취향 계발도, 젊은 사람들이 문학과 음악 전통 그리고 온갖 새로운 양식의 영화 엔터테인먼트에 자신을 노출시키고 학습 받음으로써 가능해질 일이다. 인터넷이 모든 사람들의 지평을 극적으로 확장시켜 줄 일종의 문화적 보물 상자가 될 거라는 기대감이 존재한다. 그렇지만 일라이 패리저가《생각 조종자들》에서 지적한 바와 같이 사이버스페이스는 시민들이 마치 영광스러운 모험에 나선 탐험가처럼 행동하는 그런 신세계가 아니다. 오히려 광고가 부추기는 갖가지 신호들은 사람들 스스로 개인주의라는 거품 안에 가두어 버리는 일종의 막다른 길로 더욱 전락하고 있음을 보여 준다. 이런 거품 속에서 어떤 뜻밖의 발견이 이루어지기를 기대하기는 거의 요원한 일이다.

오늘날 미국의 초등교육은 사실상 상업주의 가치관에 따라 이루어지고 있는 듯하다.[40] 지난 세기 가히 폭발적 수준에 이른 유아·어린이 관련 시장을 한번 보자. 현실은 어린이에게 단순히 상품을 파는 차원에서 한참 더 나아가 있다. 대다수 사람들이 어린 시절부터 기억하고 있던 상표를 주로 이용하며, 어린이들 또한 부모들의 구매에 상당한 영향을 끼친다.[41] 세 살 이하의 영유아 시장(40년 전에는 거의 존재하지 않았던 시장)은 이제 해마다 2백 억 달러 규모의 광고 시장으로 성장했다. 생후 석 달밖에 안 된 영아 중 40퍼센트 정도가 스크린 매체를 통해 주기적으로 영상물을 시청한다. 두 살 때는 90퍼센트 정도가 그러고 있을 것이다. 세 번째 생일을 맞이할 때쯤이 되면, 미국의 어린이는 평균 1백 개가량의 상품 로고를 인식해 낼 수가 있다. 일반적으로 어린이는 해마다 4만 개의 스크린 광고에 노출된다. 그리하여 어린이들은 살아 있는 동물 이름보다 상표 캐릭터의 이름을 더 많이 알고 있을 것이다. 그리고 열 번째 생일을 맞이한 미국의 어린이는 평균적으로 300~400개나 되는 상표 이름을 알게 된다. 실제 품질에서는 전혀 차이가 없는데도, 미취학 어린이들은 광고에 나온 상품과 유명 상표 제품들이 훨씬 더 우수하다고 생각하는 경향이 있음을, 여러 연구 조사 결과들이 거듭 보여 준다.[42)]

요컨대, 다른 교육 문제들과 더불어, 미국은 상업적 주입 교육의 측면에서도 다른 국가들보다 한참 앞서 나가고 있다. 어린이를 대상으로 하는 엄청난 광고 물량이 소년소녀들 사이의 비만이나 주의력결핍장애의 증가를 비롯한 갖가지 심리적인 문제에 기여하는 요인으로 파악되고 있다. 훨씬 더 어린 나이의 소녀들 사이에 유행처럼 퍼지는 성애화(sexualization) 현상도 광고와 결코 무관하지 않다.[43)] 2009년 《애드위크》(AdWeek)가 지난 10년 동안의 가장 창의적인 연출가로 꼽았고 '광고계의 엘비스'라 일컬어지던 앨릭스 보거스키는 2011년에 업계와 결별한다고 폭탄선언을 했다. 시장의 경영자들이 "우리들의 순진하고 방어 능력 없는 후손들에게 영향을 미치기 위해 수십억 달러씩이나 쓰는 것"에 항의한다는 게 이렇게 결정한 이유 가운데 하나였다. 보거스키는 어린이 상대 광고를 그 어떤 '보상적 가치'도 없는 '파괴적인' 관행이라고 단정했다.[44)] 넬슨 만델라는 언젠가 이렇게 말한 적이 있다. "어린이들을 다루는 방식만큼 그 사회의 영혼을 더 선명하게 드러낼 수 있는 것은 없다."[45)] 어린이들의 두뇌를 상업적으로 절여 고깃덩어리처럼 만들어 버리는 현상에 관해 연구해 본 경우라면, 이를 어린이 학대라고 하지 않을 수 없을 것이다.[46)]

작동을 멈춘 자유시장

교리문답의 치명적인 오류는, 상업적인 엔터테인먼트 미디어 시스템이 자유시장에 기반을 두고 있다고 보는 관념이다. 이 시스템이 수익에 의해 추동되고 있는 것은 틀림없지만 자유시장과는 전혀 별개의 문제이다. 상업 라디오나 TV 방송국에 무료로 제공된 독점 면허권, 위성 TV에 주어진 주파수, 케이블 TV의 독점 판매권 등의 가치를 우선 따져 볼 필요가 있다. 연방통신위원회(FCC, Federal Communications Communication)가 최근에 내놓은 평가 보고서에 따르면, 오늘날 공적으로 소유되고 있는 주파수의 시장 가치(상업 방송국들에게 무료로 제공된 주파수의 총액)가 무려 5천억 달러 수준에 달하는 것으로 나타난다.[47] 1920년대 이후 방송국에 마치 공짜 선물처럼 주어진 주파수를 가지고 창조한 부의 총량과 이를 기반으로 구축된 미디어 제국 모두를 계산에 넣는다면, 양도액의 총 가치는 1조 달러 수준에 이를 것이 틀림없다. 컴캐스트(Comcast) 같은 기업들이 정부로부터 케이블 TV 독점 면허권을 교부받아 거대 제국으로 성장해 간 사실까지 염두에 두고 또 보라. 경제학자들은 이들 기업이 독점 판매권을 통해 '초과이윤'을 벌어들이고 있다는 사실을 잘 알고 있다. (대부분의 정책 결정 과정은 바로 이 초과이윤으로부터 일정 액수를 되돌려 받으려는 여러 공동체들의 노력이다.) 디지털 시대에도 이런 '올드미디어'에 대한 보조금 문제는 여전히 중요하다. 4장에서 좀 더 상세히 살펴보겠지만, 이러한 기업은 자신들의 독점 판매권과 주파수 할당을 온라인상의 활동 하나라도 보장 받는 데 이용한다.

정부가 상업 미디어에 제공하는 수없이 많은 중요한 직·간접 보조금들이 있는데, 나는 다른 책에서 이 문제를 기록으로 정리해 본 바 있다.[48] 특히 중요한 두 측면만 간략히 짚어 보도록 하자. 우선 첫 번째로,

정부의 정책과 규제 조치는 광고를 관대하게 눈감아 주고 심지어 조장하기도 한다. 기업들이 소득 신고를 할 때 광고비를 사업 경비로 처리할 수 있도록 해주는 식이다. 그리하여 해마다 수백억 달러의 정부 수입 감소가 초래될 뿐 아니라, 우리 문화의 상업화 현상이 더욱 심각해진다. 느슨한 광고 내용 규제와 심지어 법으로 허용된 바에 따라서 상업화의 수문이 활짝 열린다. 그러면서 연방정부와 주정부, 지방정부들은 해마다 수십억 달러씩을 광고비로 지출한다. 이런 광고비는 사실상 상업 미디어를 회전시키는 돈줄이 된다.

두 번째는, 엔터테인먼트 미디어의 처지에서는 가장 중요한 것이라고 볼 수도 있는 저작권 문제다. 책이 처음 출현했을 무렵으로 거슬러 올라가 볼 때, 미디어 제품들은 '언제나' 자본주의 경제학의 근본적인 문제점 가운데 하나였다. 정부의 직접적인 관여가 없었다면, 지금 우리가 알고 있는 시장은 거의 존재할 수 없었을 것이다. 문제는 한 사람의 정보 이용이 다른 사람의 동일 정보 이용 가능성을 가로막지 않는다는 데 있다. 경제학적 용어로 표현하면 비경쟁적이고 비배타적이다. 손으로 만질 수 있는 형태의 제품이나 서비스와 차이가 나는 지점이다. 경제학 텍스트를 가득 채우는 유형의 제품들의 경우, 한 사람이 특정 제품이나 서비스를 이용하면 다른 사람의 동일 제품(서비스) 이용은 아예 배제된다. 그런데 정보 상품의 경우에는 전혀 그렇지 않다. "만약 당신이 사과를 하나 갖고 있고, 내가 또 사과 한 개를 갖고 있다고 치자. 우리가 서로 자기가 갖고 있는 사과를 바꾼다면, 그래도 우리는 여전히 사과 하나씩을 갖고 있을 것이다." 조지 버나드 쇼가 이렇게 말했다고 알려져 있다. "그렇지만 만약 당신이 아이디어 하나를 갖고 있고 나 또한 그러해서 우리가 서로의 아이디어를 교환하게 된다면, 그때 우리는 각자 아이디어를 두 개씩 갖게 될 것이다."[49)]

예컨대 스티븐 킹이 독자들 한 사람 한 사람을 위해 자신의 소설을 각각의 책으로 써야 할 필요는 없다. 마찬가지로 그의 소설 가운데 한 권을 2백 명이 읽든 2억 명이 읽든, 이 사실이 특정 독자의 개인적인 독서 체험이 지닌 가치를 떨어뜨리지는 않을 것이다. 이러한 사실이 출판계에 의미하는 바는, 책을 구입하는 사람은 누구든지 책을 추가로 다시 인쇄해서 내다팔 수 있다는 사실이다. 자유로운 시장 경쟁이 존재하게 되는 셈이며, 책 가격은 한 카피 출판의 최소비용 수준으로 뚝 떨어질 것이다. 그리고 "경쟁 시장에서라면 바로 이 지점에서 가격이 매겨질 것이다." 작가들은 자신이 개인적으로 출간하거나 저술한 책의 카피 본에 대해서만 보상을 받게 될 것이며, 경쟁 상황은 보상이 거의 제로 수준으로 가격을 낮추도록 작가들을 압박할 것이다. 소비자 입장에서는 값싸게 책을 구할 수 있고 민주적인 문화에도 좋은 일이다. 반면에 저자들은 책을 저술하는 데 들인 노력을 충분히 보상받지 못한다. 그래서 결국 시장은 실패하고 만다. 비경쟁적 자원의 경우 문제점은 소비를 분배하는 데 있는 게 아니라 생산을 북돋우는 데 있다.

이는 근대 자본주의 훨씬 이전부터 나타난 뚜렷한 사실로서 저작권 법률의 기초가 되었다. 그리고 이 저작권법들은 너무나 중요해서 그 원칙이 미국 헌법에 명시될 정도였다. 저자들은 자신이 충분한 보상을 받을 수 있도록 하기 위해 누가 자신의 책을 출간할 수 있을지를 통제할 일시적 독점권을 얻어 냈다. 정보에 관한 위험한 독점 상태를 빚지 않으면서도 생산을 증진시키는 재주를 부려야 했다. 토머스 제퍼슨은 그다지 내키지 않으면서도 하는 수 없이 저작권에 동의를 표했다. 그는 사실상 지식에 부가되는 세금에 해당하는 저작권을 정부가 만들어 낸 독점에 가깝다고 싫어했다. 미국 헌법은 저작권 면허가 영원할 수 없다고 명기하고 있는데, 초창기에 정해진 기간은 14년이었다.[50)]

공화국 초기의 작가나 출판업자들은 이런 법적인 보호를 받아 내기 위해서 따로 저작권 신청이라는 것을 해야 했다. 1790년대에 출판된 책 13,000종 가운데 불과 556종만 결과적으로 보호를 받을 수 있었다. 그것도 미국 작가들에게만 신청 자격이 주어졌다. 가령 찰스 디킨스는 끝내 아무 것도 얻지 못한 채 고생만 잔뜩 했다. 그런데도 디킨스는 변함없이 글을 썼고, 다행이도 영국에서 판매가 잘 되어 꽤 괜찮은 수입을 올릴 수 있었다. 그는 미국에서 벌인 순회강연을 통해서도 넉넉한 삶을 살았는데, 미국에서 찍어 낸 그의 싸구려 저작들이 커다란 인기를 가져다주었다.

한편 20세기 들어 뉴미디어 기술이 발달하고 힘을 가진 미디어 기업들이 등장함에 따라, 그들은 의회를 통해 저작권을 당연한 것으로 만들어 낼 수 있었다. 저작권 보호, 좀 더 대중적인 언어로 말해, 정부의 독점보호 면허의 기간과 범위까지도 크게 확대시킬 수 있었다. 그들이 지향하는 순수익과 산업의 존재 그 자체의 관점에서는 하늘이 준 선물과 같은 것이다. 하지만 100년이 넘도록 저작권 보호를 받을 수 있게 된 콘텐츠를 이용할 소비자나 예술가들의 입장에서는, 상당한 추가 비용이 발생하는 문제였다. 예를 들어 이 책의 저작권은 내가 죽은 '뒤'에도 70년 동안에도 유지될 것이다. 기업 저작권은 출판된 후 95년 또는 만들어지고 난 후 120년 동안 계속 보장된다. 숫자는 사실상 별 의미가 없다. 왜냐하면 저작권의 조건은 기한이 끝나기 전에 거의 예외 없이 갱신되기 때문이다.[51] 사실상 저작권은 영원히 보장되는 셈이다. 그래서 1920년대 이후 만들어진 콘텐츠 가운데 공적 도메인에 추가된 것은 단 한 개도 없다. 저작권이 작가나 창의적인 예술가들로 하여금 짧은 기간 동안 (이론적으로 보다 많은 문화를 만들어 낼 자금을 충분히 벌어들일 수 있을 정도의 기간 동안) 자신의 작품에 대해 독점적 통제권을 행사할 수 있도록 해줌으로써, 궁극적으로 저작권자의 이익을 증진시켜 준다는 의미도 이미 사라진 지 오래다.[52]

오늘날 저작권은 그 자체가 엄청나게 큰 시장으로 변모했다. 이 시장 내에서 저작권에 대한 관리는 원작을 만들어 낸 실제 당사자하고는 무관한 일이 되어 버렸다. 그런데도 저작권의 조건은 계속 연장되는데 이것은 말도 되는 않는 것이다. 저작권은 어느덧 전혀 다른 무언가가 되어 버렸다. 문화에 대한 기업들의 독점권을 보장해 주며, 미디어 복합기업들에게 더 커다란 이익을 가져다주는 장치로 전락했다. 저작권 없이 그들은 존재할 수가 없을 정도이다.[53] 요컨대 저작권은 우리들의 공통 문화에 대한 대대적인 사유화를 조장하는 주된 정책으로 전락했다.[54] 저작권은 해마다 대중들이 저작권을 주로 소유한 복합미디어 기업들에게 지불하는 엄청난 액수의 간접 보조금이나 마찬가지다. 콘텐츠에 접속하고 싶은 소비자나 문화 창작자들이 지나치게 부풀려진 가격대에서 치러야 하는 일종의 부담이다. 저작권 소유주들에게 넘어가는 독점적 특혜의 '초과이익'이 과연 얼마나 되는지, 그 액수는 아무도 정확히 알 수가 없다. 이 부분에 대한 회계가 따로 없이 때문이다. 다만 저작권 훼손을 둘러싼 몇몇 법적 소송들을 통해 그 액수가 엄청날 거라고 쉽게 짐작할 수 있다. 대충 해마다 100억 달러 정도는 족히 될 것이다. 이런 이유 때문에 밀턴 프리드먼은 저작권을 일종의 반경쟁적 장치로 간주했다. 그는 20세기에 이루어진 저작권을 확장하는 다양한 조치들에 대해서도 대체로 반대의 뜻을 표했다.[55]

학자들은 저작권의 역사를 두고 일종의 패러독스라는 이름을 붙인다. 창의성과 문화적 산출량을 북돋우기 위해 마련된 정책이 거꾸로 이를 저해하는 핵심 무기가 되어 버렸기 때문이다. 미디어 복합기업들은 가령《신데렐라》같은 공적 도메인의 콘텐츠들을 늘상 가져다 쓰고, 그것을 활용하여 큰돈을 벌어들인다. 이런 작품은 저작권이 상례적으로 연장되기 이전에 만들어진 것이기에 자유로운 사용이 가능하다. 반면에 복합기업들의 허가 없이는 (그리고 상당한 액수를 지불하지 않고서는) 미래의 그 어떤 예술가들도 자기가 만든 작품에 대해 이렇게 할 수가 절대로 없을 것이다.

밥 딜런의 예를 들어 보자. 1960년대 초반에서 중반에 걸쳐 내놓은 원곡들로 구성된 맨 처음 앨범 여섯 장(*The Freewheelin' Bob Dylan*에서 *Blonde on Blonde*까지)은 미국 역사상 가장 위대한 전설이 되어 있다. 이들 앨범 대부분은 언제나 역대 베스트 50 또는 100위 안에 꼽힌다. 그 중 두 장은 '톱 10'에 늘 드는 앨범이다. 만약에 내가 이런 앨범에 실린 노래를 하나하나 들을 때마다 1달러씩을 모았더라면, 그 총액은 아마 지금이라도 편안히 은퇴할 수 있을 액수가 되었을 것이다. 그런데 의회 도서관의 한 음악 연구자가 딜런이 작곡하고 녹음한 노래 70곡을 분석했을 때, 그는 흥미로운 사실을 확인할 수 있었다. "그 기간 딜런의 멜로디 가운데 대략 3분의 2는 영국계나 아프리카계 미국인들의 전통적 레퍼토리를 직접 표절했다"는 것이다. 딜런도 그런 식으로 작곡해 온 사실을 인정했다. 이 노래들이 저작권 보호를 받고 있지 않았기에 딜런은 그렇게 할 수 있었던 것이다. 우리도 딜런이 그런 위대한 노래로 재탄생시킬 수 있었던 것을 다행이라고 여긴다. 흥미로운 점은, 딜런이 포크의 정전(canon)을 갖고 했던 것처럼 오늘날의 우리가 딜런의 노래를 갖고 똑같이 할 수가 없다는 것이다. 딜런이 했던 것보다 멜로디를 훨씬 많이 바꾸더라도 마찬가지다. 딜런의 멜로디들은 이제 오랜 기간 저작권으로 보호받고 있기 때문이다.[56] 그리고 바로 이러한 까닭에 우리는 모두가 더욱 가난해지게 된다.

인터넷이 상업 미디어 시스템의 존재를 위협하는 성격이 뚜렷해진다.

이제 버튼만 누르면 디지털 콘텐츠는 그 어떤 비용도 안 들이고 즉각 세계 전역으로 파져 나갈 수 있다. 콘텐츠를 재생산하는 한계비용이 사실상 영이다. 한 푼도 들지 않는 것이다. 자유시장 경제학에 따르면 공짜가 합리적인 가격이다. 충분한 광대역이 존재하게 됨에 따라 음악과 영화, 책, TV쇼 이 '모든 것'은 이제 사이버스페이스를 통해 누구나 무료로 접근할 수 있는 것이 되었다. 전능한 디지털 기술과 맞닥뜨려 저작권의 집행이 무력해지고 만 것이다.

자본의 입장에서 문제를 더욱 어렵게 만드는 것은, 지상파 방송이라는 공공재를 수익성 높은 산업으로 변환시킬 수 있게 해준 광고도 마찬가지로 인터넷으로부터 위협을 받고 있다는 점이다. 광고의 융단폭격을 싫어하는 건 두말할 나위 없고, 누가 대체 자신의 인터넷에서 자발적으로 광고를 보려고 할까? 인터넷에서 미디어 기업들은 더 이상 사람들을 범인처럼 붙들어 둘 수가 없다. 한 상업 웹사이트 제작자는 1997년 안타까워하면 이렇게 말했다. "우리는 지금, 대체 누가 누구에게 돈을 지불하는지조차 확실치 않은 그런 공간에 관해 이야기하고 있다."[57]

바로 이러한 측면 때문에 1990년대 법인 미디어 중심의 현 체제에 불만을 갖고 있던 사람들을 중심으로 인터넷에 과도하게 열광하는 현상이 처음 나타났다. "세계는 어느 날 갑작스럽게 전 세계 모든 사람들을 위한 인쇄기를 개발해 놓았다." 헨리 젠킨스가 이렇게 말하며 열광했다.[58] 전자자유재단(Electronic Freedom Foundation)의 록 밴드 '그레이트풀 데드'(Grateful Dead)의 작사가 존 페리 발로가 한 유명한 말처럼, 지금까지 미디어 복합기업들은 온갖 권모술수를 부려 그저 "'타이타닉호' 갑판의 의자 위치를 바꾸는 일"만 해왔다. 헤아릴 수 없는 웹사이트나 누구든 루퍼트 머독과 마주 대할 수 있는 능력은 복합기업들에게 사망선고를 내리는 것에 다름 아니었다. "단언컨대, 나는 저들이 지금과 같은 모습으로는 이미 가망이 없다고 선언한다."[59] 자본주의 시장의 요구 조건인 희소성이 더 이상 존재하지 않게 되었다! PEC도 더 이상 필요 없게 되었다. 디지털 혁명이 희소성을 종식시키고 있다. 어디에서나 사람들이 무료로 참여할 수 있는 것, 사람들에게 놀랄 만한 정도의 권력을 부여하는 민주적인 것으로 커뮤니케이션을 만들어 내고 있는 것도 바로 이 디지털 혁명이다. 우리는 이제 인류 문명의 모든 과실로부터 영감을 얻어 낼, 또 다른 밥 딜런의 세대를 잠재적으로 만나 볼 수 있게 되었다.

안타깝게도 현실의 인터넷은 결코 이런 식으로 발전하지 않았다. 거대 미디어 기업들 또한 사라지지 않았으며, 인터넷은 텔레비전이나 할리우드를 없애지도 못했다. 마케팅은 오늘날 자본주의가 지배하는 핵심 제도로서 건재하고 있다. 광고와 판매 촉진을 위해 매년 지출되는 3천억 달러는, 존 페리 발로가 마리화나용 물파이프에 불을 붙이고 현관에 나타났던 그 어느 좋은 밤 '안녕' 하며 조용히 사라지지 않았다. 거대 미디어 기업들은 막대한 정치적·경제적 권력을 지닌 강력한 제도이다. 인터넷을 자신들이 보유한 강력한 힘으로 왜곡시켜 버렸다. 물론 세계는 아직 이 복합기업들이 원하는 바대로 완전히 바뀌지 않았고, 소셜미디어의 출현은 이들의 딜레마를 더욱 복잡하게 만든다. 마이클 맨디버그는 이렇게 썼다. "21세기 첫 10년이 막 끝나 가는 시점에 이미 미디어 제작자와 소비자 사이에 그어져 있던 선이 흐릿해졌다. 한 방향이던 방송이 각양각색의 다-방향 대화들로 부분적으로나마 쪼개져 버렸다."[60]

이처럼 미디어의 불분명하고 분화하는 상황은 보다 근본적인 문제를 가리킨다. 디지털 혁명이 상업적인 미디어 비즈니스 모델에 과연 얼마나 파괴적인 효과를 초래했는지 여부와 상관없이, 인터넷은 미디어 콘텐츠 제작 비용을 조달하는 핵심 문제에 관해서는 그 어떤 해결책도 제시하지 못했다. 만약 훨씬 더 줄어든 수의 사람들만 콘텐츠를 만들며 생계를 꾸려갈 수 있다면, 대체 이 사회는 어떤 종류의 문화를 만들어 내놓게 될 것인가? 온라인 시대는 계몽의 시기이기도 하지만, 그만큼이나 암흑의 시기이기도 하다. 포스트-희소성의 시대인 만큼이나 전(pre)-잉여의 시대로 볼 수도 있다. PEC의 필요성과 효과적인 시스템, 정책을 개발할 필요성이 과거 어느 때보다 더 중요해졌고 그 중요성은 앞으로도 더 커질 것이다.

저널리즘

나는 다음 세 가지 이유로 뉴스 미디어를 여타 상업 미디어(엔터테인먼트)와 구분한다. 첫째, 저널리즘은 엔터테인먼트와는 약간 다른 전통에서 발전해 왔다. 공화국 초기부터 저널리즘은 통치 시스템의 핵심 가운데 하나였고, 줄곧 그런 식으로 이해되어 왔다. 방송과 케이블 TV 뉴스 영역을 중심으로 한 미디어 복합기업화에 따라 뉴스 미디어와 엔터테인먼트 미디어의 소유권이 합병된 것은 근래에 들어 나타난 현상이다. 뉴스 미디어와 엔터테인먼트 미디어 사이의 구별이 완전히 사라지진 않았지만, 최근 들어 크게 불분명해진 것은 맞다.

둘째, 자본주의 교리문답에서조차 시장의 잣대는 저널리즘의 품질을 평가하는 데 그대로 적용될 수가 없다. 물론 공화국 초기부터 상업주의는 저널리즘의 중요한 한 요소였고, 그 중요성은 이후 더욱 확대되어 왔다. 그렇지만 결코 환영받지는 못했다. 실제로 이익만 추구하는 상업주의는 대개 선정주의와 부패, 뉴스 미디어의 위기를 불러왔다. 아울러 정치 정보에 대한 통제권이 소수의 부유한 사람들 손에 들어가게 됨을 의미했다. 저널리즘에 대한 규범적 평가는 다른 잣대를 필요로 한다. 그리하여 뉴스의 자본주의적 기초와 자율 정부의 정보 요구 사항 사이에 존재해야 할 일정한 긴장이 뉴스 미디어에 대한 PEC 비판의 핵심 이슈로 자리 잡았다.

셋째, 비록 방송 뉴스가 독점 주파수 면허권이라는 관대한 보조금을 받고 있고 모든 뉴스 매체들이 광고 보조금의 혜택을 입고 있지만, 뉴스 미디어는 저작권의 도움을 거의 받지 못한다. 뉴스 상품들은 너무나 빨리 낡은 게 되어 버리는 탓이다. 때문에 상업화된 엔터테인먼트 미디어의 가장 중요한 보조금인 저작권은 뉴스 미디어에게 별 도움이 되지 못한다. 만약 저널리즘이 인터넷과 상업적인 압박으로 위기에 처하게 된다면, 저작권과 관련하여 특수한 일련의 규정들이 요구될 것이다. 왜냐하면, 돌아가는 경제학이 전혀 다르기 때문이다.

건강한 저널리즘이란 어떤 것이어야 하는지에 관해, 민주주의 이론과 언론학자들 사이에는 상당 수준의 합의가 이미 이루어져 있다.[61]

1. 저널리즘은 권력을 차지하고 있거나 권력을 갖고자 하는 정부와 기업 그리고 비영리 부문의 사람들에 관해 엄밀한 정보를 제공해야 한다.
2. 저널리즘은 진실과 거짓을 구별한다. 거짓말쟁이들이 자칫 책임지지도 않으면서 국가를, 특히 전쟁과 경제 위기 그리고 공동체 불화 같은 파국으로 이끌지 못하게 견제할 적절한 방도를 갖추고 있어야 한다.
3. 저널리즘은 모든 사람들의 정보 필요성을 정당한 것으로 간주해야 한다. 만약에 보도의 양과 방침에 있어 일종의 편향성이 있게

된다면, 그 편향성은 경제적·정치적 힘이 가장 약한 사람들 편이어야 한다. 왜냐하면, 효과적인 사회 참여를 위해 정보가 가장 많이 필요한 게 바로 이 집단이기 때문이다. 시스템 꼭대기에 있는 사람들은 일반적으로 자기 나름의 정보원들로부터 핵심 정보를 구할 수 있다.

4. 저널리즘은 우리가 살고 있는 현 시기의 가장 중요한 이슈들에 관해 가장 폭넓고 분명한 의견들을 제공해야 한다. 연구 조사 결과들은, 저널리즘이 식견 갖춘 시민들의 정치 참여를 북돋우는 가장 결정적인 요소 가운데 하나라는 사실을 확인시켜 주고 있다.[62] 저널리즘은 특정 시기의 일상적 관심사뿐 아니라 지평선에 희미하게 모습을 비춘 새로운 도전들까지도 다루어야 한다. 주요 과학 이슈들을 정확하게 대중적인 언어로 번역해 줘야 한다. 그럼으로써 이러한 이슈들이 자칫 권력을 가진 사람들이 이야기하는 바에 따라 먼저 정해지지 않도록 해야 한다. 저널리즘은 문제들이 위기 수준으로 발전하기 전에 미리 예상하고 연구·토론하고 언급함으로써 일종의 국가적 초기경보 시스템이 되어야 한다.

모든 매체가 자신이 속한 공동체들에 이 모든 서비스를 제공한다는 건 사실 불가능하다. 비현실적인 기대에 가깝다. 그렇지만 미디어 시스템 전체적으로는 저널리즘이 시민들의 현실적 기대치가 되도록 해줄 필요가 있다. 모든 사람이 공유하고 그리하여 모든 사람이 정치와 선거의 과정에 효과적으로 참여할 수 있도록, 이른바 사회적 이슈에 대한 기본적 이해가 가능하도록 해줘야 한다. 한 사회 자유언론의 수준은, 미디어가 시민들에게 자유와 권리를 지키는 데 필요한 정보를 제공해야 한다는 잣대가 현실에서 과연 얼마나 잘 충족되고 있는지 여부에 따라 판가름 날 것이다.

몇 가지 덧붙일 조건들이 있다. 벤 배그디키언이 지적한 것처럼, 뛰어난 저널리즘에는 훌륭한 제도가 필요하다. 다른 복잡한 사업들과 마찬가지로, 성공을 거두기 위해서는 저널리즘도 분업이 우선 필요하다. 기자와 선임 데스크는 물론 편집 데스크와 사실 확인자, 교정교열자 등이 필요하다. 한편 위대한 저널리즘은 정부와 기업 권력에 맞설 수 있는 튼튼한 제도, 권력을 가진 자들이 존중할 뿐만 아니라 두려워해야 할 제도를 요구한다. 자발적으로는 취재하지 않을 것들을 이야기로 만들어 내는 노역에 대한 대가로, 기자들에게 월급을 지불해야 한다. 달리 말해서 민주적인 저널리즘을 갖기 위해서는 여러 물질적 자원이 반드시 필요하다. 어디선가에서 끌어 와야 하고 조직적인 바탕에서 잘 마련되어야 할 것들이다. 모든 사람이 면허나 신임장, 고위층의 허가 없이 참여할 수 있는 그런 일종의 개방된 시스템이어야 할 것이다.

물론 저널리즘이 정치 관련 정보의 유일한 제공자는 아니다. 정보에 바탕을 두고 논쟁에 참여하도록 자극하는 유일한 제도도 아니다. 정치 관련 정보들은 대학과 예술, 학문적 결과물, 엔터테인먼트 미디어, 그리고 친구나 가족들과 나누는 대화를 통해서도 나올 수 있다. 그렇지만 이런 경로에서 나오는 정보들은 강력한 저널리즘을 기반으로 할 때, 그리고 그런 저널리즘의 지원을 받을 때 훨씬 더 효과적이고 가치가 높아진다. 교리문답의 기본적인 취약점은 저널리즘의 역사와 진화에 대한 표피적인 이해에서 비롯된다. 교리문답 옹호자들과 인터넷 예찬론자들은 20세기 미국 저널리즘이 앞서 언급한 이상을 성취하는 것에서 얼마나 동떨어져 버렸는지를 전혀 이해하지 못하는 경향이 있다. 그렇기 때문에 디지털이라는 길조를 쫓아 저널리즘 시스템을 재구성하는 작업을 매우 의심스러운 토대 위에서 시작하려 드는 것이다.

공화국이 들어서고 첫 세기 동안의 저널리즘은 곳곳에 흩어진 매우 정파적인 신문을 그 특징으로 했다. 노예제폐지론을 주창하는 신문을 포함하여 다양한 여론을 반영하는 신문들이 발행되었다. 6장에서 다시 살펴보겠지만, 이 시기의 가장 잘 알려지지 않은 특징은, 당시의 이런 시스템이 엄청나게 많은 공적 보조금에 기반을 두고 있었다는 사실이다. 자유언론의 시장이라는 주장에 반하는 모습이다. 그러다가 광고가 차츰 뉴스의 재원으로 자리 잡고 신문 발행이 늘어난 수익성의 원천이 되면서, 보조금의 중요성이 차츰 감소된다. 19세기 후반 30여 년 동안에, 뉴스 미디어 시스템은 경제적으로 아주 경쟁적인 양상을 띠게 된다. 대도시에서는 무려 12종이 넘는 일간지가 다투어 발행되는 경우도 있었다. 수많은 신문들이 나타나고 또 사라졌다. 거의 모든 신문은 편집인 역할까지도 맡은 발행인, 그렇지 않더라도 편집 방향을 좌지우지할 수 있는 발행인이 소유하고 있었다.[63)]

자본주의가 점차 자신의 논리를 강요하게 된다. 이익에 굶주린 몇몇 발행인들은 황색 저널리즘이라 이름 붙여질 선정주의가 돈 되는 길이라는 점을 곧 깨닫는다. 저널리스트들에게 뇌물을 건네거나 광고주들의 편의를 봐주는 일을 비롯하여, 온갖 비윤리적인 관행이 일반화되기 시작한다. 가장 중요한 것은, 1890년대에 이르러 신문 시장이 경쟁에서 과점, 심지어 독점 상황으로 바뀌기 시작했다는 점이다. 소득과 인구는 계속 가파르게 증가하는 반면에, 발행되는 신문의 숫자는 제자리걸음이거나 오히려 줄어들기 시작했다. 1902년에 한 신문사 대표는 이렇게 관망했다. “좀 더 힘이 있는 신문들은 더욱 강력해지고 있으며, 힘이 약한 신문들은 살아남기 힘들 정도로 고난의 시기를 맞게 되었다.”[64)] 살아남은 신문사들이 느끼는 경쟁의 압박은 그전에 비해 훨씬 줄어든다. 그 상태에서 공동체의 더욱 늘어난 인구를 상대로 서비스를 제공하기 시작했다. 그 결과 어느 정도의 권력까지도 갖게 될 것이다.

이 시기 퓰리처와 허스트, 스크립스 같은 대형 신문 체인들이 거의 하룻밤 사이에 생겨났다. 이 신생 언론 거대기업들은 더 이상 정당들과 유착할 필요성을 느끼지 않았다. 사실 지역신문들이 더 독점적인 형태로 바뀌면서, 정파성은 시장의 일부를 적으로 돌려 그들의 상업적인 전망을 해칠 수도 있었다. 그래도 많은 신문사 사주들은 자신의 정치적 견해를 주창하기 위해 여전히 자신이 소유한 독점 권력을 계속 이용했다. 일반적으로 그 견해란 보수적이고 친기업적이며 반노동적인 것들이었다.[65] 위대한 진보주의자 로버트 라폴레트는 1920년에 펴낸 자신의 정치철학 관련 책 한 장을 신문 위기에 할애했다. 그는 이렇게 썼다. "금권이 신문 시장을 통제하고 있다. …… 어떤 식으로든, 정부에 대한 기업의 통제라는 주제를 다루는 뉴스 아이템들은 언제나 일정하게 변색이 되어 버린다."[66]

1920년대에 이르러 이 편향성이 미국 저널리즘의 주된 위기로 떠오르게 된다. 뉴스 비즈니스는 늘 돈을 좇아 타락해 버렸고 표리부동하게 움직인다는 비난에 시달린다. 신문 기업 스크립스가 소유한 《디트로이트뉴스》조차 1913년, 상업적 소유 구조와 수익 추구의 영향력이 너무 커져 버렸다고 인정할 정도였다. 일반 독자들이 직접 편집자를 투표해 뽑는 자치적인 신문 소유 형태가 가장 이성적이고 민주적인 해결책이라고 이 신문은 제시했다.[67] 오늘 우리가 느끼는 것과 마찬가지로, 미국 역사에서 신문이 지닌 명백히 정치적인 특성에 비춰볼 때 그다지 이상한 생각은 아니었다. 그리하여 스크립스는 1911년 시카고에서 광고 없는 일간지를 발행해 보기도 했다.[68] 스크립트는 늘 노동계급의 이해관계에 가장 충실했고 또 상업주의가 어떻게 뉴스의 본 모습을 해칠 수 있는지 가장 잘 알고 있었던 주요 신문 체인 가운데 하나였다.

독점 상업주의 뉴스 미디어와 정치적 민주주의 저널리즘, 이 두 가지 요구 조건을 절충시킨다는 것은 결코 쉬운 일이 아니었다. 상대적으로 잘사는 여러 유럽 국가의 경우, 노동계급과 노동자의 이익에 전념하는 저널리즘을 후원할 아주 정파적이고 때로는 공적인 보조금 형태에서 그 해답을 찾을 수 있었다. 반면에, 라틴아메리카의 뉴스 미디어들은 무척 보수적인 정치 성향을 띠는 경우가 많다. 이들은 자신이 후원하는 친기업적 후보자가 선거에서 패배하지 않는 한 정치 민주주의에 전혀 관심을 기울이지 않는다. 부유한 집안의 사적 영역으로 전락한 미디어는, 자국의 다수 가난한 사람들이 갖춰야 할 정치적 힘이나 권리 증진에는 관심이 없다. 이러한 상황에서, 대중적 인기에 힘입어 선출된 사회주의 정부나 포퓰리즘 정부는 자신들의 정책을 노골적으로 적대하지 않는 (혹은 정부의 주장대로라면, 다수의 이익을 대변할) 뉴스 미디어를 만들려고 부단히 노력했다. 하지만 충분히 예상할 수 있는 일이지만, 이러한 노력은 곧바로 검열이라는 비난에 직면한다.[69] 라틴아메리카에서 미디어 지배자들의 손을 들어 주는 이들조차 그들이 종종 의심스러운 종자라는 사실을 시인한다. 그들의 지배는 결코 실재하는 문제들을 민주적 해결하는 방책이 되지 않는다는 비판도 쉽게 수긍할 것이다.[70]

한편 미국에서의 문제 해결책은 전문적 저널리즘이라는 형태의 신문산업이 주도한 자율 규제였다. 사주와 편집자는 분리될 수 있으며 사주(그리고 광고주들)의 정치적 견해는 논설 지면을 제외하고는 저널리즘의 특성으로 반영되지 않는다는 나름의 혁명적인 아이디어를 구체화한 것이었다.

이 방식은 명백하게 정파적일 뿐 아니라 고도로 경쟁적인 신문이라는 개념에 기초해 온 기존의 미국 저널리즘 역사에서 180도 방향을 바꾼 것이었다. 이제 뉴스는 잘 훈련된 전문가에 의해 결정되고 제작된다.

정파적이지 않고 객관적이며 사실 면에서도 정확하고 편향적이지 않을 것이다. 어떤 커뮤니티에 신문이 열 개가 있건 한두 개만 있건 별 상관이 없게 되었다. 왜냐하면, 수학 문제를 다루는 수학자들처럼, 잘 훈련된 저널리스트들이 똑같은 뉴스 보도를 제공하기 때문이다. 신문 거물 중 한사람인 에드워드 스크립스가 설명한 바와 같이, 독자들은 "편집자의 견해가 어떠한지 상관하지 않는다. …… 뉴스에 관한 한, 신문 한 종이든 열 종이든 그 질이 다 똑같기 때문이다."[71] 1900년에는 미국에 (혹은 전 세계에도) 저널리즘스쿨이라는 게 하나도 없었다. 그런데 1920년이 되면, 지금 우리가 알고 있는 주요 저널리즘스쿨들이 모두 생겨나게 된다. 1923년에는 미국신문편집인협회가 창설되어 편집자와 기자들이 준수해야 할 전문적 규약을 정하기에 이른다.

지난 세기 미국에서 출현한 이 전문적 저널리즘 '유형'은 그 어떤 불가피하거나 자연스러운 그런 게 결코 아니었다. 미국에서 지배적인 것으로 통할 전문적인 뉴스 가치라는 것도 논란의 여지가 많은 개념이었다. 1930년대 저널리스트들이 결성한 '신문길드'(Newspaper Guild)는 권력을 가진 모든 사람들에 대해 훨씬 더 비판적인, 그런 편향되지 않은 저널리즘의 육성을 시도했다. 저널리즘은 유머 작가 핀리 피터가 말한 것처럼, "상처 받은 자들을 위로하고 거꾸로 편안한 삶을 사는 사람들에게 상처를 입히는, 권력 바깥에 있는 사람들의 대변자가 되어야 한다는 생각을 갖고 있었다. 신문길드는 저널리즘을 정부와 대기업으로부터 독립된 제3의 권력으로 규정했다. 뉴스의 내용에 대한 발행인들의 그 어떤 통제력 행사도 금지시키고자 했다. 신문길드 형성에 관해 연구한 탁월한 역사학자가 말해 주고 있듯이, "길드가 언론 자유라는 새로운 종류의 청지기를 통해 공공 대중과 발행인 사이의 권력투쟁에서 균형을 잡을 수 있다는 생각이, 조직적 직무를 수행할 신문길드의 핵심

교의로 자리 잡았다."[72] 이 제도화된 독립성은 그 뒤로 저널리즘의 강력한 이상으로 남게 된다. 좋은 뉴스 시스템의 일부가 될 정도로 가치를 평가받았고, 오늘날까지도 우리가 아는 최고의 저널리스트 가운데 몇몇은 실제로 이를 실천하고 있을 것이다.

그런가 하면 이런 저널리즘 실행 방식은 대다수 발행인들에게는 저주에 가까운 것이었다. 그들은 성공을 위해 의존해야 하며 일상적으로 마치 같은 편처럼 협력해 온 주변의 기업 소유주들이나 정치인들에 대한 공세적 보도를 결코 원하지 않았다. 편집국에 대한 자신의 직접적 통제권을 절대로 포기하고 싶지도 않았다. 편집자와 기자들은 소유주의 엄격한 재량권 하에서만 일정한 자율성을 가질 터였다. 결과적으로 저널리즘은 상당 부분 소유주들이 선호하는 모습을 띠게 된다. 소유주들의 상업적·정치적 필요에 좀 더 부합이 되는 형태가 되어야 함은 물론이다. 여기저기 구멍이 뚫려 있어 상업적 요소들이 뉴스 선택의 가치에 영향을 끼칠 수 있고 또한 광고가 뉴스 보도의 특성이나 내용에 영향을 끼칠 수 있는, 그런 낮은 수준의 저널리즘이 태어나게 된다.[73]

이렇게 해서 구체화된 전문적 저널리즘의 핵심 문제는, 공식 취재원들에게 지나치게 의존하고 있다는 사실이다. 이들 취재원이 자칫 적당한 의제 설정권자가 되고, 우리 정치 문화에서 합법적 토론의 범위 지정자가 되어 버릴 정도였다. 이 과정에서 상당히 중요한 아이러니가 발생한다. 앞장서 전문가주의를 주창했을 뿐 아니라 1910년대 미국 저널리즘의 타락을 강력하게 비판한 월터 리프먼의 말을 들어 보자. 리프먼은 저널리즘에서 전문가주의의 핵심적인 정당성과 요구 사항은, 그것이 정부(그리고 기업)의 장황한 주장들을 되풀이해 내놓지 않는 데 있다고 적었다. 그런 주장이 지닌 한계들을 체계적이고 열성적으로 폭로할 일단의 훈련받은 독립적이고 편파적이지 않은 기자들을 공급해야 한다고

주장했다.[74)]

합법적 의제와 토론의 범위를 설정하는 과정에 공식 취재들, 구체적으로 권력에 있는 사람들에 대한 의존성은 몇몇 논란거리를 뉴스에서 제외시켜 버리는 결과로 이어진다. 그 대가로 뉴스 제작비가 절감되는 효과가 발생한다. 힘 있는 사람들이 말하는 바를 기자들이 단순 반복하는 데 돈이 많이 들 이유가 없는 것이다. 결국 뉴스는 제도권의 목소리를 닮아 간다. 기자들은 뉴스 스토리를 만들기 위해 끊임없이 '접촉'하고 의존하지 않을 수 없는 권력층 사람들을 적대시하지 않도록 유의해야 할 것이다.[75)] 과거에 퓰리처상을 수상한 전직 《뉴욕타임스》 기자 크리스 헤지스는 공식 취재원들에 대한 의존 문제를 이렇게 기술한다. "더러운 주고받기의 관계이다. 엘리트들이 원하는 바를 성실히 보도하는 한도 내에서만 미디어는 그들에게 접근할 수 있는 권리를 얻어 낼 수 있다. 그 상호 이익의 관계가 깨지는 순간, 제대로 된 기자들은 접근권이 거부된 채 벌판으로 내쫓길 것이다."[76)]

전문적 저널리즘의 근본 한계는, 지배 정당들의 주도 세력들 사이에 또는 그 내부에서 풍성하고 공개적으로 토론이 이루어지는 주제를 다룰 때는 그다지 잘 나타나지 않는다. 이럴 경우 저널리스트들이 운신할 수 있는 폭은 상당히 넓다. 사실의 정확성과 균형감, 신뢰성의 수준을 측정할 전문가적 표준만 따르면 된다. 대중적 정치운동들이 권력층에게 주의와 관심, 두려움을 불러일으켰던 1960대처럼 정치적으로 건강한 시기에도 문제는 상대적으로 적었다.

전문적 저널리즘의 진짜 문제는, 정치 엘리트들이 특정 이슈에 관해 논쟁을 벌이기보다 사실상 입을 맞출 때 또렷해진다. 이 경우 전문적인 저널리즘은 그다지 효과적이지 않다. 최악의 경우 선전에 가까운 것으로 전락하고 만다. 미국의 외교정책이 늘 그러했다. 사실 공화당과 민주당 양당은 막대한 규모에 이른 글로벌 군사복합체에 똑같이 신세를 지고 있다. 미국의 이익에 부합할 때, 다른 국가를 침공할 수 있는 미국만의 배타적 권리를 공히 승인해 준다.[77] 전쟁이나 외교정책 문제와 관련해, 이런 기본적 가정과 정책 목표를 의심하거나 양당 어느 지도부도 논의하고 싶지 않은 이슈를 제기하는 저널리스트들은 '이데올로기적'이고 '비전문적'인 사람으로 간주되기 십상이다. 이는 저널리스트들에게 강력한 규제 효과를 갖게 된다.[78]

이런 식이기에, 60년대라는 영광의 시기에조차 미국 뉴스 매체들은 대중들을 베트남전쟁으로 끌어들이는 데 사실상 조력했다. 정부가 내놓은 의심스러운 주장들, 예를 들어 통킹만 사건의 날조에 관해 쉽게 반론을 제기하거나 그 허구성을 폭로할 수 있었음에도 그렇게 하지 않았다. "공중의 세뇌가 신문기자들을 상대로 한 '오프 더 레코드' 브리핑에서부터 시작된다." 저널리트 이사도어 F. 스톤은 언젠가 이렇게 썼다. 훌륭한 민주당 상원의원인 알래스카 출신의 어니스트 그리닝과 오리건주의 웨인 모스는, 베트남 같은 곳에서 저지른 제국주의적 시도에 관해 경고하기 위해 공화당은 물론이고 자신이 속한 민주당과도 결별해야 했다. 그렇지만 뒷날 역사가 진실로 입증시켜 줄 그들의 관점은 당시 주류 뉴스 미디어에서 대부분 과소평가되었다. 스톤이 관측한 것처럼, 신문들은 "모스와 그리닝의 전쟁 반대 연설 몇 주 전에 이미 철의 장막을 쳐 버렸다."[79] 모스는 뉴스 미디어 내부의 비판적 보도와 논쟁 부족이 미국 외교정책에 대한 대중의 참여를 가로막고 있다는 사실을 정확히 인식하고 있었다. "[신문 소유권] 독점 관행의 결과로 빚어지는 위협에 관해, 미국인들은 너무 늦기 전에 경고를 받을 필요가 있다."[80]

오늘날 미국의 이런저런 저널리즘스쿨들은 지난날의 이런 과오들에 대해 안타까움을 표한다. 그러나 상황은 쉽게 개선되지 않는다. 전쟁과 평화라는 주제를 둘러싸고 권력을 가진 자들의 합의 쪽으로 당겨 가는 전문가적 규준의 중력이 그만큼 크기 때문이다. '대량살상 무기'라는 순전히 허구에 기반을 둔 2003년의 이라크 침공은 미국 저널리즘 역사상 가장 어두운 에피소드 가운데 하나였다. 2012년에 펴낸 책《조작자들》(The Operators)에서, 마이클 헤이스팅스는 군사 관료들이 최고 명성을 지닌 특파원들을 포함해 "언론을 엄청나게 잘 조작해 왔다"며 사적으로 흡족함을 표하던 모습에 관해 적었다.[81] 그는 스탠리 맥크리스털 장군을 비롯하여 그 참모들과 상당 기간을 함께 보낸 바 있는 해외 특파원이었다. 2012년 3월 글렌 그린왈드는 국립공영라디오(National Public Radio)가 신화로 만들어 낸 보도 태도를 비판했다. 특히 이란 관련 보도에서, 해당 특파원은 이렇게 진술했다.

> 전현직 정부 관리들의 말을 두서너 마디 따고 (동의할 만한 제도권 싱크탱크 소속 전문가의 말을 중간에 섞은 후) 이들이 말하는 바를 무비판적으로 방송한 후, 자신은 그냥 그걸 되풀이한다. 이게 바로 워싱턴에서 제도권에 봉사하는 저널리스트들이 이른바 '리얼한 보도'를 하고 있다고 비평가가 아닌 자기 입으로 떠벌일 때 뜻하는 바이다. 리얼한 보도가 의미하는 바는 이러하다. '워싱턴의 주요 인물들에게 전화해서는 그들이 말하는 바를 무비판적으로 옮기는 일.'[82]

아마도 엘리트 저널리스트들이 화내는 유일한 경우는 그들의 이런 관행이 폭로될 때일 것이다. 헤이스팅스는 이렇게 쓰고 있다. 저널리스트들을 위한 간단한 '성문화되지 않은 규칙'이 하나 있다. "권력층 사람들에 관해 결코 정직하게 써서는 안 된다. 미디어가 건드리지 말아야 할 사람들에 대해서는 특히 더 그러하다."[83]

미국에서 발달한 전문적 저널리즘이 안고 있는 또 다른 약점은 자신들의 고객 관련 정보들을 기자들에게 공급하기 위해 분주한 거대 홍보산업에 문호를 활짝 열어 버린 것이다. 전문적 저널리즘의 요구 조건을 충족시키기 위해 마련된 갖가지 보도자료 다발이 잘 포장된 채 대기중이다. 일부는 전직 저널리스트들에 의해 만들어지기도 한다. PR의 핵심은 고객에게 전할 메시지를 뉴스에 삽입시켜 마치 합법적인 뉴스처럼 보이도록 하는 데 있다. 최고의 PR은 절대로 홍보물처럼 보이지 않는 홍보를 뜻한다. 물론 기자들은 일반적으로 PR의 의심스러운 속성을 잘 이해하고 있으며, 그리하여 보도자료를 진심으로 받아들이지 않는다. 하지만 주어진 과업을 일상적으로 수행하기 위해 불가피하게 홍보물들을 이용해야만 한다. 신문 발행인은 제작비 경감 효과를 가져다줄 수 있는 PR을 기꺼이 받아들이는 경향이 있다. 저널리즘의 추악한 비밀은 우리가 접하는 뉴스 스토리의 40~50퍼센트 정도가 바로 이런저런 보도자료에 바탕을 두고 있다는 사실이다. 1970년대라는 영광의 시기에 심지어 가장 권위가 있는 신문들조차 그랬다. 그 시절에도 보도자료는 대다수 신문의 내용에 충실하게 반영되고 있었다.[84)]

전문적 저널리즘의 절정기는 1960년대 후반부터 1970년대 초반에 걸쳐 나타났다. 그렇지만 그동안에도 전문적 저널리즘은 정책에서 문맥적인 것을 쏙 빼 버린다. 그래서 기사를 건조하게 바꿔 버리거나 때로는 일관되지 않은 스포츠 구경거리처럼 만들어 버리는 경향을 보였다. 미국이 독립한 첫 세기의 정파적 저널리즘과 달리, 참여만큼이나 무관심과 탈정치화의 효과를 조장하는 경향을 보였다. 크리스토퍼 래시는 미국 스타일의 전문적 저널리즘이 지닌 한계 가운데 하나를 이렇게 정리한 바 있다. "민주주의가 요구하는 것은 정보가 아니라 활기찬 공개토론이다. 물론 정보도 필요하다. 그렇지만 필요한 정보 유형은 오직 토론을 통해 만들어질 수 있다. 우리는 제대로 된 질문을 던지기 전까지는 정확히 우리가 무엇을 필요로 하는지 잘 모른다. 세계에 대한 우리의 사유를 공적 논쟁의 검증 과정에 노출시킬 때, 그때 비로소 우리의 생각이 무엇인지 확인할 수가 있다."[85)]

1980년대 초반부터 전문적 저널리즘이 편집국에 부여했던 자율성 가운데 상당 부분이 상업적인 압력에 의해 급격히 침식되기 시작했다. 지난 50년 동안 이루어진 가장 뛰어난 저널리즘의 기반을 제공했던 바로 그 자율성이다. 이는 곧 표준의 약화로 이어지고, 상업적으로 먹히는 섹스 스캔들이나 유명인사 관련 기사들이 좀 더 합법적인 것이 되어 버린다. 취재하는 데 돈이 덜 들고 독자들의 관심을 끌어낼 수 있으며, 권력을 가진 그 누구도 위협하지 않으면서 일정하게 논쟁의 환상을 빚어낼 수 있기 때문이다.

인터넷의 등장은 엔터테인먼트 미디어보다 뉴스 미디어에 훨씬 더 많은 손해를 끼쳤다. 6장에서 시대순으로 상술하겠지만, 뉴스 미디어 전 부문이 무너지고 있다. 그런데도 이 문제에 관한 논의는 대부분 공허하다. 저널리즘에 대한 정치경제학적 비판이 부재한 탓이다. 전문가주의는 미국적인 또는 민주주의적인 저널리즘 시스템으로서 당연하게 여겨지는 경향이 있다. 디지털 혁명이 그들의 행진에 폭우를 퍼붓기 전까지는, 최고의 서비스를 제공하는 수익 지향적 미디어 기업들의 유기적 결과물로 자연스럽게 받아들여졌다. 바로 이 거짓 도식에 갇힌 비평가들은 아마도 우리 시대 가장 중요한 커뮤니케이션 문제라고 볼 수 있는 이슈를 제대로 다루지 못한다. 디지털 시대 신뢰할 만한 자율 정부의 수립에 필요한 새로운 저널리즘 시스템을 결코 만들어 내지 못한다.

정책 만들기

엔터테인먼트 미디어와 저널리즘 그리고 인터넷의 특성은 궁극적으로 정책 결정 과정에 크게 의존한다. 여러 전통적인 미디어들과 전화통신수단, 그리고 상당 수준의 상업 및 사회생활을 포괄하면서 디지털 커뮤니케이션에 걸린 이해관계가 엄청나게 커졌다. 이에 대해서도 PEC는 중요한 비판과 해석의 시각을 제공한다. 조직화된 대중의 간섭이 없는 한, 이런저런 정책은 대개 엘리트들과 자기 이익을 쫓는 상업적 이해 당사자들에 따라 만들어질 공산이 크다. 실제로 그리하여, 오늘날 미국에는 민주적 지배 구조에 관한 이해할 만한 수준의 냉소주의가 팽배하다. 권력을 가진 상업적 이해 당사자를 제외하고는 어느 누구도 발언권을 갖고 있지 않다고 생각하는 많은 사람들이 사실상 희망을 포기해 버린 탓이다.

이런 냉소주의에는 상당한 근거가 있다. 영화 〈대부 2〉에 나오는 유명한 아바나의 파티오(patio) 장면은, 미국의 커뮤니케이션 정책 과정을 가장 잘 압축한 은유가 된다. 이 장면에서 마이클 콜레오네와 하이먼 로스를 비롯한 미국 갱단들이 바티스타 독재 시기의 쿠바를 나눠 먹고 있었다. 이들이 하이먼 로스와 함께 쿠바 지도와 비슷하게 생긴 생일케이크 한 조각씩 갈라 먹는다. 그렇게 각자의 몫을 나눈 뒤 하이먼 로스는 '사기업'과 함께 일하는 법을 잘 아는 정부가 집권한 쿠바에 사는 게 얼마나 좋은 일이냐며 너스레를 떤다. 미국에서 커뮤니케이션 정책이 결정되는 과정도 이 장면과 다를 바 없다. 독점 방송 면허권과 저작권 연장, 세금 보조 같은 특혜가 항상 베풀어진다. 그런데도 사람들은 대체 무슨 일이 벌어지고 있는지 도무지 알 수가 없다. 마이클 콜레오네와 하이먼 로스처럼 강력한 로비스트들이 FCC 및 그와 연관된 연방

의회 위원회들로부터 돈 되는 거래를 얻어 내기 위해 서로 다투는 양상이기 때문이다. '공공 서비스'에 할당된 기간이 끝나면, 어떤 FCC나 각종 위원회들의 의원들과 직원들은, 사기업으로 자리를 옮겨 던 돈 되는 일을 궁리하고 있을 것이다.

무엇보다 지배적인 위치의 기업들을 더욱 살찌우고 그들에게 더 많은 이윤을 가져다주는 데 헌신해 온 게 바로 FCC이다. 국회도 이런 큰돈의 지배를 받고 있다. 거대기업들이 전적으로 동의하는 것 중 하나는, 이게 다름 아닌 자신들의 시스템이며 공중은 정책 결정 과정에서 그 어떤 역할도 할 수 없다는 생각이다. 대부분 특수한 시스템의 수혜자들이 소유한 뉴스 미디어가 이런 이야기를 일반 뉴스에서 거의 다루지 않기에 공중의 90퍼센트는 대체 무슨 일이 벌어지고 있는지 전혀 알 수가 없다. 커뮤니케이션 정책 논의 과정에서 공중이 할 수 있는 역할은 기껏해야 다음과 같은 말로 가장 잘 표현될 수 있다. "협상 테이블에 나설 수 없다면, 그냥 지켜보면서 주어지는 서비스나 받아먹어라!"

연방의회에서 이루어지는 저작권 관련 '토론'이 타락한 정책 과정을 잘 보여 주는 사례에 해당한다. 완전히 일방적인 방식으로 이루어지는 토론을 통해 지난 30년 동안 "이미 제작된 상태의 콘텐츠들에 대한" 저작권 조건을 몇 차례나 연장시켜 주었다. 왜? 대부분의 저작권을 보유한 강력한 미디어 기업과 그 이해 당사자들이 1998년에서 2010년 사이에 이 이슈를 위한 의회 로비 및 홍보를 위해 무려 13억 달러나 지출한 덕분이다. 공적 도메인과 공정한 이용을 보호해야 한다고 주장하는 사람들, 가령 도서관 사서나 교육자들은 같은 기간에 고작 1백만 달러 정도만 썼다. 무려 1,300분의 1 수준이다.[86] 뉴스 미디어를 거치지 않고 해당 이슈를 인지할 수 있는 미국인은 거의 없었다. 결국 상당 수준 '저작권 침해' 위협을 과장하는 기업의 엄청난 홍보를 통해 저작권

이슈의 노출이 이루어지게 되는 것이다.

토론할 이슈가 있다는 사실을 제대로 인지하는 연방의원들이 드물다는 사실이 그토록 놀라운가? 저작권 산업이 원하는 바를 제공하는 것은 이들에게 기본적으로 논의의 대상이 아닌 '기정사실'이다. 저작권 소유자들의 영역을 확장하고 보호해 줄 구체적인 방법만 의회 토론의 장에 오를 수 있다. 국회는 독점권을 연장하고 확장하여 강화시켜 줌으로써 이들 산업에 상당한 이익을 가져다준다. 저작권 보호를 받는 콘텐츠에 접속하려는 여타 기업들도 로비를 펼칠 때, 그때서야 기존의 저작권 산업들은 처음으로 반대에 직면하게 된다. 2011~2012년의 이른바 온라인저작권침해금지법(SOPA, Stop Online Piracy Act)을 둘러싼 논쟁이 정확히 그러했다. 저작권 로비스트들이 원하는 정부 단속의 전례 없는 연장에 대한 공중의 반대에 구글도 가담했다. 이 예외적인 경우, 저작권에 우호적인 세력들은 자신의 꿈꾸던 입법화를 이루어 낼 수 없었다.

이제 우리는 팽배한 냉소주의를 최대한 걷어내지 않으면 안 된다. 냉소주의는 비관론과 탈정치화를 조장하고, 자기 예언적인 것이 되고 말기 때문이다. 사실 미국은 커뮤니케이션 정책 과정에 대중이 참여해 온 풍부한 역사를 갖고 있다. 미국이 지닌 시스템 가운데 가장 민주적인 측면 몇 가지가 대중의 정치적 압력에 의해 만들어졌다. 이 대중 참여의 상당수는, 달려 있는 이해관계가 보다 크고 또 가능한 결과의 범위도 훨씬 넓었던 결정적 국면에 이루어졌다. 가령 19세기에 노예폐지론자들과 포퓰리스트들이 정기간행물의 우편 요금 인하를 위해 지속적으로 투쟁했다. 출판물들이 살아남고 번창할 수 있도록 이들의 투쟁은 상당한 성공을 거두었다. 한편 AT&T의 전화 독점에 맞서 보편적 서비스와 공통 전송 제도를 강제하는 데 도움을 준 것도 대중들의 압력이었다. 진보주의 시대의 대중적 압력은 신문사들의 노골적 우익 저널리즘을 줄이는 데도 중대한 요인으로 작용했다.[87] 공익에 기초한 상업 방송과 광고에 대한 규제 노력이 1930년대와 1940년대에 걸쳐 풀뿌리 대중 조직을 통해 이루어졌다.[88] 1960~1970년대 사회운동은 소수자들의 미디어 소유권을 증진시킬 수 있었다. 공동체 라디오 방송국을 설립했고, TV 채널에 대한 공중의 접근권을 얻어 냈다.[89] 이런 사례는 실제로 성취된 것 가운데 일부일 뿐이다.

지금 우리는 결정적 국면 중에서도 가장 중요한 전기를 맞이했다고 할 수 있다. 그러한 점에서 조직화된 대중적 미디어 정책 행동주의의 폭발 양상에 주목할 필요가 있다. 1990년대로부터 시작된 에드워드 S. 허먼과 노엄 촘스키, 벤 배그디키언 그리고 '공정하고 정확한 보도'(FAIR, Fairness & Accuracy in Reporting) 같은 조직이 상업 뉴스 미디어를 상대로 내놓은 정치경제학적 비판들이 한 세대의 활동가들을 키워 냈다. 이들은 미디어를 변화시키는 게 좀 더 정의롭고 인간적인 세상을 만들어 내는 데 무척 중요한 일이라고 보았다. 인터넷의 출현이 이러한 열망에 기름을 끼얹었다. 인터넷이 더 나은 세상을 만든다는 목표의 수단이 될 수 있기 때문이다. 상업적 이해관계가 미국 방송에게 했던 것과 똑같이 인터넷에 대해서도 하지 못하도록 막으려면 시민들의 조직화가 필수적이기 때문이었다.[90] 이 운동에 참여해 온 사람으로서, 인터넷 관련 이슈들은 PEC 분야의 작업에서는 이미 예측되어 온 것이라고 말할 수 있다.

나는 구체적으로 2002년에 존 니컬스, 조시 실버와 함께 '프리프레스'라는 공익 단체를 설립했다. 프리프레스의 발상은 간단했다. 민주적 미디어 정책을 얻어 내기 위해서는 커뮤니케이션 정책 과정에 대해 좀 더 정보를 갖춘 조직화된 형태의 공적인 참여가 필요하다는 것이었다. 우리는 관련 이슈에 관한 대중들의 인식을 높이면서 그들을 정치 세력으로 조직화할 필요를 느꼈다. 워싱턴에서 진행되고 있는 이슈들과 관련해 로비를 펼치면서, 우리는 기업들이 장악한 워싱턴 벨트웨이의 문화에 갇힌 논쟁과 옵션의 범위를 확장시키는 데 목표를 두었다. 미디어라는 파이의 가장 큰 조각을 누가 차지하게 될지를 둘러싼 기업들의 스크럼 속에서 "나쁜 놈들 가운데 좀 덜 나쁜" 쪽을 선택하는 기존의 관행을 그대로 답습할 수 없었다. 우리는 현재에 한 발을 그리고 미래에 한 발을 디딜 필요가 있었다. 우리의 목표는 모든 조직화된 대중 조직들에게 미디어 개혁이 핵심 이슈 가운데 하나가 되어야 한다는 점을 확신시키는 데 있었다. 그렇게 할 수 없는 한, 우리의 성공 가능성과 진정한 구조 개혁 가능성은 요원해 보였다.

프리프레스의 활동은 놀라운 성과를 거두었다. 다른 조직들과 연대해 미디어 소유권의 다원화, 가짜 뉴스를 중지시키는 일, 공공 및 공동체 방송을 보호하는 일, 정치적 시위를 취재하는 독립 저널리스트들을 보호하는 일, TV 방송국들에게 정치 광고에 돈을 대는 사람이 누군지 온라인상에 밝히도록 한 일, 소출력 공동체 라디오 방송국들을 설립한 일 등 다양한 이슈를 둘러싼 핵심 캠페인들을 성공적으로 조직했고 또 적극 참여했다. 이 단체에는 현재 50만 명이 열성 회원으로 활동 중이며, 상임 활동가만 35명을 두고 있다. 워싱턴 DC에서 어느 정도 세력으로 자리 잡았으며 공익적 규제 법안들을 마련하는 데에도 핵심 역할을 담당한다. 아마도 가장 분명한 인지도는 커뮤니케이션 거대기업들이 이 단체를 상대로 펼치는 엄청난 공세를 통해 반증해 볼 수 있겠다. 보수 논객 글렌 벡과 자동 판매기식 우익 홍보회사들은 프리프레스를 공중에 대한 크나큰 위협 요소로 간주한다. 왜냐하면 프리프레스가 AT&T의 독점력에 도전했기 때문이다.[91]

동시에 프리프레스의 체험은 우리가 앞으로 가야 할 길이 얼마나 먼지, 그리고 우리에게 남은 시간은 얼마나 적은지를 여실히 보여 준다. 사실 우리 단체는 미디어 정책 결정의 중요성을 여전히 이해하지 못하는 다른 조직화된 대중 단체들로부터 크게 유리되어 있다. 벨트웨이 안에서 활동을 펼치면서 상당한 제약을 받는 경우도 허다하다. 설혹 작동 가능한 옵션이 아닐 때조차 '자유시장 경쟁'에 대한 신념을 계속해서 드러내야 하는 식이다. 그렇지 않으면 황야로 내쫓기게 될 것이다. 다툼을 펼치는 기업들 사이에서 좀 더 우리와 가까운 편을 정하는 게임에 갇힌 채, 방어적인 싸움을 벌이며 많은 시간을 보내야 하기도 한다. 왜냐하면 여기가 바로 그런 활동이 필요한 곳이기 때문이다. 대중의 관심을 불러일으키는 게 곱절로 어려운 이유도 여기에 있다. 하찮아 보이는 이슈들이며 달려 있는 이해관계도 적어 보인다. 결과가 어떠하든 기업들이 여전히 승리한다.

민주당과 공화당 공히 커뮤니케이션 기업들에게 사실상 장악되어 있다는 사실은, 워싱턴 내 모든 대중운동 단체들이 처한 어려움을 뚜렷이 부각시켜 준다. 어떤 베테랑 활동가 말마따나, 어떤 정당이 권력을 갖더라도 기껏 바뀌는 건 "AT&T가 관련 법을 공개적으로 만들지 아니면 은밀히 입안할지 정도"일 뿐이다.[92] 정치 시스템의 부패와 파탄이 이보다 더 또렷하게 드러나는 지점도 없다. 폭넓은 정치적 기반의 부족이 프리프레스와 미디어 개혁 운동의 발전을 가로막고 있다. 마치 햇빛이 없는 상태로 가장 비옥한 아이오와 주의 표토에서 식물을 경작하는 것과 같다.

앞으로 10년 동안, 인터넷의 운명을 좌우하게 될 결정적인 정책 논쟁이 벌어지게 될 것이다. 2011년 헤더 브룩은 《혁명은 디지털화할 것이다》(The Revolution Will Be Degitised)에서 이렇게 썼다. "앞으로 10년 동안 일어날 일들이 다음 세기 그리고 그 이후의 민주주의의 미래를 규정할 것이다."[93] 바로 이러한 사실이 일종의 결정적 국면을 규정하고 있다. 누군가는 교리문답을 껴안고 자랑하겠지만, 인터넷은 자본의 서비스 편이 되어 있을 거라는 게 일반이 우려하는 바이다. 불안하고 재난에 가까운 결과들이 나타나게 될 것이다. 커뮤니케이션 정치경제학의 통찰력으로 무장한다면, 우리는 자본주의와 인터넷의 결합과 이로 인해 빚어질 디지털 시대 커뮤니케이션 및 민주주의의 위기를 똑바로 주시할 수가 있다. 훨씬 밝은 미래로 나아갈 대안적인 경로들이 여전히 존재한다.

DIGITAL DISCONNECT

4

공룡들은 어디를 배회하고 있는가

■■
■

2장과 3장에서 살펴본 내용을 바탕으로 우리는 이제 인터넷과 자본주의 관계에 관해 좀 더 구체적으로 평가해 볼 수 있다. 1980년대 후반부터 1990년대 초반까지 가장 열렬한 주창자들이 제기한 인터넷의 가능성에 대해서도 재검토해 볼 것이다. 당시의 주장들은 합당한 이유가 있기는 했지만 대체로 낙관적이었다.

모든 사람들이 정보를 빛의 속도로 이용할 수 있게 될 뿐 아니라, 검열이 통하지 않게 되면서 기존의 모든 제도가 더 좋은 방향으로 개선될 것이다. 세계적 차원에서 쌍방향 흐름 또는 다중 흐름이 생겨나고, 이전에는 생각할 수 없을 정도로 커뮤니케이션의 민주화가 이루어질 것이다. 기업들은 더 이상 소비자들을 속이지 못하며, 시장에 새롭게 얼굴을 내민 경쟁자들도 짓밟을 수 없게 된다. 정부와 군부는 선전을 양산하는 갖가지 어용 신문을 통해 더 이상 은밀하게 작동할 수가 없다. 빈곤계층이나 소외지역 출신의 학생들도 엘리트들에게만 국한되던 교육 자원에 접근할 수 있게 된다. 요컨대 사람들은 전례 없던 수단과 힘을 갖게 될 터이다. 세계 곳곳의 모든 사람들이 자유롭게 정보의 평등과 즉각적인 커뮤니케이션의 권리를 누리게 될 것이다. 나아가 불과 몇 해 전에는 세계에서 가장 강력한 지도자나 돈 많은 부자조차 꿈꿀 수 없었을 수준의 검열되지 않은 지식의 보물창고에 접근할 수 있게 될 것이다. 역사상 최초로 인류의 상당수에게 참된 민주주의는 실현 가능한 모습이 될 것이다. 불평등과 착취, 부패, 폭정 그리고 군사주의가 곧 심각한 타격을 받게 될 것이다.

마치 10세기 정도는 된 한참 지난 옛이야기처럼 들린다. 디지털 혁명이 가져다준 온갖 혜택에도 불구하고, 한때 이 기술이 내장하고 있는 듯 보이던 약속의 상당 부분은 이행하는 데 실패했다. 인터넷은 더 경쟁적인 시장과 개방된 정부, 부패의 종결, 불평등의 약화, 혹은 인류에게 행복을 가져다줄 것이라고 기대되었다. 하지만 결과는 실망스럽다. 인터넷이 실제로 지난 20년 동안 예찬론자들의 예측만큼 세계를 더 낫게 만들었더라면, 그러한 세계가 존재하지 않는다고 생각해 보는 것으로도 끔찍스러워질 것이다.

이상주의자들의 전망과 실제 사이의 편차는, 어느 정도 인터넷이 위계화된 자본주의 권력에 지배·통제될 될 것이라는 점을 충분히 인식하지 못한 데 따른 것이라고 설명할 수 있다. 제임스 쿠란은 자본주의가 인터넷을 현실에서는 훨씬 더 크게 규정했다고 주장한다. 공공 서비스 제도로 존치코자 했다면, 인터넷은 지금처럼 주변부에 계속 머물렀을 공산이 크다고 덧붙인다. 이 정도 분석에서 머문다면, 여태껏 나타났고 또한 지금도 벌어지고 있는 현실의 표면을 겨우 긁는 수준에 그치는 일이 되고 말 것이다.

디지털 혁명의 엄청난 약속들은 인터넷의 발전을 자본주의가 전유해 버리면서 상당 부분 상쇄되어 버렸다. 인터넷이 지닌 개방성과 기업 수익성이라는 폐쇄적인 시스템 사이의 상당한 모순에 관해, 힘을 가진 자본은 자신에게 문제가 되는 이슈가 떠오를 때마다 항상 승리를 거두었다. 그 자체의 명료한 논리를 갖춘 인터넷은 디지털 커뮤니케이션의 민주적인 잠재성과 상당 부분 대치되는 자본 축적의 과정에 종속되어 버렸다. 상품 교환의 세계로부터 멀리 떨어진 상태에서 차츰 개방되어 가는 공적 영역처럼 보이던 인터넷이 점차 폐쇄된다. 소유권을 주장하고 심지어는 독점화된 시장들의 사적 영역으로 변형되고 있는 듯해 보인다. 이와 같이 인터넷이 자본주의의 식민지가 되어 가는 현실이 생각처럼 그다지 눈에 띄지는 않는다. 왜냐하면 광범위한 도발 범위를 자랑하는 사이버스페이스가 상당 수준 주변부로 밀려나 버리긴 했지만, 그래도 비상업적인 활용을 어느 정도 계속 허용하고 있기 때문이다.

이 장에서 나는 1990년대 들어 어떻게 처음 20년 동안은 탁월하게 비상업적이고 심지어 반상업적이었던 제도였던 인터넷을 자본주의가 장악해 버렸는지, 그 결과는 무엇인지 평가해 볼 것이다. 여기서 자본주의란 대기업과 독점 시장, 광고, 홍보, 그리고 정부와 군부 사이에 맺어지는 긴밀하고 필수적이고 종종 부패한 관계를 특징으로 하는 현실 자본주의를 뜻한다. 미국 정치가와 학자들이 내놓은 동화 같은 교리문답과는 전혀 다른 의미이다. 덩치 작은 기업가들이 영웅적으로 사업을 일으키고 경쟁적인 자유시장에서 분투한다. 그러는 사이 할 일 없는 정부가 사이드라인에서 온갖 맹추 같은 자유주의 규제책들을 갖고 일자리를 창출해 온 사적 영역을 망치려 든다는 교리. 나는 텔레커뮤니케이션과 미디어라는 실재 세계의 강력한 거대기업들이 인터넷이 제기한 지기 존재 양식에 대한 심각한 도전에 대체 어떻게 응대했는지 되돌아볼 것이다. 공룡들은 어떻게 살아남을 수 있었을까?

인터넷은 가능한 한 가장 많은 돈을 벌려는 자본가들에게 상당 부분 넘어가 버렸다. 이 상황에서 핵심 질문들은 이제 다음과 같은 게 되어 버렸다. '킬러 앱'(killer app)은 무엇인가? 스탠더드오일과 제너럴모터스가 구가하고 있는 위상을 대체할 새로운 기업이 출현할 것인가? 5장에서 나는, 선두를 형성한 새로운 디지털 거대기업들이 어떻게 인터넷뿐 아니라 전체 경제에서 우뚝 설 수 있었는지 들여다보면서 분석을 이어갈 것이다. 이들 새 거대기업 대다수에게 해당되는 핵심 질문은 이러하다. 인터넷을 가능성 있는 시장으로 만드는 자금은 어디에서 나온 것인가? 바로 광고이다. 나는 어떻게 인터넷이 광고에 기반을 둔 미디어로 전환되고 있는지, 그리고 이러한 현실이 전통적 자유주의 및 민주주의의 가치는 차치하고 미디어에 경고하는 바가 과연 무엇인지를 들여다볼 것이다. 상업 시스템을 정초하고 확장하는 데 정부 정책이나 보조금이 맡은 결정적 역할을 계속 전면에 부각시킬 것이다. 미국의 군사 및 국가안보 이해관계들은 어떻게 해서 거대기업들을 만족시키는 방식으로 인터넷을 통제·지배하는 데 점차 두드러진 역할을 맡게 되었는지 논구하면서 이 장의 결론을 내릴 것이다.

나는 반드시 자본주의 자체는 아니더라도 인터넷의 자본주의적인 발전 방식에 반대한다. 나는 존경받는 학자들과 저자들이 내놓은 텔레커뮤니케이션과 저작권, 독점, 미시경제학, 시민적 자유, 프라이버시, 광고 분야의 폭넓은 문헌들을 참고했다. 이 가운데 상당수는 시장경제에 우호적인 것들이라 할 수 있다. 사실 몇몇 비판의 목소리는 자유주의자들과 자칭 보수주의자들이 내놓은 것이다. 내가 의존하고 있는 오늘날의 자료 가운데 상당수는 기업이나 업계 신문, 투자 분석가들로부터 나왔다. 전반적으로 여기서 제기된 비판은 어쩌면 자본주의 시스템 전반에 대한 근본적 의문으로도 이어질 수 있다. 상세한 논의는 7장 결론에서 이어 가도록 하자.

누가 인터넷을 발명했던가

2000년 미국 대통령 선거 캠페인 당시, 민주당 후보이자 현직 부통령이던 앨 고어는 자기가 인터넷을 '발명했다'고 주장했다는 소문 때문에 계속 비웃음을 샀다. "대체 어떤 정부 관료가 마치 자신이 기업가적이고 천재적인 영감을 가진 인터넷과 관계되어 있다고 생각할 수가 있는가?" 하는 식의 상투적인 반응이 쏟아졌다. 공화당 후보인 조지 W. 부시도 고어를 두고 이렇게 비아냥거렸다. "만약에 그가 그렇게 똑똑하다면, 인터넷 주소들은 왜 전부 W로 시작하지?"[1] 고어에 대한 이런 비난은 물론 상당 부분 잘못된 것이었지만, 그럼에도 그 이야기는 당시 시중을 떠도는 일종의 전설이 되어 버렸다.[2] 고어가 실제로 주장한 바는 이랬다. 연방의원으로서 자신이 인터넷으로 발전하게 되는 프로젝트의 후원 자금을 조달하는 데 핵심 역할을 했다는 것이었다.[3] 인터넷의 아버지로 여겨지는 사람도 다음과 같이 고어를 옹호하고 나섰지만 효과는 거의 없었다. "부통령 앨 고어는 상원의원 시절, 향상된 네트워킹의 강력한 후원자로 이름올린 인물 또는 연방의원 가운데 첫 번째 사람이 맞다"고 빈트 서프가 진술했다. "부통령 고어가 인터넷을 '발명'했다고 말하는 건 정확하지 않겠지만, 그는 확실히 인터넷의 지속적 발전과 응용 지원 정책을 이슈화하는 데 상당한 역할을 했다. 이 점에 대해 우리는 그에게 매우 고마워해야 한다."[4]

이 에피소드는, 인터넷의 진짜 역사가 얼마나 빨리 집단 기억상실증 상태에 빠지고 있고 자유시장의 신화로 대체되어 버렸는지를 여실히 보여 준다.[5] 사실 디지털 커뮤니케이션의 모든 영역은 제2차 세계대전 이후 몇 십 년 동안의 정부 보조금과 직접적인 조사 연구에서 기인한 바 크다. 군부와 주요 연구 중심 대학들에 의해 꾸준하게 발전되었다. 민간 부문에 맡겨 놓았더라면 인터넷은 결코 지금과 같은 모습으로 실재하지 못했을 것이다.

많이 회자된 이야기이지만, 몇 가지는 여전히 되풀이할 만한 가치가 있다. (다른 데서 언급한 경제학자 폴 A. 배런과 이름이 같은) 컴퓨터 학자 폴 배런이 1960년대 초반 탈중심적 네트워크에 관한 자신의 구상을 내놓았다. 독점 전화 회사인 AT&T는 당시 배런의 아이디어에 대해 비웃음을 보였다. "그는 커뮤니케이션이 어떻게 작동하는지 전혀 모른다"고 했다.[6] 인터넷은 "개방적이고 디자인 가능한 기술"로 설계되어 있으며, 이를 통해 과학자들은 비위계적인 환경에서 쉽게 기여할 수 있다는 게 배런의 아이디어였다. 이는 팀 우가 '마스터 스위치'라고 이름 붙인, 병목(bottleneck)에 대한 사적 통제의 형식이 수익의 기반이 되는 기업형 텔레커뮤니케이션 폐쇄 시스템과는 전혀 다른 것이었다.[7]

빈트 서프와 로버트 칸의 주도 아래 '아르파넷'(ARPAnet)이 설계되었다. 중립적이거나 전혀 관여하지 않을 정도로 중앙 통제가 없는 시스템이다. 특정 애플리케이션 개발의 힘은 원하는 바대로 참여할 수 있는 다양한 지점의 사람들에게 위임된다.[8] 이런 "탈중심적 통제는 네트워크상의 모든 기기들이 어느 정도 동등하다는 것을 의미했다. 하나의 컴퓨터가 명령을 주도하지 않는다."[9] 이 때문에 초창기 기업들은 인터넷에 별로 관심을 갖지 않았다. 심지어 IBM은 1968년 이 사업이 충분한 수익성을 갖고 있지 않다고 평가하면서, 서브네트(subnet) 컴퓨터를 제공하기 위한 입찰 참여를 거절했다.[10] 1972년 정부는 AT&T가 아르파넷(말하자면 인터넷)에 대한 통제권을 행사할 수 있도록 해주는 유명한 제안을 내놓았다. 그런데도 이 독점 전화 업체는 "수익성이 없을 거라는 이유를 대면서" 제안을 거절했다.[11]

이런 인터넷의 기원은 우리에게 두 가지 중요한 교훈을 준다. 첫 번째로, 인터넷과 같은 혁신을 창출하는 기본적인 연구는 공공재에 해당하며, 사적 영역의 기업들에겐 이를 창출할 인센티브가 거의 없다. 서프의 관측대로, 수익을 내야 할 압박감이 없는 정부 차원의 조사 연구가 "오랫동안 연구 조사를 지속할 능력"을 갖고 있다.[12] 더욱이 기업의 연구 조사 실험실들은 "자신들이 현재 향유하는 경제 지배력을 위협할 근본

기술에 투자하지 않는다."[13] 기업식 사고방식에 따르면 정부의 적합한 역할은 이렇다. 정부가 초창기 대규모 투자를 떠맡고 그 부담까지도 전적으로 짊어진다. 그러다가 만약 수익성 높은 응용 가능성이 입증되면, 그때 상업적 이해 당사자들이 참여해 판돈을 벌어들일 수 있도록 허용해 주기만 하면 된다. 곧 정부의 징세와 규제는 사적 부문의 생산 활동에 대한 방해물일 뿐이라는 노골적 비난으로 이어진다. 이와 달리 정부의 연구 조사 투자가 바람직하고 필요하다는 점을 인정하는 또 다른 접근법도 존재한다. 이 논리는 다음과 같이 이어진다. 초기에 정부가 큰 역할을 도맡은 게 사실이지만, 연구 조사와 개발에 많은 자금을 투자하고 위험이 최고일 때 이를 전적으로 감수한 상업적 이해 당사자들도 있었다. 이들에게 이제는 대중을 위한 인터넷 서비스 제공의 자격이 있다는 주장이다.[14] 1990년대, 민간에게 돌려준다는 그럴듯한 명분을 대고 인터넷은 결국 사적 부문의 손아귀로 넘어가 버린다(공짜로 줘 버린다).

두 번째로, 인터넷의 경험은 1940년대 이후부터 미국에서 기술 개발(그리고 경제 개발)의 돈줄로서 군사 지출이 담당해 온 핵심 역할을 부각시켜 준다. 한 연구 결과에 따르면, 1945년 이후 미국에서 연구 프로젝트를 맡은 교수들 중 3분의 1이 국가안보기관들로부터 갖가지 지원금을 받았다.[15] 네이선 뉴먼은 이렇게 썼다. "고급 기술 산업 분야를 총망라해, 기술 관련 기업들의 성장과 관련된 단 한 가지 압도적인 요인은 바로 군사비 지출의 수준이다."[16] 이는 커뮤니케이션 분야에서 특히 진실에 가깝다. 가령 미국 공군은 1960년대 초 개인 컴퓨터와 마우스의 기초를 제공한 연구 조사를 실시했다.[17] 컴퓨터 디자인의 기본 구조와 시간 공유 미니컴퓨터의 발전 그리고 네트워킹 기술의 대부분도 군사비 지출이나 '막대한 정부 지원'의 결과였다.[18] 인터넷 기업의 CEO이자 구글어스의 창립자 가운데 한 사람인 존 행크의 말처럼, "실리콘밸리의 모든 역사는 군대의 역사와 긴밀하게 연결되어 있다." 구슬어스는 특히, 군부가 "그것이 가능하도록 이용자당 수백만 달러를 기꺼이 지불코자" 하지 않았더라면 존재하지 않았을 것이다. 피터 노왁은 이렇게 쓴다. "이제 우리는 미국의 기술을 미국의 군부와 따로 분리시키는 게 거의 불가능한 지점에 이르렀다."[19] 결코 오래된 역사가 아니다. IT 잡지 《와이어드》(Wired)의 크리스 앤더슨은 2012년 드론 전쟁(drone war)이 커뮤니케이션과 사회에 가져다줄 특별한 잠재적 혜택에 관해 다룬 커버스토리를 썼다. 그는 "이 값싸고 작은 차세대 드론은 근본적으로 날아다니는 스마트폰 군단이다"라고 열광했다.[20] 연구개발 작업에 대한 군부의 지출은, 그것 없는 시스템의 존립을 상상할 수 없을 정도로 미국 자본주의의 핵심 부분을 차지하고 있다.

인터넷에 대한 연방정부의 총 지원액을 정확히 계산해 내는 것은 거의 불가능한 일이다. 뉴아메리카재단(New American Foundation)의 주목받는 정책 전문가 사샤 메인래스가 말한 바대로, 지금까지 연방정부가 인터넷에 지원한 보조금 총액 산출은 "정부 지출을 어떻게 설명하는지에 따라 크게 달라진다. 직접적인 현금 지출만 보면 상당히 소박해 보이는 액수일 것이다. 그렇지만 (국방고등연구프로젝트국, 국립과학재단 등을 통한) 전체 연구 조사 프로젝트 등을 고려한다면 액수는 엄청나게 늘어난다. 만약에 무선 보조금, 예컨대 온라인 구매에 대한 비과세와 같은 세금 혜택까지 포함시킨다면 액수는 수조 달러 수준에 이를 것이다."[21] 메인래스의 이 수치는 "기능 향상을 위해 무료 소프트웨어의 끊임없는 스트림(streem)"을 제공하는 자원봉사자 노동의 상당한 액수조차 포함하지 않은 것이다.[22] 메인래스의 예상치를 보수적으로 받아들이면, 인터넷에 대한 연방정부의 총 투자액은 인플레이션을 고려하더라

도 '맨해튼 프로젝트'에 들어간 총비용보다 적어도 열 배는 많은 액수이다.[23)]

투자의 효율성을 따지지 않는 공적 보조금만이 문제는 아니다. 공적 윤리의 문제도 중요하다. 초창기의 인터넷은 상업적이지 않았을 뿐 아니라 오히려 반상업적이었다. 1960~1970년대 세대의 많은 사람들은 컴퓨터를 경쟁과 수익이 아닌 인류 평등주의와 협력의 선구자로 간주했다. 애플의 스티브 워즈니액은 자신이 속해 있던 1970년대 컴퓨터 클럽의 모든 사람들이 "컴퓨터를 인류에 대한 일종의 혜택(사회 정의로 이끌어 줄 도구)로 구상했었다"고 회고한다.[24)] 1970년대 초 칠레의 살바도르 아옌데 사회민주주의 정부는 컴퓨터 작업에 상당한 자원을 집중시켰다. 컴퓨터가 자본주의의 불의나 비합리성 같은 게 없는 효율적 경제를 제공할 수 있다는 믿음에서 비롯된 선택이었다.[25)] 1970~1980년대에 이르러, 인터넷 커뮤니티를 형성했던 컴퓨터 전문가들과 연구자들은 "네트워크 사용 방식과 관련해 거의 제한을 두지 않고 개방되며 위계가 없는 문화를 의도적으로 계발했다."[26)] 레베카 매키넌은 이에 대해, 향후 모든 비상업적 활용의 기초를 이룰 '디지털 커먼스'(digital commons)라는 이름을 붙였다.[27)] 한편 이 시기에 출현한 해커 문화는 보편적 무료 정보에 대한 믿음, 집중된 권위와 비밀주의에 대한 적대감, 그리고 학습과 지식의 기쁨을 신조로 삼았다.[28)]

디지털 상업주의

광고와 상업주의만큼 인터넷 공동체를 분노시킨 것은 없었다. 1990년 초반까지만 해도, 인터넷의 선구자 격이던 미국과학재단네트워크

(NSFNet)는 명백히 비상업적인 용도로 네트워크를 제한해 놓고 있었다. 1994년 4월, 상당히 주목을 끈 첫 상업 이메일 메시지가 비상업적 인터넷 문화를 마음으로 받아들이고 있던 광대한 유즈넷(Usenet) 시스템의 모든 보드(board)들에게 발송되었다. 수많은 유즈넷 이용자들 사이에 곧바로 불같은 분노가 일어났다. 이용자들은 "이런 행위는 반복되어서는 안 된다" "물건을 팔려는 메시지는 없어 버려야 한다"는 등의 요구를 담은 모욕적인 메시지를 쏟아내면서, 광고주의 받는 편지함(inbox)을 차단시켜 버렸다.[29] 인터넷 이용자들의 이러한 자체 치안 행위는 상업주의와 정직하고 민주적인 공적 영역은 서로 혼재할 수 없다는 믿음에 기반을 두고 있었다. 광고는 이미 매스미디어에서 포화 상태에 이르러 있었다. 이보다 더 많은 광고를 상상할 수가 없을 정도였다. 인터넷은 끝없이 매출을 올리려는 시끄러운 소음들로부터 시민들이 피난처를 구할 수 있는, 그런 곳으로 남아 있어야 한다는 믿음이었다.

디지털 상업주의에 대한 이러한 비판적인 여론을 업계도 잘 알고 있었다. 1993년 업계 출판물인 《애드버타이징에이지》는 인터넷이 어떻게 "광고를 경멸하는" 문화에 갇혀 버렸는지 곤혹스러워했다.[30] 기업 경영자들은 웹을 이용하려는 자신의 노력이 상업화된 인터넷을 '광고의 지옥'으로 폄하하는 "학계 인사와 지식인들로 북적이는 사이버스페이스 커뮤니티"로부터 불같은 비난에 직면할 것이라고 우려했다.[31] 1998년까지도, 구글 공동 설립자인 레리 페이지와 세르게이 브린은 자신들의 검색 엔진이 광고의 재정 지원을 받아야 한다는 발상에 부정적이었다. "광고가 지원되면 검색 엔진은 광고주 편향적으로 바뀌게 되고, 그렇게 되면 소비자가 필요로 하는 모습에서 멀어질 것으로 예상된다. …… 검색 엔진이 더욱 향상될수록, 소비자가 자신이 원하는 바를 찾는 데 더 적은 광고가 필요하게 될 것이다."[32] 뉴욕의 광고 중심지인 매디슨애비

뉴도 심각한 우려를 표했다. 인터넷이 광고를 더 이상 관계없는 낡은 걸로 만들어 버릴 수도 있다는 예상이 나올 정도였다.

인터넷이 성장함에 따라, 그것을 갖고 어떻게 돈 벌 수 있을지 예의 주시해 온 상업적 이해 당사자들의 관심도 크게 높아진다. 첫 번째 작은 전투는 아마 이메일 문제에서 시작되었을 것이다. 1972년 한 해커가 파일 전송 프로토콜에 편승(piggyback)하면서 유발된 사태였다. 아르파넷의 도움을 받아, 이메일은 다른 모든 형태의 컴퓨터 자원 공유 방식을 순식간에 능가해 버렸다.[33] 최초의 '킬러 앱'인 셈이었다. 한편, 1970년대 말에 이르러 미국우편국은 자신이 주도하는 전자메일 서비스의 창설을 제안했다. 우선 관심을 표한 업계의 고객들에게, 그리고 시스템이 발전한 후에는 여타 고객들에게 서비스를 상용화하겠다는 계획이었다. 당시 우편제도 분석가들은 "우체국이 살아남으려면 전자메일 시스템에 서둘러 참여해야 한다"고 주장했다. 아마도 10년 전쯤이었다면 계획은 관철될 수 있었을 것이다. 하지만 당시는 레이건 행정부 시절이었고, 결국 AT&T 등 관련 업계가 반대하면서 제안은 쉽게 폐기되고 만다.[34] 만약 우체국의 이메일 프로젝트가 성공을 거두었더라면, 인터넷은 사실상의 비영리 공적 서비스 매체로서 완전히 다른 궤적을 띠게 되었을 것이다.[35] 1982년에 빈트 서프는 정부의 직책을 떠나 텔레커뮤니케이션 회사인 MCI에서 일하게 된다. 그곳에서 그는 최초의 상업 이메일 시스템을 만들어 낸다. 1989년, MCI 이메일 시스템이 인터넷에 공식적으로 추가되면서 상업 인터넷의 시대가 마침내 개막된다.[36]

인터넷의 또 다른 상업적 응용 형태는, 아메리카온라인(AOL, America Online), 컴퓨서비스(Compu-Service), 포로디지(Pordigy)와 같은 민간 네트워크의 급증이었다. 서비스가 콘텐츠를 장악하는 곳에서 이른바 '담벼락 쳐진 정원들'을 제공하는 온라인 컴퓨터 서비스의 물결이었다.

이들 서비스는 단기간의 성공을 구가했는데, 1990년대 월드와이드웹이 출현해 이들 유료 서비스가 제공하던 것보다 훨씬 더 많은 콘텐츠를 무료로 제공하면서 모두 망해 버린다.[37] AOL은 1990년대 후반 브로드밴드 이전 시기에, 담벼락 쳐진 시스템 대신에 다이얼 호출 인터넷 접속 서비스를 제공하면서 겨우 살아남아 번창할 수 있었다.

이 시기 인터넷 커뮤니티의 가장 큰 관심사는 특허의 성장, 그리고 상업적 이해 당사자들 간 한때 모두에게 공개되어 있고 무료이던 것들의 사유화 노력으로 모였다. 그리고 이렇게 상업적 이해관계들이 점차 인터넷에 많은 관심을 표하면서, 제임스 쿠란이 기록하고 있듯이, 1980년대 오픈 소프트웨어 운동을 주도한 리처드 스톨먼과 리누스 토발즈 같은 '컴퓨터 괴짜들의 반란'이 뒤따랐다.[38] 오늘날 인터넷에 존재하는 비상업적인 제도의 상당 부분이 이 운동의 소산이라 할 수 있다. 팀 버너스리가 1990년 월드와이드웹을 창안했을 때, 특허를 내거나 요금을 요구하는 것은 "생각할 수 없는 일"이라고 말했다. 이런 입장은 곧 바뀌게 된다. 1990년대 시장이 폭발적으로 확대되면서 특허권도 덩달아 폭증한다. 연구 조사의 인센티브로서가 아니라 불필요하고 위험한 독점 상황을 만들어 내기 위한 특허권 남용이, 버너스리의 말대로, "매우 심각한 문제"로 떠올랐다. 1999년쯤 그는 인터넷이 "기술적인 꿈과 법적인 악몽 가운데" 어떤 모습을 띨지 궁금하다는 생각을 공개적으로 표명했다.[39]

1990년대에 이르러, 인터넷은 공적 서비스가 아니라 독특하고 탁월한 자본주의의 한 부문으로 그 모습을 바꾼다. 그리고 1994~1995년에 정식으로 사유화되고 만다. 미국과학재단네트워크가 인터넷의 중추를 사적 부문에 넘기면서이다. 그 뒤로 시장의 여러 세력들이 인터넷의 진로를 좌지우지하게 된다. 이러한 변화는 정부와 사적 부문 사이 6

년에 걸친 고위급 비밀 협상의 결과였다. 1930년대 라디오 방송의 출현을 둘러싼 정치적 논쟁이나 19세기 후반 웨스턴유니언의 전신 독점에 대한 일반의 반대에 견주어 볼 때, 인터넷 사유화 및 상업화가 과연 적절한지 그리고 그 함의는 무엇인지에 관한 대중적 논의는 거의 찾아보기 힘들었다. 언론 매체의 보도가 거의 없었으며, 일반 대중들은 대체 무슨 일이 벌어지는지 파악할 수가 없었다. 미디어 감시 단체인 '검열 프로젝트'(Project Censored)는 인터넷 사유화를 1995년에 네 번째로 검열이 많이 된 기사로 꼽았다. 가장 검열을 심하게 받은 기사는, 결국 1996년의 '텔레커뮤니케이션법'으로 귀결되고 만 미디어 정책 논의에 관한 것이었다.[40)]

어째서 조직적이고 지속적인 반대는 없었던 것일까? 사실상 인터넷을 추동시켰으며 1995년 이전까지만 해도 가장 매력적인 방식으로 받아들여지던 비상업주의적 원리에 비춰볼 때, 저항이 없었다는 사실은 놀랄 만하다. 내 생각에는, 인터넷 사유화의 반대 없는 승리를 설명해 주는 네 가지 결정적 요인이 있다.

첫 번째 요인과 관련해서는, 3장에서 강조한 내용이 여기서 다시 등장한다. 1990년대에 걸쳐 (그리고 그 이후의) 정책 결정 과정은 거대기업과 그 단체들에게 사실상 장악된 상태였다. 정부가 새로운 커뮤니케이션 기술을 개발하고 그 기술이 수익을 낼 때쯤 되면 자본가들이 넘겨받는 일정한 패턴이 자리 잡는다. 어떤 (일반적으로는 사소한) 공익 의무조항이 이 선물에 첨부될지를 두고서는 거의 논의가 이루어지지 않는다. 언론 매체의 보도는 업계의 신문으로 한정된다. 그리하여 일반 대중들은 어떤 입장을 취하는 게 옳을지 제대로 판단조차 하지 못한다. 양당 정치인들은 기본적으로 워싱턴 DC나 주정부를 장악하고 있는 막강한 기업들과 우호적 관계 속에서 이익을 구하기에 바쁘다. 이런 구조

탓에 모든 혜택은 거의 변함없이 사적인 이해 당사자들의 몫으로 돌아간다. 인터넷은 분명 수많은 슈퍼파워 기업과 산업의 존재를 위협하는 도전이었다. 동시에 인터넷은 그들에게 거의 상상할 수 없는 번영의 약속이기도 했다. 기존의 기업과 업계는 인류의 정의를 위해 그냥 조용히 사라지지 않을 것이다. 민주주의의 고양과 경제 발전, 삶의 질 향상을 위한 최선의 디지털 기술 운용 방식은 무엇인지에 관한 공평하고 폭넓은 공적 토론도 쉽게 허락하지 않을 것이다.

두 번째 중요한 요인은, 인터넷의 특성을 결정할 어떤 단일한 정책 기조나 일관된 정책이 존재하지 않았다는 점이다. 1994~1995년 무렵의 사유화가 지닌 함의가 전혀 분명하지 않았다. 인터넷을 2013년 수준으로 발전시키기 위해서는 수많은 결정적 정책 변화와 기술 진화가 필요했다. 하지만 그 어떤 것도 1990년대에는 찾아보기 어려웠다. 발전 방향과 관련해 역할을 담당할 수많은 제도와 산업, 정부 기관들이 존재했지만, 그 어느 것도 절대적으로 전능하지 않았다. 인터넷의 핸들을 잡는다는 게 매우 힘든 일이었다. 인터넷이 빅 브라더(Big Brother)나 루퍼트 머독에게 인수될 수 있다는 염려는 찾아보기 힘들었다. 공익을 보호하고 기업의 온라인 지배를 막기 위해 무얼 해야 할지 고민하는 활동가들 사이에서도, 어떤 정책이 효력이 있을지 감 잡기란 몹시 힘든 일이었다. 만약 그때가 일종의 결정적 국면 중 하나였다면(1990년대 상당수 사람들이 실제로 그렇게 생각했는데), 이슈와 대안이 무엇인지조차 전혀 명료하지 않았다. 모든 사람이 '자신이 할 수 있는' 일을 찾아낼 정도로 디지털 영역에는 충분한 공간이 존재하기에, 상업적이거나 비상업적인 이용자들이 쉽게 공생할 수 있을 것처럼 보였다. 단 한 가지 분명한 정책 관심사는, 인터넷상의 표현에 대한 정부의 노골적인 검열을 막아 내는 일이었다. 1996년의 커뮤니케이션품위법(Communications Decency Act of 1996)에 관해서는 다행히도 거의 즉각적으로 위헌이라는 판결이 내려졌다.

기업들이 무엇을 도모하던지 그걸 피해갈 수 있다고 생각한 해커들의 자만도 하나의 요인으로 작용했다. 이들은 기술의 혁명적인 특성이 시장의 독점 세력을 이겨 낼 것이라고 오판했다. 이것이, 스튜어트 브랜드와 존 페리 발로, 에스터 다이슨 같은 인터넷을 받아들인 반문화주의 유명 인사들, 그리고 조지 길더나 뉴트 깅리치 같은 자유시장 이데올로그 및 기술열광주의자들이 1990년대 일종의 연대를 형성한 이유였다.[41)]

세 번째로는 기업이 지배하는 정치적 조건 탓이기도하다. 1990년대의 정치 문화는 친자본주의 정서가 최고조로 고양된 상태였다. 공적 서비스나 규제의 정신이 가장 침체된 시기에 가까웠다. 공공재와 공익성 규제 따위는 비웃음을 사지는 않더라도 의심스러운 것으로 간주되었다. 흔히 신자유주의로 알려지게 될 흐름이 상승세를 타고 있었으며, '자유시장'과 관련된 화려한 찬사들이 마구 쏟아지던 시기에 디지털 혁명이 폭발한 셈이다. 기술혁명의 역동성은 기업이 장악하고 있던 권력에 도덕적인 청렴함과 미덕, 공적 서비스라는 윤기를 더해 주었다. '기업들은 수익 창출이 가능한 모든 분야를 발전시킬 수 있도록 항시 허용되어야 한다. 이게 경제를 위한 자원의 가장 효율적인 활용 방식이다.' 이런 생각이 핵심적인 견해로 자리 잡았다.[42)] 디지털 기술은 독과점 산업에 대한 규제의 필요성이라는 입장을 뿌리에서부터 뒤흔들었다. 결국 자유시장이라는 주문에 엄청난 에너지를 불어넣었다. 신기술이 새로운 경쟁을 창출할 것이니, 시장이 마법을 부릴 수 있도록 그냥 내버려 두면 된다는 주장이 메아리쳤다.

이에 반하는 모든 아이디어가 좌파적인 것이라는 의심을 받았다. 민주당은 자유 기업과 새롭게 언약을 맺으면서 '리버럴'이라는 어구로부터 전속력으로 빠져나가고 있었다. 어차피 민주당을 지지하는 유권자들은 공화당에게 표를 던지지 않을 것이기에, 어떤 비난에 대한 두려움도 없이 그렇게 할 수 있었다. 클린턴 대통령은 "거대 정부의 시대는 끝났다"고 선언했다. 자본주의 팽창에 걸림돌이 되는 것은 모두 경제적으로 나쁜 것, 자유시장이라는 경쟁 세계의 규준을 따르지 않는 것으로 간주된다. 정부의 규제를 요청하고 부패한 관료들로부터 보호막을 구하는, 게으른 '특수 이해' 집단의 이데올로기적인 주장으로 취급되었다.[43] 이런 신조는 경제에서의 탈규제와 더불어 한때 공적 영역의 활동에 해당하던 많은 것들의 사유화 추세로 이어졌다. 클린턴 행정부와 공화당 정치인들은 인터넷에 관한 한 완전히 같은 생각이었다. 클린턴과 고어가 1997년 《글로벌 전자 상업의 구조》(Framework for Global Electronic Commerce)에서 설파했듯이, "사적 부문이 주도해야 한다"는 게 첫 번째 원칙이었다. 미국 인터넷 전자 상업을 "전 세계적 기반 위에서 촉진시켜야 할 것이다." 이 시기에 대한 매슈 크레인의 선구적인 박사 논문은, 클린턴 행정부가 인터넷 관련 모든 정책 사안들에 관해 어떻게 사적 부문과 광범위하고 은밀하게 그리고 조화롭게 협업했는지를 잘 보여 주고 있다. 프라이버시와 광고에 대한 공익의 가치에 기반을 둔 초창기의 우려들은 크게 중요하지 않은 것으로 취급되고 만다. 논쟁적 이슈가 등장할 때마다 업계 내부의 자율 규제가 해결책으로 선호된다.[44]

공익성에 대한 최후의 일격은 상징적이게도 1996년의 텔레커뮤니케이션법과 함께 다가왔다. 이 법안은 인터넷을 단지 간접적으로만 다루고 있었다. 지역의 벨(Bell) 독점 회사들('베이비 벨')과 장거리전화 서비스 제공업자들 사이에 벌어진 영역 분쟁 탓이 컸다. 프리프레스의 데릭 터너는 이렇게 주장한다. 실제로 주의 깊게 읽어 보면, 이 법안은 디지털 영토 내부에 보다 많은 경쟁을 일으키고 공익을 증진시킬 몇 가지 조치를 포함하고 있음이 드러난다. 불행한 사실은 의회가 이런 지점들에 대한 진보적 정책 결정의 가능성을 포기해 버렸다는 것이다. 그리하여 의미 있는 공적 개입의 가능성까지 종식시켜 버린 데 있다. 기업들이 집요하게 문제를 제기하면서, 법안이 포함하는 공익 조항들을 둘러싼 끝없는 법정 시비로 논의가 변질되어 버렸다. 어둠의 시대, 인터넷을 활용하고자 염원하는 거대기업의 이해관계에 봉사하는 데 그 어떤 양심의 가책도 느끼지 않던 연방통신위원회(FCC)에 모든 문제가 떠맡겨졌다. 터너는 이렇게 쓰고 있다. "강력한 미디어 및 텔레커뮤니케이션 거대기업들과 이들이 엄청나게 돈을 댄 로비스트 부대가 1996년 법안의 잉크가 채 마르기도 전에 새로운 법이 창출코자 한 경쟁을 방해하고 훼손하기 위해 작업에 들어갔다. 21세기가 시작될 무렵, 법정에서 뒤집을 수 없었던 사항들은 사실상 로비스트들의 주도 아래 인력이 파송되어 근무하다시피 한 FCC를 통해 사실상 무력화될 것이다."[45)]

1996년에 공표된 텔레커뮤니케이션법은 다음과 같은 믿음을 전제로 깔고 있었다. 인터넷이 새로 발전한 상태에서, 집중화된 시장 내 텔레커뮤니케이션 및 미디어의 '자연스러운 독점'에 관한 기존의 우려는 이제 다시 논의에 붙여야 한다는 것이다. 인터넷이 경쟁을 다시금 크게 활성화시켜 놓았기 때문에, 규제는 더 이상 정당성이 없다는 생각이다. 이 같은 선전은 매우 조직적으로 이루어졌다. 인터넷이 거대기업들 사이에 더 심한 경쟁을 가져오고 그리하여 줄어든 이익의 문제를 초래할 텐데, 대체 왜 이들은 탈규제를 위해 그토록 로비를 펼치는지 모두가 의아해할 정도였다.

탈규제와 관련해 가장 대표적인 거짓말은, 정부는 그냥 가만히 있으면서 시장 경쟁이 마술을 부릴 수 있도록 해주기만 하면 된다는 주장이다. 실제는 그 반대이다. 전화와 케이블·위성 TV, 방송, 영화, 음반 산업을 포함하여 커뮤니케이션의 모든 시장이 정부에 의해 창조되고 결정적으로 형성되었다. 정부의 독점 면허권이나 특권에 기반을 두고 있었다. 정부와 정책 결정의 도움을 빼놓고는 탈규제의 실체를 결코 제대로 이해할 수 없다. 모든 주요 영역에서 정부가 핵심 역할을 떠맡는다. 탈규제가 한 것이라고는 공익에 바탕을 둔 정부 활동이라는 아이디어를 없애버리거나 심각하게 약화시키는 것뿐이었다. 정부 규제의 핵심은 한마디로 기업이 이익을 극대화시킬 수 있도록 도움 주는 게 되어 버렸다. 이게 바로 새로운 공익 개념이다. 커뮤니케이션 분야에서 탈규제란 사실상 "가장 규모가 큰 기업들의 이익에 기여하기 위한 재규제"에 다름 아니다. "만약 현재의 경향성이 전반적으로 중단되지 않는다면, 사이버스페이스의 이용자 기여도는 수익을 추구하는 기업들에 의해 좌지우지되고 말 것이다." 1999년 댄 실러가 지적한 이 말은 통찰력이 돋보인다.[46] 기업들이 가장 수익이 높은 활용법을 모색할 수 있도록 허용해준 다음 그러한 활동의 지원책을 마련하는 것, 이게 현실에서 벌어지는 공적 규제의 진면목이다.

극소수 기업들을 위한 이런 뻔뻔스러운 뚜쟁이 짓거리에 반대하는 목소리와, 심지어는 논의조차 가로막는 네 번째 요소가 존재한다. 1990년대 후반의 인터넷 거품은 사이버스페이스의 상업적 발전을 증진시키는 정책들을 적절하고도 탁월한 것처럼 돋보이게 만들었다. 1990년대 초 모두를 힘들게 했던 경기 침체와 1987년의 공포스런 파산 위기 이후, 인터넷이 불러일으킨 '신경제'(New Economy)는 마치 자본주의 성장 문제의 해결사라도 되는 양 주목을 끌었다. 1990년대 후반은 그런 점에서 가히 현기증 나는 순간이었다. 미국의 뉴스 미디어들은 이른바 이 행복한 커플에 대한 열광을 거의 주체할 수가 없을 정도로 내놓았다. 자본주의와 인터넷이 환상의 커플처럼 그려졌다.[47] 새로 출현한 CEO들은 시대를 정복한 영웅이자 혜안을 갖춘 사람들로 묘사되었다. 세계 역사를 바꾼 천재들이자 행동하는 인간이었다. 충분히 보상받을 만한 존재였다. "이 모든 걸 이토록 잘 해결할 정도로 스마트하다면, 나는 빌 게이츠가 500억 달러를 벌 자격은 충분하다고 생각한다." 하버드대학의 헨리 루이스 게이츠 2세가 1998년에 이렇게 말했다.[48] 앨 고어는 대체 자신이 이런 거물들을 배출하는 데 얼마간 기여했다는 생각을 어디에서 갖고 온 것일까?

이렇듯 정책 경쟁에서는 자본이 결정적인 승리를 거두었다. 하지만 동시에 중요한 것은, 인민이 인터넷을 자신이 원하는 바대로 활용할 수 있는 여지가 남아 있다는 사실이다. 이런 점에서 인터넷 시스템은 소수 상업적 이해관계에 따라 독점처럼 넘어가 버린 라디오 방송과는 다르다. 요차이 벤클러가 그 수를 수천에 이를 것이라고 평가한 비영리적이고 비상업적인 인터넷 사이트, 무료이거나 공개된 소프트웨어와 애플리케이션의 엄청난 폭발이 있었다. 수많은 사람들이 인터넷을 통해 체험하는 디지털 영역의 핵심 일부이다.[49] 위키피디아는 가장 놀라운 사례로 꼽힌다. 존 노턴이 설명한 바와 같이, 아마추어들은 "세계가 지금까지 만들어 낸 것 가운데 실로 가장 대단한 참고 자료를 만들어 냈다."[50] '위키피디아' 설립자인 지미 웨일스는 처음부터 상업적이었다면 신뢰를 얻거나 성공할 수 없었을 거라고 보았다. '위키피디아'는 지금까지도 광고에 관한 한 네트의 풋내기 시절을 떠올리게 하는 그런 입장을 고수하고 있다.[51]

가장 좋게 봐 줄때, 이런 비상업적 사업들은 기술의 장점 및 잠재력에 관해 인터넷 예찬론자들의 주장을 상기시킨다.[52] 그리고 이와 같은 발전 양상에서 가장 두드러진 것은, 지배적 위치의 상업적 사업자들과 함께 할 수 있는 틈새를 찾아낸 점이다. 레베카 매키넌의 말처럼, "오픈 소스 소프트웨어는 근원적으로 반기업적인 게 아니었다." 구글 같은 수많은 거대기업들이 도움이 필요한 데서 이 소프트웨어를 이용한다.[53] 뉴아메리카재단의 제임스 로시는 이렇게 말한다. "애플이 컴퓨터 운영체계 '오에스 텐'(OS X)을 유닉스(Unix) 상에서 구현한 것처럼, 많은 기업들이 오픈소스에 기반을 두고 있었다."[54] 시바 바이드야나탄이 지적하듯이 구글과 위키피디아는 강력한 시너지 관계를 맺고 있다. 위키피디아는 대부분의 구글 검색에서 거의 톱을 차지한다. 그리하여 "다른 어떤 참고 소스가 위키피디아를 정상의 위치에서 내쫓는 일이 거의 불가능해져 버렸다."[55] 비상업적 부문들은 상업적 기업들에게도 매우 중요하다. 상업화된 인터넷은 수십억 부자들을 위한 디지털 ATM 기계 이상의 뭔가라는 정통성을 이들 부문이 부여하기 때문이다. 2012년 페이스북의 기업공개를 준비하면서, 마크 주커버그는 잠재적 투자자들에게 이렇게 말했다. 페이스북은 "원래 기업이 되기 위해서 만들어진 게 아니었다." "페이스북은 좀 더 개방되고 상호 연결된 세계를 만든다는 사회적 사명을 성취하기 위해 만들어졌다"는 말이다.[56]

ISP, 독점에서 카르텔로

인터넷의 위협을 가장 직접적으로 받은 두 가지 산업은 전화와 케이블 TV 산업이었다. 여러 세대에 걸쳐 거대 전화회사들과 (그 보다는 좀 덜 하지만) 케이블 TV 기업들은 정부의 독점 허가권을 통해 엄청난 규모의 간접적 정부 보조금 수혜자로 존재해 왔다. 이들 대부분이 지역 독점체로서 운용되었다. 소비자들 사이에 평판이 좋지 않은 경우가 많았기에 미국의 대표적인 로비 세력이 되어야 했다. 그들의 생존이 바로 정부의 허가와 지원에 달려 있었던 것이다.

이들 산업에는 디지털 혁명에서 살아남는 일이 대단한 도전이었다. 인터넷이 모든 유형의 음성 커뮤니케이션과 시청각 오락물들을 거의 무료로 제공하는 것은 시간문제처럼 보였다. 그렇게 되면 기존의 산업은 필요 없게 되거나 그 규모가 크게 줄어들 것이다. 수익도 한층 낮아질 터였다. 이들은 워싱턴뿐 아니라 주와 시 지자체 정부를 상대로 한 타의 추종을 불허하는 정치적 압력을 통해 이 도전을 헤치고 나갈 수 있었다. 사실 이들에게는 행사할 수 있는 커다란 힘이 있었다. 다름 아닌 정부가 조성해 준 독점 시스템 덕택에 갖추게 된 전선 망에 대한 지배력이었다. 좀 더 정교한 무선 시스템이 구축되기 전까지는 인터넷 접속을 위해 필요한 설비였다. 전화 회사들은 자신이 소유한 전선을 인터넷 전송에 대여해 주었다. 케이블 회사들도 곧 따라오겠지만, 1990년대에 이들은 망이 자신들의 미래임을 확신한다. 수익성 높은 미래라는 사실을 절감한다. 보장된 미래를 위해서는 우선 얻어 내야 할 중대한 정치적 승리가 남아 있었는데, 과연 이들이 쟁취할 수 있을지는 결코 확실하지 않았다.

이들 기업에 대한 첫 번째 위협은, 1996년 텔레커뮤니케이션법에 명시된 소유권의 탈규제가 촉발시킬 새로운 경쟁의 현실이었다. 1990년대 중반 미국에는 대략 12개의 메이저 전화 회사들이 있었다. 이 가운데 몇 개사는 장거리 전화 회사였고, 7개사는 1984년에 AT&T에서 분리된 지역 전화 독점업체들이었다. 여기에 덧붙여 8개사 정도의 메이저 케이블 TV와 위성TV 회사가 있었다. 케이블 TV 공급업자들은 저마다 자신이 사업을 운영하는 지역에 대한 독점 면허권을 갖고 있었다. 위성

TV 기업들도 저마다 전자 주파수 일부에 대한 독점권을 보유하고 있었다. 이론상으로는 디지털 커뮤니케이션의 시대가 출현하면서 이 모든 기업들이 자신의 독점적 경계를 넘어 서로 경쟁을 펼쳐야 했다. 전화와 케이블, 위성 TV 회사들이 자신의 비즈니스 영역 확보를 위해 서로 경합을 펼칠 것이다. 다양한 선수들이 경기장에 새로 들어올 게 확실해지면서, 공식적인 독점 면허권 기한이 끝나고 디지털 황금 광산의 시대가 가시권에 들어오는 듯했다. 텔레커뮤니케이션과 케이블 위성 TV 시장은 새로운 경쟁자들의 습격을 받는 듯했다. 이를 연상시켜 주기 위해 서부의 황야 같은 인터넷이라는 이미지까지 빌려 오기도 했다. "모두가 모두를 상대로 펼치는 홉스식 투쟁"이라고 팀 우가 이름 붙인 '무한 경쟁'의 원칙이 강조되었다.[57]

전화 및 케이블 거대기업들은 1990년대 강력히 대두된 업계의 '탈규제' 과정을 받아들이고 궁극적으로는 이를 지원했다. 탈규제가 강력한 새 경쟁자들의 등장을 초래할 것이라고 기대했기 때문이 아니었다. 오히려 자신들의 덩치를 더욱 키우고 더 많은 독점력을 가져다줄 거라고 기대했기 때문이다.[58] 기존의 전화 및 케이블 독점 회사들이 자신이 소유한 전선을 이용해 지역 시장에서 상호 경쟁할 수 있도록 해줄 거라는 게, 탈규제를 변호하는 그들의 입장이었다. 물론 비관론도 있었다. 그 반대급부로 합병에 대한 제약이 느슨해질 것이며, 난감한 처지의 거대기업들은 경쟁력 있는 아마겟돈의 출현에 대비해 허리를 졸라매지 않을 수 없을 것이다.

이 모든 건 한마디로 난센스였다. 기존의 강력한 업자들은 새롭고 심각한 경쟁자가 출현하지 못하도록 할 상업적이고 정치적인 독점력을 충분히 갖추고 있었다. 예를 들어 텍사스에서는 SBC(뒷날 AT&T를 재건한 베이비 벨사)가 181명의 의원을 상대할 거의 1백 명에 가까운 등록 로비스트들과 계약을 맺고 있었다. 놀랄 것도 아니지만, 텍사스 주는 신참 기업인 SBC가 확보한 전화 독점에 대한 그 어떤 도전도 사실상 불가능하게 만든 법안들을 통과시켰다.[59)]

지배적인 위치에 있던 플레이어들은 대부분 신참 기업들과 잘 어울리지 않는 게 이익이 된다는 사실을 정확히 간파하고 있었다. 시장에 새로 진입하고자 하는 회사들은 내부로 진입하는 데 엄청난 자본이 들어간다는 점을 깨닫게 된다. 결국에는 일련의 대규모 합병을 통해 전화 및 케이블 기업의 수는 여섯 개에서 열 개 정도로 줄어든다. 1990년대 중반에 비해 절반에 불과한 숫자이다. AT&T와 버라이즌(Verizon), 컴캐스트(Comcast)가 더욱 확고한 지배적 위치를 점한 훨씬 더 수익성 높은 법인체로 출현하게 된다.

공익성의 차원에서 따져 보면 탈규제는 최악의 결과를 불러왔다. 규제가 더욱 줄어든 상태에서, 더 적은 수의 거대기업들만 살아남게 된다. 물론 이런 결과를 빚어내기 위해 기업들이 워싱턴과 주정부를 상대로 펼친 로비는 올림피아 산 높이에 이르렀을 것이다.[60)] 로비를 받은 정치인들은 경쟁력 증대라는 이야기를 더 이상 하지 않게 되었다. 팀 우가 적고 있듯이, 조지 부시 정부는 "반드시 어느 정도 경쟁자들이 존재해야 하는 게 경쟁의 뜻은 아니라는 데 슬그머니 동의를 표했다."[61)] 독점업자들은 정실 자본주의를 위해 양육된 아이들에 다름없었다. 이런 자본주의를 시장주의자들은 이론적으로는 경멸할지 모르지만 실제로는 한 목소리로 옹호한다. 적어도 정치권력과 가까이 있을 때는 그러하다.

독점 권력을 증대시키고 경쟁의 위협을 진압하는 작업이 순조롭게 잘 이루어진다. 그렇다고 인터넷에서 비롯된 문제가 모두 해결된 것은 아니었다. 전화 회사들은 1990년대 후반에 인터넷 접속의 주요 망을 제공하고 있었는데, FCC는 이들이 모두 '공공전송'(common carriage)

규정을 준수하라는 요구 사항을 내놓았다. 숫자가 줄어든 베이비 벨사들은, 차별 없는 가격으로 이용할 수 있도록 여타 모든 인터넷 서비스 공급업자(ISP)들에게도 자기 망에 대한 개방된 접속을 허용해야 한다는 규정이다. 이는 결과적으로 ISP의 수적 폭발로 이어졌고 상당히 경쟁적인 시장이 만들어 냈다. 그중에서도 특히 AOL은 1990년대 후반에 정상의 자리에 올랐다. 전화 회사들은 이 규제를 끔찍이 싫어했다. 법원과 규제 시스템을 통해 규제 폐기를 위한 압박을 가했다. 그리고 마침내 자신의 네트워크를 ISP의 목적으로 사용할 수 있는 배타적 권리를 확보할 수 있게 되었다.[62] 그렇지 않았더라면, 특히 전화가 인터넷 프로토콜로 전환되는 상황에서 다른 업자들이 자신의 파이프를 이용해 부자가 될 수 있도록 대여해 줘야 하는 우울하고 바보 같은 미래를 맞이할 뻔 했다.

21세기에 들어서, 브로드밴드 인터넷 접속 제공을 위해 더 많은 케이블 회사들이 온라인으로 옮겨 왔다. 케이블 회사들도 초기에는 전화 회사처럼 공공전송 조항을 준수해야 했다. 그러다가 2002년에 토론이나 공청회를 거치지 않고 뉴스 미디어의 보도도 거의 이루어지지 않은 상태에서, 부시 행정부 아래 FCC는 케이블 모뎀을 텔레커뮤니케이션 서비스가 아닌 정보 서비스로 재빨리 재분류해 버린다. 민주당의 마이클 콥스가 유일하게 반대표를 던진 상황에서, 철저하게 당리당략을 쫓은 결정이었다.[63] 이러한 변화를 통해 결국 케이블은 공공전송 규정을 피해갈 수 있게 된다. 케이블 회사 하나가 망을 이용할 유일한 ISP가 될 수 있게 된 것이다. 2005년의 NCTA 대 브랜드 엑스(Brand X)의 판결에서, 연방 대법원도 FCC의 결정에 반드시 동의를 표하지 않는다. 그러면서도 FCC가 그렇게 재분류를 할 헌법적 권리는 갖고 있다며 손을 들어 주었다. 얼마 지나지 않아 FCC는 전화 회사들의 인터넷 접속 서비스를 실제로 정보 서비스로 재분류한다. 그리고 이에 따라 전화 회사들은 개가식(open-access) 요구 사항을 피해 갈 수 있게 되었다. 그 즈음에 이르러 독립적 ISP의 50퍼센트 정도는 2000년 이후 이미 문을 닫은 상태였다. 나머지 대다수도 곧 비슷한 길을 가게 될 터였다. 이에 관한 선구적 연구 결과가 보여 주고 있듯이, "미국 내 브로드밴드 경쟁이 완전히 무너졌다."[64] FCC가 2002년의 결정을 번복토록 하고 케이블과 전화 기반 브로드밴드를 텔레커뮤니케이션 서비스 분류 항목으로 되돌려 놓는 게, 향후의 핵심적인 정책 과제로 자리 잡게 된다

앞선 재분류는 소수 텔레커뮤니케이션 거대기업들의 최종 결산 결과에는 중대한 효과를, 반면에 미국 브로드밴드의 발전에는 파멸적인 의미를 가져왔다. 미국 가구 중 거의 20퍼센트가 단 하나의 브로드밴드 공급업자에게 접속해 있는 독점 상태가 초래된다. (위원회가 경쟁의 정도가 실제보다 좀 부풀려져 있을 거라고 인정한) FCC의 자료를 살펴보면, 나머지 80퍼센트 중 고작 4퍼센트를 제외하고는 대부분 많아야 두 개 정도의 유선 브로드밴드 접속 선택권만 갖고 있을 따름이다. 지역에서 독점적 지위를 차지하고 있는 전화 공급업자와 케이블 회사 둘이서 나눠 먹는 복점(duopoly)의 구조이다.[65] 자신의 독점 가격과 수익을 낮추려는 의도가 있는 한, 이들 복점업체들이 시장을 확대시킬 인센티브는 없다. 그리하여 뒤에 다시 살펴볼 '디지털 격차'(digital divide)의 현상이 지속된다. 오바마 정부는 서비스가 부족한 지역에 고속 인터넷을 도입하기 위해, 일종의 자극제 성격이 강한 72억 달러의 자금을 별도로 책정했다. 그리하여 몇몇 농촌 지역에는 도움이 되었지만, "대부분의 미국 소비자 시장 내 보다 광범위한 경쟁 상황에는 별다른 영향을 끼치지 못했다."[66] 오히려 덩치 큰 플레이어들에게 간접 보조금을 주는 꼴이 되어 버렸다. "자금이 지원된 많은 프로젝트들이 메이저 텔레커뮤니케이

션 회사들로부터 연결망을 구입해야 했기 때문이다."[67]

한편으로는 이동전화와 스마트폰, 무선 인터넷 접속의 증가라는 또 다른 중요한 상황이 펼쳐졌다. 놀라운 솜씨를 발휘하면서, 그리고 그 어떤 공개적인 연구나 토론도 거치지 않고 몇 안 되는 전화 회사들이 주파수를 게걸스럽게 말아먹으면서 지배적 이동전화 및 무선 ISP 공급업자로 변신했다. 결국 4개 회사가 미국 내 무선 시장의 90퍼센트 정도를 지배하며, 이들 중 두 회사(AT&T와 버라이즌)가 시장의 60퍼센트를 장악하게 된다. 이 두 회사는 자유로운 현금 흐름의 90퍼센트 이상을 차지하고 있기도 하다.[68] 이처럼 전형적 복점 상황에서는 상대 기업이 하는 걸 그대로 따라하는 게 상책이다. "AT&T와 버라이즌은 실제로 서로 경쟁하지 않는다"고 미국소비자연맹의 한 변호사가 지적했다. "그들은 서로를 복제한다."[69] 그리하여 AT&T가 2012년 소비자들이 다운로드할 수 있는 데이터의 양에 제한을 두려고 하자, 버라이즌도 똑같은 조치를 잽싸게 채택했다.[70] 몇 달 지나 이번에는 버라이즌이 새로운 계획을 발표했다. 자사 소비자들로 하여금, 가족이 갖고 있는 디지털 기기들에 널리 유포될 수 있는 무선 데이터 능력의 일정량 구입을 허용하는 계획이었다. 물론 버라이즌이 자사의 수익을 극대화하기 위해 고안한 것이었다. "버라이즌은 마침내 아무도 원치 않는 방식으로, 모두가 원하는 뭔가를 제공하기 시작했다." 여론조사 회사인 오범(Ovum)의 텔레커뮤니케이션 분석 전문가가 전하는 내용이다. AT&T도 곧 거의 유사한 계획을 발표할 거라는 기대가 나왔다.[71]

이런 복점 구조의 대가는 무엇일까? '미국인들은 휴대폰 서비스에 해마다 평균 635달러를 지출한다. 이에 비해 스웨덴과 네덜란드, 핀란드의 사람들은 훨씬 뛰어난 서비스에 불과 130달러도 내지 않고 있다.' 더욱이 1997년 휴대폰 기업들은 수익으로 올린 매 1달러 가운데 50퍼센트나 되는 엄청난 액수를 휴대폰 네트워크에 투자했다. 이에 반해 경쟁 압박이 거의 없어진 현재 자본 지출은 수익의 12.5퍼센트 수준으로 하락했다.[72] "AT&T는 네트워크에 절대적으로 해야 하는 것 이상의 투자를 더 이상 하고 싶어 하지 않는다." 텔레커뮤니케이션 전문가 수전 크로퍼드의 설명이다. "더 많은 송신탑을 세우고 이들 모두를 광섬유로 연결하는 것은 회사 점유율의 가치를 떨어뜨리는 일이 된다."[73] 이는 독점 권력의 교과서적인 사례에 해당하며 또한 성공을 거두었다. 2011년 AT&T와 버라이즌은 미국 경제지 《포춘》이 선정한 500대 회사 리스트에서 각각 상위 12번째, 16번째로 규모가 큰 회사였다. 두 회사의 수익을 합치면 2,300억 달러, 그리고 이들의 순이익도 무려 200억 달러에 이르렀다.[74]

우려 사항은 단순히 유선 브로드밴드와 무선 영역들이 모두 독점적 형태를 띠게 될 것이라는 데 그치지 않는다. 시민단체 '공적 지식'(Public Knowledge)의 해럴드 펠드가 '카르텔'이라고 말한 꼴이 되어 가고 있다는 점 또한 우려할 만한 지점이다.[75] 2011년과 2012년, 지배적 위치에 있는 케이블 회사들과 텔레커뮤니케이션 회사들 사이에 기준의 문제와 관련하여 긴밀하게 협력하고 서비스까지도 궁극적으로는 통합하기 위한 배타적 거래가 구상되었다.[76] 어느 정도 이러한 거래는 케이블이 유선 브로드밴드 싸움에서 승리했다는 사실의 인식에 기인한 것이었다. 2011년, 브로드밴드를 추가한 사람들 가운데 75퍼센트가 케이블을 선택하고 있었던 것이다.[77] 케이블 회사들은 이동전화 회사들이 더 많이 차지할 수 있도록 자신의 주파수를 포기하는 데 동의했는데, 이에 반해 이동전화 회사들은 유선 브로드밴드 소비자들을 둘러싼 심각한 경쟁에서 사실상 철수해 버렸다. 거대 플레이어들 사이에 상당 수 유사한 거래가 모색되고 있는 와중에, 케이블 유력 업체인 컴캐스트와 무선 분야의 거대기업인 버라이즌이 2011년 12월 서로 상대방의 서비스를 마케팅해 주는 거래를 상사시킨다. 장족의 발전이 이루어는 순간이었다.[78] 해릴드 펠드의 말대로 "이러한 추가 협약은 시장을 자기들끼리 나눠 먹고 경쟁을 회피하려는 일종의 암묵적인 합의와 다를 바 없었다."[79]

2012년 8월, 전체 유·무선 ISP 시장의 카르텔화는, 법무부와 FCC가 공히 버라이즌이 주파수를 나누고 시장을 분배하며 컴캐스트를 비롯한 주요 케이블 회사들과 협력하기 위해 맺은 협약을 승인해 주면서 사실상 정부의 승인을 받아냈다.[80] "이들 회사는 더 이상 경쟁하지 않는다. 이제 그들은 서로 파트너가 된 셈이다." 텔레콤 업계 분석 전문가 제프 케이건이 말했다. "내가 보기에는 나쁘지 않다."[81] "전화와 케이블 업자들은 치열한 경쟁보다는 이제 일종의 휴전 상태에 이른 듯해 보인다"고 기술 정책 전문기자인 티머시 리가 썼다.[82] 펠드가 적고 있듯이, 공급업자들은 "별다른 결과 없이 반소비자적인 인센티브"를 공세적으로 추구할 수 있다.[83] 텔레커뮤니케이션과 ISP 시장의 규모와 중요성을 감안할 때 가히 놀랄 만한 상황이다.

독점 시스템이 가져온 결과는 명백하다. 2000년 미국은 브로드밴드 보급과 접속의 측면에서 전 세계 선두 자리를 차지하고 있었다. 네덜란드 국영 IT 및 텔레커뮤니케이션 당국에 따르면, "유럽 모든 국가에 비해 12~24개월 정도 앞서고 있었다."[84] 그런데 현재 미국은 브로드밴드 접속과 서비스의 질, 메가비트당 비용에서 대부분의 전 세계 비교 조사에서 15~16위 정도를 오르락내리락 하고 있다.[85] 2011년 9월 판도네트웍스(Pando Networks)가 내놓은 글로벌 리포트에 따르면, 미국은 평균 소비자 다운로드 속도에서 세계 26위를 차지하는 데 그쳤다.[86] 2012년 뉴아메리카재단은 22개국 도시들을 조사하여 다음과 같은 결론을 내렸다. "미국 주요 도시의 소비자들은 외국의 소비자들에 비해 속도가 더 느린 서비스에 더 많은 돈을 지불하는 경향이 있다."[87] "대단히 중요한 사실이다"라고 FCC 전국브로드밴드플랜의 발의자인 블레어 레빈이 2012년 이렇게 말했다. "상업 인터넷이 출현한 이래 최초로, 현재 가장 널리 이용되고 있는 네트워크보다 더 우수한 네트워크를 건설할 계획을 갖고 있는 상업 무선 공급업자가 미국에는 더 이상 없다."[88] 미국인 대부분은 "전 세계 다른 지역 사람들이 익숙해진 속도로" 결코 인터넷에 접속할 수 없게 됨을 뜻한다고 크로퍼드는 지적한다.[89] 뉴아메리카 재단은 향후 10년에 걸쳐 유선의 독점이 미국 소비자들에게 가져올 직접 비용을 2,500억 달러로 계산했다.[90]

여기에는 카르텔의 출현을 둘러싼 사소한 비극을 넘어서는 문제가 존재한다. 현존하는 카르텔의 대안이 될 정도로 탁월한 무선 네트워크를 구축하고 가격까지도 끌어내리는 데 이용될 수 있는, 엄청난 양의 실재적이고도 잠재적인 비사용 주파수가 남아 있다.[91] 《이코노미스트》가 지적하는 바와 같이, 이 사용되지 않은 주파수는 "케이블과 전화 브로드밴드를 인터넷 접속을 두고 경쟁"시킬 수 있는 '제3의 파이프'가 될 수 있다.[92] 그런데 무엇이 문제인가? 전자 주파수는 지금까지 정부에 의해, 일반적으로는 상업적이건 군사적이든 당시 상황의 압력에 부응하여, "즉석에서 마련된 임시방편의 시스템"에 따라 할당되어 왔다. 현재 무선 애플리케이션용 주파수에 대한 요구는 해마다 곱절씩 늘어나고 있으며, 그리하여 이른바 주파수 '부족' 사태가 이야기될 정도다.[93] 메인래스가 지적하고 있듯이, 그런데도 "대부분의 주파수는 여전히 그냥 놀리고 있는 것이다." 주파수 "활용 비율은 전국 대부분에 걸쳐 한 자릿수에 그친다. 사람들이 주파수를 독차지하고 있는 게 아니라, 주파수를 창고에 그냥 쌓아둔 채 사용하지 않으면서 다른 어느 누구도 사용하지 못하도록 하고 있는 것이다."[94]

현 상황은 '거짓된 부족 사태'이며, AT&T와 버라이즌은 "무선 서비스를 제공하는 데 필요한 주파수 용량의 점점 더 많은 비율을 게걸스럽게 먹어치우고 있다."[95] 프리프레스의 맷 우드는 이렇게 지적한다. "버라이즌과 AT&T는 현재의 주파수 할당 시스템에서 누구도 넘볼 수 없는 기득권을 갖고 있다. 현 시스템 아래에서 FCC 주파수 경매에서나 '2차 시장'에서 다른 면허권자들이 매각코자 할 때 어느 누구보다 더 비싼 값을 부를 수 있다. 매입한 뒤 새 주파수는 곧바로 실제로 활용되지 않은 채 기존의 것에 덧붙여 비축될 것이다."[96] 2011년 한 업계 출판물은, AT&T가 쓰지도 않은 채 깔아 둔 주파수 라이선스의 규모가 100억 달러 가치에 달하는데도 AT&T는 더 많은 주파수를 전용하기 위해 로비를 벌이고 있다고 보고했다.[97] 이러한 상황은 그 어떤 대안도 출현할 수 없다는 사실을 명확히 확신시켜 준다.[98]

정상적인 사회에서 주파수를 둘러싼 정책 토론은, 어떻게 하면 이 공공재를 가장 잘 활용할 것인가 하는 질문에 집중될 것이다. 피터 반스가 주장하듯이, 물론 이러한 정책은 결코 '사회주의적'인 게 아니다. 오히려 서비스를 크게 향상시키고 다른 모든 것들처럼 가격을 낮춤으로써 기업을 활성화시킬 것이다.[99] 그런데도 미국에서 공직자들은 이러한 논의를 막아 버린다. 정치인들도 주파수 매각을 '적자 매파'(deficit hawks)로 보일 수 있게끔 하는 길을 재빨리 간파해 낸다. 이 정책이 지닌 근시안적 특성은 아무 상관도 없는 일이 된다. 어떻든 AT&T와 버라이즌은 주파수 부족의 문제가 존재하고 자신들은 좀 더 많이 차지할 필요가 있다는 믿음을 계속해 선전해 왔다.

카르텔의 이런 주장은 결과에 대해 어떤 물질적 지분도 갖고 있지 않은 여러 중립적 전문가들에 의해 기각된 내용이다. "이 나라에서 주파수가 부족할 수 있다고 주장하는 것은, 마치 어떤 색깔이 다 써서 없어질 거라고 주장하는 것과 같다." 데이비드 P. 리드가 《뉴욕타임스》에서 꼬집은 내용이다. 이 신문이 보도한 바와 같이, "인터넷의 초기 개발자 중 한 사람이며 전직 매사추세츠공과대학 컴퓨터 과학 및 엔지니어링 교수인 사람도 전자기 유도 주파수는 결코 유한하지 않다고 말하고 있다." 이용자들의 폭발적인 증가를 수용할 수 있는 기술이 존재하며 이른바 '부족 사태'는 정책 결정에 따라 해결될 수 있는 문제이다.[100] 매키넌이 적고 있듯이, 그러나 실제로는 "여러 무선 및 브로드밴드 회사들이 장악하고 있는 독점 및 유사 독점의 핵심 문제들에 관해 의회가 진지하게 다루고 있다는 조짐은 전혀 나타나고 있지 않다."[101]

FCC와 정부, 업계 일부는 이러한 상황에 관심을 갖고 있다. 결국 디지털 경제라는 것은 유비쿼터스 고속 인터넷에 의존하는데, 바로 이게 카르텔에 의해 방해를 받기 때문이다. 잡지 《포브스》에 쓴 글에서 어떤 필자는, 미국이 브로드밴드 속도와 가격 면에서 다른 선진국들에 비해 크게 뒤처져 있다는 사실을 두고 기업들 사이에서 우려의 목소리가 커지고 있다고 조망했다. "이러한 열등함은 거의 대부분 텔레콤 산업 내부의 진정한 경쟁과 친소비자 규제가 부족한 탓이다."[102] 대통령 경제자문위원회는 2012년 2월, 무선 브로드밴드를 향상시키기 위해 더 많은 주파수를 경매에 붙일 것을 요구하는 보고서를 냈다.[103] 마이크로소프트와 구글 대표이사들도 포함된 이 위원회는 2012년 후반에 "라디오 주파수를 더욱 효율적으로 사용할 수 있는 기술을 채택"하도록 오바마 대통령에게 촉구했다.[104] 워싱턴에 있는 몇몇은 이 새로운 주파수가 ISP 카르텔에 대한 도전이 될 수 있으리라고 믿고 싶겠지만, 효과는 5~10년이 지나야 체감할 수 있을 것이다. 민주 공화 어느 정당도 카르텔의 입장에서 죽느냐 사느냐 하는 문제라고 여기는 지점, 즉 인터넷 접속에 대한 범죄에 다름없는 지배의 측면에서 카르텔과 정면으로 충돌할 의지가 있다는 증거는 보이지 않는다. 실행의 문제에 가장 가까이 있는 워싱턴 사람들은 그 어떤 의미 있는 개혁에 관해서도 아주 회의적이다. 오바마 정부 들어 FCC는 "의도적으로 무관심한 태도를 취하며, 미국 브로드밴드 산업에서 경쟁의 실종이라는 문제에 관해 의미 있게 다루려 하지 않았다"고 고위층 활동가가 2012년 내게 말해 주었다.[105] 주파수 논의를 '겉치레'(window dressing)라고 부르고, "FCC가 텔레콤 기업들의 카르텔을 적극 지원하고 있다는 게 보다 솔직한 평가일 것"이라고 기술하면서, 메인래스도 이에 동의한다.[106] 2012년 FCC 의장 줄리어스 제너카우스키가 더 많은 주파수들을 찾아내는 작업과 관련하여, 카르텔이 이용하지 않고 있는 보유분을 추적하는 것보다 국방부가 주파수 일부를 사기업들한테 넘기도록 로비하는 게 더 편안했다고 말한 것은 놀라울 따름이다.[107] 한 유력한 공익 정책 분석가는 2012년 5월 이렇게 관측했다. "브로드밴드 경쟁의 전망은 지금까지와 마찬가지로 앞으로도 매우 좋지 않다." "사실 6년 전에 우리가 열렬한 성원을 보냈을 때보다 몹시 악화된 상태이다."[108]

이 지점에서 의료 서비스 문제와 비교하면 놀랄 만한 유사성이 확인된다. 건강보험 산업의 기생충 같은 존재 탓에 미국인이 다른 어느 나라와 비교해서도 일인당 더 많은 돈을 지출하면서 막상 더 질 낮은 서비스를 받아야 하는 부문이다. 대통령 버락 오바마가 이렇게 말한 적이 있다. 만약 미국이 상처를 딛고 다시 시작하려고 한다면, (공익적 복지와 비용의 관점에서) 공공보험 형태의 건강보건 시스템을 채택하면서 민간 건강보험은 없애는 게 명백히 더 타당하다.[109] 똑같은 논리를 브로드밴드 인터넷 접속에도 적용할 수 있다. 바로 이게 상원의원 앨 고어가 의원 재임 기간 동안 인터넷에 대한 재정 지원을 앞장서 주장하면서 문제를 이해했던 방식이다. 1990년 그는 '인터넷 슈퍼하이웨이'의 기반이 주 횡단 고속도로 시스템과 유사한 공적 네트워크여야 한다고 주장한 바 있다.[110] 상업적인 기업들이 고속도로를 이용하는 것과 마찬가지로, 상업적인 이해 당사자들이 네트워크를 이용하면 된다. 물론 텔레커뮤니케이션 기업들에게도 일정한 역할이 주어진다. 이들도 계약을 통해 점차적으로 자신의 역할을 확대시킬 수 있다. 그렇지만 여전히 정부가 운전석에 앉아 시스템을 조율할 것이며 보편적인 접속과 공익적인 표준을 보장할 것이다.[111] 그런데 월스트리트가 이러한 방식에 눈길을 돌리자, 일반적으로 논쟁이 되지 않던 평가가 갑자기 논란의 눈사태에 파묻혀 버린다. 부통령 앨 고어도 점차 다른 곡조의 노래를 부르기 시작한다. 이야기는 이미 한참 전에 기억에서 사라지고 말았다.

의료 서비스 문제와의 유사성은 더욱 확장될 수 있다. 건강보험 회사들이 자신의 수익성을 해칠 수 있는 건강하지 않은 소비자나 "위험 부담이 있는" 사람들을 고객으로 받아들이는 데 관심이 없는 것과 마찬가지로, 유선 브로드밴드 공급업자들 또한 가난한 지역이나 농촌 지역의 고객들을 끌어 모으는 데 별 관심이 없다. 이들 지역에 대해 기업들은 수익이 너무 낮거나 비용이 너무 높다고 본다. 혹은 둘 다에 해당한다는 판단을 내린다. 미국처럼 불평등과 빈곤 수준이 높은 국가에서 이는 대단히 파괴적인 결과를 불러온다. 유선 브로드밴드 비용은 예컨대 스웨덴에 비해 거의 곱절에 이르고 가격이 2008년과 2010년 사이에 거의 20퍼센트나 올랐다.[112] 2012년의 한 광범위한 조사 보고서에 따르면, 2010년 12월 현재 "40퍼센트의 가구가 집 안에 브로드밴드 연결망을 갖고 있지 않은" 것으로 나타났다. 부유한 지역의 가구들은 80~100퍼센트 정도로 브로드밴드에 가입해 있는 반면에, 같은 도시에서도 가난한 동네의 가구들은 그 수치의 절반 정도만 가입해 있었다.

미국에서 가장 가난한 주들의 경우 대부분 50퍼센트 이하의 가입률을 보이는 데 그쳤다. "브로드밴드 접속이 미국 사회에서 모든 사람들이 따라잡아야 할 결정적 문제가 되었다"고 이 보고서는 전망한다. "일자리를 찾고 입사 지원서를 내는 일이 대부분 온라인을 통해 이루어지고 있다. 학생들은 숙제를 이메일을 통해 전달받는다. 기본적인 정부 서비스도 온라인을 통해 주기적으로 제공된다." '디지털 격차'는 이런 점에서 미국인 모두를 괴롭히는 불평등의 문제를 '두드러지게 한다.' 무선에 대한 '해결책'은 몇몇 인터넷 접속이 가능한 휴대전화이다. 그렇지만 보고서가 결론 내리고 있듯이, "스마트폰은 유선 접속이 가능한 가정 내 컴퓨터의 대안이 될 수가 없다. 적어도 현재로서는 그렇다."[113] 우리가 곧 살펴보게 될 테지만, 아마도 상황은 미래의 경우도 마찬가지일 것이다.[114]

현재 미국에서는 ISP 카르텔이 야기한 피해를 줄일 수 있는 두 가지 중요한 정책적 논쟁이 존재한다. 첫 번째는, 지역 커뮤니티들이 자신의 브로드밴드 네트워크를 직접 설립하려는 움직임이다. "100년 전, 지불 가능한 가격대에서 공동체 모두가 전력을 공급 받을 수 있도록 신뢰할 만한 시스템을 갖추고자 지역 정부들이 노력하던 모습과 비슷하다." 수많은 도시들이 카르텔에 의해 무시당했거나 바가지를 썼다. 그런 도시들 가운데 전국에 걸쳐 150곳 이상이 자신의 고유한 네트워크를 설립했다. 민간 ISP들은 "가장 수익성 높은 시장을 제외하고는 차세대 브로드밴드 네트워크에 투자하는 데" 인색한 경향이 있다.[115] 홀대받고 버려진 수많은 커뮤니티들에게 이것은 일종의 죽느냐 사느냐 하는 문제로 간주된다. 2012년 뉴아메리카재단이 내놓은 한 연구 보고서는, 자신이 속한 커뮤니티들에게 고속 인터넷 접속의 기회를 제공할 수 있는 "탄탄한 물리적 인프라"를 제공할 "핵심 제도"로서의 대학이 차지하고 있는

중요한 위상을 잘 보여 주었다.[116)]

카르텔은 이런 커뮤니티 브로드밴드의 아이디어에 대해, 마치 건강보험 업계가 2009~2010년 의료 서비스 논쟁이 불거졌을 때 나온 실행 가능한 "공적인 옵션"의 아이디어에 대해 보인 것과 정확히 똑같은 반응이었다. 거의 모든 주에서 카르텔들은 시 지자체 브로드밴드 네트워크를, 불법적인 것은 아니더라도 거의 불가능하게 만들기 위한 일종의 기죽이기 공세라고밖에 볼 수 없다고 하며 자신이 보유한 막대한 자원과 로비 함대를 투입했다. 2012년에 이르러 19개의 주가 카르텔이 원하는 법률을 통과시켰다.[117)] 가령 2012년에 지역 정부가 브로드밴드 네트워크를 설립하는 것을 제한하는 법률을 통과시킨 노스캐롤라이나 주에서는, 대형 텔레콤 기업들과 이들로 구성된 협회들이 거의 180만 달러에 이르는 돈을 2006~2011년에 노스캐롤라이나 주 정치인들에게 제공했다.[118)] 그런가 하면 법률을 통과시킨 곳이 19개 주에 그쳤다는 사실은, 브로드밴드 네트워크를 설립을 위한 커뮤니티의 권리를 보호하려는 대중 캠페인을 통해 카르텔의 의도를 좌절시키거나 적어도 지연시킬 수 있었다는 사실을 보여 준다.

애틀랜타에 살고 있는 《이코노미스트》의 필자는 테네시 주 채터누가 시가 소유한 고속 브로드밴드 네트워크에 관해 이렇게 격찬했다. "그런데 4백만 명이 넘는 사람들이 거주하고 있는 이곳 애틀랜타 시에서, 나는 지켜볼 때마다 늘 우습게도 멈춰서 버리는 열악한 컴캐스트 서비스를 어쩔 수 없이 받아 쓰고 있을 따름이다."[119)] 일단 사람들이 커뮤니티나 시 지자체 브로드밴드를 체험하고 나면, 캘리포니아 주의 산타모니카처럼 카르텔이 고용한 로비스트 부대와 트렁크를 가득 채울 캠페인 기부금을 통해 이를 빼앗는 게 훨씬 더 어려운 일이 될 것이다.[120)] 2005년과 2007년 두 차례, 존 케리와 존 맥케인을 비롯한 미국의 양당 상원의원들은 주 정부가 이들 시와 타운의 고유한 브로드밴드 네트워크의 설립을 막지 못하도록 할 수 있는 법안을 제출했다. 결국 카르텔이 협잡해 이 법안을 폐기시킬 수 있었지만, 문제의 즉각적 해결책으로서는 여전히 최선의 접근 방법으로 기억에 남게 되었다.

두 번째 정책 투쟁은 망 중립성을 둘러싸고 벌어졌다. 망 중립성이란 ISP가 이용자들 간에 차별을 두지 않는다는 요구 조건으로서, 전화 독점에 대한 오랜 기간 통신 사업자 요건을 따르고 있다. 기술적으로 이는 ISP들이 "자신의 인터넷을 가로질러 오가는 패킷(packet)들에 대해 차별을 둘 수 없다는 것을" 의미했다.[121] 1990년대 많은 미국인들은 인터넷을 기술의 덕택에 모든 사람들이 동일한 발언권을 갖게 된 일종의 마술적인 플랫폼이라고 여겼다. 사실 인터넷 민주주의를 지켜 준 수호천사는, ISP가 법적인 인터넷 활동들을 차별하지 못하도록 하고 그리하여 펑크 록이나 엄격한 채식주의자 웹사이트도 마이크로소프트의 웹사이트와 똑같이 취급되도록 하는 '규제'였다. ISP는 물론 이러한 규제를 혐오했다. 만약에 이용자들을 차별할 수 있다면, ISP들은 인터넷을 효과적으로 사유화하고 이를 케이블 텔레비전처럼 만들 수 있었을 것이다. 카르텔 멤버들에게는 반대 여론의 발언을 검열코자 하는 욕망에 관한 문제라기보다는, 자신의 네트워크에서 활동하는 상업적 플레이어들로부터 추가 비용을 얻어 내고자 하는 욕망의 문제였다. AT&T의 대표이사 에드워드 휘태커가 2005년 《비즈니스위크》와의 인터뷰에서 실제로 이렇게 주장했다. 인터넷 웹사이트들과 애플리케이션들이 "원하는 바는 내 망을 무료로 사용코자 하는 것이겠지만, 나는 그들이 그렇게 하도록 내버려 둘 의향이 전혀 없다."[122] 이용자들은 네트워크를 이용하기 위해 ISP들에게 돈을 지불해 왔고 지금도 지불하고 있다. 카르텔이 원하는 것은 차별을 할 권리, 덩치 큰 이용자들에게 더 많은 요금을 부과하며 받을 만하지도 않은 '임대료'까지 추가적으로 받아내는 권리이다. 망 중립성이 없는 세계에서 ISP의 증대된 수익성은 경탄스러운 일이었고 또한 지금도 그러하다.

기업 분석가들이나 《이코노미스트》 같은 매체는 문제에 대한 명백한 시장 해결책은 더 치열한 경쟁뿐이라고 주장해 왔다. 만약 소비자들이 선택권을 갖는다면, 웹사이트를 검열하거나 이용자들을 차별하는 ISP에는 아무도 등록하지 않을 것이다. 카르텔은 이를 마치 남녀 간의 사랑을 불법화하는 헌법 수정안 통과만큼이나 정치적으로 비현실적인 일로 만들어 버렸다. 그리하여 망 중립성 유지를 위한 캠페인은 이제 공적영역인 인터넷의 폐쇄 방지를 위한 결정적 전쟁터로 자리 는다.

2005~2006년에 프리프레스가 주도하여 망 중립성 유지를 위한 캠페인이 조직적으로 이루어졌다. 소수의 개인 이해 당사자들이 사상의 1차 시장이 되어 버린 인터넷에 대해 일종의 검열관 같은 권력을 갖도록 허용하는 게 무엇보다 더 위험하다는 정치적 판단에 따라 지지를 표시한 것이다. 매키넌은 이렇게 지적한다. "많은 나라에서 망 중립성 부족이 (회사와 정부 혹은 이 둘의 연합에 의한 것이든 그 이유와 상관없이) 검열의 실행을 훨씬 더 용이하게 만든다. 공적인 책임을 지우는 것은 차치하고, 검열을 훨씬 덜 눈에 띠게 만들어 버린다."[123] 기업들로부터도 망 중립성에 대한 지지가 나왔다. 특히, ISP 네트워크를 그대로 이용하려는 구글 같이 힘 있는 기업들이 지지를 표했다. 2008년 당시 구글 대표이사 빈트 서프는, 인터넷 데이터-파이프 기반시설은 "고속도로처럼 정부가 소유하고 관리하는 게" 더 좋지 않으냐고 반문했다.[124] 당시 대통령 후보이던 버락 오바마도, 자신은 결코 "망 중립성에 대한 공약을 다른 사람에게 맡긴 채 뒤로 나자빠져 있지 않을 것"이라고 말했다. 망 중립성은 자신의 커뮤니케이션 정책 시스템에서 핵심을 차지할 거라

고 목청 높여 의사를 표명했다.[125)]

2010년 12월에 FCC가 승인한 공식적인 망 중립성 정책은, 유선 ISP의 효과적인 중립성은 유지시켜 냈지만 상당수 활동들이 이동하는 무선 ISP의 경우 사실상 중립성을 포기해 버렸다. 제프 자비스의 말처럼, "인터넷과 슈민터넷(schminternet, 제프 자비스가 망 중립성 논쟁과 관련해, 구글의 CEO인 에릭 슈미트의 인터넷 지배 양상을 풍자하기 위해 만든 말—옮긴이)의 대결"이다.[126)] 실제 정책은 2010년 망 중립성과 관련해 구글과 버라이즌이 사적으로 맺은 협약과 거의 비슷했다.[127)] 이들의 미팅은 영화 〈대부〉에서 다섯 가족이 뉴욕 시의 불법 마약 거래 이익을 분배하는 회합과 흡사한 분위기를 띄었다. 자비스가 '악마의 협약'라고 일컬을 정도로 커뮤니케이션 정책이 만들어지는 일종의 교과서적 사례였다.[128)] 2013년 현재, PC를 제치고 웹에 접속하는 가장 보편적인 방식으로 자리를 잡은 이동전화는 사유화가 더 심해질 수 있는 세계가 될 것이다.[129)] 그 영향력이 거기서 끝나지도 않을 것이다. 하버드대학의 조너선 지트레인은 "컴퓨터가 죽었다"고 결론내리면서 이렇게 말한다. "폐쇄된 스마트폰 구성 방식은 모든 소비자 컴퓨터 활동들을 위한 '탄광 속의 카나리아'와 다를 바 없다."[130)]

프리프레스와 뉴아메리카재단, 그리고 대부분의 공익을 주창하는 사람들은 이 정책을 실패로 간주했다. 오바마 행정부가 표명해 오던 입장을 스스로 폐기한 것으로 보았다. 무선 ISP의 손자국이 이 모든 것에 짙게 묻어 있으며, 사실 오바마 행정부가 10억 달러나 드는 선거를 눈앞에 두고 그토록 강력하고 잘 조직된 로비에 대해 가졌을 공포를 추측해 보는 일은 그리 어렵지 않다. 공화당 의원들은 '그 어떤' 망 중립성 규제에 대해서도 반대 의사를 표했다. ISP들은 바로 이런 약점을 정확히 간파했다. 망 중립성이라는 아이디어는 어쩔 수 없더라도, 법정에서 최대한 자신들에게 유리한 판결을 얻어 낼 수 있도록 갖가지 압박을 가했다. 이 책을 쓰고 있는 지금 정확히 현실이 처한 형국이다. 만약 망 중립성이 정치인들 사이에 더 이상 문제가 되지 않는다면 그것은 바로 카르텔이 승리했기 때문일 것이다.

다시 항해에 나서는 '타이타닉호'

1970년대부터 1990년대 말까지 미국의 미디어 시스템은 극적인 전환을 보여 주었다. 타임워너와 뉴스코퍼레이션, 비아컴, 디즈니, 제너럴일렉트릭, 그리고 나머지 한두 개의 손에 꼽을 만한 엔터테인먼트 복합기업들에 의해 완전히 지배되어 버렸다. 더욱 커진 규모의 합병과 인수의 흐름을 타고, 이들 기업은 모든 메이저 텔레비전 네트워크와 가장 큰 시장의 텔레비전 방송국 상당수, 수백 개에 이르는 라디오 방송국, 모든 메이저 영화 스튜디오, 많은 케이블 TV 시스템, 대부분의 케이블 TV 채널, 그리고 대다수의 음반 업체를 손아귀에 넣게 되었다. 이들 기업은 또한 잡지와 출판사, 몇몇 신문사에 대해서도 상당한 지분을 갖고 있다. 이들 중 소니와 제너럴일렉트릭, 디즈니 같은 몇몇 기업은 전통적인 미디어 영역 바깥에서도 광범위한 자산을 보유하고 있다.

1984년에서 1990년대 말에 이르는 불과 15년 사이에, 미디어 부문 총수익에서 다섯 개 메이저 복합기업들이 차지하는 점유율은 약 26퍼센트로 곱절이나 늘어났다.[131] 최근의 미국 표준에 따르면, 그리 대단한 것처럼 들리지 않을지도 모른다. 그렇지만 미디어 부문은 전통적으로 나름의 독립적 기업들을 둔 열 개 정도의 일정하게 구별되는 산업들로 이루어져 있는 경우가 많았다. 이들 산업 중 상당수는 책 출판처럼 최근까지도 오히려 경쟁적인 양상을 띠었다.[132] 그런데 현재의 집중은, 마치 다섯 개 기업체가 식량 생산과 식료품 가게, 식당 모든 지점들이 올리는 수익의 26퍼센트를 지배하는 것과 비슷하다고 할 수 있다.

2000년에 이르러서는 신문사를 기반으로 제국의 성향까지 띤 대략 열 개 정도는 될 두 번째 등급의 복합기업들도 등장했다. 개닛(《US투데이》 발행사)와 트리뷴미디어, 콕스커뮤니케이션스, 《워싱턴포스트》와 《뉴욕타임스》 같은 회사는 텔레비전 방송국이나 출판에도 관심을 갖고 있다. 이들 회사는 앞서 언급한 초대형 복합기업들에 비해서는 소액 투기꾼에 불과한 규모이고 그렇게 빠른 성장세도 보이지 못하고 있다. 그렇지만 이들 또한 미디어 시스템, 특히 저널리즘의 중요한 구성 요소이다. 어떤 기업이 스물다섯 개 기업들로 짜인 그룹의 관문을 통과하면, 나머지 회사들은 자연스레 훨씬 더 약해지게 된다. 1990년대 후반에 이르러, 이들 스물다섯 개 규모가 가장 큰 회사들은 1970년대까지만 해도 남아 있던 수백 개 독립 미디어 기업들의 자리를 독차지해 버리게 된다.[133]

2000년에 이르러, 《포춘》이 꼽은 500대 복합기업의 자격을 갖춘 미디어 및 광고 기업은 18개사에 달했다. 1970년의 8개사와 크게 대비되는 수치이다. 1970년에는 두 개였는데, 2000년대에는 8개의 미디어 복합기업들이 상위 150위 안에 들어갈 자격을 갖추기도 했다.[134] 많은 사람들에게, 미디어 집중은 민주주의 문화에 요구되는 개방되고 다양한 미디어라는 원칙을 위반하고 있는 것처럼 보인다. 저널리즘에 영향을 끼치는 정도가 심각해지면서 우려의 목소리도 따라서 높아진다.[135] 이들 기업은 사실 다른 자본주의 기업들이 덩치를 키운 것과 똑같은 이유로써 규모를 키웠다. 다른 모든 게 똑같다고 할 때, 규모는 위험성을 낮추고 수익성을 높여 준다.[136] 복합기업화는 상당수 연방 법·규제의 변화를 요구했다는 사실을 기억할 필요가 있다. 이들 기업 대부분은 라디오와 TV 방송국 또는 케이블 방송 시스템에서 거래를 해 왔는데, 이들의 라이선스는 독점을 막기 위해 엄격한 소유권 규제를 받고 있기 때문이다. 그런데도 미디어 기업들은 워싱턴 DC에서 자신의 길을 여는 데 탁월한 수완을 갖고 있음이 금방 드러난다.

1990년대 중반에 이르러, 루퍼트 머독과 디즈니의 마이클 에이스너 같은 미디어 재벌들에게 세계는 자신들이 마음대로 할 수 있는 것처럼 보였다. 그러나 이들 제국이 구축한 깊이와 넓이 그리고 정치적 영향력에도 불구하고, 인터넷은 이들의 존재 자체에 일종의 위협을 제기하는 것처럼 보였다. 재런 래니어가 말한 바와 같이, "올드미디어 제국들은 지금 충분히 예측할 수 있는 노화의 경로에 놓여 있다."[137] 인터넷이 세 가지 이유로 이 위협을 초래한 것으로 나타났다. 첫 번째, 인터넷은 새로운 플레이어들이 미디어 시장에 훨씬 쉽게 진입할 수 있는 가능성을 열어 놓았다. 인터넷이 지배적 플랫폼이 되면서, 진입 전망을 가진 기업들은 방송 라이선스를 갖거나 기존의 영화 스튜디오를 사들이는 데 더 이상 막대한 자본을 들일 필요가 없어졌다. 진입 장벽이 제거되면서, 디지털 시대는 마이크로소프트나 AT&T 같은 엄청난 자본력을 가진 다른 거대기업들이 인터넷을 플랫폼으로 활용해 그 이전에는 생각지도 않은 방식으로 미디어 게임에 발을 디딜 가능성도 허용해 버렸다.

전화 거대기업들과 마찬가지로, 미디어 복합기업들과 그들이 고용한 로비스트들은 소유권 규제가 더 이상 자신의 산업과 관련성이 없고 빨리 없어져야 한다고 주장했다. 왜? 모든 미디어가 디지털 포맷으로 전환되면서, 미디어 부문들 사이의 전통적 구분이 사라질 것이기 때문이다. 융합이라는 과정이며 결과적으로 디지털 경쟁의 높은 파고가 밀려든다. 미디어 거대기업들은 다가올 전쟁에서 승리하기 위해 더 많은 걸 차지하고 사이즈도 더 키우는 게 가능한 조건을 마련해야 했다. 그러하지 않으면 자칫 죽을 수 있고, 이들의 신발 끈을 묶어 놓은 상태에서 디지털의 경주에서 함께 달리라고 강제하는 것은 공정하지 않아 보였다. 이러한 주장의 결과일 수도 있지만, 예를 들어 1996년 텔레커뮤니케이션법은 라디오 방송국 소유권 규칙을 대폭 완화시켜 결과적으로는 이후 3년 동안의 막대한 합병을 불러왔다. 미디어 거대기업들에게 새로운 디지털 경쟁이 다가왔다는 생각은 1990년대 많은 디지털 활동가에게 받아들여졌다. 이들은 이제 거대 미디어 복합기업들이 응분의 대가를 받게 되었다고 생각했다. 이들 기업은 곧 수적인 제한이 없는 웹사이트들로 가득 찬 인터넷에 의해 압도되고 말 거라는 생각이었다.[138] 여러 종류의 새로운 기업들이 지금까지는 제한된 장으로 간주되던 미디어 영역으로 진입할 터이고, 그래서 새로운 추종 세력을 발굴할 수 있다면 계속 치고 나갈 충분한 수익도 창출해 낼 수 있을 것이다. 재런 래니어는 상업적 독점주의자들로부터 해방될 문화적 시스템 안에 디지털 유토피아가 임박했다던 이상주의적 확신을 잘 기억하고 있다.[139]

미디어 복합기업들에 대한 두 번째 위협은, 온라인상의 미디어 콘텐츠에 대해 소비자들에게 돈을 지불토록 하는 게 점차 어려워졌다는 사실이었다. 음악과 영화, TV 쇼를 비롯하여 완벽한 디지털 복사본을 공짜로 카피·배포하는 게 우스꽝스러운 정도로 쉬어진 탓이다. 인터넷은 문화의 생산과 관련해 시장이 원래부터 지니고 있던 문제점을 증폭시켰고, 사실상 상업적 미디어 시스템의 작동을 불가능하게 만들어 버렸다. 마침내 저작권은 더 강한 상대와 맞닥뜨리게 되었다. 모두가 음반산업과 할리우드, 텔레비전 그리고 책 출판의 종말을 상상해 볼 수 있었다. 상업적 미디어 시스템의 종말이라는 전망이 어떻게 하면 문화 생산을 가장 잘 증진시키고 문화 창작자들에게 효과적으로 보상할 수 있을지, 다시 말해서 디지털 시대 저작권을 대체할 정책은 무엇인지를 둘러싼 공적인 연구와 토론을 창출시켰다. 그렇지만 미디어 복합기업들은 이러한 논의에 전혀 관심이 없었고, 실제 토론도 벌어지지도 않았다. 이들의 사업 모델은 사실 저작권의 극적인 확장에 기반을 두고 있으며, 저작권 없이는 산업의 상당 부분도 없어져 버릴 것이다.

상업 미디어는 광고를 주된 수입원으로 채택하면서 지상파 라디오와 TV 방송의 공익 문제를 처리했었다. 마찬가지로, 이론상으로는 광고가 상업 미디어와 인터넷 사이의 딜레마에 대한 해결책이 될 수 있었다. 문제는 사람들이 컴퓨터에 나오는 30초 스폿광고 시간 동안에 그냥 앉아 있지 않는다는 것이다. 사람들은 얼마 안 가 다른 사이트로 옮겨 가 버릴 것이다. 텔레비전을 여러 세대에 걸쳐 수익성 높은 엔진 가운데 하나로 만들었던 광고가 이제 디지털의 표적 안에 들어왔다. 인터넷이 미디어 복합기업들에게 제기한 세 번째 커다란 위협이었다.

이 세 가지 위협이 합쳐져 무한한 월드와이드웹의 온갖 새로운 무료 선물을 들고 수용자를 빼앗아 가 버릴 것이다. '해적질'이 난무하고 그래서 콘텐츠를 제작할 상업적 인센티브가 거의 없어질지도 모르는 일이었다. 희소성이 더 이상 존재하지 않게 되었고 따라서 시장의 밑바탕도 사라질 수 있었다.[140] 그리고 광고가 인터넷 미디어에 자금을 제공하는 일도 불가능해질 것인데, 왜냐하면 소비자들이 이를 받아들이지 않을 것이며 디지털이라는 만족스러운 터전에서 소비자들은 무수한 선택권을 갖게 되기 때문이다. 이는 모든 미디어 CEO들로 하여금 자신의 이력서 내용을 업데이트해 새로이 정복할 영토를 찾도록 만들기에 충분했다.

1990년대 인터넷의 폭발은 미디어 거대기업들을 크게 겁주었으며, 이들은 자신들의 두 번째 본성에 해당하는 활동으로써 이에 대처했다.

경쟁사를 사들이는 것이었다. 이들은 수십억 달러를 들여 가면서 디지털 벤처기업들을 게걸스럽게 사들였다. 디지털 미디어 벼락부자들이 선수를 치지 못하도록 하기 위해서였다. 이들은 해당 기업이 어떻게 발전해 왔는지 여부와 상관없이, 인터넷상에서 그렇게 할 수 있는 한 모든 것을 사들이고자 했다. 그냥 상대방을 소유해 버리는 것이다. 기업 역사상 가장 정신 나간 짓으로 기록될 허황한 망상이 활개를 쳤다. 인터넷이 자신들을 파멸시키는 데 불과 몇 달도 남지 않은 것처럼 행동한 미디어 거대기업들에게는 일종의 허무맹랑한 재난이었다. 이들이 투자한 디지털 벤처 중 몇몇은 사실 믿기지도 않을 정도의 우스꽝스러운 수준이었다. 이런 상황은 2000년 AOL과 타임워너의 합병이 발표되었을 때, 최악의 바닥을 쳤다. AOL은 자산이나 매출, 순수익 측면에서 타임워너에 비해 상대도 되지 않을 정도로 적은 규모이면서도 거래에서는 지배적 파트너의 위치를 차지했다. 인터넷이 다이얼 호출에서 무선으로 변환되면서, AOL은 비즈니스 모델도 갖고 있지 않았고 그리하여 거의 무가치한 것에 다름없는 사업체라는 사실이 금방 드러났다.[141] 그토록 강력한 미디어 복합기업인 타임워너가 어째서 이런 초보적인 사실을 간과할 수 있었을까?

인터넷 거품에 따른 기업 대차대조표상의 타격에도 불구하고, 2000년에 상업 미디어 시장은 여전히 수익성 있는 시장으로 남아 있었으며 가까운 미래에 전망도 꽤 괜찮아 보였다. 특히 할리우드에 기반을 둔 복합기업들이 그러했다. 위협을 진짜 위협으로 만든 것은 광범위한 브로드밴드였다. 그 사이에 미디어 거대기업들은 브로드밴드 문제와 정면으로 충돌하기 전에 디지털 미디어의 방향을 틀기 위한 풍부한 현금과 상당한 로비의 힘을 갖출 수 있었다. 그때쯤 이들은 또한 중요한 교훈을 하나 얻은 상태였다. 만약 거대기업들이 온라인 미디어의 성공적인 비즈니스 모델을 찾지 못한다면 아무도 달리 어쩔 수가 없다. 만약에 어느 누군가가 온라인 미디어 콘텐츠를 생산해 이익을 얻을 수 있다고 한다면, 엄청난 콘텐츠와 자원을 갖고 있는 미디어 거대기업들이 다른 누구에 비해서도 더 극적인 우세에 있었다. 이러한 사실이 갈등의 양상을 바꿔 놓는다. 이들 기업이 지닌 제품의 저장 수명을 수십 년 정도 연장시켜 줄 것이며, 콘텐츠가 가치를 지니는 한 이들에게 상당한 수단과 권력을 가져다줄 것이다.

미디어 기업들은 지난 15년 동안 사실상 인터넷의 개방성과 평등성을 제한하기 위해 진력을 다했다. 시스템을 최대한 폐쇄하고 사적으로 소유할 수 있도록 하고, 기업이나 국가가 인터넷 이용자들을 은밀하게 모니터링토록 하며, 상업주의의 수문은 최대한 개방토록 하는 데 이들의 생존과 번영이 달려 있었다.[142] 2012년 현재, 미디어 기업들은 지난날의 위상을 그대로 보유하고 있다. 물론 자산이 뒤섞이고 새로운 계약이 체결된다. 예컨대 컴캐스트는 2011년 제너럴일렉트릭으로부터 NBC 유니버설에 대한 지배적 권리를 사들였다. 그렇지만 집중화 정도는 2000년의 수준에서 대체로 안정화되어 있다. 가장 큰 미디어 기업들은 자신이 장악한 지분을 그대로 유지하고 있다. 2000년과 거의 비슷한 수의 기업들이 2011년 잡지 《포춘》이 발표한 톱 150, 톱 500 리스트에 올라가 있다.[143]

가장 중요한 캠페인은 저작권의 범위와 기한을 연장하는 것이었다. 그 시행 범위를 최대한 포괄적으로 그리고 벌금은 최대한 부담스러울 정도로 만드는 작업이었다. 저작권 로비가 의회와 감독 기관의 협의 과정을 지배했다. 매키넌이 적고 있듯이, "많은 선출직 관료들 사이에 지적재산권 보호 문제가 적절한 절차보다 우선권을 갖게 되었다."[144] 이 권력 약탈 행위의 또 하나 주요한 갈퀴는 디지털 장치나 소프트웨어의 작동에 인위적인 제한을 가할 수 있는 이른바 디지털저작권관리(DRM, digital rights management, 디지털 콘텐츠의 불법적인 유포와 복제를 막고, 그리하여 저작권 보유자의 권리와 이익을 보호해 주기 위한 각종 기술과 서비스—옮긴이) 기술의 발전이었다.[145)]

1998년의 디지털밀레니엄저작권법(Digital Millennium Copyright Act)에서 2011~2012년의 실패한 온라인저작권침해금지법(SOPA, Stop Online Piracy Act)에 이르는 다양한 저작권법들이 오랜 기간에 걸쳐 형성된 상업적 시스템의 진로에 대한 규칙을 제공하고 있다. 로스쿨의 따분하고 지겨운 교과목에서 벗어나 보라. 저작권법이 이제 미디어와 커뮤니케이션 시스템을 주조하는 전면의 공세적 무기로 작동하고 있다. SOPA는 전체 도메인을 차단시킬 막강한 권세를 정부에 부여할 수 있다. 투명성이 보장되어 있지도 않고 잘못된 조치에 대한 의미 있는 반발이 불가능한 조치이다. '저작권 침해'로 고발된 웹사이트에 대한 ISP의 광범위한 검열 활동이 더욱 확대되고 합법화될 수도 있었다. 적절한 과정과 공정성에 관해서는 가장 낮은 수준의 기준 정도만 갖추고 있었다. 《와이어드》에 따르면, 이 법령은 "법안 지지자들로 하여금 흔히 '깡패 웹사이트'라 불리는 사이트에 대한 은행 거래나 광고를 법원의 개입 없이도 저작권자들이 쉽게 끊어 버릴 수 있는 길을" 닦아 준다. 구글의 세르게이 브린이 《가디언》과의 인터뷰에서 말한 바와 같이, SOPA는 "중국과 이란이 이용하고 있다고 미국이 비판한 바로 그 기술과 접근법을 미국에서도 사용 가능케 할 수 있었다."[146)] 조 로프그렌 의원(민주당, 캘리포니아)이 법안의 통과는 "우리가 알고 있는 인터넷의 종말을 뜻할 것"이라고 경고했는데, 그녀는 아주 약간의 과장 어법만 발언에 쓰고 있었을 따름이다.[147)] 그 상세한 내용은 너무나 섬뜩한 것이어서, 위키피디아가 항의 표시로 하루 동안 웹사이트를 차단시켜 버릴 정도였다. 비록 2012년에는 무산되었지만, 다가올 몇 해 안에 양의 탈을 쓰고 의사당에 다시 등장할 수 있는 사안이다.

저작권 로비의 위력에 대해서는, 연방정부가 무역 협상에서 저작권 집행 문제에 최고의 우선권을 부여하고 다른 나라 정부들에게도 미국 스타일의 법 집행을 채택하도록 압박해 온 형태를 보면 쉽게 알 수 있다. 어떤 평범한 관측자도 미국의 관리들은 미디어 산업으로부터 돈을 받고 있다고 여길 정도이다.[148] 미국은 2012년 현재, 30개국이 서명하고 비준 과정에 있는 위조및불법복제방지협정(ACTA, Anti-Counterfeiting Trade Agreement) 체결을 주도하고 있다. 2008년 '위키리크스'에 의해 폭로되기 전까지, 미국은 이 협정의 핵심 규정에 관해 일급비밀로 함구해 왔다. ACTA는 저작권 위반자로 추정되는 사람들에 대한 인터넷 접속을 적절한 절차 없이 끊어 버릴 수 있다. 위반의 증거가 없이도 콘텐츠를 지워 버릴 수 있는 권한을 정부에 부여하고 있었다. 전 세계적 차원의 항의가 나오자 이 규정은 마지못해 약화되었다. 하지만 저작권 보유자들의 우려 사항은 인권 문제보다 더 심각하고 중요한 현안인 양 상존한다.

2012년 7월 유럽의회가 ACTA를 기각시켰다. 상당 부분 성가시고 복잡한 저작권 연장에 대한 대중적 불만에서 비롯된 정치적 결정으로서, 이 법안은 사실상 죽은 것과 다름없게 되었다. 그러자 관심은 미국과 환태평양 국가들 사이에 협상 중인 환태평양경제동반자협정(TPP)으로 모아졌다. 해럴드 펠드의 말대로, ACTA에 대해 혹평을 받은 미 무역대표부는 협약의 통과를 위해 좀 더 유화적인 접근 방식을 택할 필요를 느꼈다. 공정한 사용이나 공적 도메인 같은 문제들에 관해 조금은 수용적인 입장을 취할 필요가 있다는 인식을 갖게 되었다.[149] 그렇지만 이 문제에 정통한 사람들은 국내에서건 국제적으로든 저작권에 관한 한 미국의 입장에서 그 어떤 의미 있는 변화도 기대하지 않는다. "이러한 노력은 대중들의 여론과 완전히 어긋나 있다"고 제임스 로지가 나한테 말했다.[150] 메인래스는 새로운 저작권법과 협정들에 관해 우려하는 시민들을 달래기 위한 정책 입안자들의 노력에 관해 극히 회의적이다. "지금까지 내가 이야기 나눠 본 여러 관계자들의 노력이라는 게 모두 별 볼일 없는 것들뿐이었다."[151]

매키넌이 연대순으로 기록해 놓고 있듯이, 중국과 러시아로부터 얻을 수 있는 교훈은 이들 정부가 반대 세력을 진압하는 정치적으로 편리한 은폐물로 저작권의 집행을 주기적으로 활용해 왔다는 사실에 있다.[152] 이와 함께, 광고주들에게 좀 더 잘 내다팔기 위해 사람들을 온라인상에서 비밀스럽게 엿보려는 상업적 세력과, 누가 자신의 콘텐츠를 허락 없이 사용하고 있는지 알아보기 위해 온라인상에서 사람들을 모니터하고 싶어 하는 저작권 보유자들 사이에도 일종의 이해관계가 존재한다.[153]

저작권자들은 저작권법의 공세적인 집행을 통해 반대 세력을 짓밟아 버리려고 한다. 기술 탓이기도 하지만, 이러한 접근은 '해적' 콘텐츠의 공급을 온라인에서 줄이는 데 별반 효과를 내지 못한다.[154] 팻 아우프더하이데나 피터 재스지 같은 학자들은 좀 더 확실한 개혁을 제안한다. 그런가 하면 요차이 벤클러와 로런스 레식, 데이비드 프리드먼 같은 이들은 문화 생산과 인터넷이 공존할 방법이 있을 수 있음을 보여 주려 한다.[155] "나는 우리가 과연 영화를 만들 영화 산업이나 음악을 제작하는 음반 산업을 원하는지 질문해야 하는 바로 그런 지점에 이르렀다고 생각한다." 킥스타트(Kickstart)의 공동 설립자인 앤시 스트리클러가 2012년에 한 말이다.[156] 문제는, 여전히 엄청난 덩치로 많은 수익을 올리고 있는 기존의 미디어 거대기업들과 대안적 방식들이 양립할 가능성이 없다는 사실이다.

입법화의 전선(戰線)과는 별개로, 2012년 미디어 거대기업들은 텔레커뮤니케이션 카르텔이나 구글 같은 인터넷 거대기업들과 더불어 저작권을 만족스러운 수준에서 집행할 사적 협약 체결을 추진했다. 이른바 '해적' 콘텐츠들을 자신의 네트워크에서 걸러내기 위해, ISP들은 이른바 저작권정보센터라는 것도 만들어 냈다. 여섯 차례 경고를 받게 되면, 저작권을 침해한 이용자는 받아볼 수 있는 콘텐츠의 양이 크게 줄거나 아무 것도 받아보지 못하게 될 것이다. 시스템이 정확히 어떻게 작동하게 될지는 아직 제대로 알려지지 않은 상태이다. 저작권 침해 피의자 권리의 경우에도 마찬가지다. 잠재적 폭발성을 지닌 이 계획은 2012년 7월 실행될 예정이었는데, 세부 내용 조율을 위해 일단 연기되었다. 한 관측자가 적고 있듯이, "ISP들은 사실 그다지 인기가 높은 기업이 아니다. 할리우드를 보호하는 경찰관 역할이 그 이미지를 더 개선시켜 줄 것 같지는 않다."[157)]

미디어 기업들은 2012년 8월, 저작권이 붙은 콘텐츠를 선호하는 검색 알고리즘으로 바꾸는 데 구글이 동의토록 했다. 구글은 저작권 단속과 관련해 자신에게 더 성가시고 값비싼 요구를 할 수도 있는 SOPA 같은 법안보다 이런 사적인 협약을 선호했다. 저작권 시비가 계속되는 웹사이트들은 구글 검색 한참 뒤편에 리스트 되어 사실상 더 이상 존재할 수 없게 될 것이다. 이 과정이 너무나 불투명하다는 우려가 제기되었다. 공익성을 주창하는 어떤 사람이 미국 정치 뉴스 전문 블로그 '토킹포인트메모'(Talking Points Memo)에 이렇게 적었다. 이 과정은 "저작권 보유자들로 하여금 보다 많은 삭제 요구를 신청토록 유도할 것이다." 사실 구글은 2012년 여름 30일 동안에 무려 440만개 이상의 웹주소에 대한 저작권 삭제 요청서를 전달받았다. 2009년 한 해 동안 받은 것보다 더 많은 수치였다.[158] 경쟁자를 억누르고 싶어 하는 부정직한 행위자들이 남용할 수 있는 시스템을 구글이 만들어 냈다고 한 공익 변호사가 주장했다.[159] 프리프레스의 맷 우드가 지적한 바대로, "스튜디오들과 ISP들 그리고 검색엔진 회사들이 준비해 왔고 실제로 관철시킬 수도 있는 이런 거래들"은 불량한 정부입법만큼이나 개방된 인터넷에 위협적일 수 있다.[160] 자기 기익만을 추구하는 민간 독점 업자들이 대중들의 인지나 참여가 배제된 상태에서 사이버스페이스의 미래를 결정할 정책들을 실제로 비밀스럽게 만들어 내고 말 것인가?

미디어 거대기업들은 이른바 '해적질'을 막기 위해 일종의 전쟁을 치르고 있다. 애플 아이튠스와 넷플릭스(Netflix), 법제화된 스트리밍 시스템, 그리고 전자책 등이 온라인상의 콘텐츠 판매 방법으로 떠오른 것은 중요한 발전상이다. 불법으로 영상을 다운 받은 적이 있다고 답한 미국인들의 40퍼센트는, 법제화되고 상품화한 스트리밍 서비스 때문에 불법 다운로드를 얼마간 자제하게 되었다고 답변했다.[161] 2010년에 음반산업이 얻은 글로벌 수입 가운데 3분의 1 정도는 디지털 배급에서 나왔으며, 그 비율은 빠르게 증가하고 있다. 2011년 현재, 아마존의 전자책 매출액이 인쇄 서적 판매고를 넘어섰다.[162] 한 메이저 출판업자는, 전자책에서 나온 수입의 비율이 2010년 11퍼센트에서 2011년 말 현재 36퍼센트로 늘어났다고 분석했다. 이런 경향은 업계 전반적으로 확인되는 양상이다.[163]

일반 대중에게 이처럼 법제화한 대안들은 크게 불리하지도 그렇다고 유리하지도 않은 것이다. 왜냐하면 그런 대안들이란, 사적인 독점업자들에게 엄청난 힘을 부여하기 위해 인위적 희소성을 조성·유지코자 마련된 일종의 폐쇄적이고 상품화된 시스템이기 때문이다. 미디어 거대기업들에게 문제는, 애플이나 아마존 같은 기업들에게 가격 책정에 대한 상당 권한을 부여한다는 사실이다. 예컨대 2012에 벌어진 아마존과 애플, 출판업자들 사이의 전자책 가격 책정을 둘러싼 다툼은, 현재 저작권에 등록된 콘텐츠 판매의 경우를 제외하고는 이제 출판사가 필요없을 수 있다는 미래상을 가리킨다. 그렇기에 미디어 거대기업들은 의무화된 저작권법과 법의 극단적인 집행, 그리고 가혹한 벌금을 위한 캠페인을 더욱 확대시켜 나가고 있는 것이다.[164)]

미디어 복합기업의 이익 손실 문제와 상관없이, 이처럼 사적으로 소유할 수 있고 상품화된 시스템 하에서 창의적인 대규모 문화 생산 시스템을 유지할 수익성 기반이 제대로 창출될 수 있을지는 불분명하다. 재런 래니어의 경우, 자신이 고수해 오던 이상주의를 포기하고 경험주의를 택했다. 기업 시스템을 우회해 가며 온라인상에서 계속 음악 작업을 하려는 (애니 디프랑코 같은 예술가들을 제외하고는) "음악가들을 손에 꼽기 힘들다는 사실에 나는 깜짝깜짝 놀라게 된다." 그는 인터넷과 문화에 관한 자신의 평가를 다음과 같은 결론으로 마무리한다. "10년 동안 많고 많은 사람들이 시도하는 걸 지켜보았다. 우리가 품고 있던 디지털 이상주의는 실패로 돌아갔다. 생명이 끝나 버린 수많은 저널리스트와 음악가, 예술가, 영화 제작자들 대부분에게 시스템은 확실히 정상적으로 작동하지 않았다는 두려움이 나를 지배한다."[165)]

미디어 복합기업들에게 진정으로 희망을 가져다주는 신호는 텔레비전의 놀라운 지속성이다. 2012년 미국에서는 TV 광고에 600억 달러나 되는 돈이 지출되었는데, 그 대부분이 거대 복합기업들에게 흘러들어갔다. 온라인 비디오는 2011년 55퍼센트나 증가했음에도 광고로 고작 30억 달러밖에 못 벌어들였다.[166)] 디지털 TV와 인터넷 사이에 갖가지 형태의 합병이 이루어지는 게 현재의 추세이다. 주 단위로 따져 보면, 온라인 스트리밍은 현재 전체 TV 시청자들의 약 3분의 1 수준에 도달하고 있다.[167] 훌루(Hulu)의 CEO 제이슨 킬라는 "미국인들이 매일 네다섯 시간을 영상을 소비하며 보낸다"는 사실에 주목했다. 과연 누가 그 네다섯 시간을 지배할 것인가? 그리고 텔레비전과 휴대용 PC, 스마트폰 가운데 과연 어떤 게 챔피언에 오를지를 두고 한창 전투가 벌어지고 있다.[168] 시스코시스템스(Cisco Systems)에 따르면, 영상은 2012년에 인터넷 트래픽의 40퍼센트를 차지했다. 2015년에는 대략 60퍼센트 정도의 비중을 차지하게 될 것이다.[169] 그 대부분을 광고가 뒷받침하고 있다. 이처럼 디지털 TV가 인터넷과 마찬가지로 "고심해 볼 만한 것"이 되면서 융합은 더욱 가속도를 낸다. 조지프 터로는 이렇게 썼다. "당대의 활동 양상에 비춰볼 때, 대중과 데이터에 대한 광고주들의 접근 방식 측면에서 '인터넷'과 '텔레비전'의 차이는 궁극적으로 거의 없어질 것이다."[170] 미디어 복합기업들은 매체가 어떠한 것이든 상관없이 핵심 콘텐츠 공급업자가 되고자 한다. 채널 지배권을 갖기 위해 오늘도 동분서주하고 있다.[171]

ISP 카르텔은 말할 것도 없고 애플과 아마존, 구글 같은 기업들도 비디오 소비를 지배하기 위한 전투에 적극 참여한다. 디지털 TV와 인터넷의 혼사를 재촉하고 그 활용을 위해 모두 걸음을 서두른다. 《뉴욕타임스》가 지적한 바와 같이, 이러한 "전투는 스마트폰과 태블릿, 텔레비전이라는 세 가지 스크린을 둘러싼 더 큰 전쟁의 일환이다." 2012년에 실시된 퓨(Pew)의 조사는, 성인 이동전화 이용자의 52퍼센트 정도가 "자신의 모바일 장치를 텔레비전 시청 경험으로 통합시키고 있음"을 보여 주고 있다.[172] 구글 유튜브는 광고를 받는 TV 스타일의 인터넷 채널을 100개 정도 출범시켰다.[173] "우리는 여러분이 갖고 있는 모든 스크린이 독특하고 이음매 없는 방식으로 통합 작동할 수 있기를 바란다." 마이크로소프트 대표가 이렇게 설명한다. "가장 많은 콘텐츠가 소비되고 있는 거실을 과연 어떤 기업이 차지하게 될지 모르겠지만, 바로 그 기업이 전체를 지배하게 될 것이다"는 게 점차 대세를 이루고 있다.[174)]

이러한 과정이 과연 어떻게 끝날지, 그리고 기업 부문들 사이에 권력이 어떻게 새롭게 분배될지는 분명치 않다. 한 가지 확실한 것은, 전통적으로 이해해 오던 것과는 근본적으로 다른 방식으로 이 과정이 광고에 의해 추동되다시피 하고 있다는 사실이다. 새로운 디지털 거대기업들이 파이의 가장 큰 조각을 차지하기 위해 미디어 복합기업들을 상대로 공세를 취하고 있다. 이러한 상황에서, 전문적 지식을 갖고 투자하는 사람들은 이런 디지털 거대기업들에 맞서 배팅하지 말라고 훈수를 두고 있다.[175)] 왜 그러한지 알아보도록 하자.

DIGITAL DISCONNECT

5

인터넷과 자본주의, 국가

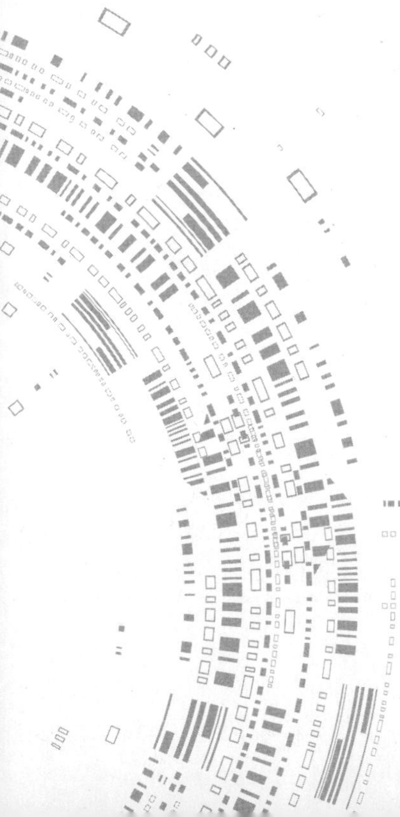

이 장에서 나는 실재하는 자본주의와 인터넷의 혼사에 관한 분석을 마무리 지을 것이다. 우선 최근 새롭게 출현하여 점차 인터넷의 주인, 우리 사회생활에서 상당 부분 주인이 되어 가고 있는 디지털 거대기업들에 관해 살펴보고자 한다. 그러고 나서 인터넷이 광고에 기반을 둔 매체로서 특별한 변화를 보이고 새로운 디지털 광고 산업은 어떻게 지금까지 우리가 알고 있던 광고로부터 근본적으로 달라지고 있는지 평가를 내릴 것이다. 마지막으로, 정부와 국가안보와 군사 당국을 그림의 틀에 집어넣어 볼 것이다. 이들 집단이 어떻게 인터넷을 활용했으며 그들의 활동은 지배적인 위치의 상업적 기업들과 어떻게 조화를 이루었는지 논의할 것이다. 이 세 가지 분야에서는, 과연 자본주의에 의해 추동되는 인터넷과 효과적인 자율 정부라는 요구 사항이 양립 가능한지 질문을 던져 볼 것이다.

새로운 디지털 거대기업들

소비자 파워와 인터넷이 자본주의 역사상 가장 큰 독점을 발생시킨 요인 가운데 하나가 되어 버렸다는 사실은 참 아이러니하다. 디지털 시장의 집중은 다른 부문에서 볼 수 있는 전통적 패턴에 비춰 훨씬 더 난폭한 양상을 띤다. '킬러 애플리케이션들'이 출현하면서, 새로운 디지털 업체들이 경쟁에서 과점으로 또 독점으로 눈 깜빡할 사이에 옮아

가고 있다. 누가 봐도 인터넷은 여전히 자본주의 발전의 한 영역으로서 아직 완전하게 구체화되지 않은 역동적인 상태에 있다. 그래서 그 특성의 모든 것들이 명확히 분리되지 않는다. 그럼에도 독점의 경향이 강하게 나타난다는 사실은 확실하다. 현존하는 거대기업들은 앞으로도 미국과 전 세계 정치경제의 꼭대기에 오랫동안 군림할 것으로 보인다. 과연 새로운 디지털 독점 업체들이 기존의 거대기업들과 결합할지, 아니면 시스템이 정리 통합의 수준에 접근하고 있는지 지금으로서는 그저 추정만 해볼 수 있겠다.

수익 창출이 가능한 대부분의 인터넷 영역에서, 사적인 이해관계들은 해안의 교두보들을 재빨리 독점의 요새로 바꿔 낼 수 있었다. 그리하여 많은 수익을 창출할 수 있었다. 예를 들어, 구글은 검색엔진 시장에서 거의 70퍼센트나 되는 지분을 독차지하고 있다. 곧 존 록펠러의 스탠더드오일이 전성기를 구가할 무렵의 시장 점유율에 도전하게 될지 모른다. 구글은 이미 붐을 이루고 있는 모바일 검색 시장의 97퍼센트를 차지하고 있다.[1] 애플의 공격과 오픈소스 리눅스의 성장과 무관하게, 마이크로소프트 윈도 운용 체계는 모든 컴퓨터의 90퍼센트 이상에서 이용되고 있다.[2] 애플은 아이튠스를 통해 디지털 음원 다운로드 시장에서 점유율 약 87퍼센트 차지했으며, 미디어 플레이어 시장도 70퍼센트 정도를 지배하고 있다.[3] 아이패드는 급성장하는 태블릿 컴퓨터 시장을 지배하고 있다.[4] 스마트폰 공간에서는, 90퍼센트의 순이익이 애플과 삼성 두 기업에게 돌아가고 있다고 2012년 마이크로소프트의 전직 임원이 말한 바 있다. "이러한 시스템에 조만간 변화가 나타나리라는 조짐은 전혀 없다."[5] 아마존은 출판된 서적과 온라인상의 출간물 모두에서 70~80퍼센트 정도의 판매고를 올리고 있다.[6] 이베이와 페이스북도 몇 안 되는 거대기업들과 더불어 상당 수준의 독점 상태를 즐기고 있다. 미국의 경제 불평등에 관한 최근의 한 조사는 이렇게 결론 맺는다. "정보화 시대의 기술 발달로 생긴 엄청난 이익을 거의 모두 소수의 엘리트들이 독차지해 버렸다."[7)]

디지털 혁명의 기회를 제대로 포착한 독점 기업들은 가히 역사적이라 할 만한 규모로 성장했다. 2012년 현재, 시장 평가 측면에서 미국의 가장 덩치 큰 회사 가운데 네 개가 인터넷 기업인 애플과 마이크로소프트, 구글, AT&T이다. 여기에 IBM을 보태면 '톱 10' 가운데 절반이 인터넷 기업이다. 상위 30대 기업들로 내려가 보면, 리스트에는 이제 버라이즌과 아마존, 컴캐스트, 디즈니 같은 기업들이 소비자 시장에 덜 의존하는 인텔이나 시스코, 퀄컴, 오라클 같은 인터넷 기업들과 함께 포함되어 있을 것이다. 이들이 상위 30개 가운데 13개를 차지한다. 이에 비해 정치경제적 지배력 덕분에 지금까지 크게 악명을 떨친 "쓰러질 수 없을 정도로 큰" 대형 은행들은 겨우 두 개만 상위 30권 안에 포함되어 있을 뿐이다.[8)] 요컨대 인터넷 독점 업체들은 이제 미국을 비롯한 세계 자본주의의 위엄 있는 최정상 자리에 올라 있다. 잡지 《포춘》이 지난 세기 12명의 최고 기업가 리스트를 뽑았을 때, 인터넷 거대기업인 애플과 마이크로소프트, 아마존, 구글의 창립자들이 상위 다섯 개 중 네 자리를 차지했다.[9)]

독점이 왜 이토록 심해졌을까? 어떻게 인터넷상에서 집적 경쟁이 초래할 도전에 이토록 초연할 수 있는가? 놀라운 역설이다. 인터넷상의 희소성이란 만들어지는 것이고 그래서 인위적인 것이기 때문이다. 《와이어드》의 편집자 크리스 앤더슨의 말마따나 "인위적인 희소성이 수익 추구의 자연스러운 목표이다."[10)]

몇 가지 연관된 설명이 가능하다. 무엇보다 인터넷은 흔히 경제학자들이 네트워크 효과라 부르는 걸 여실히 보여 준다. 단일한 서비스나 자원을 공유함으로써 거의 모두가 이득을 보게 되는 것을 뜻한다. 정보 네트워크는 특히 수요자 중심으로 규모의 경제를 창출해 낸다. 그럼으로써 규모의 상승에 따른 비용 삭감과 관계되어 있는 (전통적인 독점 산업에서 보편화된) 공급자 중심 규모의 경제와 배치된다.[11] 한 산업에서 가장 규모가 큰 회사가 점차 더 많은 시장 점유율을 차지함에 따라 수용자들이 느끼는 매력도도 열 배 이상이나 커진다. 이러한 구조는 점유율이 줄어든 경쟁사들이 매력적이고 경쟁적인 회사로 살아남는 걸 사실상 불가능하게 만들어 버린다. 《와이어드》의 앤더슨이 이 문제를 간결하게 정리했다. "실제로, 독점은 온라인 세계처럼 고도로 네트워크화된 시장에서 그 가능성이 더욱 높아진다. 네트워크 효과의 부정적 측면은 부유한 마디들이 점점 더 부유해진다는 사실에 있다. 특정 네트워크의 가치는 연결망의 규모에 따라 증대한다는 이른바 '메트컬프의 법칙'이 승자독식의 시장을 만들어 낸다. 이 시장에서는 전형적으로 1등과 2등을 달리는 선수 사이에 격차가 무척 크고, 시간이 갈수록 격차는 더 벌어질 것이다."[12]

컴퓨터들을 서로 연결하는 이더넷(Ethernet) 프로토콜의 발명자 밥 메트컬프는, 네트워크 효과를 너무나 강력한 것으로 여겨 자기 이름을 붙인 일종의 법칙을 공식화시켰다. 특정 네트워크의 유용성은 사람이 한 명 새로 추가됨에 따라 가속도가 붙어 증대된다.[13] 구글 검색이 대표적이다. 구글 알고리즘의 품질은, 덜 효과적이고 덜 매력적인 상품을 가진 여타 검색 엔진들을 떠나 보다 많은 이용자가 몰려들면서 더욱 좋아진다. 2012년 한 해에 이용자 수가 전 세계적으로 10억 명이 넘어선 페이스북의 사례도 살펴보자. "가입자들은 (물론 무료이다) 좀 더 폭넓은 서클에 접속할 수 있게 된다. 그러하지 않은 사람들은 배제된다는 느낌을 갖게 된다." 《이코노미스트》는 이러한 관측을 내놓았다. "바로 이런 강력한 피드백 고리가 페이스북을 수많은 나라에서 가장 큰 소셜 네트워크 사이트로 만들어 버렸다."[14] 메트컬프의 법칙이 루퍼트 머독을 자승자복의 꼴로 만드는 데 상당한 책임이 있다. 머독의 뉴스코퍼레이션은 2005년 마이스페이스(MySpace)를 사들이는 데 5억8천만 달러를 지불했다. 그때 마이스페이스는 막 생겨나고 있던 소셜미디어 시장에서 선두 자리를 차지하고 있었고, 그리하여 구글식 독점권을 가질 절호의 기회를 가진 듯했다. 그러나 마이스페이스는 곧 페이스북에 추월당하고 빠르게 뒤처지고 만다. 2011년에 머독은 3천5백만 달러를 받고 마이스페이스를 처분해 버리게 된다.[15]

메트컬프의 법칙에는 한 가지 보이지 않는 특징이 있다. 네트워크로부터 '배재된' 자들은 배제 비용이 빠르게 증대되는 현실에 직면하게 된다. 네트워크의 중요성 여부에 따라 배제의 가혹함은 비인간적인 수준에 이를 수도 있다. 망 중립성과 보편적으로 누릴 수 있는 브로드밴드를 둘러싼 싸움이 갖는 의미를 다시 확인할 수 있는 대목이다.[16]

독점을 조장하는 두 번째 요인은 기술 표준의 중요성이다. 이 표준은 여러 다양한 기업들과 소비자들이 인터넷을 효율적으로 사용코자 할 때 매우 중요해지는 이슈이다. 일단 표준이 정해지면 면허를 갖고 있는 기업이나 심지어 출발 선상에 있는 기업 모두가 레이스를 위해 달려 나가지 않으면 안 된다. 이러한 표준이 특정 기업에게 특권을 부여하지 않는 게 공익적인 측면에서 좋겠지만, 늘 가능한 일은 아니다. 꽤 많은 기업들이 자신의 기술 시스템을 업계 표준으로 만들고자 노력한다. 유리한 자리를 차지하고 앞서 달려 나가기 위해 힘을 기울인다. "이런 말을 해서는 안 되겠지만…… " 마이크로소프트에 유리한 방식으로 업계 표준을 정하는 일이 지닌 중요성에 관해 말하면서, 빌 게이츠는 1996년 이렇게 인정한 바 있다. "몇 가지 방식을 거치면서, 특정 제품 범주에서 표준은 결국 자연스러운 독점 상태로 이어진다."[17] 자신의 체계를 영원히 걸어 잠그고 그리하여 장기적인 독점 가격 책정의 권력을 향유하기 위해, 마이크로소프트는 자신의 운영 체계에 대한 다양한 소프트웨어 에플리케이션의 의존성을 최대한 이용할 수 있었다. 새로운 라이벌 운영 체계를 도입코자 하는 경쟁자들은 엄청난 수준의 "에플리케이션 진입 장벽"을 마주하게 된다.[18]

이런 장벽 가운데 몇 가지는 수면 아래로 깔린다. 라이선스 대행업체 MPEG LA 그룹이 보유하고 있고 그 라이선스를 마이크로소프트와 애플 등이 가진 H.264 코덱의 경우를 살펴보도록 하자. 이 코덱은 빠르게 온라인 비디오의 표준이 되어 가고 있으며, 현재 시장 점유율은 66퍼센트에 이른다. 인터넷 트래픽에 대한 이런 병목 지점을 갖고, H.264 소유자들은 많은 '지불청구 순간들'(billable moments)을 만들어 낼 수 있었다. 경제학자들은 이 같은 갈취 행위를 '경제적 지대'(economic rents)라고 부른다. 경제 행위자들이 생산이나 재생산 비용과 무관하게 희귀한 자원을 소유하고 있다는 이유로 얻게 되는 부당한 수입을 가리킨다.[19] 무선 분야의 주요 기업인 퀄컴의 사례를 보자. 이 회사는 CDMA(코드분할다중접속) 칩셋 시장의 69퍼센트를, 그리고 안드로이드 장치 내 무선 칩셋의 77퍼센트를 지배하고 있다. 브로드컴(Broadcom)과 함께 퀄컴은 핵심 와이파이 칩셋 시장의 절반 정도를 지배한다.[20]

이와 관련하여 독점을 부추기는 또 다른 요인은 특허의 광범위한 활용이다. 너무나 그 범위가 넓어, 팀 버너스리가 자신이 그렇게 개탄했던 1990년대 후반기를 개방성의 황금기로 다시 보게 될 정도였다. 미국 특허청은 2011년에 무려 248,000건의 특허권을 발부했는데, 10여 년 전에 비해 35퍼센트나 늘어난 수치이다.[21] 특허권은 저작권과 유사하다. 일시적 독점 라이선스를 정부가 보호해 줌으로써 혁신을 보상하고 그럼으로써 혁신을 북돋우는 기능 두 가지를 갖추고 있다. 저작권과 마찬가지로 특허권도 디지털 시대에 현저하게 폭발했다.[22) 《블룸버그비즈니스위크》는, 예를 들어 마이크로소프트가 2002년에는 고작 몇 백 개에 불과하던 특허권을 2010년에 들어 2,500개 이상이나 신청하는 현상을 두고 "하이테크 군비 경쟁"이라고 이름 붙였다. 20~30년 전에는 기기 하나가 대략 5~10건 정도의 특허권을 갖고 있었을 것이다. 한 저작권 전문가가 이렇게 쓴다. "그런데 오늘날에는 당신 주머니 속의 휴대폰 하나만 해도 대략 5천 건의 특허를 갖고 있다."

디지털 거대기업들 사이의 특허를 둘러싼 전투가 이제는 다반사가 되어 버렸다. "그냥 물러나 앉아 경쟁 업체들이 우리가 특허를 낸 발명품을 훔쳐 가는 걸 눈 뜨고 지켜볼 수는 없지 않은가?" "그런 일이 없도록 뭔가를 해야 한다." 2010년 스티브 잡스가 말했다. 그는 법정에서 특허권을 두고 이른바 애플 성전에 돌입했다.[23) 2011년 모토롤라의 모빌리티(Mobility)를 사들이기 위해 125억 달러라는 '천문학적' 액수를 지불했을 때도, 구글은 무엇보다 모토롤라가 지니고 있는 17,000건의 특허를 차지하려고 그렇게 한 것이었다. 구글로 하여금 안드로이드를 법적인 도전에 분명히 맞설 수 있도록 해주고, 또한 그 어떤 새로운 시장 진출자들의 위협까지도 줄여 줄 수 있는 "모바일 특허의 보물"이었다.[24) 《폴리티코》(Politico)는 이렇게 관측한다. 기술 관련 기업들이 특허를 낚아채 가면서, "이들은 전 세계의 법정에서 서로 심각하게 다투는 와중이다." 독점에 반대하는 어떤 변호사는 이를 가리켜 확실한 동반 파멸이라고 불렀다. 승부에서 지는 쪽은 확실하다. "2만 건의 특허를 사들일 수 없거나" 끝도 없는 법정 다툼을 위해 그 많은 수수료를 지불할 수 없는 상대적으로 작은 기업들이 지게 되어 있다.[25)

저작권처럼, 특허권도 창의성의 기반이 된 것만큼이나 그 저해 요인이 되어 온 것은 마찬가지다.[26] "좀 더 강력한 지적 재산권 보호가 더 많은 혁신으로 이어질 거라는 믿음은 명백히 잘못 된 것 같다."《뉴욕타임스》가 이렇게 썼다. "혁신이란 각각의 단계가 그 이전의 아이디어를 딛고 올라서는 일종의 지적인 축적 과정인 경우가 많다." 그런데 특허권은 이런 과정을 중단시켜 버린다. 반면에 상당한 소송 비용을 감당할 수만 있다면 기반이 확고한 독점력을 보호해 주는 데 탁월하다. 스탠퍼드대학의 경제학자 팀 브레즈나한은 이런 질문을 던졌다. "누가 특허권을 소유하고 있는가? …… 최근에 많은 혁신을 이룬 사람들이 아니라, 오랫동안 자리를 지키고 있던 자들이다."《블룸버그비즈니스위크》도 "막 설립된 회사들은 더 이상 최대한 빠른 시간 안에 신제품 개발을 위해 달려가지 않는다. 오히려 몇 년이 걸릴 수도 있는 방탄성 지적 재산권 포트폴리오로써 이들 표준을 우선 보호해야 한다"고 썼다.《타임스》의 결론은 이러하다. 특허는 "지배적 지위에 있는 기업들이 자신의 비즈니스 모델을 붕괴시킬 수도 있는 미래의 혁신을 가로막도록 만든다." 이 기사는 "어쩌면 소프트웨어는 특허를 낼 수 없도록 해야 한다"는 급진적 아이디어를 제시하고 있다.[27] 수십억 달러 부자가 아닌, 우리들에게 월드와이드웹을 가져다준 천재 과학자 버너스리도 아마 이 견해에 동의할 것이다.

이 모든 요인은, 수익을 추구하는 디지털 거대기업들이 왜 통제권을 행사할 수 있는 특허 시스템 설립에 유독 관심이 있는지 잘 설명해 준다. 이들은 최대한 개방된 인터넷이라는 아이디어에는 아무 관심도 없다. 2006년으로 돌아가, 조너선 지트레인은 다가올 10년 안에 PC가 새로운 세대의 (등록상표가 붙은) '정보 기기들'에 의해 대체될지도 모른다고 예언한 바 있다. 팀 우는 자신이 "정확하게 옳았다"고 말한다.[28] 애플은 처음부터 이러한 접근 방식에 주력했는데, "잡스의 폐쇄형 컴퓨터라는 비전은 흔들리지 않았다."[29] 팀 우는 애플의 다양한 장치들이 "할리우드 친화적"이었고 단일 ISP와 잘 어울리게끔 디자인되었다는 사실에 주목한다.[30] 테크놀로지 문제에 관해 전문적으로 글을 쓰는 존 노턴은, 애플이 "역사상 가장 신중하게 규율된 소프트웨어 플랫폼 가운데" 하나를 내놓았다고 찬사를 표했다. 예를 들어 아이폰의 탁월한 재능은 그것이 일종의 '구속'(tethered) 장치라는 점이며, 이에 대한 통제권은 모두 애플에게 있다. 존 노턴이 말한 바와 같이, 인터넷 연결 이동전화는 "기능이 훌륭하고 즐길 만하며 아름답기까지 하다. 다만, 상당 부분 누군가의 통제 아래 있는 게 문제다."[31] 2008년에 이미 빌 게이츠는, 애플의 폐쇄형 시스템이 가장 좋은 접근 방식이라는 사실이 입증되었음을 인정한 바 있다.[32] 투자자 커뮤니티도 동의했다. 2002년 애플은 총자산 가치가 5,500억 달러라는 평가를 받아 내면서 미국에서 가치가 가장 높은 기업으로 꼽혔다. 그렇지만 이렇게 이야기할 수 있는 디지털 기업이 애플만 있는 것은 아니다. 페이스북의 비상한 재능도, 여타 웹사이트들과 연결될 새로운 핵심 층위에 해당하는 영역을 만들어 내고 있다.

아이러니하게도 구글은 이런 "담벼락을 친 정원들"이 인터넷의 기반으로 떠오르는 현상에 대해 강력히 반발하며 목청을 높였다. "오래된 인터넷이 위축되고 있으며, 그 공간이 일반 구글 이용자들은 도저히 타넘을 수 없는 담벼락으로 차단된 정원들로 대체되고 있다." 2012년 온라인 광고 네트워크인 페더레이티드미디어(Federated Media)의 존 배텔은 이렇게 설명했다. "많은 사람들에게 페이스북 바깥의 공간은 점점 사기와 악성 소프트웨어, 그리고 해적질이 득실대는 야만의 공간처럼 보이게 될 것이다."[33] 구글의 브린은 "혁신을 가로막고 웹을 분열시켜 싸우게 만드는 전용 플랫폼"을 비판하면서 애플과 페이스북을 괴롭혔다. "만약에 인터넷을 페이스북이 지배하고 있었더라면, 구글이라는 걸 만들어 낼 수 없었을지도 모른다." 공동 설립자인 레리 페이지는 이렇게 적었다.[34] 그러면서도 구글은 자신의 고유한 특허 서비스 구글플러스를 출범시켰고, 마이크로소프트 또한 소유권을 주장할 수 있는 방향으로 바꾸었다. 이 두 가지는 모두 '특허 소프트웨어'(proprietary software, 특정한 개인이나 법인회사가 저작권을 보유하고 있거나 기타 재산권을 사적으로 소유하고 있는 프로그램—옮긴이)에 의존했는데, 아마도 디지털판 에덴동산에서 먹은 첫 번째 선악과였을지 모른다. 구글은 흔히 "오픈소스 운동의 안티테제"라고 묘사되어 왔다.[35] 프라이버시라는 현저한 이슈로 논의를 옮겨가 봐도, 구글은 페이스북과 단단히 손을 잡았다. 윤리적인 차원에서 제기되는 그 어떤 고차원적인 주장도 포기해 버렸다.

비개방형 시스템을 가능케 한 핵심적 발전은 이른바 클라우드(cloud) 컴퓨터의 발전이었다. 이를 통해 거대기업들은 저마다 자신들의 서버 군단들 안에 엄청난 양의 자료를 보관하고 있었다. 이용자들도 더 이상 자신의 개인 자료를 저장하는 데 막대한 양의 컴퓨터 메모리를 필요로 하지 않게 되었다. 단지 클라우드에 대한 접속권만 얻어 내면 작은 장치를 통해 자신이 가진 모든 것에 접근할 수 있고 사실상 그렇게 해야만 했다. 아직은 일종의 건설적인 활동기로서 호스팅 서비스를 제공하는 "덩치 작은 녀석들"만 존재한다. 그렇지만 그 반대편에서 구글과 페이스북, 아마존, 애플, 마이크로소프트 할 것 없이 디지털 독점 기업들 모두 엄청난 사적인 클라우드 설립을 위해 투자를 서두르고 있었다. 클라우드 컴퓨터는 인터넷을 더욱 효율적인 것으로 만들고 이용자와 사용자의 입장에서는 훨씬 저렴하게 만들어 주는 놀라운 수단이다. 다만, 클라우드 능력을 우월한 위치에 있는 소수 거대기업들의 손에 맡기는 게 과연 현명한 정책인지는 전혀 별개의 문제이다. 클라우드는 거대기

업들이 착취할 수 있는 귀한 자료들로 가득 찬 일종의 보물 창고가 될 수 있다.[36)]

클라우드 컴퓨팅은 진입 장벽이라고 볼 수 있는 상당한 자본 지출이 필요한 탓에, 결국은 과점이나 독점으로 귀결되고 만다. 모든 조회에 대한 사실상 거의 즉각적인 응답을 위해 해마다 수십억 달러나 되는 돈을 컴퓨터에 들이고 있는 구글의 사례를 보자.[37)] 구글 검색을 한 번 조회하면 "미 전역에 걸쳐 있는 여러 개의 엄청나게 규모가 큰 데이터 센터의 700~1,000개에 이르는 개별 컴퓨터들에 불이 붙는다."[38)] 다른 거대기업들과 마찬가지로, 구글도 이 모든 정보를 자신의 클라우드에 보관하기 위해 전 세계에 걸쳐 엄청난 '서버 농장'을 두고 있다. 기업들은 이 규모에 대해 입을 다문다. 그렇지만 하나의 서버 기업은 엄청난 사업임을 암시하는 명백한 증거들이 있다. 존 노턴은 한 개의 데이터센터는 10개의 커다란 '방'로 구성되어 있고, 각각의 방에는 3만 개의 컴퓨터와 엄청난 규모의 산업용 냉방 시스템이 들어 있다고 설명해 주었다. 2008년, 구글은 미국에만 그런 데이터센터를 19개나 갖고 있었으며, 비슷한 수의 센터를 해외에도 두고 있었다.[39)] 구글은 그 무렵 미국 국내에서 판매되는 서비스의 약 15퍼센트를 사들이고 있는 걸로 예측되었다.[40)]

이러한 요인들을 모두 고려해 볼 때, 마이크로소프트와 구글 같은 거대기업들이 "경쟁이 코앞에 닥쳤다"라거나 혹시 다른 누군가 자기 차고에서 더 나은 알고리즘을 개발하지 않을까 늘 생존에 관해 노심초사하고 있다고 주장하는 게 얼마나 말도 되지 않는지 금방 드러난다.[41)] 아마존 또한 알고리즘 이상의 특허 덩어리이다. 미국 국내에 69개 데이터와 고객 주문처리 센터를 갖고 있다. 그중 17개가 2011년 이후에 설립된 것이며, 앞으로 그 수를 더욱 늘일 계획을 갖고 있다. 아마존은 노동조합이 없는 사업체이다. 펜실베이니아 주 앨런타운에 있는 한 주요 고객 주문처리 센터에서 목격된 풍경은, "찰리 채플린이 영화 〈모던 타임스〉에서 잊을 수 없는 방식으로 풍자했던 바로 그 참담한 상황"을 그대로 빼닮았다고 한 조사 보고서는 적고 있다.[42)]

사회적인 매체이자 정보 체계로서 인터넷은 오늘날 소수 거대기업들의 영토라고 해도 과언이 아니다. 이들 기업은 저마다 엄청난 현금 다발을 가지고 독점 베이스캠프를 설치하는 데 혈안이 되어 있다. 몇몇 관측에 따르면, 애플은 2012년 현재 1,100억 달러에 이르는 현금을 보유하고 있다. 구글은 500억 달러, 마이크로소프트는 510억 달러, 아마존은 100억 달러의 현금을 보유하고 있는 것으로 알려진다.[43)] 페이스북은 2012년 자신의 주식 공개상장(IPO)을 통해 현금 160억 달러를 주머니에 넣을 수 있었다. 2010년부터 무려 20여 개에 이르는 기업체 인수를 성사시켰으며, 그중 최고가인 인스타그램(Instagram) 거래는 10억 달러에 이르는 규모였다.[44)] 《뉴욕타임스》가 주목한 바에 따르면, 바로 이들 거대기업이 "매일같이 더 많은 돈으로 흥청대는 산업"을 이루고 있다.[45)]

독점적 베이스캠프를 보호·보존하는 게 이들 거대기업의 첫 번째 목표이며, 여기에서 모든 것이 시작된다. 인터넷의 세계를 상상하는 가장 좋은 방법은 구글과 페이스북, 애플, 아마존, 마이크로소프트 그리고 ISP 카르텔 멤버들이 저마다 독점 베이스캠프를 대표하는 대륙 하나씩을 차지하고 있는 그런 행성을 떠올려 보는 것이다. 이베이처럼 독점 베이스캠프를 갖춘 미니 제국은 일본에 비유될 수 있다. 그 발언권이 현격하게 줄어든 전통적인 미디어 거대기업들은 하와이나 뉴질랜드, 마다가스카르쯤에 위치할 것이다. (NBC 유니버설이 컴캐스트와 성사시킨 것처럼, 보다 덩치가 큰 디지털 거인들과의 합병이 가능성 있는 향후의 패턴으로 보인다.)

넷스케이프와 AOL, 야후처럼 위상이 흔들린 디지털 경쟁자들은 독점권을 틀어쥐는 데 모두 실패했다. 그래서 무인도를 찾아 대양을 헤매는 꼴이 되어 버렸다.[46] 트위터는 "구글이나 페이스북 같은 회사들로부터 더 강력해진 경쟁에 직면하여" 애플과 공식 인수로 이어질 수도 있는 일종의 동맹 관계를 논의하고 있다.[47]

개별 제국의 목표는 세계를 정복하는 것이다. 다른 어떤 누구에 의해서도 정복되지 않도록 하는 데 있다. 그 어떤 기업도 결코 고립된 섬으로 존재할 수 없다. 세계가 그 옆을 스쳐 지나도록 내버려 두면서 자신만의 독점 베이스캠프에 만족하며 지낼 수 있는 그런 평온한 상태가 결코 아니다. 기업들은 때로 서로 공세적인 경쟁을 펼치야 한다. 반대로, 서로 고객 관계를 맺거나 다른 상대들에 맞서 동맹을 맺는 게 가치 있음을 발견할 수도 있다.[48] 2012년에 한 업계 관측자가 언급한 것처럼, "이 회사들은 서로 협력할 수도, 상대편의 눈을 찌를 수도, 한통속이 될 수도 있다."[49] 아마 게임이론이 가장 잘 들어맞는 사례가 있다면 바로 이들의 활동 공간일 것이다.[50]

거래에 필요한 현금과 주식을 대거 보유한 상태에서 그리고 현존하는 독점 베이스캠프의 온갖 혜택들을 갖고, 제국들은 일제히 인근 분야로 진출해 새로운 독점 서비스를 시작하고자 한다. 물론 궁극적인 성사를 희망하면서다. 애플이 특히 그러했는데, 실제로 맨땅에서 완전히 새로운 독점 산업들을 창조해 냈다. 구글도 지난 8년 사이 검색 서비스를 넘어 다양한 영역으로 진출했다. 지메일과 유튜브는 빙산의 일각일 뿐이다.[51] "페이스북이 사진 서비스를 개시하여 곧 세계 최대의 디지털 사진 저장소로 성장했다. 플리커나 포토버킷 같은 경쟁자들에 비해 기능 목록의 수준이 떨어지는데도 이룬 성과였다."[52] 스티븐 존슨이 《와이어드》에서 한 말이다. 한편, 아마존은 책 매출에서 얻은 전자 상거래 관련 전문성을 거의 모든 전자 상거래 시장 지배에 활용했다. 전반적으로 소매 판매고가 상당히 정체되어 있는 상황인데, 아마존을 비롯한 온라인 소매상들의 성장은《이코노미스트》의 말처럼 "물리적으로 실재하는 오프라인 가게들"의 희생을 요구하게 될 것이다."[53] 미국 내 전자 상거래가 2010년 1,760억 달러에서 2015년 2,790억 달러 규모로 상승할 것으로 예상되는 상황에서, 아마존의 미래는 아주 밝아 보인다. 다른 제국들도 이권을 얻어 내기 위해 다들 군침을 흘리고 있다.[54]

사실, 아마존의 CEO 제프 베조스는 제이 굴드나 존 록펠러만큼이나 독점 권력의 특혜를 정확하게 이해하고 있다. 예상되는 경쟁자들을 없애 버리거나 자기 휘하에 두기 위해 자신이 보유한 독점적 가격 책정의 권력과 시장에서의 근육질을 사용하는 것이다.[55] 그렇게 하면 록펠러처럼 최대 이익을 창출할 수 있는 수준에서 가격을 정할 수 있다.[56] "아마존은 약자를 괴롭힌다. 제프 베조스도 그런 자이다." 미국 최대의 출판사 가운데 하나의 CEO가 2012년 인터뷰에서 이렇게 말했다. "그토록 강력한 힘을 갖춘 자라면 누구든 주변 사람들을 괴롭힐 수 있는데, 아마존이 정확히 그러하다."[57] 이건 전혀 새로운 일이 아니다. 조지프 스티글리츠는 마이크로소프트가 1990년대 자신의 '독점력'을 이용해 넷스케이프를 어떻게 망가뜨렸는지 잘 설명해 준 바 있다.[58] 빌 켈러 또한 페이스북이 2010년 어떻게 자신의 시스템 안에 크리터아일랜드(Critter Island) 게임을 무력화시켰는지, 그리하여 크리터아일랜드 이용자 수가 어떻게 불과 48시간 안에 1,400만에서 0명으로 줄어 버렸는지 잘 기술해 주고 있다.[59] 누가 보스인지 누구나 알 수 있도록 할 수 없다면, 구태여 독점업자가 되려고 하는 까닭이 뭐겠는가?

제국들은 디지털 신진 유망 기업들과 중견 기업들을 매수하는 데에도 저마다 수십억 달러씩 돈을 들인다. 페이팔과 유튜브에서 스카이프,

핫메일에 이르는 여러 유명 브랜드들이 단 하나의 거대기업 소유 하에 있다. 2011년 한 해만 두고 봐도, 예컨대 구글은 80건에 이르는 기업 인수를 위해 총 140억 달러를 썼다.[60] 가끔씩 기업들은 새로운 산업의 잠재력을 눌러 두기 위해, 또는 다른 제국이 달려드는 것을 방지하기 위해 기꺼이 초과 지출도 할 것이다. 《이코노미스트》가 인정하고 있듯이, 현금 흐름이 빠른 거대기업으로서 가질 수 있는 혜택 중 하나는, "잠재적 경쟁자들을 사들이기에 충분히 부자"라는 점이다.[61] 온라인에서 창출되고 있는 부는 비단 제국의 소유주들에게로 갈 뿐 아니라 제국에 팔린 신진 유망 기업 소유주들에게도 흘러간다. 마크 큐반이 대체 누구인가? '거대 기업에 의해 인수되는 것,' 이게 바로 요령 있는 기업가들이 목표로 하는 바다.[62] 또 다른 독자적 거인 제국, 또 하나의 구글이나 페이스북이 출현하려면 특허의 숲을 피해 가면서 재빨리 독점화할 수 있는 전혀 새로운 디지털 산업이 만들어져야 할 것이다. 현존하는 거물들의 입장에서는 이처럼 또 다른 디지털 거물이 나타날 가능성을 최소화하는 게 자신들의 이익에 맞다. 문제는, 기술적으로 유동적인 상황에서 제국들은 결코 전능하지 않다는 사실이다.

영화 〈대부 2〉에 나오는 고전적인 아바나 파티오 장면을 다시 떠올려 보자. 제국들은 모두 오늘날이 바로 자신들이 지배하는 세계라는 데 동의한다. 이를 전제로 그 지배권을 둘러싸고 서로 각축을 벌인다. 현재의 시장에 아직까지 경쟁이 얼마간 남아 있다면, 그것은 거물들이 상대방의 베이스캠프 영역을 습격한다는 결정했기 때문일 것이다. 다른 누구도 재난을 막아 줄 기도문을 갖고 있지 않다. 2인자의 입장에서는, 현 시장에서 15퍼센트 정도의 지분도 충분히 수익성이 높은 것일 수가 있다. 그리하여 2012년 6월 어느 날 애플은 구글의 독점 시장들을 직접 공격할 만한 일련의 새로운 기능들을 발표한다. 구글도 마이크로소프트에 대해 똑같이 행동했다. 한편, 마이크로소프트가 애플을 따라잡기 위해 곧 일종의 태블릿 컴퓨터를 출시할 거라는 보도가 나왔다.[63)]

전망이 좋은 새 분야가 출현하고 그 어떤 제국이 우월할지 불분명할 경우, 논란이 종식될 때까지는 전투가 치열하게 펼쳐질 수밖에 없다. 그렇지만 이런 전투는 몇 년이 채 가지 않는다. 그리하여 메이저 제국들 대부분이 스마트폰과 검색 엔진, 태블릿 컴퓨터, 인터넷 텔레비전, 소셜 미디어, 전자책, 게임, 전자 상거래에 뛰어든다. 다른 거물들 중 어느 하나라도 현재 번영을 구가하고 있거나 미래가 밝아 보이는 모든 사업들을 위해 작업을 펼친다. (혹은 그럴 준비가 되어 있다.) 스마트폰이 흔히 앱이라고 불리는 것을 포함한 'OTT'(Over The Top) 서비스라는 새로운 지평을 활짝 열었다. 이런 서비스들이 출현함에 따라, 카르텔과 인터넷 거대기업은 새로운 영역 내 우월적 위치를 두고 전망이 밝은 새로운 기업들을 잡아먹기 위해 서로 치열하게 다툼을 벌일 것이다.[64)]

아마도 2012년에 보인 가장 공세적인 움직임은 구글이 캔자스시티에서 구글파이버네트워크(Google Fiber network)를 출시한 것일 테다. 이 구글 시스템은 기존의 네트워크에 비해 훨씬 빠른 속도를 제공했다. 미국 국내에서 '브로드밴드'를 통해 가능한 것보다 100배나 빨랐으며, 다른 선진국에서 흔히 찾아 볼 수 있는 속도에 가까운 것이다. 이는 또한 케이블 TV와 위성 업계에 대한 공세도 되었다. 이 시스템은 풀 채널 텔레비전 접속을 가능케 하기 때문이었다. 향후 어떻게 될지, 구글이 얼마나 심각하게 여타 카르텔들까지도 압박할지는 현재로서 불분명하다. 워싱턴의 한 활동가는 이렇게 말했다. "들려오는 이야기에 따르면, 구글이 다른 도시나 전국에 걸쳐 더 광범위한 망을 설치할 계획은 현재로서 없는 듯 하다." 왜? 로비 능력을 갖춘 헤비급 챔피언과 겨뤄야 하는 문제나 아주 오래된 진입 장벽이기는 하지만 무엇보다 "비용이 엄

청나게 많이 들기" 때문이다.[65]

분명한 것은, 구글과 같은 인터넷 거대기업만이 이러한 공세를 취할 형편을 갖추고 있다는 사실이다. 가장 낮춰서 봐도 이러한 공세는 구글에게 온갖 종류의 긍정적인 PR 효과를 가져다줄 것이다. 정치인이나 카르텔과의 협상에서도 영향력을 크게 확대시켜 준다. 카르텔에 대한 일종의 경고가 될 수 있고, 카르텔로 하여금 자리를 박차고 나와 21세기를 제대로 맞이하도록 압박할 수 있다. 장기적으로 그 효과를 가장 높게 잡아 보자면, 구글은 무선 ISP와 유료 텔레비전 시장에서 상당히 수익성 높은 시장 점유율을 차지할 수 있을 것이다. 이렇게 되면 구글은 다른 어떤 거물들에 견주어도 자신의 미래 운명을 훨씬 더 잘 컨트롤할 수 있게 된다.[66] 요컨대 돈이 아주 많은 기업의 똑똑하고 위험부담이 적은 투자이며, 엄청난 성과를 올릴 잠재성이 큰 투자이기도 하다.

전 지구적인 지배 또는 피터 버로스가 말한 "모든 사람들에게 전부가 되는 것"에 대해 왜 모두가 이토록 집착하는 것인가?[67] 사적 소유의 세계에서 제국들은 저마다 최대한 독립적이길 바라며, 자신의 세계 내부로 최대한의 소비자들을 끌어들이고자 한다. 이 세계 안에서 제국들은 소비자들에게 일련의 서비스와 제품들을 제공하며, 광범위한 데이터를 클라우드에 모아서 예상 광고주들이 채굴할 수 있도록 해준다. "가장 덩치가 큰 기술 관련 회사들은 더 이상 단순히 당신의 하루 일부를 향상시키는 데 만족하지 않는다."《뉴욕타임스》는 이렇게 기사를 썼다. "그들은 경계를 없애고자 하고, 다른 커다란 기술 관련 회사들이 하고 있는 건 자신도 전부 하고 싶어 한다. 사람들이 잠에서 깨어 있는 모든 순간을 점령하고자 한다. 이제 새로운 전략은, 하나의 장치를 개발해 그걸 소비자들에게 팔고 그 후 바로 그 장치를 통해 소비자들에게 콘텐츠를 내다 파는 것이다. 아마 광고도 좀 팔 것이다."[68]

하드웨어와 소프트웨어 사이의 경계가 애플 같은 기업들에 의해 흐릿해지고 있으며, 아마존 같은 기업들이 그 뒤를 좇는다. 한 분석가가 말한 바와 같이, "전반적인 경험을 통제하기 위해 당신은 우선 하드웨어를 통제할 필요가 있다."[69] 또 다른 분석가는 이렇게 썼다. "생태계 전체의 문제이다." "소비자들을 최대한 바로 그 생태계에 꼼짝 못하도록 묶어 두는 것, 그리하여 이들의 콘텐츠를 한 시스템 안에 가두는 것이 핵심이다."[70] 이 담벼락 쳐진 정원 속에서 벌어지는 게임은 경제학자들이 때로 "증대된 잉여 추출 효과(enhanced surplus extraction effect)"라고 이름 붙인, 담벼락 내부에 갇힌 자들을 보다 잘 탈취할 수 있는 더 향상된 능력이 있느냐에 달려 있다.[71] 일단 어떤 제국이 당신을 자신의 울타리 안에 가둘 수 있다면, 이제 당신에게 그 제국의 모든 제품을 강매하는 건 훨씬 손쉬운 일이 된다. 사실, 거대기업들은 글로벌한 기업 도시 내부의 디지털 회사 저장소가 되려고 각축 중이다.

과연 제대로 될 것인가? 누구도 알 수 없는 일이다. "모델이 어떤 식으로 그려질지 누가 어떻게 알 수 있겠는가?" 한 분석가는 이렇게 반문한다. "구글도 아직까지는 잘 모를 것이다. 그렇지만 오늘 어떤 모델을 만들어 내지 못한다면, 5년 안에 당신이 이길 공산은 거의 없어진다."[72] 현재의 논리에 따르면, 모든 것들이 떨어져 나가고 아마도 더욱 적은 수의 초특급 거대기업들만 살아남게 될 가능성이 크다.

독점 숭배

전통적인 경제학 이론에 따르면, 시장 집중은 특정 경제 안에서 자원을 효율적으로 분배하는 데 결코 좋지 않다. 독점은 경쟁의 적이며 경쟁이야말로 시스템을 정직하게 유지하는 핵심 요소이다. 페이스북과 관련하여, 사용자 프라이버시에 대한 우려만큼이나 심각한 게 사실 독점 문제이다. 경쟁적인 시장에서라면 소비자들이 좀 더 프라이버시 친화적인 소셜미디어로 옮겨 갈 수 있었을 것이다.[73] 자본주의에 효율적인 경쟁이 없다면, 자기 존재의 정당성 즉 정치경제와 양립할 수 있는 효과적이고 공정한 시스템이라는 주장의 근거를 상실한다. 몇몇 경제학자들은, 독점 업체의 출현이 디지털 세계의 기술적 역동성에 따른 임시적인 현상일 뿐이라는 주장을 펼친다. 신기술이 슘페터식 '창조적 파괴'의 물결을 통해 그 어떤 독점 시장 주변에 들어선 장벽들을 무너뜨릴 거라고 가정한다.[74] 그러나 이러한 주장을 뒷받침할 만한 근거는 별로 없다. 거대기업의 엄청난 규모와 재정적·정치적 권력을 전제해 볼 때, 테이블 위 카드들의 자리바꿈 정도는 가능하다. 하지만 정치적 간섭을 가로막으면서 이들 거대 독점업자들은 어떤 형태로든 당분간 현재와 같은 위상을 유지하고 있을 게 틀림없다.

《와이어드》의 크리스 앤더슨이 보기에, 독점이라는 신세계의 질서는 간단히 말해서 세계를 지배하는 당연한 법칙이다. "하나의 기술이 만들어지고 전파되어 천 가지 꽃들이 피어난다. 그러면 어떤 사람이 그 꽃밭을 소유할 방도를 찾아내고, 결국 다른 사람들은 바깥으로 내쫓긴다. 매번 이런 일이 벌어진다. …… 사실, 어떤 종류의 독점이나 최소한의 과점 없이 부가 창출되는 경우는 거의 없다. 이것이 자본주의 상업화의 자연스러운 경로이다. 창안과 선전, 채택, 통제 …… 개방성은 비화폐 경제에서나 대단하게 여겨질 수 있는 것이다 …… 무한 경쟁이 말로는 좋겠지만, 그 혼돈은 결국 한계를 더 많이 드러내게 될 것이다."[75] 페이팔의 설립자이자 억만장자인 피터 티엘은 스탠퍼드대학 강연에서 학생들에게 말한다. 모두가 함께 성장해야 하고 새로운 독점 시스템을 받아들어야 할 시간이라는 게 그가 이야기하고 싶었던 교훈적 메시지의 핵심이다. 독점을 찬미하고, 반대로 경쟁은 파괴적인 것이라고 지껄인다. 자본주의는 "뭔가 창조적인 활동을 통해 고유한 시장과 틈새 그리고 정체성을 형성할 수 있는" 그런 소수의 독점 업체들과 함께 더 잘 돌아가는 시스템이다. "일단 당신이 창조적 독점 상태를 만들어 놓으면, 서비스를 원하는 사람들은 모두 당신에게 찾아오지 않을 수 없을 것이다." 이러한 관점에 따르면, 우리 사회에서 진보적인 세력은 다름 아닌 배후의 소수 독점 기업가들이 된다.[76)]

이 장에 제시된 모든 주장들은 결코 자연스러운 게 아니다. '우리'의 선호도를 반영하는 것도 아니다. '우리'는 이 문제에 관해 사실상 아무런 발언권도 갖고 있지 않다. 만약 티엘의 자산 포트폴리오라는 장밋빛 안경을 통해서 보지 않는다면, ISP 카르텔과 디지털 제국들은 훨씬 덜 호의적인 것으로 비칠 수 있다. 다양한 이슈에 대한 정부의 협조와 지원책, 이전의 상당한 정부 투자 없이 그 어떤 독점업자들의 성공도 가능하지 않았을 것이다. 바로 이 대목이 티엘의 자축적인 기쁨의 노래에 생략되어 있다. 말이 아닌 행동을 통해 돌아볼 수만 있다면, 거대기업들은 자신들의 존재가 호의적인 규제와 과세 정책에 기대고 있음을 잘 알게 될 것이다. 이들의 존재는, 자신들의 경제력을 받아들이는 차원에서 나아가 이를 촉진하고 또 활성화시키는 정부의 도움에 크게 기대고 있다. 로리 앤드루스가 관측한 바와 같이, "프라이버시 침해나 명예훼손 또는 '포스팅'에 따른 범죄 활동을 이유로 고소" 당하는 걸 막아주는 법률이 없었더라면, 페이스북은 지금 같은 형태로 존재할 수 없었다. 그녀의 관측대로, "모든 권리들이 한 방향으로 향하고 있다. 페이스북이 카드를 쥐고 있으며, 시민들은 서비스를 완전히 떠나는 것 말고는 선택의 여지가 별로 없다."[77)] 그렇다고 티엘이나 거대기업들이 정부와 사회에 빚진 많은 부채에 대해 인정하기를 참고 기다리지는 마시라. 앞선 두 연구자들이 불편한 심기로 관측한 바와 같이, "사람들은 무엇이 그들에게 불공정하게 혜택을 가져다주었는지보다는 무엇이 그들에게 불공정하게 불이익을 끼쳤는지에 더 관심이 많다."[78]

디지털 거대기업들이 활약을 펼치는 거의 모든 방식은 반독점 법 위반의 낌새를 보인다. 적어도 100년 전 관련 조항들이 통과될 당시의 정신을 위반하고 있다. 공손한 어투로 말하더라도 반독점 법 집행은 너무 약하다. 지난 30여 년에 걸쳐 집행의 강도가 오히려 약화되었다. 수많은 공무원들의 성실성이나 열의와 무관하게 대중들의 우려나 실증적인 현실의 결과보다는 시장에서 지배적인 기업들에 대한 비즈니스 경쟁자들의 불만 제기가 훨씬 자주 채택되는 듯하다. 1990년대 마이크로소프트의 사례가 그러했다.[79] 2012년, 거대기업들의 독점적 성벽이 연방거래위원회(FTC, Federal Trade Commission)와 법무부, 국회의 관심을 다시 끌었다. 애플과 아마존, 페이스북 같은 상당 수 거대기업들이 다양한 소송과 협상에 휘말렸다. 특히 구글은, "검색 결과를 조작하여 경쟁 회사나 제품이 검색 결과 페이지 톱에 걸리는 걸 어렵게 함으로써 자신의 지배력을 남용한 것은 아닌지"를 두고 FTC의 상당한 압박을 받았다.[80]

많은 경제학 이론대로라면, 이런 독점업체들은 공기업 형태로 운영되어야 하거나 아니면 적어도 남용을 막기 위해서 강력한 규제를 받아야 한다. 이들이 종종 핵심적인 공적 기능들을 독점화하는 경향이 있기 때문에도 더 그렇다.[81] 만약 경쟁적 산업으로 효과적으로 개혁될 수 있다면 그 경로 또한 면밀히 검토되어야 할 것이다. 《와이어드》의 크리스 앤더슨과 독점의 열광적 지지자인 피터 티엘이 동의하듯이, 현실에서 이들 부문의 독점적 압박 상황은 그 가능성을 거의 비현실적인 것으로 만들어 버린다. 자유시장이라는 옵션은 계산에 들어가지 않는다. 뉴프레스(The New Press) 설립자인 앙드레 쉬프랭은, 구글에 대한 공적인 소유가 일종의 대안이 될 수 있는지 토론해 봐야 한다고 제안한 바 있다.[82)] 월드와이드웹은 공적인 도메인에서 번성했다. 인터넷 검색은 그러지 말아야 한다는 이유가 대체 어디에 있다는 말인가?

유감스럽지만 기업들은 자신이 보유한 온갖 정치력을 동원해서 공적 소유나 공익에 따른 신뢰할 만한 규제라는 위협을 원천적으로 제거해 버렸다. "구글에 대한 규제를 생각해 온 정책 결정권자들은 모두, 이 일을 핼리버튼(Halliburton) 같은 공룡 기업이 아닌 마치 인권 감시와 비슷한 것으로 취급하는 경향을 보여 왔다." 에브게니 모로조프는 이런 말을 덧붙인다. "만약 인터넷의 민주적 잠재력이 실행되기를 진정으로 원한다면, 우리는 우선 이러한 태도를 다시 생각해 볼 필요가 있다."[83)] 반독점적인 내용이든 아니든 상관없이, 현재의 규제는 사실상 상업적 독점업체들에게 위협받는 공익적 가치보다는 수익성 높은 기업과 업계의 위상을 보장하는 방향으로 이루어지고 있다. 이들 거대기업이 보유한 재산에 대해서는 어떤 문제도 제기할 수 없는 수준에서 합법적 정치 토론의 범위가 지정된다. 토론은 이슈보다는 변죽만 울리는 꼴로 그친다.

현재 새로운 거대기업들을 향해 정부가 보여 주고 있는 활동 그 어떤 것도 생명을 위협하는 수준과는 거리 멀다. 미국이나 유럽의 반독점 규제자들은, 가장 활발한 활동을 펼칠 때조차도 두세 명의 플레이어들이 몇 십 퍼센트씩 시장 점유율을 나눠 갖는 한 그 시장에 대해 크게 문제 삼지 않는다. 규제자들은 터무니없는 독점 업체의 경우만 제외하고 당대 자본주의 시장 현실 앞에서 사실상 백기를 들어 버린 듯하다.[84)] 구글을 비롯한 거대기업들에 대한 가장 강력한 반독점의 위협은 미국에 기반을 둔 거대기업들을 당연히 홈팀으로 인정하지 않는 유럽연합(EU)에서 나왔다. 2012년에 이르러 EU는 구글과 그 독점적 관행들에 관해 강도 높은 협의에 들어갔다. 구글은 유럽 검색 시장의 85퍼센트를 차지하고 있었는데, 미국에서보다 15퍼센트 정도나 높은 수치였다.[85] FTC도 EU 쪽과 주기적으로 소통하고 협력하기 시작했다. 구글의 입장에서 우려되는 지점은, 구글을 상대로 한 EU의 반독점 소송이 미국 국내 규제자들에게도 용기를 주고 또 이들에게 강력한 무기를 제공할지 모른다는 것이었다.[86]

한 가지 방향성이 뚜렷해진다. 인터넷 거대기업들도 카르텔과 저작권 로비의 경로를 따를 필요가 생기며, 이미 갖추고 있는 로비스트 부대에 '핵무기'를 추가시켜야 했다. 한 기술 관련 기업 내부 소식통은 이렇게 말했다. "중대한 정책 이슈가 예견되는" 상황에서, 거대기업들은 "워싱턴 안에서 장기적으로 자신의 이익을 보호하기 위해 오늘 당장 발 벗고 나설 필요가 있었다."[87] 실제로 이들은 그렇게 하고 있다.[88] 구글은 2012년 첫 석 달 동안 워싱턴에서 로비 비용으로 5백만 달러를 지출했다. 2011년 한 해 이 회사가 로비에 쓴, 2010년에 비해 두 배나 증가한 액수와 거의 맞먹는 규모이다.[89] 페이스북 역시 수도에 있는 로비팀의 덩치를 키웠다. 페이스북을 의원들의 선거 캠페인이나 지역구 관리와 통합시키는 데 도움을 주는 게, 이 팀이 맡은 활동의 일부였다.[90] 그러나 이런 개별 기업들의 지출은 로비 노력 가운데 극히 일부에 지나지 않는다. 인터넷 거대기업들을 대변하는 여러 협회가 존재하는데, 각각의 예산은 몇 천만 달러에 이른다.[91] 로비 전선에서 ISP나 미디어 거대기업들을 따라잡기 위해서 디지털 제국들은 아직 가야 할 길이 한참 멀다. 다행히 격차가 줄어들기 시작했다. 이들이 지닌 대단한 규모와 부 그리고 정치 시스템 내부의 부패를 고려할 때, 워싱턴에서 조만간 그에 상응하는 정치력을 갖추게 될 것이다.

거대기업들이 핵심 역할을 담당하고 있는 국제정치를 살펴보면, 디지털 거대기업들의 권력이 얼마나 급속히 증대되고 있는지 어느 정도 감을 잡을 수 있다. 페이스북의 마크 주커버그는 2011년 G8 회담에 직접 초대받았다. 그곳에서 그는 세계 정상들과 테이블을 나란히 하면서 세계 정치에 관해 논의를 펼쳤다.[92] 매키넌은 '페이스부키스탄'과 '구글돔'을 이렇게 묘사한다. 구글은 핵심 관심사인 수익성과 성장 문제에 대한 정부의 간섭 능력을 어디에서든 제한하는 데 집착하는 사실상의 '국민국가'이다. 미국 정부는 이론적으로야 국내의 거대기업들을 규제하려고 노력하고 있는 구글의 정부이다. 그러나 실제로는 이들 기업에 대한 강력한 글로벌 후원자로서 활약한다. "바로 지금 디지털 주권자들과 우리 사이의 사회협약은 원시적이고 홉스주의적이며 왕정과 같은 수준에 이르렀다." 매키넌은 이렇게 썼다. "만약 운이 좋다면 우리는 훌륭한 통치권자를 갖게 될 것인데, 제발 그의 아들이나 선택된 후계자가 사악하지 않기를 기도해야 할 것이다. 대부분의 사람들이 더 이상 이런 종류의 통치권을 받아들이지 않는 데는 이유가 있다."[93]

미국 정부가 디지털 거대기업들을 규제하는 데 얼마나 효율적일 수 있는지를 테스트해 볼 수 있는 건 과세 문제이다. 디지털 경제의 유동적 성격 탓에 인터넷 기업들은 재래식 소매 비즈니스를 위해 고안된 연방 소득세법을 자신에게 유리한 방향으로 가져다 쓸 수 있었다. 미국에서 벌어들인 이익의 상당한 액수를 과세율이 낮은 외국의 계좌로 옮기고 그리하여 세금을 전체적으로, 특히 미국 정부에게 내야 할 액수를 엄청나게 줄이는 식이었다. 니컬러스 색슨은 2011년 출간한 《보물섬》(Treasure Islands)에서 이 과정이 지닌 몇 가지 측면에 대해 이렇게 기술하고 있다.

2010년 10월, 블룸버그의 한 기자는 구글이 지난 3년 동안 세금을 어떻게 21억 달러나 경감할 수 있었는지 설명해 주었다. '더블 아이리시'(Double Irish)와 '네덜란드식 샌드위치'(Dutch Sandwich)라는 이름으로 알려진 가격 이전(transfer pricing) 게임을 통해 2.4퍼센트라는 터무니없는 최종적 해외 세율만 매긴 거였다. 문제는 더욱 심각해지고 있다. 마이크로소프트의 세금 청구서도 같은 이유로 급격하게 줄어들었다. 시스코도 마찬가지다. 모두가 그렇게 하고 있다. 계좌 이체 하나만으로도 해마다 미국에 600억 달러나 손실을 끼치고 있다. 이는 국외(offshore) 세금 게임의 한 가지 형태에 불과하다.[95)]

한편 애플은 비록 기술적으로는 합법적일 수 있지만, 미국 정부의 세수 차원에서는 심각하게 손해를 입힐 수 있는 복잡한 회계 기술을 선도하고 있다. 구체적으로 애플은 2011년에 올린 342억 달러 수익에 대해 고작 10퍼센트도 안 되는 세금만 냈다. 월마트가 2011년에 올린 이익 244억 달러에 대해 24퍼센트의 세금을 낸 사례와 비교된다. 기술과 관련 없는 회사들이 내는 평균 세율이다. 요컨대 하이테크 기업들은 미국 기업 커뮤니티에서 동일한 액수의 수익을 올린 일반 기업들의 3분의 1에도 못 미치지 액수만 실제 세금으로 내고 있는 형편이다.[96)]

하이테크 부문에 대해서도 다른 기업들과 똑같은 수준의 세금을 내도록 할 수 있는지, 미국의 정치 시스템은 중대한 테스트를 받고 있다. 그토록 많은 정치인들의 최우선 관심사라는 국가 재정 문제를 개선하는 데에도 상당한 도움이 될 수 있는 문제이다. 애플을 비롯한 인터넷 거대기업들에게 해당되는 한 가지 문제점은, 이들이 해외 지점으로 분산시킨 수익을 미국에서 세금을 내지 않고는 국내로 다시 가져올 수 없다는 사실이다. 이 문제를 해결하기 위해서 디지털 거대기업들은 이른바 '본국송금 감면 기간'(repatriation holiday)을 설정하는 캠페인 로비에 나서고 있다. 기업들을 위한 본국송금 감면의 기회는 2004년에 마지막으로 한 차례 있었다. 미국 기업들이 해외에서 올린 수익들을 그 어떤 세금도 내지 않고 국내로 들여올 수 있게끔 짧은 사면 기간을 두는 제도이다.[97] 그러면 전체 과정이 처음부터 다시 시작될 것이다.

2011년에 나온 뉴아메리카재단 보고서에 기술된 바와 같이, 지금과 같은 추세라면 "인터넷은 중세로 넘어가게 될 것이다. 강력한 수문장들의 복점 상태를 살찌우는 반면 민주적인 자유는 제한하는 공간이다."[98] 얼마 전까지만 해도 불가능할 것으로 여겨졌을 세계이지만, 현존하는 자본주의가 운전석에 앉아 있는 한 우리가 불가피하게 도달하게 될 종착점이다.

'빅 데이터'와 개인 정보

1934년, 저널리스트이자 전직 광고 전문가인 제임스 로티의 독창적인 저작 《우리 주인의 음성: 광고》(Our Master's Voice: Advertising)가 출간되었다. 광고가 상대적으로 인기가 없고 상당한 논란거리로 떠오른 바로 그런 역사적인 시점에 일어난 일이었다. 당시 개혁주의자들은 미국 라디오 안에 상당한 규모의 비영리적이고 비상업적인 영역을 만들어 내기 위한 캠페인을 펼치고 있었는데, 라디오 광고에 대해서는 당연히 명백한 적대감을 내비치고 있었다. 1930년대 초반 라디오 발명자인 리 드포리스트는 방송 광고와 그 '멍청한 요금'을 너무나 혐오해서, 라디오 광고가 나오면 자동적으로 벙어리가 되고 프로그램이 다시 시작되면 청취 가능한 수준으로 볼륨이 올라가게 하는 그런 장치를 만들어

내려고 했을 정도였다.[99]

잉어 스톨이 연대순으로 기술한 바와 같이, 소비자운동 단체들이 연방법 제정을 위한 캠페인을 조직했다. 광고에 대한 엄격한 규제를 실시함으로써 혼란스럽게 할 선전물이 아니라 정확하고 유용한 정보를 소비자들에게 제공토록 하기 위해서였다.[100] 자신의 과거 직업에 대한 로티의 안타까운 비탄은 궁극적으로 다음과 같은 결정적인 지점으로 귀결되고 있었다. 광고는 기업들과 그 기업을 소유한 부자들의 목소리나 다름 바 없다. 광고의 궁극적인 효과는 그들의 권력을 강화할 수 있는 문화를 대량생산하는 데 있다. 특히 비용 부담이라는 역할을 통해 광고는 자유로운 인민들이 권력 문제에 관해 생각해 보기 위해 반드시 필요한 미디어 시스템의 통제권을 그 주인들, 곧 기업에게 내줘 버린다.[101]

광고에 대한 이 같은 근본적 비판과 그에 따른 정치운동들은 전후 몇 십 년 동안에 대중들의 시야에서 사라져 버렸다. 그렇지만 광고는 여전히 의심스러운 것으로 남아 있다. 잡지 《매드》(Mad)의 기사들이나 TV 쇼 〈새터데이나이트 라이브〉의 패러디가 입증하고 있듯이, 광고는 그 무성의함과 어리석음, 우둔함 탓에 코미디의 아이디어 창고가 되어왔다. 광고가 미국의 엔터테인먼트와 저널리즘에 끼친 의심스러운 공헌들에 대해서도 학자들 사이에 상당한 연구 작업이 이루어졌다. 인터넷이 출현했을 때, 그것이 확연히 구분되는 비상업적 공간이 될 것이라는 생각은 전혀 논란이 되지 않는 것이었다. 오히려 많은 사람들이 쉽게 받아들이는 아이디어였다. 나도 그런 부류에 포함된다. 그래서 여러분에게 분명히 말해 줄 수 있다. 1990년대에는 아무도 인터넷 광고의 부족에 관해, 또는 다른 어느 매체의 광고 부족에 관해 푸념을 늘어놓지 않았다.

그런데 상업광고 없는 인터넷이라는 생각은, 1990년대에 들어 다음과 같은 두 가지 방향으로부터 도전에 직면하게 된다. 우선 메이저 광고회사들, 제임스 로티가 '주인'(master)이라고 부른 기업들은 자신들이 온라인을 통해 예상 소비자들에게 자신의 상품을 효과적으로 판매할 수 없을 수도 있다는 생각에 화들짝 놀란다. 조지프 터로가 탁월한 저작《매일 같은 당신》(The Daily You)에서 잘 정리한 바대로, 프록터앤갬블(P&G)의 CEO 에드윈 아츠트는 "출현하고 있는 신기술들이 사람들에게 광고의 지배로부터 완전히 도망칠 수 있는 기회를 제공하고 있다는 섬뜩한 생각"을 갖게 된다. 1990년대 중반 들어 아츠트는 이런 흐름을 핵심적 우려 사항으로 여겼다. 그리고 광고가 그 이전의 미디어를 정복했던 것과 똑같은 방식으로 인터넷의 위협에 대처하도록 메이저 광고주들에게 호소했다. "이 신기술을 우리가 바짓가랑이를 잡고 늘어져서라도 광고의 노다지로 되돌려 놓도록 하자."[102)]

인터넷을 좀 더 광고 친화적이게 만드는 한 가지 방법은 이른바 '쿠키'(cookies)의 기술 표준 제정을 지원하는 것이었다. 일단 이용자들의 컴퓨터에 몰래 다운로드가 되면, 쿠키는 인터넷 이용자들을 비밀리에 조사하고 마케팅을 위해 나눠 볼 수 있게끔 그들이 하는 활동의 프로파일을 만들어 낸다. 웹사이트들은 이제 "자기 도메인으로 다양한 지역을 돌아다니며 광고를 클릭하는 개개인의 숫자를 은밀히 파악"해 낼 수 있게 된다.[103)] 인터넷협회 산하 인터넷엔지니어링 태스크포스의 반문화주의 인사들이 여기에 반발하고 나섰다. 쿠키는 "이용자가 그것을 자발적으로 받아들이지 않은 한 차단되어야 한다"는 제안을 내놓는다. 그리하여 이 표준을 둘러싼 전투가 광고에 관한 첫 번째 정책 다툼으로 자리 잡는다. 한 광고업계 인사가 말한 바와 같이, "우리가 우려하는 건 광고는 좋지 않고 그래서 최대한 피하는 게 좋다는 이 제안의 바탕에 깔린 톤이다." 결국 넷스케이프와 마이크로소프트가 자신들의 웹

브라우저를 디자인하면서 상업적인 압력에 굴복하고 만다.[104] 학자들과 활동가, 인터넷 순수주의자들이 프라이버시 침해에 관해 우려를 표시했음에도 불구하고, 인터넷의 특성과 논리는 결국 한꺼번에 뒤바뀌어 버린다. 물론 그 변화의 실체는 적어도 10년 동안은 완전하게 드러나지 않을 터이다.[105]

그렇다고 여전히 문제가 다 해결된 것은 아니었다. 1990년대 후반 온라인상에서 이루어진 대부분의 기업 광고는 효과가 별로 없었다. 한 전문가는 인터넷 광고의 클릭률은 아주 '참담하다'고 묘사하고 있다. 0.5퍼센트도 안 되기 때문이다.[106] 아마도 이상주의자들이 옳았을지 모른다. 이용자들은 결코 쉽게 광고의 인질로 붙잡혀 주지 않았으며, 인터넷은 한마디로 매출을 위한 매체가 되기 어려웠다.

광고를 온라인상에서도 효과적으로 만들고자 하는 노력을 추동하는 두 번째 요인은, 온라인 콘텐츠와 서비스에 대한 수입의 원천을 가져야 할 필요성이었다. 컴퓨터를 자동판매기로 변환시키고 '유료 시청'(pay-per-view) 시스템을 채택하자는 제안은 앞으로 당분간 비현실적인 아이디어이다. 우선 인터넷 설립자들이 시스템 안에서 그러한 근본적인 변화를 결코 승인하지 않을 것이며, 웹의 개방성을 이미 맛본 대중들도 마찬가지일 것이다. 그런데도 만약 웹사이트들이 자신의 콘텐츠에 대한 접속을 유료화하고자 시도한다면, 대부분의 인터넷 이용자들은 그런 사이트를 무시하고 무료 콘텐츠가 넘쳐나는 세계로 자리를 옮겨 버릴 것이다. 인터넷 이용 패턴 추적이 당장 보여 주는 사실이다. 《월스트리트저널》이나 ESPN처럼 손에 꼽을 수 있는 유명 브랜드라면 동조할 수 있겠지만, 다른 매체들은 꿈도 꾸지 않을 것이다.

결국 다른 모든 대안이 비현실적인 것으로 밀려난 상황에서, 광고는 상업 인터넷의 돈줄을 어떻게 댈 것인가 하는 질문에 유일한 해답이 된다. 2000년대 초반 브로드밴드의 폭발적인 출현도 이러한 주장에 상당한 힘을 실어 주었다. 광고는 이제 텔레비전처럼 강력한 시청각 메시지들을 사용할 수 있게 되었다. 쿠키 같은 은밀한 모니터링 도구들의 수가 늘어나고 그 효과 또한 비약적으로 향상되었다. 그렇지만 문제는 여전히 남아 있다. 어떻게 사람들로 하여금 광고에 주목하고 반응하도록 할 것인가? 이 문제를 해결하는 데 모든 지혜가 총동원된다. 초창기 페이스북의 한 직원은《애틀랜틱》의 알렉시스 매드리걸에게 이렇게 말했다. "우리 세대의 가장 뛰어난 두뇌들은 이제, 대체 어떻게 사람들이 광고를 클릭토록 할 것인지를 두고 고민 중이다."[107)]

최근 몇 해 동안의 위대한 발전은, 사람들의 인터넷 활동들로부터 은밀하게 수집한 상세 정보들을 기초로 해서 바로 그 사람들을 표적으로 삼는 광고 기법의 출현이다. 일라이 패리저는 2011년에 이렇게 썼다. "한때는 누구나 아무개가 될 수 있던 익명성의 매체가 이제는 우리의 개인 정보를 구하고 분석하는 그런 도구가 되어 버렸다."[108)] 미국 인터넷 광고는 2012년 총 400억 달러에 이르렀다. 처음으로 모든 인쇄 매체 광고의 총액을 넘어섰다. 그 액수는 2014년 600억 달러, 2016년에는 무려 800억 달러에 이를 것으로 예상이 된다.[109)] 한편 보렐어소시에이츠(Borrell Associates)는 모바일 앱 광고가 2011년의 12억5천만 달러에서 2016년 212억 달러 규모로 증가할 거라고 예측한다.[110)] (미국은 전 세계 인터넷 광고의 절반에 약간 못 미치는 정도를 차지하고 있다.[111)]) 인터넷 광고는 얼마 남지 않은 미래에 모든 광고 지출액 가운데 훨씬 더 많은 비중을 게걸스럽게 먹어 치우게 될 것임을, 바로 이런 폭발적인 궤적이 보여 주고 있다. 텔레비전 광고는 앞으로도 변함없이 지위를 지킬 수 있을지는 모르겠지만, 인터넷 광고를 더욱 많이 빼닮아 가고 있다.

구글의 눈부신 상승세만큼 인터넷 광고의 출현을 실례로 보여 주는 것은 없다. 구글 검색 광고는 미국 인터넷 광고 수입 총액의 절반 정도를 차지한다. 또 다른 온라인 광고 유형은 디스플레이 광고라고 하는데, 구글은 2011년에 전 세계에 걸쳐 무려 360억 달러를 광고 수입으로 벌어들였다.[112] 구글은 "뭔가 가져가면서 대신에 돈을 지불하지 않는다면, 당신은 소비자가 아니다. 당신이야 말로 사고팔리는 상품이다"라는 상업 방송의 논리를 취하고 있었는데, 이를 상상할 수 없는 수준으로 끌어올렸다.[113] 브루스 슈네이어의 표현을 빌리자면, "구글은 훌륭한 고객 서비스를 갖추고 있다. 문제는, 당신은 그 고객이 아니라는 사실이다."[114] 온라인에 있는 사람들에 관한 정보를 수집할 다수의 특별한 인터넷 서비스를 갖춘 상태에서, 구글은 그 어떤 기업도 해보지 못한 방식으로 광고의 표적을 찾아낼 수 있게 되었다.

다만 페이스북은 예외이다. 드라마틱했던 2012년의 기업공개를 둘러싼 이런저런 이야기들을 넘어서, 구글과 똑같이 드라마틱한 성장세와 하락세를 보인 이 소셜미디어에 지금 뭔가 특별한 일이 벌어지고 있다. 페이스북은 "전 세계의 가장 큰 소셜네트워크 그 이상이다. 그 플랫폼에서 이루어지는 모든 클릭과 상호작용을 포획하고 처리하는, '빠르게 돌아가는'(fast-churning) 데이터 기계이다."[115] 2011에 이르러 페이스북은 매달 '1조'에 이르는 페이지뷰를 기록한 최초의 웹사이트가 되었다. 10억 명을 넘어서는 페이스북 이용자의 절반 이상이 페이스북을 날마다 빠짐없이 체크한다. 미국에서는 18~34세 인구의 절반이 일어나자마자 페이스북을 체크하고, 20퍼센트는 잠자리에 들기 전에도 그렇게 한다. 미국인들은 평균적으로 온라인과 연결된 시간의 20퍼센트를 오로지 페이스북에서 보낸다. 불특정한 하루 동안 3억 개 정도의 사진이 페이스북에 업로드된다. 주말에는 그 숫자가 7억5천만 개로 뛰어오른다.[116] "페이스북은 그 어떤 기업보다 많은 트래픽을 갖고 있으며, 또한 그 어떤 기업보다 더 많은 데이터를 갖게 될 것이다." 한 투자 분석가가 2012년 이렇게 관측했다. "그리하여 데이터를 화폐 가치로 바꾸는 방도를 고민하는 데 무감하지 않은 한, 페이스북은 궁극적으로 인터넷의 가장 가치 높은 자산이 될 것이다"[117] 미국 국내의 다른 기업들도 흥분해 이 데이터의 주광맥 내부로 굴을 파내려 간다. "우리는 엄청나게 많은 새로운 아이디어들을 갖게 될 것이다." 프리토레이(Frito-Lay)의 북아메리카 마케팅 책임자가 이렇게 진술했다.[118] 반면에 로리 앤드루스는 이렇게 쓴다. "페이스북이 독단적으로 사회계약을 재규정하고 있다. 사적인 것을 이제 공적인 것으로, 그리고 공적인 것을 사적인 것으로 만들어 버리는 중이다."[119]

디지털 광고 산업은 구글과 페이스북을 훨씬 넘어선다. 터로는 매디슨애비뉴의 광고대행사들이 어떻게 재편되었는지를 꼼꼼하게 기록하고 있다. 한때 광고를 실을 매체를 찾는 약간은 형식적인 기능이었던 미디어 구매가 이제는 대행사의 운영상 가장 중요하다고 할 수 있는 파트가 되도록 하는 변화였다. 한편 구글과 마이크로소프트, 야후, AOL은 모두 저마다 웹사이트에 광고를 실을 광고 네트워크를 구축해 냈다. 바로 이 '빅 4'는 2008년 온라인 디스플레이 광고 수입의 28퍼센트를 차지하고 있었다.[120]

인터넷 이용자들에 관한 정보를 최대한 수집하고 또 온라인의 어디에서 이들에게 도달할 수 있는지를 알아내는 일이 광고 수입을 확보하는 데 핵심으로 자리 잡는다. 터로는 그것을 "역사상 가장 규모가 큰 비밀 마케팅 노력들 가운데 하나"라고 불렀다.[121] 금세기는 "빅 데이터라는 말로 요약"될 수 있게 되었다.[122] 《가디언》의 어떤 기사는 이렇게 지적하고 있다. "개개인의 데이터는 정보사회의 윤활유이다."[123] 《뉴욕타임스》의 기자가 한 말이다. 이에 대해 터로의 말은 이렇다. "날마다 인터넷을 사용하는 모두는 아니더라도, 상당수의 미국인들이 온라인 세계를 이리저리 옮겨 다니면서 조용히 누군가에게 엿보이고 찔리고 분석되며 또한 뒤를 쫓기고 있다."[124]

구글이나 페이스북 또는 ISP 카르텔의 고객추적 팀 사람들만이 문제가 아니다.[125] "당신이 갖고 있는 매끈하게 빠진 신형 아이폰은 당신이 어디로 가는지, 누구에게 전화를 거는지, 무엇을 읽고 있는지 정확하게 알고 있다." 패리저는 이렇게 쓴다. "휴대폰에 내장된 마이크와 자이로스코프, GPS를 통해 당신이 지금 어디를 걷고 있는지, 아니면 차 안에 있는지, 또는 어느 파티 장에 가 있는지를 정확히 알 수도 있다."[126] 인터넷 언론 '프로퍼블리카'(ProPublica)의 두 탐사 저널리스트는 스마트폰에 관한 자신들의 조사를 이렇게 쓰면서 결론 맺었다. "더 이상 이것을 전화기라고 부르지 말자. 이들은 추적자들이다."[127] 2010년《월스트리트저널》은 애플 아이폰과 안드로이드의 101개 스마트폰 앱을 조사했다. 그 결과 이들 앱 가운데 56개가 "전화의 고유한 장치 ID를 이용자 모르게 다른 회사들에게 전송하고 있었다"는 사실을 확인했다. "47개는 전화기의 위치를 몇 가지 방법을 통해 전송했다. 그리고 5개는 "나이와 성별을 비롯한 개인의 세부 사항들까지도 외부인들에게" 보냈다.[128]《월스트리트저널》은 이렇게 결론을 내렸다. 온라인상에서 기업들은 '무늬만 익명'으로 남은 개개인에 관해 엄청나게 많은 것들을 이미 알고 있다.[129]

사실 인터넷 공간은 모든 움직임을 추적하는 회사들로 북적대고 있다는 게 정확한 표현일 것이다. 그들은 대부분 익명인 채로 책임을 지지도 않는다.《월스트리트저널》의 조사에 따르면, 미국에서 상위 50위 웹사이트들이 방문자의 컴퓨터에 평균 64개의 추적 기술 장치를 설치한다는 사실이 확인된 바 있다.[130] 2012년《애틀랜틱》의 알렉시스 매드리걸 기자는 대체 누가 자신의 온라인 활동을 모니터링하고 있는지 36시간 동안 걸쳐 조사해 보았다. 그는 자신을 추적하고 자신에 관한 데이터를 수집하는 회사가 무려 105개나 존재한다는 사실을 발견하게 되었다. 이들 중 많은 수가 다른 기업들에게 팔 목적으로 데이터를 수집하고 있었다. 매드리걸의 결론은 이렇다. "이제 당신이 인터넷상에서 무엇을 검색해 보았는지 엄청난 양의 자료가 전 세계 여러 데이터베이스에 저장되고 있다." 그래도 개인의 익명성이 일정하게 남아 있다는 사실이 매드리걸에게 전혀 위안을 주지 않는다. "이러한 과정의 결과는 가히 불가항력적이다. 자신들이 보유한 장치에 맡겨 두기만 해도, 광고 추적 기업들은 궁극적으로 당신의 여러 다양한 데이터들과 연결될 수 있을 것이다. 그러고 나서 만약 허용이 된다면, 이들은 무늬뿐인 마지막 벽까지도 금방 무너뜨려 버릴 것이다."[131] 2011년 스카이프를 인수하고 나서 한 달이 지난 후, 마이크로소프트는 스카이프처럼 VOiP 서비스에서 이루어지는 모든 커뮤니케이션을 "조용하게 복제할 수 있는 합법적인 가로채기" 기술 특허권을 냈다. 마이크로소프트는 이 기술이 스카이프의 시스템과 통합되어 있는지 여부에 대해서는 언급하기를 거부했다.[132]

빅터 메이어쇤버거는 이를 두고 "힘없는 사람들로부터 힘을 가진 자들에게 정보 권력이 재분배되는 현상" 그 이상 그 이하도 아니라고 말한다.[133] 컴퓨터 보안 문제에 관해서라면 세계 최고의 전문가라 할 수 있는 브루스 슈네이어가 가장 우려하는 바가 사이버 테러나 범죄, ID 절도, 위키리크스 또는 음반이나 할리우드 영화 불법 다운로드 같은 게 아니다. 《뉴욕타임스》에 따르면, 그것은 "감시의 목적이든 상업적 목적이든 자신들의 이익을 높이려는 사기업과 정부 기관들"에 의해 자행되는 '도처에 깔린 사찰'이다.[134] "여러분은 이 한 가지 단순한 사실을 정확히 알 필요가 있다." 해당 주제에 관해 면밀히 조사해 본 후, 탐사 저널리스트 데이비드 로슨은 이렇게 썼다. "여러분은 전자 커뮤니케이션에 관한 한 그 어떤 프라이버시도 보장받지 못한다. 당신이 온라인상에서 무선전화나 여타 무선 장치를 통해 하는 활동 가운데 공안 기관들과 사기업들의 도달 범위 바깥에 존재하는 것이라고는 아무 것도 없다."[135] 한 테크놀로지 전문 저널리스트는 이렇게 말했다. "충분한 데이터와 지능 그리고 권력이 주어졌을 때, 기업과 정부는 이전에는 SF 소설에나 나왔을 법한 방법으로 여러 조각들을 서로 이어 낼 수 있다."[136] 이러한 이야기는 늘 '디스토피아적인' SF라는 사실을 덧붙일 필요가 있겠다.

이게 바로 자본주의 체제 안에서 인터넷이 안고 있는 가장 큰 아킬레스건이라고 할 수 있다. 프라이버시에 대한 기존의 모든 이해 방식을 은밀하게 위반하는 것으로부터 돈이 나온다. 구글과 페이스북 그리고 어떤 면에서는 모든 인터넷 기업에게 해당되는 비즈니스 모델은, 재런 래니어의 말대로 "프라이버시와 품위를 위반하는 몇 가지 방법들은 인정할 만한 것처럼 보이게 할 마술적인 공식"을 요구하고 있다.[137] 《뉴욕타임스》가 지적한 것처럼, 이들 기업이 열을 올리고 있는 과제는 "우리를 소스라치게 놀라도록 하지 않으면서도 우리를 누구에겐가 내다팔 방법"이다.[138] 물론 이러한 것은 인터넷 거대기업들이 공개된 토론이나 논쟁을 위해 선의를 갖고 공개하는 그런 이슈가 결코 될 수 없다. 클레어 맥카스킬 상원의원(민주당, 몬태나 주)이 2010년 프라이버시 관련 청문회를 개최했을 때, 그녀는 인터넷이 실제로 어떻게 작동하는지를 알고 깜짝 놀랐다. "나는 광고가 인터넷을 지원한다는 사실을 잘 알고 있는데, 그런데도 무서워서 덜덜 떨었다." 그녀는 덧붙인다. "참으로 오싹한 현실이다." 한 기업 자문가도, 시장 경영자들이 데이터 공간으로 더욱 깊

이 치고 들어가면서 "'앗!' 소리 나는 요인"이 발생했다고 심각한 현실을 인정했다.[139)]

각종 여론조사 자료는 온라인상의 프라이버시 공격에 대한 폭넓은 적대감을 확인시켜 주고 있다. 2008년 《컨슈머리포트》(Consumer Reports)가 실시한 조사에 따르면, 응답자의 "93퍼센트는 인터넷 기업들이 개인 정보를 사용하기 전에 반드시 허락을 받아야 한다고 생각하며, 72퍼센트는 온라인 추적을 거부할 권리를 원하는" 걸로 나타났다. 2009년 프린스턴서베이리서치어소시에이츠(Princeton Survey Research Associates)의 연구는, 미국인 가운데 69퍼센트가 "웹사이트들이 자신에 관해 알고 있는 게 뭔지 확인할 수 있는 권리를 사람들에게 부여하는" 법률을 제정해야 한다고 생각하고 있음을 확인했다.[140)] 미국 스마트폰 이용자들을 상대로 한 2012년의 조사는, 응답자의 94퍼센트가 온라인 프라이버시를 중대한 이슈로 받아들이고 있으며, 또 55퍼센트는 이 문제에 관해 자주 생각해 보고 있다는 사실을 발견했다. 응답자의 62퍼센트는, 정확한 추적 범위에 관해서 반드시는 아닐지라도 자신들이 광고주들에게 추적당하고 있다는 사실은 잘 인식하고 있었다. 불과 1퍼센트만이 은밀하게 추적되는 걸 "좋아했다."[141)]

지난 7년에 걸쳐 조사를 벌인 조지프 터로도 이와 비슷한 결과를 도출했다. 흔히 가정하는 바와 달리, "미국의 젊은이들(18~24세)이 표현하는 프라이버시에 대한 태도는 좀 더 나이든 성인들과 크게 다르지 않았다." 요컨대 스마트폰과 소셜미디어에 빠져 있는 젊은 사람들 또한 프라이버시가 보호되길 원하고 있었다. 만약 사람들의 의지가 존중된다면, 지금처럼 발전해 온 인터넷 광고는 사실상 종말을 맞게 될 것이다.[142)] 그런데도 인터넷 거대기업들은 "이 엄청나게 오싹한 프라이버시 침해를, 필요에 따른 맞춤형 서비스를 제공하기 위한 것이기 때문에 결국 당신들의 삶에 대단히 도움이 되는 것처럼 꾸며서 내다 팔고 있다." 프라이버시와 컴퓨터 범죄를 다루는 한 법률 전문가는 2012년 《뉴욕타임스》 지면을 통해 이렇게 말했다. "그래서 과연 많은 사람들은 자신에 관해 많은 걸 누설하고 싶어 하는가? 절대로 아니다."[143)]

그러나 현재의 시스템은 이런 정치적 도전으로부터 매우 안전해 보이며, 여기서도 여론조사 자료들이 일정하게 해답을 제시해 주고 있다.[144)] 조사 결과들은, 대부분의 미국인들은 온라인상의 자신과 관련된 데이터에 실제로 무슨 일이 벌어지고 있는지에 놀랄 정도로 무지함을 드러낸다. 터로는 이 무지를 '비참한' 수준이라고 말했다. 젊은이들 사이에서 특히 그 정도가 더 심하게 나타났으며, 인터넷 노출이 늘어나면서도 문제는 별로 개선되지 않고 있다고 지적한다.[145)] 예를 들어, 페이스북이 그 이용자들을 상대로 수집하는 대략 84종 정도 되는 데이터 범주들 가운데 절반 이상은 이용자들이 전혀 볼 수가 없다. 그런데도 이 사실을 불과 소수의 사람들만 알고 있다.[146)] 한 정보통은, 페이스북이 특정 이용자에 관해 취급하는 정보 가운데 불과 29퍼센트만이 이 사이트의 도구들을 통해 획득할 수 있었던 것들이라는 평가를 내놓는다. 미국의 현행법 아래에서는 당신에 관해 어떤 회사가 보유한 정보를 내놓도록 요구할 그 어떤 권리도 없다.[147)]

어떤 사람이 온라인 프로토콜에 따라 탈퇴를 선택하고 그래서 데이터 추적을 정지시켰다고 할 때, 그녀는 사실 단지 특정 회사의 표적 광고를 받는 것만 중지시켰을 따름이다. 그녀에 대한 데이터 추적은 여전히 줄어들지 않고 계속되며, 이런 온라인상에서의 추적을 멈출 수 있는 방도는 사실상 없다.[148)] 부분적으로 이러한 오인은 관련 문제에 관한 미디어 보도나 정치적 관심 부족에서 비롯된다. 한편으로는 구글이나 페이스북 같은 기업의 공식적인, 내용적으로는 형편없는 "프라이버시 관련 진술문"들 때문이기도 하다. 2008년 카네기멜론대학 연구자들이 실시한 한 연구는, 이들의 사적인 진술문들이 "읽어 내기 힘들기 때문에 자주 읽히지 않으며 이성적 판단 과정에 별 도움 되지도 않는다"고 결론 내린다.[149] 《뉴욕타임스》는 2012년에 이런 보도를 내놓았다. "인터넷 이용자들이 한 해에 방문하는 모든 웹사이트들의 프라이버시 정책들을 읽는 데 대략 한 달이 소요될 거라고 법률이나 기술 관련 연구자들은 추정한다."[150]

2010~2012년에 온라인 프라이버시는 유럽 전역에 걸쳐 일종의 정치적인 이슈로 떠올랐는데, FTC도 이 게임에 끼어들었다.[151] 2010년 12월과 2012년 3월에 각각 온라인 프라이버시에 관한 비판적인 보고서를 발간하는 등, 정치적 후원이 없는 영역에서 할 수 있는 최선의 노력을 다했다.[152] 2011년에는 페이스북이 데이터 이용과 관련하여 "공정하지 않고 기만적인" 주장을 펼쳐 연방 실정법을 위반했다고 비난했고 결국 이 회사와 일정한 합의를 끌어냈다.[153] 2012년 8월에는 FTC가 청구한 프라이버시 소송에서 구글에게 2,200만 달러의 벌금을 부가시킬 수 있었다. 그러나 이런 조치가 구글의 운용 방식에 어떤 실질적 변화를 가져올 것이라는 증거는 전혀 없다.[154] 《슬레이트》(Slate)에 기고한 한 필자가 지적하고 있듯이, 이 정도 벌금은 "수입에서 거의 0퍼센트"밖에 안 되는 지극히 적은 액수일 뿐이었다. 합의문의 조건으로서 구글은 그 어떤 잘못을 인정하지 않아도 되었다.[155] 이 책을 쓰고 있는 시점에도 FTC나 의회가 좀 더 공세적인 자세를 취하고 있다는 증거는 별로 보이지 않는다. 이익을 내기 위해서는 자신들의 데이터 수집을 더욱 확대시킬 필요가 절실한 인터넷 거대기업들의 정치력 때문이다. 유럽에서 상당히 주목을 끌고 있는 상황이고 많은 비판이 나온다는 걸 잘 알고 있으면서도, 2012년에 구글은 새로운 프라이버시 정책을 제도화했다.

이에 따르면, 구글은 60가지 상이한 구글 활동으로부터 추출한 모든 데이터를 단일 데이터베이스에 통합시켜 정리할 수 있게 된다.[156] 2012년에 트위터는 자신의 미래가 광고주들의 우려에 어떻게 응대하는가에 달려 있으며, 이는 선택 사항이 아니다고 솔직하게 인정했다.[157]

인터넷 거대기업들은 자신들의 정치적 근육질과 인터넷의 경제적인 중요성이 결합되면 자신들의 데이터 추적 시스템을 그 어느 누구도 손댈 수 없는 것이라고 속으로 생각하고 있다. 한 투자자 보고서는 프라이버시에 대한 "정부의 규제와 소비자들의 반발"이 인터넷 광고에 대한 일종의 위협, 어쩌면 바로 핵심적인 위협일 거라고 적고 있다.[158] 《이코노미스트》가 보도한 바와 같이, 현 시점에서 인터넷 광고에 수갑을 채우려는 모든 조치는 "인터넷 경제를 심각하게 혼란케 할 것이다."[159] 2012년 2월, 오바마 행정부는 프라이버시 표준이 중요하지만 "전자 상업이 성장할 수 있도록" 허용하는 방식이 되어야 할 것이라고 천명했다.[160]

사실 워싱턴 정가에서는 프라이버시 이슈에 대해 업계의 자율적인 규제가 가장 선호되는 해결책의 기반을 이루고 있다. FTC도 "강력하고 집행 가능한 자율 규제 이니셔티브"의 핵심적 중대성을 인정한다.[161] 인터넷 커뮤니티의 영리한 인사들은 늘어나는 공중의 우려를 불식시키기 위한 대응책 마련이 필요하다는 점을 잘 인식하고 있다. "프라이버시는 '빅 데이터' 내 엄청난 긴장과 염려의 원천이다." 마이크로소프트의 한 임원이 인정했다. "기술주의자들은 규제주의자들과 관계를 다시 맺을 필요가 있다."[162] 마이크로소프트의 경우에는 FTC가 선호하는 '추적 거부'(Do Not Track)를 인터넷익스플로러 10의 기본 값(default) 옵션으로 만드는 수준까지 나아갔다.[163] '전화 수신 거부'(Do Not Call) 등록처럼 작동하는 방식이다. 추적을 완전히 중지시키지는 않을 테고

이 시스템을 거의 자발적인 방식으로 돌아가 강제하기는 어렵겠지만, 몇 가지 표적 광고 정도는 여전히 제한할 수 있을 것이다. 이는 결과적으로 회사가 홍보를 하거나 정치인들이 집에 가 발 뻗고 잠들기에 충분한 수준의 승리였다. 《애틀랜틱》의 매드리걸은 이들 기업이 내놓은 미로처럼 복잡한 자율 규제 프라이버시 계획들을 돌아본 후, 이들을 자기만족적인 시간 낭비로 간주해 버렸다.[164] 만약 연방의회가 궁극적으로 어떤 공식화된 온라인 프라이버시 보호책을 채택한다면, 그것은 구글과 마이크로소프, 애플을 비롯한 거물들로부터 '계약 종료 통지'를 받는 방식으로만 가능할 일이다. 《뉴욕타임스》가 바로 이런 관측을 내놓았다.[165]

아울러 우리는, 소비자들이 온라인상에서 향유하는 제 권리들을 극구 찬양하는 세계 수준급의 홍보 캠페인을 예상하고 있어야 한다. 프라이버시 기준들이 얼마나 튼튼하며 또한 광고 덕택에 인터넷은 얼마나 좋아졌는지를 예찬하는 캠페인들이다. 물론 쉬운 일은 아닐 것이다. 《이코노미스트》는 이렇게 적고 있다. "모두가 디지털 광고를 싫어한다."[166] 포레스터리서치(Forrester Research)가 내놓은 디지털 상업에 관한 보고서도 다음과 같이 귀결되고 있다. "소비자들이 '아, 나는 진정으로 기업이나 브랜드들과 연결될 수 있기를 원한다'고 결코 말하지 않는다"[167] 몇몇 자유주의자들과 진보주의자들이 다양한 이유로 기업들이 내세운 자율 규제책들을 나팔 불고 다닌다.[168] 예컨대 제프 자비스는 "프라이버시 문제에 너무 집착하지" 말아야 한다고 주장한다. 이렇게 주장하는 핵심 이유는 스스로 인정한 바와 같이, 자신이 '광고의 변호인'이기 때문이다. 비록 "몇몇 광고는 엉터리 같지만" 광고는 여전히 온라인 "저널리즘과 미디어의 가장 괄목할 만한 재정 지원 수단"이라는 것이다.[169] 그런데 이러한 태도는 한 가지 질문을 제기한다. 광고는 과연 사람들이 지불하는 대가를 정당화하기에 충분히 유용한 온라인 콘텐츠를 생성하고 있는가?

상업적인 온라인 미디어 시스템은 아직 몇 가지 측면에서 초기 상황에 머물고 있으며, 앞으로 몇 해 동안은 그 행방이 뚜렷하지 않을 것이다. 그렇기 때문에 향후 예측하지 못한 굴절이나 방향 전환이 나타날 수 있다. 그렇지만 온라인 광고와 콘텐츠 생산의 관계가 20세기 미디어와는 크게 다를 것이라는 예상은 일찍부터 가능했다. 20세기 대부분의 기간 동안 광고와 미디어의 관계가 모호했다는 3장의 내용을 다시 떠올려 보자. 우선 광고는, 모두가 인정하듯, 상당수 미디어에게 보조금 형식의 자금을 제공했다. "광고주들과 신문·출판업자들 사이의 사회적인 계약은 후자가 특정 유형의 사람들을 독자층으로 끌어 모으는 방식이었다." 매드리걸은 이렇게 지적한다. "그러면 광고주들은 이 독자층에게 도달하기 위해 해당 출판물의 광고를 사들였다."[170] 방송사의 경우도 마찬가지였다. 표적으로 삼은 시청자층에게 도달하기를 원한다면, 광고주들은 사실상 미디어 콘텐츠에 돈을 대지 않을 수 없었다. 과점적 시장에서는 미디어 기업들이 영향력을 갖는다. 그리고 이들 기업은 "때로는 돈을 들인 만큼 효과를 얻어 내고자 하는 광고주의 직접적 이해관계와 갈등을 빚는 정책이나 원칙들을 채택하면서도, 수용자와 특정 관점 옹호 집단, 정부 규제 당국 등과 일정하게 신뢰를 유지해 가는 게 중요하다는 걸 알게 된다."[171]

그렇다고 이들 미디어 기업이 광고주와의 관계에서 공적인 서비스에 대해 어떤 대단한 진정성이나 의무감을 갖고 있는 것처럼 과장하는 것은 금물이다. 이들 미디어 기업은 단기적인 상업적 압력이나 기회에 굴복하지 않으면서 장기적인 수익성을 보호하기에 충분히 신뢰가 가는 편집 정책을 고수할 정도의 영향력은 갖고 있다는 게, 아마도 좀 더 정확한 표현일 것이다. 기존 문헌에서 여실히 드러났듯이, 디지털 이전 시대에 광고는 미디어 콘텐츠의 특성에 대해 매우 강력하고 가끔은 더 나쁜 영향력을 갖고 있었다. 달린 끈이 없이 제공되는 그런 순수한 후원의 형태가 결코 아니었다.[172)]

힘의 균형추는 엄청난 수의 채널을 가진 케이블과 위성 텔레비전 시스템의 출현과 함께 이동하기 시작했다. 대부분의 채널들이 동일한 소수 복합기업들이 소유하고 있었지만, 각각의 채널은 여전히 광고주의 돈을 놓고 경쟁을 펼치게 되었다. 훨씬 더 많은 콘텐츠 '공급물'이 존재했고, 따라서 광고주들이 더 많은 선택권을 갖게 되었다. 디지털 비디오테이프 녹화기가 나왔을 때, 광고주들은 힘을 갖게 된 시청자들이 자신들의 광고를 안 보고 넘어갈지도 모른다는 우려에 휩싸였다. 기업들은 프로그램 안에 'PPL'(product placement, 제품을 텔레비전 드라마의 배경이나 대사에 배치하여 선전 효과를 노리는 광고 기법—옮긴이)을 요구해서 얻어내기 시작했다. 제품을 텔레비전 쇼와 영화의 줄거리 안에 내장시킴으로써 그걸 무시하기 어렵게 만드는 새로운 광고 기법이었다.[173)] 미디어 복합기업들은 돈을 벌기에 혈안이 되어 있었고 자신들이 택한 옵션 쪽으로 힘이 실리면서 도덕적 불안의 시간 같은 것은 전혀 보내지 않았다.

헤아릴 수 없이 많은 웹사이트들이 유한한 저수지의 광고 달러를 추구하는 상황에서, 인터넷은 이러한 경향을 이끄는 엔진의 압력계를 더욱 높인다. "만약 인쇄와 전자, 디지털 같은 모든 형태의 언론 매체가 광고 경쟁에서 살아남고자 한다면, 그들은 새로운 광고 환경에 적응해야 할 것이다."[174)] 광고대행사 임원인 리샤드 토바코왈라가 터로에게 설명해 준 내용이다. 미디어 기업들은 프로그램의 재원 확보를 위해 공세적으로 광고를 추구하고 있고, 온라인상에서도 광고는 이제 너무 흔해 더 이상 별다른 주목을 끌지 못한다. "우리는 광고와 홍보만 하는 게 아니라 문화적 대화의 일부가 되었다. 여러분이 엔터테인먼트 콘텐츠를 통해 특정 브랜드와 만나게 될 때, 일상생활에서 나누는 대화의 내용은 전혀 달라진다." 웹 엔터테인먼트 콘텐츠를 담당한 한 기업의 브랜드 매니저가 2012년에 이렇게 썼다. BBDO 북아메리카의 선임 크리에이티브 담당자는 또 이렇게 말한다. "할리우드와 광고대행사들은 과거에도 서로 협력하고자 했다. 그렇지만 곧 정말 뭔가 다른 긍정적인 변화가 나타났으며, 장벽이 철거된 바로 지금과 같은 모습으로 바뀌었다."[175)]

요컨대, 미디어 콘텐츠에 대한 훨씬 압도적인 영향력이 광고주들 편으로 쏠리면서 힘의 균형추가 옮겨가 버렸다.[176)] 터로는 이렇게 적는다. "새로운 시스템은 많은 미디어 기업들로 하여금 광고라는 돈벌이를 위해 자기 영혼까지 내다 팔도록 몰아붙이고 있다."[177)] 대부분의 학자들에 따르면, 이는 저널리즘과 엔터테인먼트 미디어의 특성이나 품질에 대해 결코 예사롭지 않은 결과를 암시하는 매우 놀랄 만한 발전 상황이다.

그런데 문제는 이게 최악은 결코 아니라는 사실이다. 인터넷의 효과는 단순히 여러 미디어들로 하여금 절실히 광고주들의 입맛에 맞추도록 만드는 데 그치지 않는다. "기업들은 콘텐츠 산업의 비용을 부담하고자 한 적이 없었다." 토바코왈라가 터로에게 말했다. "다만 그렇게 강제되었을 따름이다."[178)] 그런 시절은 이제 끝났다. 온라인상에서 "광고주들은 점차 메시지가 출현하는 맥락에 관해 무관심해지고 있다." "최소한 다른 미디어와 비교했을 때 그러하다." 피보털리서치그룹(Pivotal Research Group)이 2012년 이렇게 보고했다.[179)] "온라인 미디어 또는 새로 출현한 통속어에 따르면 '출판업자들'은 더 이상 자신의 웹사이트에 나타나는 광고의 상당수를 직접 팔지 않는다."[180)] "인터랙티브 광고의 무려 80퍼센트 정도가 제3자를 통해 (재)판매되고 있으며, 광고주들이 늘 자신들의 광고가 어떻게 돌아다니는지 알고 있는 게 아니다." 한 업계 정보통이 보고한 내용이다.[181] 터로는 이렇게 적고 있다. 광고주들은 이제 실시간으로 광고를 구입하는 (즉, 광고주들이 거의 즉시 나타나는) 환경에 있다. 이런 상황에서 그 수를 정확히 알 수 없는 표적 인구 집단에게 도달코자 하는 것이다. 광고주들은 자신이 광고하는 수천 개 콘텐츠들의 질이 대체 어떠한지 거의 무관심해진다. 시스템은 광고주들이 원하는 개인들을 '자동적으로' 그리고 실시간으로 그들이 원하는 모든 페이지에서 '사들일' 수 있도록 해준다.[182] 매드리걸의 말처럼, "이제 여러분은 출판하지 않고도 수용자를 살 수 있다."[183] 전통적인 의미의 미디어는 거의 필요가 없어졌다는 말이다.

2003년만 해도 디지털 출판업자들은 "광고주들이 자신의 사이트에서 소비하는 1달러마다 거의 전액을 얻어 냈다"고 패리저는 보고한다. "2010년이 되면 그중에 고작 20센트 정도만 얻어 낼 수 있었다."[184] 나머지 80퍼센트는 광고 네트워크와 데이터를 취급하는 사람들에게 돌아갔다. 광고를 얻어 내고자 하는 출판업자들에게는, 질 좋은 콘텐츠나 심지어 그 어떤 콘텐츠를 갖는 것보다는 제3의 도매업자들에 의해 패키지로 만들어져 팔릴 수 있는 자기 웹 고객들에 관한 품질 높은 상세 데이터를 갖는 게 훨씬 더 중요해지고 있다. 스마트한 또는 표적화된 광고가 이 새롭게 출현하는 현상을 가리키는 용어인데, 상당수 인터넷 광고의 기본으로 빠르게 자리 잡아 가고 있다. 이런 이유로, 타깃닷컴(Target.com) 같은 소매 웹사이트들이 이제 메이저 광고 사이트로 떠올랐다. 엄청나게 많은 트래픽을 갖고 있을 뿐 아니라 광범위한 영역에 걸쳐 데이터를 수집해 놓고 있기 때문이다.[185] 《이코노미스트》는 이렇게 선언한다. "콘텐츠는 이제 더 이상 왕이 아니다. 중요한 건 이용자들에 관한 정보이다."[186] 터로는 이렇게 결론을 맺는다. 최근 나타나는 현상은 "《뉴욕타임스》나 《애틀랜틱》처럼 상대적으로 소수인 엘리트 지향 출판업자들로부터 점차 분리되는 궤적이다. 마케팅 목적과 일치하는 개별화는 살아남고자 한다면 기업들이 회피하기 어려운 압박이 된다."[187] 결코 놀라운 일이 아니다. 다른 더 좋은 옵션이 없는 상황에서, 광고주들은 오직 그러하는 게 수익에 유리하다는 판단 때문에 미디어를 항상 후원해 왔을 뿐이다. 이제 그들은 더 나은 옵션을 손에 넣게 되었으며, 결과적으로 미디어의 상당수는 판 밖으로 밀려날 수도 있다.

수익성이라는 동기가 이 과정을 새롭고 위험한 영역들로 더욱 빠르게 밀어 붙인다. 점차 '설득 프로파일링' 연구 작업을 통해서 개개인에게 어떤 유형의 세일즈 투구가 가장 효과적인지를 결정하고, 이에 맞추어 광고를 재단한다. 더욱이 분석가들은 이제 어떤 사람이 특정한 순간 어떤 분위기에 있고 있으며, 그런 그에게는 어떤 제품이나 세일즈 투구가 가장 효과적인지를 알아보기 위해서 '감정 분석'이라는 것도 한다.[188] 광고주들은 웹캠(webcams)을 사용해서 스크린에 나온 것을 보고 사용자의 얼굴이 어떻게 반응하는지를 모니터할 수 있는 이른바 감정 분석 소프트웨어 개발에도 나서고 있다. 《이코노미스트》는 이렇게 기사에 적었다. "인터넷 이용자들로 하여금 자신의 이미지에 대한 접근을 허락토록 설득할 한 가지 방법은 할인이나 웹사이트 가입을 제시하는 것이다."[189] 패리저는 기계를 좀 더 '인간적으로' 만드는 것을 포함해, 지평선 너머로부터 곧 다가올 다양한 발전 양상들에 관해 연대기적으로 적고 있다. 그런 기계 인간들(machine-'cum'-humans)은 실재하는 사람들과 '관계'를 맺을 수 있고 그들로부터 더 많은 정보를 얻어 낼 수도 있다.[190]

닐슨리서치는 사람들이 전통적인 광고보다는 동료들의 추천과 인기투표에 더 많은 신뢰를 보인다는 사실을 알아냈으며, 그리하여 은밀한 세일즈 투구에도 상당히 많은 노력이 들어가고 있다.[191] 우정을 상업화하는 게 일종의 킬러 앱이다.[192] 페이스북은 이렇게 하는 데 아주 이상적이다. "페이스북에서 당신은 친구를 계좌로 바꾼다." 한 광고회사의 임원이 터로에게 이렇게 설명해 주었다. "이런저런 사람들이 그걸 좋아했다. 따라서 당신도 좋아하게 될 것이다. 처음에 사람들은 오싹하게 느낄 수도 있다. 그렇지만 …… 서서히 익숙해질 것이다."[193] 2011년 듀크대학이 기업 마케팅 담당자들을 대상으로 조사한 바에 따르면, 그들은 5년 안에 자신들의 광고 예산 중 18퍼센트나 되는 액수를 소셜미디어에 배분할 것으로 기대하고 있었다.[194]

전통적인 미디어가 직면하고 있는 문제는, 광고주들과 새롭게 출현 중인 시스템이 콘텐츠에 대해 완전히 적대적이라는 뜻이 아니다. 한 예비 조사는, 웹사이트의 콘텐츠가 광고의 성공에 영향을 끼친다는 사실을 암시하고 있다. 문제는 광고주에 의한 미디어 콘텐츠의 그 어떤 후원을 정당화하기에 효과가 과연 충분한지 여부이다.[195] 때때로 광고주들은 "중간상인을 간단히 잘라 버리고" 제품 판매를 유일한 목적으로 하는 콘텐츠를 자신이 직접 제작한다. 시스템의 논리는 개개인을 위해 콘텐츠를 개별화하는 것이며, 판매에 가장 도움이 될 것으로 생각되는 콘텐츠가 선택될 것이다. 패리저의 《생각 조종자들》은 인터넷이 얼마나 빠르게 개별화된 경험이 되어 가고 있는지, 그리고 사람들은 특별한 자신의 이력을 기반으로 동일한 질문을 구글에서 검색하지만 어째서 차이 나는 결과를 얻게 되는지를 기록으로 정리하고 있다. 사람들은 곧 동일한 URL에 들어가는 다른 사람들과는 차별화된 웹사이트들을 스크린에서 보게 될 것이다. 이러한 발전은 완전히 광고와 상업주의에 의해 추동되고 있다.[196] 사실 '콘텐츠 농장'들의 등장과 더불어, 광고주들을 위해 그들이 원하는 수용자들에게 접근할 수 있는 콘텐츠를 수요에 맞춰 생산하는 산업이 출현했다. 구글의 전직 CEO인 에릭 슈미트는 다음과 같은 점에 주목했다. 개별적 표적화가 "너무 좋아졌다. 사람들은 이제 어떤 식으로든 자신을 위해 맞춰지지 않은 콘텐츠를 보거나 소비하는 게 없어질 것이다."[197]

여전히 갈 길이 멀다. 그렇지만 몇 가지는 이미 벌써 명료하고도 확실해졌다. 인터넷이 개인들에게 권력을 가져다주고 이들을 디지털 시대의 주인으로 만들 거라는 1990년대의 생각은 완전히 빗나갔다. 사람들이 전 지구적으로 공유된 인류의 행복을 위해 합세할 것이라는 생각도 한참 거리가 먼 기억일 뿐이다. "인터넷이 이렇게 재미없어져진 것은 참으로 고약한 일이다." 래니어가 한탄했다.[198] 그는 이렇게 결론을 맺는다. "대개는 좀 더 행복하고 건강한 삶을 가져다주지만, 인터넷은 동시에 모든 것, 심지어 우리의 감각적 장치 그 자체를 상업화시켜 버렸다."[199] 로티가 1934년에 문제의 뼈대를 정리한 것과 비슷하게, 터로도 증거는 한쪽 방향을 가리킨다고 결론짓는다. "기업 권력이 디지털 시대의 핵심부를 차지한 것, 바로 이게 오늘날의 결정적 현실이다."[200] 1935년《뉴리퍼블릭》의 편집자 브루스 블리븐은 스스로를 "라디오가 발명되지 않았으면 하고 바랄 정도로 광고를 매우 불쾌하게 여기는 사람들" 가운데 한 사람이라고 설명한 바 있다.[201] 어쩌면 인터넷이 현대판 블리븐주의자들을 양산할지 모른다. 아니면 방송의 경우처럼, 사람들은 인터넷의 후퇴를 세상이 돌아가는 자연스러운 이치로 받아들이고 문제를 제기하기는커녕 대체 무슨 일이 벌어지고 있는지조차 거의 인식하지 못할 수도 있다.

군사·디지털 복합체

1961년에 대통령 이임 연설에서 드와이트 D. 아이젠하워는 그 이전까지 알려지지 않은 새로운 권력을 갖고 전후 시대 미국 정치경제의 초석으로 등장한 군산복합체에 관해 불길한 경고를 했다. 제2차 세계대전 당시 유럽 지역 연합군 총사령관을 지냈던 그는 전쟁을 일으키는 자들과 거대기업들, 그리고 정치인들의 공통된 이해관계를 맹비난했다. 이들 사이의 이해관계는 보통의 인민들을 어떤 반대의 목소리를 내기에는 너무나 미약한 존재로 만들어 버릴 터였다. 우울한 어조로 그는 그런 현상이 전쟁을 우려한 제임스 매디슨과 토머스 제퍼슨의 정신에 바탕을 둔 인간적이고 민주적인 사회의 종말로 이어질 수 있다고 말해주었다. 미국 역사상 대통령이나 그 어떤 정치 지도자가 한 가장 특별한 연설 가운데 하나였다.[202] 그런데 아이젠하워의 경고는 자신이 우려를 표한 바로 그 이유 때문에 전혀 효과를 내지 못했다. 영속적인 전시경제로부터 혜택을 보는 사회 내 여러 강력한 요소들이 존재하지만, 거꾸로 권력을 가진 요소들 가운데 항시적인 전시 경제 탓에 결정적으로 손해를 보는 경우는 거의 없기 때문이다.

아이젠하워의 말은 당시의 상황에 비춰 너무도 정확한 것이었으며, 그의 분석은 뒷날까지도 침울하지만 선견지명이 있는 것으로 입증되었다. 1970년대 베트남전쟁 직후의 짧은 기간을 제외하면 이 군산복합 시스템은 그 어떤 도전도 받지 않았다. 군사와 안보 예산 지출이 계속해서 늘어났으며, 경제의 상당하고 지속적인 일부로서 자리 잡아 왔다. 2012년 현재 미국은 모든 전쟁과 핵무기, 비밀 예산, 부채 이자 지불 등을 전부 계산에 포함시킬 때, 해마다 1조 달러 정도를 군사비로 지출하고 있다.[203] 전 세계 인구에서는 5퍼센트밖에 되지 않지만, 미국은 전 세계 군비 지출 가운데 절반을 웃돈다. "우리는 의회 안에 아무런 적도 두고 있지 않다." 다른 사람도 아닌 국방부 고위 관료가 레이첼 매도에게 말해 준 것이다. "우리는 군비 프로그램을 유지하기 위해서가 아니라 오히려 줄이기 위해서 의회와 싸워야 할 형편이다."[204] 정부가 실제로 다른 프로그램들에 견주어 얼마나 많은 돈을 군사 부문에 지출하고 있는지 미국인들이 그 정보를 직접 전달받게 된다면, 아마도 상당수의 미국인들은 정부 지출을 크게 삭감할 합리적인 지점이 바로 이 군사비라는 사실을 확신하게 될 것이다.[205]

경제에서 군사비 지출은 핵심적인 역할을 수행한다. 민간 부문에서 만들어진 것들과 경쟁을 펼쳐야 하는 시장에 그 어떤 제품도 내놓지 않으면서, 상품과 서비스에 대한 수요를 제공하는 게 바로 이 군사비이다. 군사비 지출은 생산의 분명한 자극제이자 불황의 해독제가 된다. 특히 예산의 더 많은 부분이 점차 아웃소싱되면서, 군비 지출은 군수 관련 계약을 얻어 낸 기업들에게는 예기치 않은 횡재가 된다. 아울러 군비 지출은 미국 내 고급 기술 연구개발 지출액의 상당 부분을 차지해 왔다. 4장에서 논의한 바와 같이, 그 역할은 상업적인 인터넷의 발전에서도 핵심적이었고 지금도 그러하다. 수많은 경제학자들은 정확하게 지적한다. 정부가 경제성장과 연구개발을 위해 돈을 쓸 훨씬 더 효과적인 방법들이 있지만, 이러한 옵션들은 강력한 로비로부터 정치적 지원을 얻지 못하거나 그들로부터 지독한 반대에 직면하게 된다. 지난날 역사학자 차머스 존슨은 미국이 제국의 모양새를 포기하고 부드럽게 착지하듯 공화국으로 돌아갔으면 하고 그리워한 바 있다. 하지만 나타난 결과는 전혀 다른 현실을 가리키고 있다. 안보를 내세우는 국가가 거대기업과 월스트리트, 광고만큼이나 실재하는 미국 자본주의의 일부를 구성하고 있다. 이걸 종식시키려는 시도는 사실상 우리가 알고 있는 자본주의를 근본적으로 바꾸거나 대체하려는 운동이 될 것이다.

미국의 적들이 이미 노출되어 있었고 갈등도 궁극적으로는 끝날 수 있던 (실제로 끝난) 냉전이 끝났다. 대신에 적이 보이지 않고 그들의 활동 또한 잘 알려져 있지 않은 이른바 '테러와의 전쟁'으로 변화한 국면은 공안 국가를 구축하는 데 결정적으로 기여했다. 테러와의 전쟁은 우리 지도자들이 계속되어야 한다고 말하는 한 앞으로도 계속될 것이다. 테러와의 전쟁은 영원한 그 무엇이 될 것이다. 이제 미국인들은 지도자들이 주기적으로 피를 끓게 하기 위해 몇몇 사악한 '유라시아'(Eurasia)에 관해 경고해 주는, 그렇다고 증거나 맥락은 제시할 필요가 별로 없는 그런 조지 오웰이 경고한 세계에 살고 있다. 지도자들을 신뢰해야 하고 그들이 정한 예산을 승인해야만 한다. 여기에 도전장을 내민다면 반역이라고는 할 수 없더라도 비애국적인 행위로 몰리고 말 것이다.[206] 다른 견해를 지닌 자들은 몇몇 대학 캠퍼스나 공동체 라디오 방송국에나 있으면 된다. 민주당과 공화당 가운데 어느 쪽이 권력을 갖게 되든 바뀌는 것이라고는 거의 없다. 벌어지는 정치적 논쟁이라는 것도 기껏해야 얼빠진 수준에 그친다. "우리들의 국가안보는 그 진술된 정당성과 별 상관이 없다." 매도는 이렇게 지적한다.

> 국방과 정보 정책이 어떠해야 하는지를 두고 일정한 수준에서 주장하고 논쟁을 펼치는 과정, 바로 그 토론(우리들의 정치과정)이 실제로 우리가 해야 할 것을 결정하지 않는다. 우리는 더 이상 정책에 대해 이러쿵저러쿵 주문하지 못한다. 정책은 나름의 경로를 따르고 있을 뿐이다. 말하자면, 우리가 우리나라의 상당 부분에 대한 통제권을 사실상 상실해 버렸다는 것이다. 우리는 이 나라의 건립자들이 남긴 가장 훌륭한 조언들 중 몇 가지에 대한 신념을 잃고 말았다.[207]

지난 10여 년 동안 정보 부문에 대한 연방 예산 지출은 무려 250퍼센트나 불어나 해마다 1,000억 달러 규모에 이르렀다. 대부분의 정보 관련 예산은 비밀로 취급되기 때문에, 우리가 알 수 있는 건 오직 추정치뿐이다. 공안 국가는 스탠리 큐브릭과 테리 서던이 영화 〈닥터 스트레인지러브〉(Dr. Strangelove)의 대본을 쓸 무렵만 해도 거의 상상하지도 못한 수준에 이르렀다. 1995년에 정부는 560만 건의 자료를 비밀로 분류했다. 2011년에는 920만 건이 비밀로 분류되고 있었다. 이런 사실까지도 고려해 보시라. 1966년에 정부는 1억9,600만 페이지에 이르는 서류를 비밀 해제시켰다(공개했다). 2011년에는 단지 2,700만 페이지만 그렇게 해제되었다. 미국 정부는 아주 보수적으로 계산하더라도 해마다 정부 관련 정보를 비밀로 유지하거나 비밀로 만드는 데 130억 달러 정도를 쓴다.[208] 패리드 자카리아는 이렇게 적고 있다.

> 2001년 9월 11일 이후 미국 정부는 적어도 263개의 기관을 새롭게 만들거나 재편했다. 테러와의 전쟁과 관련된 업무들을 다루기 위해서였다. 정보 관련 부서들을 위해서만 33채나 되는 새 빌딩 단지가 세워졌다. 국회의사당 22채 또는 펜타곤 3채와 맞먹는, 16만 헥타르에 육박하는 엄청난 규모이다. 이제 국방부와 퇴역군인부 다음으로 규모가 큰 관청은 23만 명이 직원으로 일하고 있는 국토안보부이다.[209]

이렇게 해서 생긴 국가안보 콤플렉스는 이제 거의 상상할 수도 없는 수준에 이르렀다. 마치 지구와 지구에서 한참 떨어진 어떤 은하계 사이의 거리를 밀리미터 단위로 계산하려는 것과 같다. 85만 명이 넘는 사람이 일급비밀 취급 허가를 받은 상태이다. 1,300개 정부 기관과 2,000개의 사기업들이 정보를 수집하고 있으며, 일급비밀 취급 허가증을 갖고 있다. 이들은 공적인 책임감을 전혀 지지 않고 사리사욕을 추구하는 거대한 관료 집단이며, 국회의 관리 감독조차 거의 받지 않는다.[210] "이 시스템의 복잡성은 말로 설명하는 게 불가능할 정도이다." 예비역 육군 정보 전문가가 《워싱턴포스트》에 말한 내용이다. "우리는 이 시스템이 과연 우리를 더 안전하게 만들고 있는지 사실상 평가해 볼 수조차 없다."[211]

군부와 공안 기관들은 인터넷을 열렬히 받아들였으며, 이미 컴퓨터를 자신들의 것으로 만들 결심을 내린 상태이다. 컴퓨터는 그야말로 "하늘이 내린 사찰 도구이다." 존 노턴이 이렇게 썼다. "돈이 많이 들고 실수도 할 수 있는 사람이 아닌 컴퓨터로써 대부분 사찰할 수 있기 때문이다."[212] 2012년에 미군은 "사이버스페이스를 군사적인 전장으로 간주할 계획"이라고 공식 표명했다.[213] 아마도 가장 중요한 전쟁터일 것이다. 국가안보국(NSA)이 20억 달러를 들여 짓고 있는 유타 주의 인터넷 클라우드 '적란운'(cumulonimbus) 단지는 거의 완공 단계에 와 있다. "무한한 이곳의 데이터베이스는 사적인 이메일과 휴대폰, 구글 검색의 완벽한 콘텐츠들은 물론이고 온갖 사적인 데이터 흔적들"을 포함하게 될 것이다. 이렇게 되면 NSA는 콘텐츠를 여러 조각으로 분해해 다양한 시각에서 들여다 볼 수 있는 엄청난 능력을 보유하게 된다. 제임스 뱀퍼드가 관측한 바와 같이, 워터게이트 이후 최초로 "NSA는 자신의 감시 장치를 미국과 시민들에게 향하게 할 수 있게 되었다."[214]

믿기 어렵겠지만 이게 다가 아니다.[215] 전직 선마이크로시스템스(Sun Microsystems)의 선임 엔지니어이자 사이버 안보 전문가인 수전 랜도는 이렇게 쓰고 있다. "미국 정부는 커뮤니케이션 인프라에 감시 능력을 구축하기 위해 전례 없는 노력을 쏟아붓기 시작했다."[216] 한편 노턴은 이렇게 썼다. "대부분의 인터넷 이용자들은, 만약 온라인상에서 이루어지는 자신의 활동 중 어느 정도가 이미 정부의 감시 아래에 들어갔는지 알게 된다면 경악을 금치 못할 것이다."[217] 자카리아는 이렇게 보도했다.

> 공안 국가의 부상은 테러리즘과 상관없어 보일 때조차 이제 미국인들의 일상생활 모든 면에 개입하고 있는 정부 권력의 방대한 확장을 가져왔다. 예를 들어 현재 대략 3만 명이나 되는 요원이 오로지 미국 국내에서 오가는 전화 대화나 커뮤니케이션을 엿듣기 위한 목적으로 채용되어 있다.[218]

정부, 특히 공안 정부는 ISP 카르텔이나 디지털 거대기업들과 어떤 관계를 맺고 있을까? 상호 보완적이고 우호적이며 심지어 긴밀한 관계라는 증거가 많다. 공안 부처들에게 가져다주는 혜택은 명백하다. UCLA 법학 교수인 존 마이클스가 2008년에 발표한 연구에서 주목한 것처럼, "참여 기업들은 미국 정보 관리들이 국내에서 사찰이나 정보 활동을 수행하는 데 기술적으로 협조해 왔다. 국회를 통해 부가되는 법정 지시나 소환의 바깥에서, 부처 상호 간 감시의 영역 바깥에서 그렇게 할 수 있도록 협력했다."[219] 더욱이 인터넷 거대기업들은 정부가 스스로 찾으려고 했더라면 훨씬 더 어려웠을 정보에 대한 특별한 접속권까지 제공할 수 있다.

인터넷 거대기업들에게 안보 부처들에게 협력할 만한 이유는 한두 가지가 아니다.

- 정부를 위해 데이터 서비스를 제공함으로써 벌 수 있는 엄청난 돈이 있다. 헤더 브룩의 말처럼, "데이터를 정부에게 팔기 위해 10여

개 정도의 상업적 데이터 브로커들이 경쟁을 펼치고 있다.[220)]

- 군은 인터넷 거대기업들이 상업적으로 활용할 수 있는 온갖 신기술을 만들어 내고 있다.
- 거대기업들은 정부 보조금과 각종 규제, 과세, 반독점 규제에 상당히 의존하고 있다. 군부나 정보 당국들과 한통속이 되는 걸 거부할 만큼 정부를 적대시하고 싶어 하지 않는다.
- 미국 바깥에서 미국 정부는 인터넷 거대기업들의 적극적인 후원자이며, 이들은 그 답례를 하고 싶고 또한 정부에 일종의 빚을 지우고 싶은 것이다.
- 군의 사이버 전쟁 계획의 상당 부분이 미국의 지적재산권과 특허, 저작권 보호를 취급하고 있다. 정부는 인터넷 거대기업들과 기업화된 미디어 그리고 특허나 저작권에 의존하는 모든 비즈니스를 위한 사설 경찰력과 같다.[221)]

이런 기업들, 심지어 현재 군 및 안보 기관들과 긴밀히 작업하고 있지 않는 기업들조차 선택할 만한 합리적인 코스는 공안 국가와 협력하는 것뿐이다. 다른 활동의 경로는 모두 그들의 수익성에 위협이 될 것이다. 머리가 잘 돌아가지 않는 자나 선택할 위험한 길이다.

물론 이들 기업의 몇몇 임원에게는 거의 확실히 애국적인 정서가 깔려 있으며, 이런 정서가 이들이 택한 선택을 강화하거나 안내한다. 그렇지만 인터넷 기업들은 사람이 아니다. 필요한 모든 (법적인) 수단을 써서 이윤을 극대화하기 위해 법적으로 면허를 받은 피도 눈물도 없는 조직일 뿐이다. 모로조프의 말처럼, 애국적인 기업들 가운데 많은 수가 "감시와 검열 기술을 세계에서 가장 극악한 정권에게 파는 걸" 주저 하지 않았다.[222)]

예를 들어 2011년에 전복된 튀니지 정부는, 의견을 달리하는 사람들의 온라인 활동을 모니터하고 그들을 제거하기 위해 보잉사 자회사인 미국 기업 네이러스(Narus)로부터 구입한 '심층패킷분석'(deep-packet inspection)을 활용했다. 파키스탄과 사우디아라비아가 네이러스의 고객인 또 다른 권위주의 국가들이다. 중국 전문가인 레베카 매키넌은 미국의 투자자들과 기업들이 인터넷을 상대적으로 무해한 매체로 변환시키려는 중국 정부의 활동에 결정적으로 협조하고 있다고 주장했다. 그녀는 이렇게 관측한다. "중국 국내에서 인터넷의 광범위한 이용은 실로 중국 공산당 지배의 붕괴를 촉진하기보다는 오히려 '지속시키는' 데 도움을 줄 공산이 매우 높다."[223] 구글 같은 기업들에는 정부와 기업들에 보안 관련 장치들을 제공함으로써 벌어들일 엄청난 돈이 있다. 이에 반해, 불행하게도 미국 정부와 긴밀한 관계를 맺고 있는 정부가 집권한 나라에 사는 비판 세력들을 후원해 줄 시장은 존재하지 않는다.[224] 명백한 증거가 있다. 인터넷 기업들은 이익이 아닌 인권과 법의 지배에는 한참 낮은 우선권을 부여할 따름이다.

국가안보와 사찰

우리는 공안 국가와 인터넷 거대기업 간의 협력 관계가 대부분이 거의 알려져 있지 않았다고 봐야 한다. 양쪽 다 그러한 사실을 비밀에 붙일 충분한 동기를 갖고 있다. 그렇지만 우리를 꼼짝 못하도록 하기에 충분히 놀라운 사실들이 이런저런 틈으로 유출되었다. 2001년 NSA는 미국 시민들을 상대로 한 불법적이고 영장 없는 도청 프로그램을 시작했다. 심층패킷분석 기술을 이용해서 전화를 엿듣는 방식이었다. NSA

는 AT&T와 버라이즌, 퀘스트 말고도 여러 텔레콤 기업들로부터 조건 없는 협조를 얻어 냈다. 부시 행정부는 퀘스트(Qwest)에 협조하지 않으면 앞으로 수익성 높은 정부 계약을 잃게 될 것이라고 협박했다. 다른 기업들도 참여의 대가로 수억 달러씩을 얻어 냈다. 퀘스트의 매각을 둘러싸고 나중에 주주들 사이에 벌어진 소송에서, "정부의 여러 군과 정보 부처들(특히 펜타곤과 NSA)과 사적인 텔레커뮤니케이션 기업들 사이의 특별한 협력 관계를 드러내는" 자료들이 공개되었다. 글렌 그린왈드의 말처럼, 이들 자료는 "텔레콤 기업들과 군부, 연방정부 정보기관들 사이가 너무나 가까워 사실상 분리하기가 어려운 수준임을" 입증해 주었다.[225)]

텔레콤 거대기업들은, 자신들의 이러한 행동이 해외정보감시법(FISA, Foreign Intelligence Surveillance Act)을 명백하게 위반하고 있다는 사실을 잘 알고 있다. 1970년대 다름 아닌 자신들이 고용한 변호사들이 세세한 조문을 작성했기 때문에 결코 헷갈리거나 모호할 수 없는 법이었다.[226)] 이들의 운영 방식은 "너무나 무법적이어서 부시 행정부의 법무부 최고 관료들조차 사실을 알게 되었을 때 강력하게 반발할 정도였다."[227)] 이들 기업은 권력과 결탁되지 않은 사람들이었다면 곧 감옥에 갔을 그런 종류의 중죄를 저질렀다. 다행히 내부 제보자의 도움으로 이 운영 방식이 공개되었지만, 그 어떤 기소도 이루어지지 않았고 그 누구도 목이 날아가지 않았다. 오히려 의회는 양당의 협조를 얻어 2008년 텔레콤 기업들을 위한 완벽한 소급 면제법을 통과시켜 주었다. 이 법이 프로그램을 사실상 합법적인 것으로 만들어 버렸다. 아울러 오바마 행정부는 내부 제보자가 기소를 면하는 걸 더욱 어렵게 만들기 위한 규제를 강화시켰다. 《워싱턴포스트》의 보도에 따르면, 2010년에 이르러 "매일같이 NSA의 정보 수집 시스템은 17억 건에 이르는 이메일과 전화를 비롯한 온갖 커뮤니케이션을 도중에 가로채 저장하고 있다."[228]

소수 업자들의 인터넷 독점은 출현 중인 인터넷 클라우드 구조와 더불어 정부에게는 완벽한 모습이다. 인터넷을 효과적으로 통제하기 위해 정부는 손에 꼽을 수 있는 몇몇 거대기업들과만 거래를 트면 된다. 그 결과는 위키리크스가 2010년에 정부 자료를 공개한 이후 이 문제를 둘러싸고 계속된 소란에서 두드러졌다. 매키넌은 이렇게 지적한다. "위키리크스에 대한 미국 정부의 반응은 정부와 인터넷 관련 기업들 간에 맺은 권력 관계의 우려스러운 불투명성과 공적인 책임 부족 상태를 또렷하게 부각시켜 주었다." 아마존은 자기 서버에서 위키리크스를 철거해 버렸고, 갈 데가 없는 상황에서 이 사이트는 곧 무너져 갔다.[229] 애플은 자신의 가게에서 위키리크스 앱을 걷어내 버렸다.[230] 모노폴리스트 페이팔(Monopolist PayPal) 또한 마스터 카드, 비자 그리고 아메리카 은행과 더불어 위키리크스와 관계를 끊어 버렸다. 행정부가 기업들에게 그렇게 하도록 노골적으로 요구했다는 증거는 없다. 아마도 의회 쪽에서 흘러나오는 위협적인 움직임과 마초 같은 이야기들을 보고 들은 후, 그들이 알아서 먼저 행동했을 것이다.[231] 기업들은 위키리크스가 불법이라는 모호한 주장에 대해 즉각 반응했지만, 공식적인 고소가 없었고 아무도 기소되지 않았다. "우리는 지금 심각한 문제를 안고 있다." 매키넌은 이렇게 결론을 내린다.

> 미국을 비롯한 민주주의 국가에서 정치 담론은 이제 사적으로 소유되고 작동되는 디지털 중개인들에게 점차 의존하고 있다. 인기가 없고 논쟁적이며 이론의 여지가 있는 발언들이 이들 플랫폼상에 계속 존재할 수 있는지 여부는, 자신의 행위를 정당화시킬 그 어떤 법적인 의무도 없는 비선출직 기업 임원들의 손에 맡겨져 있다. 위키리크스 기밀 분류 전

문들에 대한 반응은 사적인 기업들이 시민들의 정치적 발언에 대해 행사하는 책임을 따질 수 없는 권력의 사례가 된다. 또한 정부가 어떻게 비공식적이고 그래서 책임을 지지 않는 방식으로 권력을 조작할 수 있는지를 보여 주는 골치 아픈 사례가 된다.[232]

이와 같은 불법 행위 사례는 여기서 끝날 리 만무하다. 2012년 4월 미국시민자유연맹(ACLU, American Civil Liberties Union)은 미국에서 대부분의 경찰 부서들이 영장을 발부받지 않고 따라서 불법적으로 휴대폰을 이용해 혐의자 등을 추적하고 있음을 보여 주는 서류를 공개했다. 무려 5,500페이지에 달하는 분량이다. ISP 카르텔은 정부에게 협조만 한 게 아니라 때로는 돈도 받았는데, 혐의자의 물리적 위치를 제공함으로써 얻는 수백 달러에서 "완벽하고 철저한 도청의 대가"로 2,200달러까지 그 가격은 다양했다.[233] 2012년에는 국토안보부가 정기적으로 페이스북이나 트위터 같은 소셜미디어를 수백 개의 키워드로 등급을 매겼다는 사실이 드러났다. 그 목적은 다른 무엇보다도 "국토 안보의 함의를 갖는 주요 정부 제안 사항들에 관한 대중의 반응"을 평가해 본다는 것이었다.[234] 필요할 경우를 위해 렉시스넥시스(LexisNexis) 같은 회사는 "정부 요원들에게 사람들이 자신의 소셜미디어에서 무엇을 하는지에 관해 정보를 제공할" 특정 제품을 이미 개발해 두고 있었다.[235]

이 모든 것은 휴대전화 회사들이 법 집행 기관들로부터 무려 130만 건에 이르는 등록자 정보 요구에 부정한 방식으로 응답해 왔다는 사실이 2012년 7월 의회 조사를 통해 밝혀지면서 막장에 이른다. "이토록 엄청날지는 그 누구도 미처 예상하지 못했다." 조사에 착수한 매사추세츠의 민주당 하원의원 에드워드 마키가 말했다. AT&T는 날마다 7

백 개에 이르는 요청 사항을 접수하고 있었고, 다른 휴대전화 회사들과 마찬가지로 협력의 대가로 보상받고 있었다.[236] AT&T는 현재 법 집행 요구들을 검토하고 처리하기 위해 1백여 명의 상근 직원을 고용하고 있다. 버라이즌의 경우에는 그 수가 79명에 이른다.[237] 이동전화에 접근하는 방법이 너무나 수월해지면서, 시민의 헌법적 권리를 그래도 실제적으로 보호해 줄 좀 더 "엄중한 법적 기준"을 가졌던 전통적인 도청은 그 수가 급격히 줄어들었다. 2011년 전국에 걸쳐 도청이 불과 2,732건에 그쳤는데, 2010년의 수치에서 14퍼센트 줄어든 것이었다.《뉴욕타임스》는 프라이버시가 과연 계속 지켜질 수 있을지 의문을 표하면서 휴대전화 스파이 짓에 반대하는 사설을 싣기도 했다.[238]

2001년 9월 11일부터, 미국인들을 상대로 하는 스파이 짓과 관련해 연방수사국(FBI)은 '국가안보서신'(NSL, National Security Letter)에 점점 더 크게 의존하고 있다. 타당한 동기나 사법적 통제 그 무엇도 요구하지 않는 행정부의 요구 서신 곧 영장이다. 데이비드 로슨은 이렇게 썼다:

> NSL은 미국인들에게 부당한 수색이나 체포로부터 자유를 보장해 주는 헌법 제4조를 사실상 폐기시켜 버렸다. (자료가 존재하지 않는 2001년과 2002년을 제외하면) 2000년부터 2010년까지 14,000명에 이르는 미국 내 거주자들에게 총 24,287건의 편지가 발송되었다. 더욱 놀라운 건 만약 어떤 회사나 저널리스트, 개인 또는 변호사가 NSL을 수령했다면, 이들은 언론 매체를 포함해서 그 누구에게도 이 명령에 관한 정보를 흘리지 못하도록 금지되어 있다는 사실이다. 심지어 NSL은 감시할 국가가 점차 늘어나 정확하게 헤아리기 어려운 다수의 미국인들을 상대로 스파이 행위를 하기 위해 채택하고 있는 여러 수단 가운데 그저 하나일 뿐이라는 사실이다.[239]

구글의 공동 창립자 세르게이 브린은 2012년 《가디언》에 이렇게 말했다. "우리 회사는 주기적으로 데이터를 건넬 것을 강요받았으며, 때로는 그렇게 했다는 사실을 이용자들에게 고지하는 것조차도 법적인 제약으로 금지당했다."[240) 《이코노미스트》에 따르면, 구글은 2011년 법 집행 및 공안 기관들로부터 적어도 1만 건의 정보 요청서를 받았다. 구글은 정부가 요청한 사안의 93퍼센트 정도에 대해 적극 응답해 주었다고 시인했다.[241) 정부의 조처에 맞섰으며 NSL의 헌법 합치 여부를 따지기 위해 법정으로 간 통신 회사는 워킹어세츠(Working Assets)가 유일하다. 이 회사는 수입의 일부를 진보적인 곳에 쓰는 명백히 리버럴한 정치 성향을 갖춘, 상대적으로 영세한 기업체인 크레도모바일(Credo Mobile)을 운영하고 있었다. (이것이 바로 대부분 좌파 경향인 이용자들이 주로 이 회사 서비스에 가입하는 이유가 된다.) 지금 이 시점에도 법정에서 이 사건의 심리가 한창 진행되고 있다.[242)

공중의 간섭을 최소화시킨 상태에서 인터넷을 규제한다는 게, 현재 워싱턴 정가를 달구고 있는 뜨거운 이슈이다. 2012년 4월 연방 하원은 인터넷 트래픽 정보를 정부와 몇몇 회사들이 서로 공유할 수 있도록 허용해 주는 이른바 사이버정보공유보호법(CISPA, Cyber Intelligence Sharing and Protection Act)이라는 걸 통과시켰다. 이 법안이 내거는 목적은 정부가 사이버상의 갖가지 위협 사항들을 조사하고 사이버 공격에 맞서 네트워크의 안보를 지켜낼 수 있도록 도와주는 데 있다. 이 법안은 전자자유재단과 ACLU, 국경없는기자회, 모질라 같은 인터넷 프라이버시 및 시민 자유권의 조직적 옹호자들로부터 한목소리로 비판을 받았다. 이 단체들은 지금까지 제안된 법안 가운데 시민의 자유를 가장 크게 위반하는 것으로 간주했다. 프리프레스가 발표한 바와 같이, CISPA는 기업들과 정부가 프라이버시 보호 조항을 합법적으로 건너뛰어 이메일 트래픽에 스파이 짓을 하고 텍스트 메시지를 구석구석 찾아볼 수 있도록 할 뿐 아니라 온라인 콘텐츠를 필터링하거나 웹사이트에 접근하는 행위를 봉쇄할 수 있도록 해줄 수 있다. 기업들로 하여금 자기 이용자의 페이스북 데이터와 트위터 이력, 휴대전화 연락처 등을 정부에게 내놓을 수 있도록 할 수도 있다. 또한 정부로 하여금 그 어떤 실질적인 법적 감독 없이 가장 모호한 정당성을 갖고 이메일을 조사할 수 있도록 허용할 수도 있었다. 아울러 CISPA는 위키리크스 같은 내부 고발자 웹사이트와 이들의 폭로 내용을 출판하는 언론 기관의 입을 틀어막을 재갈로 사용될 수도 있다.[243] "나는 의회가 지금 통과시키고 있는 법안이 대체 얼마나 정신 나간 짓인지 과연 제대로 이해나 하고 있는지 모르겠다." 인터넷 정책에 관한 최고 전문가 한 사람이 2012년 5월에 내게 말했다.[244]

인터넷 거대기업들은 모두 적극적으로든 아니면 조용하게, 여러 다양한 이유로 이 법안을 지지하고 나선다. 우선 이 법안은 그들에게 이미 정부와 함께 암암리에 해오고 있던 작업들에 대한 법적 보호책이 될 수 있다. 둘째로, 법안은 일정한 보수와 함께 사법적 면책권까지도 부여받은 채 정부와 할 수 있는 새로운 사업의 전망을 열어 준다. 실제로 이들 작업 가운데 몇몇은 특히 온라인 광고 산업을 위한 유용한 상업적 애플리케이션 개발로 이어질 수 있다. 세 번째로, 법안은 거대기업들이 정부와 돈독한 관계를 유지할 수 있도록 해주는 데, 그들에게는 더없이 큰 이득이 된다. 네 번째로, CISPA는 오직 자발적인 사항이며 기업들은 참여를 거부할 수도 있다. 정부 요청을 받아들이는 데 들어가는 비용이 자신에게 해가 되는 수준이라면 그렇게 할 수도 있는 것이다. 아무도 NSL에 도전하지 않았다는 사실은, 물론 이런 원칙에 기초한 거부가 쉽지 않은 것임을 잘 보여 준다.

민주당 상원의원들은 CISPA에 대한 지지를 거부했다. 어느 정도 시민의 자유권에 기반을 둔 반대 의사 표시였다. 그리하여 상원은 오바마 대통령과 민주당, 군부의 강력한 지원을 받은 독자적인 '사이버 안보' 법안을 따로 제출했다.[245] 그러나 이 상원 법안은 공화당의 의사진행 방해를 맞봐야 했고, 의사 진행 방해를 물리치는 데 필요한 다수를 확보하는 데 실패하여 2012년 8월에 52대 46으로 '부결'되었다. 공화당 상원의원 대다수가 법안에 반대 투표한 명시적인 이유가 되기도 하는 중대한 변화는, 이 법안이 하원의 CISPA에서는 자발적이었던 몇 가지 사항을 기업들이 반드시 따르도록 강제한 데 있었다. 구체적으로 상원의 법안은 "우리들의 중요한 사회 인프라를 보호하는 데 필요한 비용을, 심지어 그 지출이 일정 기간 수익을 감소시킬 수 있더라도 민간 기업들에게 강제할 수 있도록" 하는 듯했다. 고급 사이버 안보 기업체인 타이아글로벌(Taia Global)의 창립자 제프리 카가 토킹포인트메모의 칼 프렌즌에게 말한 내용이다. 많은 안보 전문가들은 이 법안이 실제로 미국을 사이버 공격으로부터 더 잘 막아 낼 수 있는 능력을 갖추고 있었는지 의심한다.[246] 시민의 자유권과 프라이버시, 일반적 공익 정책 과정의 측면에서 메인래스는 하원과 상원의 법안 모두 '형편없는 것'이라고 잘라 말했다.[247]

2011년의 SOPA와 2012년의 CISPA, '사이버 안보'와 더불어 모든 흐름은 법적인 공세를 한쪽 방향으로 모으고 있다. 시민들의 권리 위축, 공안 국가나 인터넷 기업들의 책임지지 않는 특권의 확장이다. 의회의 구성 비율에 따라 약간 달라질 수는 있겠지만, 당연히 인터넷 거대기업들이 유리한 조건을 차지하는 방향이 될 것이다. 법안을 통과시키기 위해 시민권 자유주의자들에게 약간의 콩고물 정도는 던져줄 수 있을 것이다. 이런 일은 현재의 미국 정치를 두고 볼 때 절대로 넘어설 수 없는 장벽은 아니다. "한쪽이 무한한 돈과 자원을 갖고 있고, 반대편은 기껏해야 자원 활동가들만 있는 소모전의 미래는 암담하기 짝이 없다"고 한 활동가는 토로했다.[248] 뉴스 매체의 보도가 너무도 부족한 탓에 이러한 흐름을 멈추는 일은 더욱 어려워진다. 이해할 만하지만, 미국인 대다수는 이러한 사정에 관해 전혀 감을 잡지 못하고 있다. 어떤 기자는 이렇게 지적했다.

> 심지어 연방 하원을 통과한 뒤에도 하원 출입 기자단은 대통령이나 고위 당국자들과 토론하는 것은 차치하고, 날마다 이루어지는 기자 브리핑에서 CISPA에 관해 단 한 차례의 질의조차 하지 않았다. 백악관 홈페이지의 모든 공개된 글과 발언들을 살펴보면, 행정부의 정책 지지 발표들 가운데 CISPA는 단 한 차례만 언급되고 있을 따름이다. 비교를 위해 보자면, 이른바 '세부 출생 신고서'(long form birth certificat)에 관해서는 무려 70번 넘게 언급되고 있었다.[249]

어떤 프리프레스 조직가는 상황을 이렇게 정리했다. "우리가 인터넷의 자유라는 보편적인 원칙을 앞세워 대중들을 조직해 내지 못한다면, 결국은 패배하고 말 때까지 엉터리 법안들을 두고 겨우 방어전을 펼치고 있어야 할지 모른다."[250] 다행이도 좋은 소식은 SOPA와 CISPA에 맞서는 운동이 빚어낸 에너지이다. 프라이버시와 독점, 디지털 검열에 관해 점점 커지는 우려를 기반으로, 프리프레스는 '인터넷의 자유'를 지켜내고 확장하는 대중적 지지를 조직해 내기 위해 대략 2천 개의 단체들이 참여한 폭넓은 연대 단위를 만들어 낼 수 있었다. 여기서 발표한 〈인터넷 자유 선언〉은 2012년 여름 전 세계적으로 주목을 끌었다. 발표된 지 한 달 만에 무려 70개 나라의 언어로 번역되었다.[251] 이게 바로 지금의 핵심적인 투쟁들 가운데 하나이다.

물론 안보에 관한 정부의 우려에는 정당한 구석이 있으며, 전시와 같은 때는 일시적으로라도 자유를 좀 뒤로 미루고 안보를 좀 더 우선시할 수도 있다. 마찬가지로 인터넷과 사이버 전쟁의 위협에 관한 우려에도 분명히 정당성이 있다. 그러나 우리는 새로운 위험 지역으로 발을 들이고 있다. "안보와 프라이버시를 저울질해 볼 때, 거의 항상 안보가 이기게끔 눈금이 조정되어 있는 것이다."[252] "과거에도 미국 정부는 자주 전쟁을 준비했고 비정상적인 권한을 행사했으며 때로는 권력을 남용했다. 그렇지만 전쟁 후에는 언제나 동원령을 해제했다." 자카리아는 2012년에 이렇게 관측했다. "그런데 이번 전쟁에는 끝이 없다."[253] 최근에 출현한 시스템은 2장에서 언급된 존 매디슨의 경고를 환기시켜 주는 직권남용의 공개 초대장에 다름 아니다. "전시 상황이 지속되는 어떤 국가도 자유를 보존해 주지 못한다."[254]

시바 바이드야나탄은 이렇게 썼다. "국가 관료제에서 모든 인센티브는 결국 엄청난 감시를 조장하는 것으로 이어진다." 반대 방향으로 밀어붙이는 것은 아무 데도 없다.[255] 사이버 안보 전문가 수전 랜도는 이렇게 지적했다. "감시 메커니즘을 쉽게 작동시킬 수 있게 될 때, 오작동의 기회는 그만큼 높아진다."[256] 더욱이 이제는 국가안보 장치들에 참여하고 이를 확장시킴으로써 막대한 수익을 올리려는 산업체가 있다. 손에 꼽을 수 있는 소수의 인권 변호사들을 제외한다면, 감시를 늦추는 데 그 누구도 돈을 들이지 않는다. 책임성이 따르지 않는 상태라면 현재의 상황은 재난으로 이어질 수밖에 없는 것이다. 그 어떤 국가안보 당국을 보더라도, 도를 넘어서는 행위에 대한 믿을 만한 처벌 조건이 없다. 그런데 바로 그 도를 넘어서는 행위 때문에 많은 사람들의 인생은 끝장날 수 있는 것이다. 전자자유재단은 2011년에 FBI 문건을 폭넓게 검토하여 보고서를 내놓았다. "정보 조사는 과거에 생각했던 것보다 훨씬 자주 그리고 훨씬 많이 미국 시민들의 시민 자유권을 위태롭게 하고 있다"는 게 이 보고서의 결론이다.[257)]

정부가 정보를 일급비밀로 분류하는 과정에 관한 약간의 조사 결과를 살펴보면, 필요한 비밀을 보호하기 위해서라기보다는 정부의 오작동이나 무능에 관한 진실을 대중들한테 숨기기 위한 경우가 훨씬 많음이 쉽게 드러난다. 베테랑 저널리스트 샌퍼드 J. 융어는 《컬럼비아저널리즘리뷰》에 이렇게 썼다. 위키리크스는 "우리의 관심을 어떤 근본적인 사안으로 끌어 냈다. 미국 정부의 과다한 비밀 분류가 너무 심해졌다. 대체 비밀로 지켜져야 할 것은 무엇이며, 또 그것을 어떻게 효과적으로 지킬지 여부를 확실하게 알기 어렵게 되었다는 문제이다." 융어는 닉슨 행정부 당시 '펜타곤 페이퍼' 기소를 책임진 법무부 차관 어윈 그리스월드의 말을 인용한다. 나중에 그 직책에서 사퇴한 그리스월드는 1989년에 이렇게 지적했다. "비밀 분류 담당관들의 주된 관심사는 국가안보에 있는 게 아니라, 정부를 당혹케 할 이런저런 것들에 있다." 그리스월드는 이렇게 덧붙였다. "무기 시스템을 빼고는, 사본과 관련된 사실의 공표 때문에 국가안보에 실제로 위험이 초래된 경우가 과거는 물론이고 최근에도 거의 드물다"[258)]

그리스월드의 시대는 바로 지금의 미국에 견줘볼 때 그래도 괜찮았던 시절 같다. 이 주제에 오랫동안 천착해 온 몇 안 되는 기자 가운데 한 사람인 마이클 헤이스팅스는 이렇게 적었다. "지난 10여 년 동안 정부는 무려 260만 건을 새로이 비밀로 분류함으로써 일종의 안보 패티시 수준에 도달했다." 그리스월드와 마찬가지로, 헤이스팅스는 "정부가 자기네 서류를 지키는 데 그토록 집착하는 주된 이유 가운데 하나는, 분류를 합리화시킬 때 내뱉는 말처럼 그것을 공개하면 국가안보를 해칠 수 있기 때문이 아니라, 당혹스러움을 피하고 싶기 때문이라는 게 분석가들이 지적하는 바"라고 덧붙였다.[259)]

"비밀스러운 지식의 세계가 공개된 지식의 세계보다 훨씬 더 넓다." 스탠퍼드대학 교수 로버트 프록터가 크리스 헤이스에게 이렇게 말했다. "미국에는 핵 비밀 검열 업무에만 4천 명의 검열관이 종사하고 있다. 현재 우리는 공개된 지식이 군사비밀 지식의 극히 일부에 불과한 그런 세계에 살고 있는 것이다."[260)]

우리가 우려를 갖는 지점은 단순히 비효율성이나 따분함 같은 게 아니다. 효율적인 자율 정부라는 명분을 내세운 민주주의 정부조차 무의식적으로, 민주주의가 필요로 하는 바로 그 자유를 침해할 수 있다. 정부가 비밀스러워질수록 그 정부가 권력을 가진 이해 집단들을 대표할 가능성은 그만큼 높아진다. 정부가 법적 기소를 정당화하기 위해 자신의 적을 종종 테러리스트로 지목한다는 사실을 우리 모두가 잘 꿰뚫어보고 있다. 물론 권위주의 국가에서 더욱 보편화된 일이다. 그러나 미국인들도 거울 속 자신의 모습을 들여다봐야 한다. 미국 정부도 국내에서 시민들을 상대로 스파이 짓거리나 불법적인 위협을 자행한다. 억만장자나 기업 대표 혹은 신자유주의 주창자들의 배후를 뒤지는 경우는 거의 없다. 그러나 부와 특권의 아성에 도전하는, 주로 법을 준수하는 비폭력적 반대 집단들을 상대로 정부가 스파이 짓을 하고 권력을 행사했다는 기록은 한둘이 아니다. 수상쩍은 기만술로 경제를 벼랑 끝으로 내모는 데 일조한 은행가들은 자유롭게 활개 친다. 반면에 평화로운 월스트리트 점거 시위자들은 미국 국내에서 국토안보국의 노골적인 안보 사찰 표적이 된다. 이러한 현실을 두고 보면, 문제의 심각성은 더욱 뚜렷해진다.[261)]

'체류외국인 및 선동법'(Alien & Sedition Acts, 프랑스혁명 직후 국가안보를 이유로 미국 정부가 체류 외국인 관리 및 미 시민권 신청 자격을 강화한 일련의 법—옮긴이), '도망노예 송환법'(Fugitive Slave Act, 다른 주로 도망친 흑인 노예들의 송환을 요구할 수 있도록 하기 위해 1793년과 1850년 두 차례 제정된 연방법—옮긴이), '짐크로'(Jim Crow, 노예해방 이후 100년 동안 남부에서 유지되던 악명 높은 흑백분리 유색인종 차별 제도—옮긴이)에서 '파머 습격'(Palmer Raids, 1919년과 1920년에 걸쳐 법무부 장관 미첼 파머의 주도로 벌어진 대대적인 공산주의자와 좌익인사 색출 작전—옮긴이), 매카시즘, 코인텔프로(COINTELPRO, 1956년부터 1971년까지 FBI가 주도한 불법적인 민간사찰과 조직적인 대민 첩보활동 프로그램—옮긴이)에 이르는, 미국 역사상 가장 어둡고 위험한 순간들을 상기시켜 준다. 그런데 이제 국가는 그 이전까지는 상상조차 해볼 수 없었던 기술력까지도 갖추고 있다.

자본주의 경제 시스템에 대해 밀턴 프리드먼 등이 제기한 강력한 변론 가운데 민주주의 정부나 정치적인 자유와 잘 들어맞는 게 하나 있다. 사적 부문은 정부로부터 독립해 있기 때문에 자율적일 수 있고 국가권력에 맞서는 힘의 원천이 될 수 있다는 것이다. 우리가 살펴본 바와 같이, 현실에서 자본주의와 민주주의에 관한 이런 생각은 만우절의 장난감 시가 담배처럼 가짜로 금방 판명난다. 경멸하거나 과도하게 자극할 의도는 전혀 없지만, 점차 드러나는 현실이 파시즘을 향하고 있다는 사실에 주목할 수밖에 없다. 국가와 거대 회사들이 기업의 이익을 위해 서로 손을 잡았으며, 국가는 군사주의와 비밀 선전, 감시에 먼저 생각이 가 있다.[262] 뻣뻣하거나 비폭력적으로 체제에 저항하는 사람들까지 적으로 간주된다. 이러한 환경에서 정치적인 자유는 심각한 위험에 처할 수밖에 없다.

초창기 미국 공화국의 건립자들은 이런 딜레마를 잘 이해하고 있었다. 그리고 바로 이런 이유로 그들은 언론 시스템을 민주주의의 핵심 제도라고 생각했다. 사람들에게 무슨 일이 벌어지고 있는지 알려주고, 시민들에게 독재에 항거하고 자신의 자유를 보호할 능력을 제공하는 결정적인 장치인 언론 매체! 권력을 가진 자들이 지닌 이중성과 범죄성을 폭로해야 하는 게 바로 뉴스 미디어이다. 이 중대한 제도가 인터넷 시대에 과연 그 값어치를 제대로 발휘하고 있는가? 해답에 많은 게 달려 있다. 이제 본격적으로 저널리즘 문제와 조우할 때가 되었다.

DIGITAL DISCONNECT

6

저널리즘의 운명

"저널리즘은 죽었다! 저널리즘 만세!" 새롭게 관습화된 지혜의 주문(呪文)은 이렇게 시작된다. 나쁜 소식은 인터넷이 상업 저널리즘, 특히 신문으로부터 경제적인 기반을 빼앗아 가버렸다는 것이다. 뒤처진 자들은 썩어 가는 시신들을 눈 뜨고 지켜봐야 할 수도 있다. 인터넷이 대다수 뉴스 미디어의 전통적인 밥줄이었던 광고를 놓고 심각한 경쟁자로 등장했다. 2000년에 일간지들은 신문 광고를 통해 200억 달러 정도를 벌어들이고 있었다. 그런데 2011년에 그 액수는 50억 달러에 그쳤다. 온라인 생활정보지 크레이그리스트(Craigslist)의 무료 광고가 오히려 반응이 더 크다. 같은 기간에 디스플레이 광고는 300억에서 140억 달러로 줄어들었다. 2003년에서 2011년 사이에 신문 광고의 총수입액은 반 토막이 나 버렸다.[1] 2011년에 소비자들의 미디어 이용 시간 가운데 7퍼센트밖에 차지하지 못하는 신문이 여전히 광고 지출액의 25퍼센트를 벌어들였다. 모든 걸 따져 볼 때 신문 산업은 수직 낙하 중인 게 사실이다.[2]

나아가 인터넷은 독자들까지 빼앗아 가버렸다. 독자들은 이제 자신이 원하는 거의 모든 뉴스를 온라인에서 공짜로 찾아볼 수 있다. 많은 미국인들, 특히 젊은이들이 뉴스를 코미디 프로그램에서 얻고 있으며, 그 수는 더욱 늘어나는 추세이다.[3] 2011년에 퓨리서치센터(Pew Research Center)의 여론조사 결과는 태블릿 컴퓨터가 전통적인 신문 구독자들 사이에서 유행하고 있음을 보여 준다. 59퍼센트의 응답자가 "자신들이 뭔가를 얻어 내는 수단으로서" 태블릿 PC가 신문을 대체했다고 말했다.[4] 신문 콘텐츠의 양이 줄어들면서 제품은 더욱 매력이 떨어졌고, 그에 따라 상실된 광고 수입을 보충하기 위해 구독자들을 끌어내는 일도 더욱 힘들어진다. 2011년의 한 조사에서는 미국 성인들 가운데 지역 신문이 사라지면 상당한 충격을 받게 될 것이라고 응답한 비율이 고작 28퍼센트밖에 되지 않았다. 39퍼센트는 아무런 영향도 없을 거라고 말했다.[5] 그 어떤 계산법을 따르더라도, 한때는 독보적인 매체였던 신문이 이제 죽음의 소용돌이 속에 들어 있다.

가장 강하게 타격을 받은 게 신문일 뿐, 미래가 불투명한 것은 비단 신문만이 아니다. 모든 상업 뉴스 미디어가 여러 다양한 쇠퇴 단계에 와 있다. 그래도 신문이 가장 중요한 것은 대부분의 오리지널 보도가 여기서 나오고 신문을 대체할 다른 미디어가 아직 등장하지 않았기 때문이다. 하버드대학 교수 앨릭스 S. 존스는 전문적으로 제작되어 보도되는 모든 뉴스의 85퍼센트 가량이 일간지에서 나온 것이라고 추정한다. 그는 이 수치를 95퍼센트로 높여 잡는 신뢰할 만한 자료도 본 적이 있다고 덧붙인다.[6] 이제 상업 라디오 뉴스는 거의 존재하지 않는다. 상업 텔레비전에 남아 있는 것들은 대부분 무척 느슨하게 규정했을 때만 뉴스라 불릴 수 있을 뿐이다.

그렇다고 두려워만 하지는 말라, 이런 말도 당신들은 듣게 된다. 좋은 소식이 있다. 뉴스 미디어를 살해한 바로 그 인터넷이 궁극적으로, 그리고 거의 확실하게 더 우월한 형식의 저널리즘을 제공하게 될 것이기 때문이다. 이 대목에서 옹호자들은 어느 때보다 더 열광적이다.[7] 제프 자비스는 이렇게 주장한다. "웹 덕택에 …… 저널리즘이 살아남을 뿐 아니라 현재의 제약을 뛰어넘어 한층 성장하고 번창할 것이다."[8] 우리가 해야 할 것은, 그냥 옆으로 비켜나서 자유시장이 혁명적인 기술들에게 마법을 걸도록 내버려 두는 일뿐이다.

2009년에 클레이 셔키는 영향력 있는 책《신문과 생각할 수 없는 것에 관해 생각하기》(Newspapers and Thinking the Unthinkable)에서 이렇게 썼다. "진짜 혁명이 뭔지를 보여 주는 모양새이다." "새것들이 자리를 잡기 전에 낡은 것들이 더 빨리 부서져 내린다." 셔키는 인내심을 가지라고 조언한다. "아직 아무 것도 이루어진 게 없겠지만, 그래도 모든 게 잘 될 것이다. 지금은 실험의 기간이다. 많고 많은 실험들! 이런저런 실험들은 크레이그리스트가 그랬던 것처럼, 위키피디아가 그랬듯이, 막 시작했을 때는 아무 일도 아닌 것처럼 보일 것이다." 그는 이렇게 덧붙인다. "다가올 몇 십 년 안에 저널리즘은 이런저런 특이한 사례들이 서로 겹쳐 전혀 다른 모습이 될 것이다. …… 이런 모델 가운데 많은 게 실패할 것이다. 그 어떤 실험도 우리가 지금 신문 뉴스의 죽음과 함께 상실하고 있는 것들을 완전히 대체하지는 못할 것이다. 그렇지만 시간이 지나면서 모든 성공한 실험의 결과들이 모여, 결국은 우리에게 필요한 저널리즘이 다가올 것이다."[9)]

요차이 벤클러는, 새로운 저널리즘이 기존의 것과는 너무나 다른 형태를 띨 것이라고 주장한다. 때문에, 재원 확보에 관한 전통적인 우려는 더 이상 긴급한 중대성을 갖지 못할 것이라고 덧붙인다. 우리는 보다 날씬한 저널리즘을 갖게 될지 모르며, 그래도 인터넷 덕분에 여전히 훨씬 더 좋은 저널리즘이 될 것이다. 그는 이렇게 쓴다. "다른 정보 재화들과 마찬가지로 뉴스 생산 모델은 산업 모델에서 네트워크 모델로 옮아가고 있다. 독점적인 도시 신문이거나 전성기 IBM이거나, 혹은 마이크로소프트나 브리태니커이거나 상관없이 벌어지는 일이다. 시장과 비시장적인 것, 대규모와 소규모, 수익성과 비수익성, 조직과 개인, 이 모든 요소들을 제작 시스템 내부로 통합시키는 모델이다. 우리는 네트워크화된 공적 영역을 통한 뉴스 보도와 여론 형성의 초기 방식을 이미 목격하고 있다."[10] 2011년 하버드대학에서 변화하는 열린 뉴스 미디어 상황을 이야기하는 강연에서, 셔키도 마찬가지로 재원과 경제적 후원의 문제는 아예 무시해 버렸다.[11]

인터넷을 저널리즘을 다시 활성화시킬 기반이라고 여기는 예찬론자들의 열성적 환호는 네 가지 정도의 이유를 살펴볼 때 이해할 만한 것이 된다. 첫째, 진입 장벽이 거의 사라짐에 따라 온라인 저널리스트로 참여할 수 있게 된, 기하급수적으로 늘어난 수많은 사람이 존재한다. "우리는 이제 모두가 저널리스트이다"는 말이 사람들 입에 자주 오르내린다.[12] 둘째, 새로 세례를 받은 저널리스트들은 다른 사람들과 마찬가지로 몇 초 안에 전 세계의 정보에 접근할 수 있다. 과거 그 누구보다도 빠른 속도이다. 이들이 해야 할 것이라고는 웹서핑 기술을 터득하는 것뿐이다. 셋째, 저널리스트들은 네트워크 환경 속에서 무수한 타인들의 지성과 노동으로부터 많은 것을 얻을 수 있고 그들과 협업도 할 수 있다. 그리하여 전체는 부분의 합보다 훨씬 커질 것이다. 넷째, 인터넷은 제작비를 극적으로 낮추며 배급 비용을 효과적으로 제거해 버린다. 그리하여 저널리스트 한 사람이 거의 예산을 들이지 않고도 수천만 명의 디지털 독자층을 확보할 수가 있다.

사람들이 가히 도취할 만한 전망이다. 실제로 글렌 그린왈드처럼 수많은 위대한 저널리스트들이 있으며, 이들의 작업 결과물은 오직 앞서 언급한 요인들 덕택에 가능하게 된 것들이다. 관심 있는 시민들은 정보라는 보물 수집물을 온라인상에서 찾아낼 수가 있다. '아랍의 봄'은 다음과 같은 사실을 입증시켜 준다. 모든 권력은 이제 역능을 되찾은 민중으로부터 오는 전례 없는 위협에 직면한다. 자극을 받지 않을 수 없다. 우리 중에서 인터넷을 가장 열렬히 환호한 사람들에게는, 최근의 기술적 파고가 영광스러운 미래를 이미 도래시켰을지도 모른다. "자유롭게 창조하고 모으고 또 자유롭게 공유하며, 당신이 신뢰하는 동료들의 추천을 이용함으로써 믿을 만하고 연관성 있는 뉴스와 정보를 찾아낼 미디어 세계를 더 이상 상상만 하고 있을 필요가 없다." 로리 오코너는 이렇게 쓰고 있다. "왜냐하면 그런 세계가 이미 도래했기 때문이다."[13) 피터 다이아맨디스와 스티븐 코틀러는 "휴대전화가 이룩한 정보의 자유로운 흐름이 자유로운 언론 매체를 쓸모없는 것으로 만들어 버렸다"고 적었다.[14)]

우리의 미래와 관련해, 이처럼 희망에 찬 전망들이 과연 얼마나 정확한 것으로 입증될지 여부만큼이나 더 중요한 이슈는 없을 것이다. 논란의 여지가 없는 두 가지 사실이 있다. 첫 번째로, 3장에서 살펴본 바와 같은 형식의 저널리즘은 필수적인 것이다. 사람들이 핵심적 정치 이슈와 커뮤니케이션 정책 이슈에 참여할 수 있게 한다는 점에서뿐 아니라, 개인의 자유가 실질적 의미를 가지는 민주적인 사회가 존재할 수 있도록 하기 위해서도 그러하다. 둘째로, 저널리즘은 현재 심각한 침체와 혼란 상태에 있다는 사실이다. 이 점에 대해 아직도 의심이 남아 있다면, 아래에 제시할 증거가 그런 의심을 말끔히 지워 줄 것이다. 우리는 존재론적 차원에서 지금 정치적 위기의 한가운데에 있다.

두 가지 중요한 질문이 제기된다. 첫째, 인터넷과 이윤 동기, 시민 그리고 다채로운 비영리 집단들은 과연 자율 정부에 힘을 불어넣기에 충분한 수준 높은 저널리즘을 만들어 낼 방식으로 모일 수 있을까? 나는 3장에서 입증된 것에 근거하여 다음과 같이 주장하고자 한다. 옹호자들은 저널리즘을 실천하기 위해 필요한 독립적이고 경쟁력을 갖춘 조직과 재원, 특히 기자들에게 지급되는 생활 임금을 마련하는 일이 지닌 중대성을 과소평가해 버린다. 혹은 시장이 그런 시스템을 만들어 낼 능력을 과대평가하거나, 아니면 둘 다라는 것이다. 더욱이 옹호자들은 민주적 저널리즘에게 해악을 끼치는 사적 소유와 광고 지원이라는 형태의 상업주의적 풍토병 문제에 대해 아주 나이브한 경향이 있다. 오늘날 미국 저널리즘의 상황을 평가해 보면, 인터넷은 저널리즘이 안고 있는 문제의 원인이 아니라는 사실이 분명해진다. 디지털 기술은 월드와이드웹이나 크레이그리스트, 구글, 페이스북이 존재하기 전에 이미 뚜렷해진 상업주의가 빚어낸 경향에 속도를 붙이고 이를 영속화시켜 왔다.

나는 전통적인 뉴스 미디어와 기업가들, 급여를 받지 않는 시민 저널리스트들, 그리고 비영리 조직들 사이에 디지털 저널리즘이 생성되는 여러 다양한 노력들을 살펴볼 것이다. 현재 온라인상에서 벌어지는 일들이 자유로운 자율 사회를 만드는 데 충분한 대중 저널리즘을 그럴듯하게 만들어 낼 것이라는 증거는 아직 거의 찾지 못했다. 그렇지만 인터넷이 래디컬하게 향상된 민주적 저널리즘의 '기초가 될 수 있다'는 생각은 전혀 별개의 문제이다. 여기서 나는 옹호자들이 확실하게 뭔가 대단한 것에 발을 딛고 있다고 믿는다.

이는 곧 두 번째 미해결의 질문으로 이어진다. 만약 시장과 자선 행위, 신기술이 적합하지 않다면, 우리는 자유롭고 자율적인 사회에 충분한 저널리즘 시스템을 어떤 다른 방식으로 가질 수 있을 것인가? 나는 2장과 3장에서 처음 제기한 것처럼, 충분한 저널리즘을 생성하는 문제의 해결책은 저널리즘이 공공재라는 사실을 인식하는 데서 출발한다는 명제로 되돌아갈 것이다. 저널리즘은 시장이 충분한 양과 질로 만들어 낼 수 없는, 사회가 필요로 하는 그 무엇이다. 시장은 기술이 아무리 뛰어나다고 하더라도 문제를 해결할 능력이 없다. 광고가 지난 125년 동안 저널리즘이 지닌 공공재의 성격을 가려 왔지만, 이제 좀 더 나은 선택지들이 발견되면서 진상이 명확해졌다. 믿을 만 한 '제4부'(Fourth Estate)에 대한 그 어떤 현실적인 생각이든, 공적인 정책과 폭넓은 공공 투자 또는 보조금이라 분명히 이름 붙일 수 있는 그 어떤 것이 반드시 필요하다는 사실이다. 우리는 미국의 역사에서, 특히 '광고 이전' 시기에 저널리즘 보조금이 발휘한 놀랍고 충격적인 역할, 그리고 오늘날 세계에서 가장 민주적인 국가에서 확인되는 저널리즘에 대한 공적 투자의 변함없는 중요성에 관해 돌아보게 될 것이다. 그러고 나서 강력한 디지털 자유언론 매체가 어떤 모습일지 평가해 보면서 결론을 내릴 것이다.

그 많던 신문과 기자들은 어디로 갔는가

저널리즘이 심각한 위기라는 생각은 2006년 또는 2007년 즈음에 상식적인 것으로 받아들여지기 시작했다. 그러다가 2008~2009년의 경제 붕괴를 지나면서 주요한 이슈로 떠올랐다. 그 무렵에 무려 수백 개 신문과 잡지사들이 문을 닫았다. 낙관주의자들은 경제가 회복되면 상업적 저널리즘은 다시 굳건한 기반 위에 올라설 것이며, 인터넷으로의 성공적인 이전을 위한 숨구멍도 트일 것이라고 낙관했다. 하지만 그와 달리 2011년에 이르러 신문사의 해고율은 전해와 비교해 30퍼센트나 늘어났다.[15] 닥쳐올 경기침체는 남아 있는 상업적인 뉴스 미디어까지 황폐화시켜 버릴 수 있다.

2012년에 대통령 경제자문위원회는 신문 산업을 "미국에서 가장 빠르게 위축되어 가고 있는 산업"이라고 규정했다.[16] 커리어캐스트닷컴(CareerCast.com)이 실시한 200가지 직업에 관한 조사에서, '신문 기자'는 생계 측면에서 다섯 번째로 나쁜 직종으로 꼽혔다. 산림 벌채 노동자에 버금갈 만큼 열악한 직종이었다. 방송 저널리스트도 아홉 번째 최악의 직업으로 뽑혀 그다지 나을 게 없었다.[17] 붕괴의 느낌을 실감케 하는 대목이다. 2012년에 전설적인 신문《필라델피아인콰이어러》(Philadelphia Inquirer)의 전 자산은 2006년에 불과 10퍼센트 가격대로 매각되었다.[18]

필라델피아에 관해 좀 더 살펴보면, 2006년에 컬럼비아대학의 '저널리즘 탁월성을 위한 프로젝트'(Project for Excellence in Journalism)가 지난 30년 동안 필라델피아의 저널리즘에 나타난 변화를 확인했다.

> 1980년과 비교하여 필라델피아 대도심권을 커버하는 기자의 수가 절반 정도에 불과하다. 구체적으로 신문기자 숫자는 500명에서 250명으로 줄어들었다. 이처럼 극단적이지 않지만, 도시 주변 교외 신문들의 양상도 크게 다르지는 않다. 폭스 채널을 제외하고, 지역 TV 방송국들은 전통적인 뉴스 전송 지역을 줄여 버렸다. 뉴스를 커버했던 다섯 개 AM 라디오 방송국이 두 개로 줄었다. 1990년까지만 해도《필라델피아인콰이어러》는 이 도시를 누비는 기자 46명을 두고 있었는데 이제는 24명뿐이다.[19]

그 무렵에도 이미 상당히 나빠 보였겠지만, 2006년은 오늘날의 저널리스트에 견줘보면 그래도 황금기 같아 보인다. 2010~2012년에 나는 저널리즘 상황을 살펴보기 위해 20개 정도의 미국 도시를 방문한 적이 있다. 거의 모든 도시에서 나는 베테랑 뉴스 전문가들에게, 1980년의 상황과 비교해 자기 공동체에서 모든 매체에 종사하고 있는 급여를 받는 저널리스트의 비율이 어떠한지 물어보았다. 진지하게 생각한 뒤에 내놓은 일반적인 답변은 40~50퍼센트 정도였으며, 몇몇 도시는 이보다도 훨씬 못했다. 2012년 6월, 어드밴스퍼블리케이션(Advance

Publication)은 단 한 번에 기존 편집 담당직의 절반(400여 명의 일자리)을 없애 버렸다.[20] 이런 극단적인 해고는 너무 흔한 일이라 더 이상 뉴스거리조차 되지 않는다. 어쩌면 이런 일을 리포트해 줄 사람이 더 이상 남아 있지 않을 지도 모른다.

2011년 내가 일리노이 주 페오리아라는 도시를 방문했을 때도 비슷한 이야기를 들을 수 있었다. 2007년 게이트하우스미디어(GateHouse Media)가 인수한 직후 한때 정평이 났던 《페오리아저널스타》(Peoria Journal Star)의 편집국 직원이 절반이나 해고되었다는 사실을 듣게 되었다. 페오리아 시민들이 이제 자기 공동체 안에서 벌어지는 일을 이해할 가능성이 훨씬 적어졌다는 사실을 시장과 시의회가 인식하게 되면서, 이 일은 정치적인 논란으로 번졌다. 상황이 악화된 탓에 뼈를 깎는 수준으로 예산을 삭감할 수밖에 없었다고 게이트하우스가 주장을 펼치던 바로 그 시점에 이 회사는 임원들에게 140만 달러를, 대표이사에게는 50만 달러를 상여금으로 지불했다.[21] 짐 로메네스코는 가장 규모가 큰 신문 소유 기업 가운데 아홉 개 회사의 CEO들이 2011년에 30만~2,500만 달러(평균 9백 50만 달러)에 이르는 보상금을 받은 사실에 주목했다. 거의 대부분 기업의 수입과 수익률이 떨어졌음에도 이런 일이 벌어졌다.[22] 아마도 유일하게 좋은 소식은, 저널리즘의 위기가 이 회사들의 중역 회의실까지는 아직 이르지 않았던 모양이다. 다른 사람에게는 물론 아무런 위안도 되지 않는 소식이다.

전직 《시애틀타임스》 기자는 2011년에 이렇게 토로했다. "나는 가슴이 무너져 내리고 엄청난 충격을 받으며 공포에 질리고 겁을 먹으며 분노하고 실의에 빠지고 상실감을 느끼지 않는 사람을 우리 직종 안에서 찾아볼 수가 없다."[23] 이것도 안 좋은 모습이지만, 감지되는 모든 신호은 더욱 나쁜 상황이 남아 있음을 의미한다. "신문 대부분은 이제 어디에서든 직원 상당수를 잘라 내야 하는 바로 그런 상황에 처해 있으며, 언젠가는 거대한 솔기가 모습을 나타낼 것이다." 포인터연구소(Poynter Institute)의 한 미디어 기업 분석가가 2012년 7월 이렇게 말했다.[24]

명백한 결론처럼 보이는 이런 현실을 회피하기는 어렵다. 기업과 투자자들은 더 이상 저널리즘을 수익성 있는 투자처라고 생각하지 않는다.[25] 기껏해야 남은 부분이 고갈될 때까지 그냥 독점 가맹점들의 젖을 짜내고 있을 것이다. 이렇게 되면, 저널리즘을 사적인 미디어 부문에 의탁해 왔던 사회에 즉각적인 문제가 발생한다. 저널리즘 위기에 관한 2011년 FCC의 한 연구는, "건국의 아버지들이 저널리즘의 이상으로 내세웠을 뿐 아니라 건강한 민주주의에 결정적인 것이라고 불렀던 독립적 감시견의 기능이 위기에 처해 있다"는 결론을 내렸다.[26]

더욱이 《뉴욕타임스》의 데이비드 카가 지적한 것처럼, "여러 미국 신문들의 추락하는 가치와 사업 모델은 금전적 이해관계 때문에 신문사를 사들이고는 그것을 정치나 상업적인 의제 집행 수단으로 이용하는" 상황으로 치닫고 있다. 카는 샌디에이고 시를 대표적인 사례로 꼽고 있다. (과거 《샌디에이고유니언트리뷴》이었던) 《U-T 샌디에이고》는 2011년 11월 더글러스 F. 맨체스터에게 인수되었다. 그는 동성애자 권리 반대의 정치로 악명을 떨친 우익 인사이자 억만장자이다. "우리는 사과할 게 없다." 맨체스터가 임명한 대표이사가 이렇게 진술한다. "우리는 아주 일관된 입장을 취할 것이다. 친보수적이고 친기업적이며, 친군부적인 논조이다." 아울러 이 신문은 맨체스터의 수익 가치에 어울리는 게 샌디에이고의 미래에 좋은 것이라고 본다. 2012년 샌디에이고의 한 저널리스트는 이렇게 말했다. 《U-T 샌디에이고》가 "공중의 이익보다 소유자의 이익을 주창하게 될지 모르는 바로 이런 현실에 매우 실질적인 두려움이 존재한다."[27] 데이비드 시로타는 독점적 신문 황제들의 귀환과 이들이 공동체에 끼칠 영향을, 샌디에이고와 덴버에서부터 시카고, 필라델피아에 이르는 지역에서 꼼꼼하게 분석해 두었다. "사적인 신문 소유주들은 자신을 역사적으로 독특한 지위로까지 비약시켰다. 개인의 이익을 위해, 진정한 비판 저널리즘이 가져올 비용을 피해 가면서 뉴스의 형상을 만들어 낼 수 있도록 해주는 지위이다."[28] 100년 전에 구성된 전문적 저널리즘를 위협하는 새로운 뉴스의 유형이다. 시스템은 급격히 흐트러지기 시작했다.

실제로 보도 측면에서 위기가 어떤 의미를 갖는지 좀 더 가까이 다가가 살펴보도록 하자. 이미 잃어버린 것을 낭만적으로 보이게 하려는 게 아니다. 3장에서 살펴본 것처럼, 미국의 전문적 저널리즘은 1960~1970년대의 전성기에도 중대한 약점을 갖고 있었다. 오늘날 저널리즘의 여러 문제점들은 여전히 공식 취재원에 대한 의존 같은 전문가 규약의 약점에 상당 부분 비롯되고 있다. 이렇게 말하지만 전문적 저널리즘에는 장점도 있었다. 작은 규모의 공동체에서 주요 도시나 세계로 이어지는 공적인 생활의 많은 부분을 커버하고자 하는 비교적 진지한 의지도 그런 장점 가운데 하나이다. "뉴스 부문과 기업 구조 사이에 일종의 방화벽 같은 게 존재했다." 관록 있는 방송 저널리스트 댄 래더가 1960~1970년대를 회고하면서 한 이야기이다. "이제 이 모든 게 사라졌다. 세상을 향해 열린 창문이 없어져 버린 것이다." 래더가 보기에, 뉴스의 사기업화가 의미하는 다른 면은 콘텐츠가 하찮고 가벼워진다는 점이다. 점차 뉴스의 많은 부분이 커버하기 저렴한 엔터테인먼트와 연예, 가십거리, 라이프스타일 저널리즘 같은 '연성 뉴스'로 쏠려 버렸다. 상업적 가치가 점차 더 확대되어 가고 있다. 댄 래더 같은 지난 세대가 볼 때는 전문성이 완전히 전복되어 버린 것이다.[29]

'민중과언론을위한퓨센터'(Pew Center for the People and the Press)

가 2010에 이런 위기에 관해 연구 보고서를 내놓았다. 2009년에 볼티모어 시의 '미디어 생태계'를 한 주 동안 무척 정밀하게 조사한 것이었다.[30] 지금처럼 미디어 환경이 급변하는 시기에 '오리지널한' 뉴스 스토리가 누구 손으로 어떻게 만들어지는지 살펴보는 게 연구의 주된 목적이었다. 이들은 신문과 라디오, 웹사이트, 블로그, 소셜미디어 그리고 경찰청에서 나온 트위터를 포함한 올드미디어와 뉴미디어 모두를 추적했다.

연구 조사자들이 내린 결론은 다음과 같았다. 미디어의 번창에도 불구하고, "사람들이 받아들이는 '뉴스'의 상당 부분은 어떠한 오리지널한 보도 내용을 담고 있지 않았다. 기사 10건 가운데 8건 가량이 그저 이전에 나온 정보를 단순 반복하거나 재포장한 것들이었다." 그렇다면 '오리지널한' 보도는 대체 어디에서 나오는 것일까? 오리지널 뉴스 스토리의 95퍼센트 정도가 여전히 올드미디어, 특히 《볼티모어선》에서 생산되고 있었다. 상황은 더욱 나빠지고 있다. 《볼티모어선》의 오리지널한 뉴스 생산이 10년 전에 비해 30퍼센트 정도나 줄어들었으며, 20년 전에 비해서는 무려 70퍼센트나 떨어져 버렸다.

1980~1990년대로 돌아가 보자. 벤 배그디키언은 인수 합병의 계속되는 파고에 이어 거대 미디어 재벌들이 핵심 플레이어로서 등장하면서, 독립적인 뉴스 미디어의 수가 점차 줄어드는 과정을 연대순으로 좇은 바 있다. 그는 미디어 독점이 불러올 저널리즘과 민주주의의 심각한 위기에 관해 정확히 경고했다. 인터넷의 출현을 환호한 사람들은 배그디키언처럼 올드미디어를 쫓는 고루한 사람들을 역사의 쓰레기통으로 처박아 버렸다. 독창적인 생각이 사라지고 경쟁이 없어질 것이라는 우려에 대해, 전혀 그럴 필요가 없다고 확신한다. 이런 현실에 비춰볼 때, 시장이 개시한 직업을 다름 아닌 인터넷이 거의 끝장내 버린 것처럼 보

이는 사실은 얼마나 아이러니한가? 데이비드 카가 쓴 《뉴욕타임스》 기사에 따르면, 2012년에 이르러 신문 산업은 "7년 전에 비해 절반 정도 규모에 그치고 있다." 업계의 중추를 이루는 중간 규모 지역과 대도시 일간지 가운데 상당수가 절벽 아래로 굴러 떨어져 버렸다."[31]

상당한 감축에도 불구하고, 인터넷 시대에 《뉴욕타임스》는 나라 안팎의 저널리즘 차원에서 과거보다 훨씬 더 많은 역할을 담당한다.[32] 대부분의 다른 메이저 뉴스 미디어들이 국내와 해외에 있는 지국을 완전히 포기해 버린 탓이다.[33] 최근 1999~2009년의 역사가 결론을 내려주듯이, 《뉴욕타임스》는 "다른 모든 신문이 워낙 나쁜 상황이기 때문에, 질 낮은 신문으로 추락했다는 오명을 겨우 면하고 있을 따름이다."[34] 이처럼 전통적인 신문의 상황은 최악이다.

댄 래더는 자신이 직접 수행한 연구 조사에서, 1950~1960년대 전국 수준에서 정치를 커버할 자원과 의지를 가진 독립적인 뉴스 미디어 조직의 숫자를 40~50개 정도로 잡았다. 이들 대부분이 저널리즘을 자신의 유일하거나 주요한 사업으로 여기고 있었다. 이런 세계는 이미 사라진 지 오래 되었다. 손에 꼽을 수 있는 복합기업들이 소수의 남아 있는 전국적인 뉴스 편집국을 지배하고 있으며, 뉴스는 훨씬 넓은 기업 제국의 극히 일부분에 지나지 않을 따름이다. 래더는 2012년에 이렇게 썼다.

당신이 보수적이든 리버럴하든 진보적이든 또는 민주당이든 공화당이건, 모두가 이 사실 즉, 미디어 특히 전국적인 미디어 배급망의 지속적인 통합 문제에 관심을 가져야 한다. 여섯 개도가 되지 않을, 내가 보기에는 네 개 정도의 …… 소수 기업이 …… 이제 전국적인 뉴스 배급망의 80퍼센트 가량을 장악하고 있다. 이들 거대기업은 공화당이건 민주당이

건 상관없이 워싱턴의 권력구조로부터 자신이 원하는 걸 얻어 낼 수 있다. 물론 워싱턴 정가 사람들도 뉴스를 통해 보도되기를 원하는 그 무엇을 갖고 있을 테다. 잘라 말해서, 모든 거대기업은 이제 워싱턴의 거대 정부와 잠자리를 함께한다. 아울러 대다수 사람들이 알고 있는 것보다는 평균치 사람들이 보거나 듣고 읽는 것에 더 많이 관심이 있다.[35)]

래더의 말은 5장에서 내린 결론에 비춰볼 때 특히 충격적이다. 만약 뉴스 미디어가 거대기업과 정부(특히 바로 그 거대한 공안 정부)의 결탁으로부터 공중을 보호해 줄 일종의 제도로서 자리 잡아야 한다면, 현재의 산업 구조는 필요한 것과는 정확히 정반대의 모습처럼 보인다.

이러한 위축 양상은 정치 저널리즘과 관련해 엄청나게 충격적인 함의를 갖는다. 해외 지국과 특파원, 워싱턴 지국과 특파원, 의회 출입처와 기자들, 나아가 지역 시청 출입 기자들의 숫자가 점차 크게 줄어든다. 어떤 경우는 더 이상 취재라는 게 존재하지 않을 정도이다.[36)] 더욱 확대된 부패의 시대에 감시견은 더 이상 담당 구역을 드나들지 않고 있는 셈이다. 지난 10년 동안 워싱턴 정가를 떠들썩하게 한 가장 큰 정치적 스캔들, 가령 잭 아브라모프와 톰 딜레이 그리고 랜디 '듀크' 커닝엄을 자리에서 내쫓은 스캔들은 모두 일간지 기자의 탐사로 시작된 것들이다. 이 월급 받는 취재기자들이 모두 사라졌으며, 이런 기자들은 더 이상 자신의 작업을 수행하는 데 필요한 급료를 받아 내지 못한다. 차세대의 부패한 정치인들이 처할 어려움은 훨씬 줄어들 게 틀림없다. 최고 가격을 제시하는 사람들에게 자신의 서비스를 제공하면서, 그들은 자신의 은행 계좌를 살찌울 수 있을 것이다. 전국에 걸쳐 불과 10년 또는 20년 전과 비교해 보면, 암흑과 같은 상태에서 대부분의 정부 활동이 펼쳐지고 있다고 해도 과언은 아니다.

어디를 봐도 똑같은 모습이다. 점점 더 적은 수의 저널리스트들이 더욱 더 많은 부분을 커버해야 한다.[37] 마치 어느 프로 미식축구 팀이 막강한 상대 팀의 공격을 불과 두 명의 선수로 수비하려 하는 것과 똑같다. 방송 저널리즘의 경우에도 선수가 거의 없기는 마찬가지다. 2012년 들어 서로 경쟁 관계에 있던 방송국이 각자의 뉴스 자원을 공유하는 이른바 풀(pool) 시스템으로 운영되고 있다. 그래서 같은 시장 안에서 여러 채널을 통해 똑같은 뉴스를 제공하는 일이 거의 일상화되어 버렸다. 이러한 관행은 법적으로 수상쩍은 것이지만, 210개로 분할된 미국 텔레비전 시장 중 적어도 83개 정도에서는 당연하게 일어난 사태이다. 방송국이 노동력 비용을 절감할 수 있도록 해주기 때문이다. FCC가 관측한 바와 같이, 남은 기자들과 편집자들은 "독자 반응이 빠른 기사를 작성하는 데 더 많은 시간을 들이고, 비교적 품이 많이 드는 '기업' 관련 기사들에는 더 적은 시간을 할애할 따름이다. 한때 뉴스만 담당했던 기자들이 이제는 다른 온갖 업무에 시달린다. 저마다 떠맡아야 할 뉴스의 양이 더 많아졌고, 그래서 자신의 스토리를 충분히 조사할 여력은 전에 비해 더 줄어 버렸다."[38]

저널리즘의 상실이 과연 어떤 의미를 갖는지 그 으스스한 이야기가 듣고 싶다면, 2010년 웨스트버지니아 주에서 29명의 탄광 노동자들을 죽음으로 내몬 폭파 사건을 한번 돌아보시라. 재난이 발생하자 《워싱턴포스트》와 《뉴욕타임스》는 이런저런 폭로성 기사를 마구 쏟아냈다. 탄광이 지난 4년 동안 총 1,342회, 사고 직전 한 달 동안에는 50회나 안전 수칙을 위반했다는 사실을 찾아냈다. 큰 뉴스거리였다. FCC는 이렇게 적었다. "문제는 이 뉴스가 재난 이전이 아니라 이후에 발표되었다는 점이다. 조사해 보면 알 수 있는 기록들이 이미 존재하고 있음에도 말이다."[39] 존 스턴스는 예리하게 지적했다. "우리는 이제 '뒷북 저널리즘'의 시대로 들어서고 있다." 우리 시대의 가장 중요한 뉴스 가운데 몇몇은 사건이 일어나고 난 뒤에나 얼굴을 내밀 것이다. 이러한 종류의 저널리즘도 물론 중요한 이슈에 스포트라이트를 비추긴 한다. 그렇지만 소독제보다는 해부 장치로 작용할 뿐이다. 문제가 발생하기 전이나 문제가 나타날 때 바로 불을 비추는 게 아니라, 마치 표본처럼 사후에 이슈를 해부하는 식이다.[40]

문제는 좀 더 작은 사이즈의 뉴스 미디어와 뉴스 편집국들이 마치 전염병이 휩쓸고 간 것처럼 싹 사라져 버린 지역 차원에서 더욱 심각하다. "지역 커뮤니티 뉴스와 풀뿌리 민주주의, 공동체 통합, 시민적 개입 사이에 명백한 관계가 존재한다"고 여러 연구 작업들이 확인시켜 준다. 그런 상태에서 만약 사람들이 커뮤니티 뉴스를 다루고 공동체를 하나로 묶어 낼 신뢰할 만한 뉴스가 더 이상 존재하지 않는 그런 공동체에 살게 된다면, 미국이라는 시스템은 별안간 사상누각과도 같은 게 되어 버릴 것이다.[41] 2012년 《뉴올리언스타임스피카윤》(New Orleans Times-Picayune)은 최초로 한 주에 3일만 신문을 발행하는 주요 일간지가 되었다. 뉴올리언스에서 인터넷 접근이 안 되는 대략 3분의 1가량의 주민들에게 이런 현실은 무엇을 의미하겠는가?[42] 《LA타임스》는 이제 88개 지방 자치제와 1천만 명이나 되는 사람들에게 가장 중요한 뉴스 미디어인데, 이 신문의 메트로판 담당 직원은 2000년에 절반으로 줄어들었다. 직원들은 "얇게 퍼져 있으며 어떤 해당 지역이든 더 적은 수의 사람들만 남아 있다." 메트로판 편집자 데이비드 로터가 탄식했다. "우리는 날마다 혹은 매주 한 번씩, 심지어 매달 한 번이라도 현장에 있을 수 없다. 불행하게도 다른 누군가도 현장에 없긴 마찬가지다."[43]

미국식 선거라는 웃기지도 않은 모습을 생각해 보자. 대통령 선거를 제외한 거의 모든 선거에서 지역 선거는 뉴스로 잘 보도되지 않는다.

일반적으로 무의미한 것들, 종종 TV 광고가 만들어 내는 것들이 선거 뉴스가 된다. 홍보 전략에 대한 평가나 후보자의 말실수, 여론조사 따위가 선거 뉴스를 이룬다. 가장 많이 광고를 사들일 수 있고 가장 돈이 많은 사람이 정치 담론을 지배한다. 이슈는 차치하고 후보자에 관해서조차 거의 생각을 정할 수 없는 상태에서, 사람들이 대체 어떻게 선거 정치에 효과적으로 참여할 수 있겠는가? 온갖 스핀(spin, 정치인과 선거 캠프의 홍보 활동과 그 내용물—옮긴이)과 상투어들로 가득 찬 선거판에서 허우적대는 것보다는, 차라리 선거에 불참하는 게 더 논리적인 선택일지도 모른다.

미국 같은 나라에서는 가난한 사람과 변두리 집단이 가장 큰 타격을 받게 된다. 상업적으로 가장 매력도가 낮은 그룹이기 때문이며, 실제로 노동 관련 뉴스와 밑바닥 3분의 1 또는 절반의 인구를 표적으로 한 뉴스는 몇 십 년 전에 이미 크게 줄어들기 시작했다. 주류 상업 뉴스 미디어에서 전통적으로 가볍게 다루어지는 유색인 커뮤니티들 또한, 지난 5년 사이 어렵게 얻어 낸 편집국 내부의 인종 다양성이 확 무너져 가는 현실을 지켜봐야 했다. 2012년 '미국뉴스편집인협회'의 보고서는 이렇게 적었다. "시장 규모와 상관없이, 편집국 내 소수자 고용 상태는 그들이 서비스를 제공하고 있는 시장의 소수자 비율보다 여전히 훨씬 더 낮다."[44]

민중과언론을위한퓨센터는 2009년 볼티모어 시에서 오리지널 뉴스 스토리의 출처에 관한 심층적인 조사 연구를 실시했다. 그 결과 무려 86퍼센트가 공식 정보원과 보도자료에서 나왔다는 사실이 밝혀졌다. 100년 전에는 뉴스 콘텐츠의 40~50퍼센트를 PR이 차지하고 있었다. 뉴스 스토리는 여전히 전문적 저널리스트들의 노동과 판단력에 바탕을 둔 채 뉴스로 만들어졌는데, 일반적으로 이들은 PR의 문제를 심각하게 의식하고 있었다. 더 이상 이는 진실이 아니다. 퓨센터의 조사는 이렇게 결론 맺는다. "사건에 관한 공식적 버전이 훨씬 더 중요성을 갖게 되었다. 물론 이런 식으로 자주 드러나는 문제는 아닌데, 우리는 공식적인 보도자료가 사건에 관한 최초 보도에서 거의 토씨 하나 바뀌지 않고 그대로 기사로 나온다는 사실을 발견하게 된다."[45)]

이렇게 해서 저널리즘은 얼마 남지 않았지만, 그래도 여전히 충분한 '뉴스'들은 존재하는 기이한 현상이 벌어지고 있다. 표면적으로 볼 때, 우리는 감당할 수 없을 정도로 넘쳐나는 뉴스에 파묻혀 산다. 그러나 이런 뉴스의 상당수는 기업과 정부가 은밀히 생성하여 기자에 의해 전혀 걸러지지 않은 홍보성 기사들이다. 1920년대 전문적 저널리즘의 탄생을 자신의 식견으로 견인한 바 있는 월터 리프먼이 무덤에서 벌떡 일어날 정도로 문제는 심각하다. 1960년에는 0.75 대 1의 비율로 PR 에이전트의 수가 현직 저널리스트보다 적었다. 그런데 1990년이 되면 그 비율은 2대 1로 뒤바뀐다. 그리고 2012년에는 현직 저널리스트 한 명당 네 명의 PR 담당자가 붙는 꼴이 되어 버린다. 이런 변화가 계속된다면 몇 년 안에 그 비율은 6대 1이 될 것이다.[46)] 스핀과 보도자료를 비판적으로 따져 볼 기자의 수가 더욱 줄어들면서, 이런 것들이 정당한 뉴스처럼 독자들에게 제공될 가능성은 훨씬 더 커진다.[47)] 저널리즘의 미래에 관한 미디어 업계의 2011년 평가 보고서가 적고 있듯이, "오늘날 PR 프로모션은 과거에 찾아보기 힘든 방식으로 미디어의 일부가 되어 버렸다."[48)] 변화하는 미디어 플랫폼이 초래한 직접적 효과들 중 하나이다.

갤럽 여론조사에 따르면, 2012년 텔레비전 뉴스에 대한 미국인들의 신뢰도가 역대 최하위로 떨어졌고, 20년 전에 비해 절반 수준에도 이르지 못하는 것으로 나타났다.[49)] 이런 사실이 과연 놀라운 것인가? 여론조사 전날 하루 동안, 인터넷 헤드라인조차 흘끗 보지 않고 말 그대로 "뉴스 없이" 살고 있다고 한 사람들이 거의 다섯 명당 한명 꼴로 늘어났다. 이해할 만한 사실이지 않은가? 대체 누가 그들을 욕할 텐가? 2009년에 이르러, 18~24세 미국인 가운데 3분의 1이 그렇게 자신의 모습을 묘사했다.[50] 40년 전만 해도 미국의 청년들은 부모나 조부모만큼이나 뉴스를 따라잡고 있었다.

저널리즘의 쇠퇴가 인터넷이 어느 정도 효과를 보이기 한참 전에 이미 결판나다시피 했다는 사실에 주목하자.[51] 1970년대 후반과 1980년대에 커다란 변화가 불어 닥쳤다. 거대기업 체인들이 일간지들을 잡아먹는 장기적인 경향에 가속도가 붙는다. 이들 체인은 복합기업으로 곧 모습을 바꾼다. 방송국과 네트워크가 신문 제왕들의 우산 아래에서 동거하는 경우도 종종 나타난다. 바로 그런 시기였다. 여러 가지 이유로 가족 소유주들이 미디어 기업들을 시장에 내놓았고, 거대기업들이 고수익 상품으로부터 이익을 짜내기 위해 뛰어들었다. 기업들은 이 수익성 기계를 얻기 위해 고액을 들였고 당연히 수익을 극대화하는 데 헌신했다. 이들은 수익을 더욱 증진시킬 한 가지 방법이 다름 아닌 편집 관련 예산을 줄이는 거라는 사실을 금방 눈치 챘다. 독점 상태에서는 달리 해야 할 압박 요인이 거의 존재하지 않는다. 돈의 흐름만 계속된다면 대체 누가 장기적인 함의 따위를 염려할 것인가?[52]

한참 높은 수익 구조 속에서 헤엄칠 바로 그 무렵, 이들은 이미 저널리스트들을 해고하고 뉴스 지국을 폐쇄하면서 더 많은 수익률을 기대하는 투자자들을 만족시켜 주기 시작한다. 1990년대 후반과 1990년대 초반에 이르러 짐 스콰이어스과 펜 킴볼, 존 맥매너스, 더그 언더우드 같은 저명한 주류 저널리스트들이 신문 산업에 넌더리를 내며 업계를 떠났다. 기업 경영자 쪽에서 저널리즘을 바라보는 경멸적인 시선 때문이었다.[53] 20세기가 끝날 무렵, 저널리스트들이 빠져 나가는 흐름은 가히 대탈출 행렬에 가까웠다.

1990년대는 고도성장의 시기였을 뿐 아니라 신문사와 방송 네트워크들에게는 엄청난 수익을 가져다준 시기였다. 상당한 인구 증가의 시기이기도 했다. 인터넷이 월스트리트에서 중요한 거래로 자리 잡았지만, 저널리즘 비즈니스 모델이 더 이상 통하지 않게 할 거라는 가설 이상의 뭔가를 아직까지 보여 주지는 못했다. 그런데 1992년에서 2002년 사이, 편집국 쪽에서 6천 개의 방송·신문 관련 직장이 사라져 버렸다.[54] 1990년대 말에 이르러 탐사 저널리스트의 숫자가 줄어들었고, 미국 신문과 텔레비전 네트워크에 종사하는 외국 특파원들의 숫자도 마찬가지로 이미 크게 줄어들었다.[55] 21세기가 찾아왔을 때, 편집자들과 관측자들은 뉴스 편집실을 완전히 황폐화시키다시피 한 이런 정책들에 대해 경고하는 목소리를 높였다.[56] 2001년 지도적 위치에 있던 저널리스트와 학자들은 이렇게 결론을 내렸다. "신문은 점차 광고주들이 시청자들이 원하는 바라고 말해 주는 그 무엇의 단순 반영체가 되어 가고 있다. 사실상 금융 시장이 신문사들에게 자신이 원하는 바를 말해 주는 식인 셈이다."[57] 이런 경고가 재난으로 이어지는 처방전이었다는 사실은 이미 명확해졌다.[58]

이게 우리가 살아가는 오늘날 자본주의에서 저널리즘의 실체적 역사이다. 시장이 저널리즘을 온라인에서 다시 활성화시키고 더 나은 결과를 만들어 낼 거라고 생각하는 옹호자들은 이 비참한 기록을 제대로 들여다봐야 한다. 그러고 나서, 왜 디지털 상업 뉴스 미디어는 좀 다르거나 더 나을 수 있다는 건지 설명해 줘야 할 것이다. 지금의 상황은 훨씬 더 나빠 보인다.

디지털 저널리즘의 빛과 그림자

20세기에 벌어진 저널리즘의 추락이 지난 10년 동안 더욱 가속화되었다. 만약에 현존하는 뉴스 미디어가 성공적으로 디지털로 전환했다면, 또는 인터넷이 벤클러가 전망한 방식으로 신뢰할 만한 대체 상황을 가져왔다면 그래도 우려는 좀 줄어들었을 것이다. 하지만 모든 걸 감안해 보더라도, 위에서 제시한 증거들은 새로 출현하고 있는 디지털 뉴스 미디어가 저널리즘의 위기에 거의 효과를 못 끼치고 있음을 암시한다. 상업적인 뉴스 미디어가 1990년대부터 사실상 인터넷 환경을 받아들이기 시작했기 때문에 노력이 부족했던 것은 아니다. 이들 미디어는 인터넷이 미래라는 점을 정확히 이해하고 있었다.

전통적인 뉴스 미디어에게는 사실 디지털 전환이 아주 험난한 여정이었다. 민간 데이터 기업과 10여 개 주요 뉴스 미디어 기업 임원들과의 심층 인터뷰를 바탕으로 한 2012년 보고서는 다음과 같은 사실을 밝혀냈다. "새로운 디지털 수익을 통해 신문 광고 수입의 손실을 대체하려는 움직임은 생각보다 더 오래 걸린다. 회사 경영진들이 원하는 것보다 훨씬 어려운 것임이 입증되었다." 신문 광고 7달러씩 손해 볼 때, 이를 대체할 인터넷 광고 수입은 고작 1달러 정도에 그친다. 조사에 응한 임원들은, "아직도 오르막길이, 존립을 둔 투쟁이 남아 있다고" 말했다.[59] 신문 산업이 인터넷 총 광고에서 차지하는 비율은 2003년 17퍼센트이던 게 2011년에는 10퍼센트로 줄었다. 역대 최하위 수준이다.[60] "의심의 여지없이, 바로 지금 우리는 도산의 공포에 시달리고 있다." 한 임원이 이렇게 말했다.[61] 모든 점들을 고려해 볼 때, 인터넷으로 거침없이 전환하는 상황에서 올드미디어가 온라인에서 살 길을 찾아야 할 "시간이 계속해서 똑딱똑딱 흘러가고 있다."[62]

헌신적인 저널리스트들이 뉴스 편집실을 살리기 위해 미친 듯이 움직이는 모습을 지켜보는 일은 참으로 비참하고도 애처로운 일이다. "우리는 제대로 작동할 비즈니스 모델을 찾아내야 한다. 정말 그렇게 해야만 한다." 《크리스천사이언스모니터》의 편집자 마셜 잉워슨이 뉴욕대학 미디어 연구자 로드니 벤슨에게 한 말이다. "정말 입에 올리기 싫은 단어이지만, 지난 5년 동안 일반화된 이야기이다. '돈'이 되도록 해야 한다. 돈 되는 걸 어떻게 할 것인가? 다른 사람들이 하는 것처럼 해야 한다."[63] 저널리스트들은 "신기술을 습득해야 하고 낡은 비즈니스 방식의 허물로부터 과감하게 탈피해야 한다는 점을 요구하는" 강의를 수도 없는 받았다. "이미 그랬어야 했고, 바로 지금도 그래야만 한다."[64]

만약 저널리스트들과 소유주들이 좀 더 현명해지고 그래서 프로그램을 제대로 따라가면 디지털 저널리즘을 통해 수익을 올릴 수 있는 길이 '있을 것'이라는 전제가 깔려 있다. 지난 몇 년 사이에, 많은 미국 신문사들이(가장 규모가 큰 일간지 25개 가운데 3분의 1가량이) 헤지펀드에 의해서 헐값에 인수되었다. 저널리즘 업계의 바보 같은 이들은 실패로 돌아갔을지라도 이 비즈니스 천재들은 여전히 수익을 올릴 수 있을 거라는 생각이었다.[65] 2011년 앨든글로벌캐피털(Alden Global Capital)이라는 해지펀드에 의해 인수된 신문사의 저널리스트 출신 CEO 존 패턴은 이렇게 적는다. "우리 업계가 웹을 파악하는 데 무려 15년이 걸렸다. 우리 신문쟁이들은 이런 일에 서툴다."[66] 헤지펀드 매니저들 또한 크게 다르지 않아 보인다. 데이비드 카는 2012년 7월 이렇게 적었다. "헐값에 인수했다고 생각했던 헤지 펀트들이 이제 존재하지도 않을 출구를 찾아 정신없이 움직이고 있다."[67]

거의 아무도 다음과 같은 명백한 질문에 관해 심사숙고하려 들지 않는다. 자율 정부를 필요로 하는 인민에게 합당한 저널리즘은 차치하고,

온라인상에서 상업적으로 실행 가능한 대중 저널리즘을 만들어 내는 게 한마디로 불가능한 일이라면? 그렇다면 그다음은 무엇인가?

한편 뉴스 미디어 기업들은 자신들만의 신비스러운 디지털 유토피아를 찾는 데 혈안이 되어 있다. 전통적인 뉴스 미디어가 택하는 주된 코스는 디지털 광고 달러를 좇는 것인데, 결과는 실망스럽기 짝이 없었다. 대다수 신문사와 방송국의 웹사이트가 다양하게 배너 광고를 올린다. 그러나 소비자 조사에 따르면, 그것은 "가장 신뢰하기 힘든 소비자 정보원 가운데 하나일 뿐이다."[68] 광고주들이 선호하는 메뉴에서 빠르게 지워지고 있다. 디지털 뉴스 사이트들이 "이용자의 온라인 행태에 기초해 광고를 주문 제작하는 기술을 활용"하는 일에 느림보인 탓이다.[69] 더욱이 디지털 신문 광고의 무려 80퍼센트 가량이 절반 정도 활동을 줄인 네트워크들에게 국한된다. 이들 광고를 조회하는 사람 1천 명당 신문사의 수입(업계 용어로 CPM)은, 신문을 직접 읽는 독자들한테서 발생할 수 있는 수입의 고작 2~3 퍼센트밖에 되지 않는다.[70] 더욱 심각한 사실은, 한때 뉴미디어의 주 소득원이었던 대부분의 지역 마케팅이 디지털로 옮겨 가고 있다는 사실이다. 미디어 콘텐츠 사이트나 그 어떤 유형의 독자적인 콘텐츠 사이트도 지원하지 않는다는 점이다.[71] 정평이 난 업계의 2011년 보고서는 이렇게 지적하고 있다. "엄청난 가용 목록들 탓에 단가가 계속 떨어지는 웹사이트 광고로는 결코 종합 일간지의 보도를 커버할 수 없을 것이다."[72]

디지털 광고가 만병통치약으로 작용할 가능성이 희박한 상태에서, 이제 관심은 사람들로 하여금 온라인 뉴스에 돈을 지불하도록 하는 것으로 돌아섰다.[73] 《월스트리트저널》이나 《파이낸셜타임스》처럼 부유한 독자들과 특별한 비즈니스 콘텐츠를 지닌 몇몇 유명 신문들의 경우에는 통하는 방식이다. 《뉴욕타임스》의 경우도 2011년 유료 시스템을 채택한 후 거의 40만 명의 구독자를 가입시키면서 선방했다. 반면 《워싱턴 포스트》는 지불 장벽(pay wall, 인터넷에서 일정액의 돈을 내야 콘텐츠를 볼 수 있도록 하는 장벽—옮긴이)을 '퇴행적인 것'이라고 묵살해 버렸다. 이 신문사의 CEO 돈 그레이엄은 그런 방식은 전국에 걸쳐 유료 구독층을 갖춘 《뉴욕타임스》나 《월스트리트저널》 같은 신문의 경우에만 해당된다고 주장한다.[74]

유료 정책은 대개 실패작이었으며, 그렇게 하고자 시도했던 30여 개 신문들에 관한 조사 결과 돈을 지불할 용의가 있는 독자는 불과 1퍼센트밖에 되지 않는 것으로 나타났다.[75] 그럼에도 2012년에 이르러 미국의 1,400개 일간지 가운데 대략 20퍼센트가 디지털 접속에 돈을 지불하게 할 계획이며, 개닛 같은 몇몇 기업은 유료화를 통해 상당한 수익을 올리고 있다고 주장한다.[76] 이들 기업은 핀란드와 슬로바키아 같은 곳에서 일간지들이 그렇게 해 성공한 사실로부터 영감을 받는다.[77] 단언컨대 적은 돈으로, 이상적으로는 다수의 신문사들이 합쳐 많은 콘텐츠를 제공할 수 있는지 여부가 핵심이다. 지불 장벽은 미국처럼 영어로 된 내용물이 온라인에서 마치 칡덩굴처럼 늘어나는 나라보다는 자신만의 독특한 모국어를 가진 작은 나라에서 좀 더 잘 통할 것이다. 종반전이 존재할지는 아직 미지수이다. 구독자들은 결코 뉴스 미디어에 충분한 수익을 제공하지 않았기 때문이다. 물론 지불 장벽들이 불가피하게 많은 사람들을 뉴스 접속으로부터 끊어내 버릴 것이라는 점에 관해 염려할 시간은 없다. 그것이 지닌 반민주적인 특성을 암시하는 측면들에 관해서도 마찬가지다.

모바일 커뮤니케이션의 빠른 출현이 콘텐츠 유료화의 새로운 방도를 타개시켜 줄 거라는 게 가장 최근의 희망 사항이다. 2012년에 이르러 대다수 미국인들이 약간의 지역 뉴스를 자신의 휴대전화를 통해 얻고 있으며, 그 숫자는 더욱 증가하고 있다. 더 좋은 소식은, 모바일 세계가 점차 등록상표가 붙는 사적 소유의 형태가 되어 가고 있으며, 그래서 언젠가는 사람들에게 뉴스 앱에 돈을 내도록 할 만큼 인위적 희소성이 만들어질지 모른다는 것이다. 루퍼트 머독은 아이패드를 통해서만 제공되는 신문 《더데일리》(The Daily)가 2012년에 가격이 인하되었고 몇몇 콘텐츠는 공짜로 제공된다고 발표했다. 수십만 명의 구독자들이 매달 2달러 정도를 지불하는 형편에서, "흥미로운 실험에서 수익성 있는 것으로 옮겨 가기 위해서는 좀 더 많은 게 필요할 것이다."[78)]

새로운 앱 아이디어는 그게 현실화되려면 아직 가야 할 길이 한참 멀다. 2011년, 미국인 성인 인구의 11퍼센트가 뉴스 앱을 갖고 있는데 그 중 90퍼센트는 공짜로 얻었다. 성인 인구의 단 1퍼센트만이 돈을 내고 앱을 산다. 뉴스 앱이, 한때 주변 풍경 곳곳에서 보이던 편집실 네트워크를 지원할 정도로 성장할 거라고 생각할 근거가 아직까지는 별로 눈에 띄지 않는다. 뉴스코퍼레이션이 2012년 《더데일리》의 정규직 29퍼센트를 해고시킬 때에도 아무런 도움이 되지 못했다. 그래도 마지막 남은 최선의 희망이 될 수는 있을 것이다.[79)]

이상적인 형태의 전문적 저널리즘이 가지는 장점은, 시민들이 자신들이 살고 있는 사회를 제대로 이해하고 효과적으로 참여할 수 있도록 해 주기 위해 뉴스를 상업주의와 마케팅, 정치적인 외압으로부터 단절시켜 주는 데 있었다. 이론적으로 볼 때, 나는 저널리즘의 합법적 소비자로서 다른 누군가에 비해 어떤 특권도 갖지 못한다. 저널리즘은 민주적인 것이기 때문이다. 모든 사람들을 위한 한 가지 유형의 저널리즘이 존재할 따름이다. 상업주의와 불편한 관계를 맺은 공적인 서비스에 해당하며, 그런 점에서 전문가들이 쌓아 올린 일종의 방화벽이 될 수 있었다. 저널리스트들은 상업주의가 아닌 전문가로서 교육과 훈련을 받는다. 이에 기초해서 현실적인 사안들에 관해 판단을 내린다. 바로 이것이 사람들이 저널리즘을 신뢰할 수 있는 이유였다. 유료 온라인 저널리즘을 만들려는 모든 노력에서 결정적인 문제는, 그러한 노력은 결국 저널리즘의 상업화를 가속화하며 공적인 서비스로서의 기능과 진정성을 후퇴시킨다는 점이다.

《워싱턴포스트》의 이름이 잘 알려진 최고 편집자들은 이렇게 이야기했다. "[인터넷 이용자의] 트래픽 패턴을 연구하는 것은, 신문사가 지닌 자원을 어디에 집중시켜야 할지 결정할 나름의 유용한 방식이 될 수 있기 때문이다."[80] 원하는 고객, 나아가 부유한 소비자들에게 도달하려는 광고주들의 마음에 드는 콘텐츠를 찾아내는 데 모두가 혈안인 것이다. 광고주들이 모든 트럼프 카드를 들고 있다. 뉴스 미디어엔 이렇다 할 선택권이 거의 없다. '스마트' 광고의 시대가 다가온 상황에서, 개별 소비자를 목표로 한 광고와 차별화된 뉴스 스토리를 나란히 배치하는 것을 포함해, 선호하는 이용자들의 인터넷 프로파일에 맞추는 방식으로 콘텐츠 형태를 만들어 가는 것 말고는 대안이 없다. 소비자들에게 팔기에 가장 적합한 스토리는 연성(soft) 뉴스이다. 조지프 터로는 이렇게 썼다. "수용자들이 놀라 자빠지지 않을 정도로 개인 맞춤형 사설(editorial)을 만들어 낼 방식을 찾아내는 게 이제 남은 과제다." 이제 시스템의 모든 논리가 우호적인 사설을 원하는 광고주들의 요구를 좇고 있다고 덧붙인다. 그렇게 하는 게 훨씬 더 성공적인 세일즈 효과를 가져 올 수 있다는 조사 결과도 나와 있다. 좌절한 어느 편집자가 푸념하듯이, "그런 헛소리가 근사하게 들릴지 모르지만, 하나같이 냄새 고약한 짓거리일 뿐이다."[81]

인터넷을 뉴스 미디어 업계로 진입할 망치 같은 수단으로 이용하기 위해 출현한 새로운 기업들을 둘러봐도, 사실 바뀐 거라고는 별로 없다. "광고가 줄어들고 독자들은 콘텐츠에 돈을 내려하지 않는다. 때문에, 신문의 죽음은 불가피하다고 예언하는 사람들이 있다. 그렇지만 대체 새로운 인터넷 저널리즘 웹사이트들은 어떻게 살아남고 또 과연 번성할 수 있을지는 제대로 설명하지 못한다. 왜냐하면, 이들 웹사이트 대부분도 유료 광고와 구독자를 똑같이 필요로 하기 때문이다." 《에디터&퍼블리셔》(Editor & Publisher)에서 오랫동안 편집장을 지낸 그레그 미첼이 이렇게 말했다. "이해가 잘 안 되는 지점이다."[82)]

'콘텐츠 농장들'(contents farms)에서 앱에 이르기까지, 그리고 편집실을 꾸리고 온라인 뉴스 미디어의 감각을 다시 빚어내는 중대한 노력에 이르기까지 새로운 상업 벤처들의 양상은 다양하다. 우선 디맨드미디어(Demand Media)와 어소시에이티드콘텐트(Associated Content) 같은 콘텐츠 농장들은 "교회와 국가 간 경계가 해체되는 상황을 받아들여 그것을 비즈니스 모델로 변환시켰다."[83)] 이들 농장은 기사를 빠르고 값싸게 만들어 낸 다음 인기 있는 검색 조건에 맞추기 위해 프리랜서들을 고용한다. 그러고는 기사와 함께 띄울 광고를 판다. 광고주들의 필요가 이 모든 과정을 뒷받침한다.[84)] 엄청난 양의 콘텐츠를 저렴하게 만들어 낼 수 있는지 여부에 따라 상업적으로 성공할지가 정해진다. 선두에 올라선 콘텐츠 농장들은 하루에도 수천 개의 텍스트와 영상물을 만들어 낼 수가 있다.[85)]

펄스(Pulse)는 선두적인 위치로 나선 상업 뉴스 앱 가운데 하나이다. 1,300만 명이나 되는 스마트폰 이용자들이 그것을 공짜로 이용한다. 펄스는 다른 회사 뉴스까지도 취합하며, 광고주나 상인들과 함께 일하면서 돈을 번다. 이 회사는 이제 '브랜드 콘텐츠 광고'로 진입 중인데, 개별 이용자들을 위해 적당하게 맞춰진 스토리 바로 옆에 광고를 붙이는 방식이다. 펄스가 과연 작동 가능한 비즈니스 모델을 만들어 낼 수 있을지, 그리하여 그 규모나 네트워크 효과를 갖고 트위터 같은 독점적 위치를 점하게 될 것인지가 흥미로운 관전 포인트이다. 2012년에 이 회사는 지역 뉴스를 제공하는 방향으로 적극 움직여 나갔으며 일종의 글로벌 기업으로 발전했다. 실시간에 이용자의 실제 위치를 찾아내 광고를 배치할 수 있는 능력을 통해서였다. 이미 8개국 언어로 이 회사의 서비스를 이용할 수 있게 되었다. 펄스는 오리지널 뉴스를 생성하지 않으며, 이 회사 설립자들도 자신들이 저널리즘에 관해서는 아는 게 별로 없다고 인정한다.[86] 다른 모바일 수집자(aggregator, 웹사이트를 통해 자신이 수집한 여러 회사의 상품 및 서비스들에 관한 정보를 제공하는 회사나 사이트—옮긴이)들도 오리지널 저널리즘을 생성하지 않기는 마찬가지다.[87] 그래도 이들이 얻는 수입의 일부가 다른 뉴스 미디어에게 넘어갈 수 있으며, 궁극적으로는 실제 저널리스트들에게 급여를 지불하는 데 기여할 수도 있는 것이다.

온라인에 가장 크게 영향을 끼친 저널리즘 회사는, 2009년 다시 독자적인 기업체로 돌아서기 전까지 10년 동안 타임워너와 짧게 혼인 관계를 맺은 AOL이었다. 그 무렵 AOL은 860개 커뮤니티에 지국을 두고 있었고, 광고로 운영되는 '하이퍼로컬'(hyperlocal) 디지털 통신사인 패치(Patch)를 사들이기까지 했다. 말하자면, 이 회사는 막대한 제작 비용을 들이지 않는 일종의 디지털 신문과도 같은 것이었다. 뉴욕 주 북부의 한 패치 편집인에 관한 상세하고 상당 부분 우호적인 기사에서, 《컬럼비아저널리즘리뷰》는 이 서비스가 어떻게 좀 더 부유한 커뮤니티에 초점을 맞추게 되었는지를 설명해 주고 있다. 편집 부문과 사업 파트를 분리하려는 초기 몇 달 동안의 시도는 노력 끝에 실패로 돌아간다. 회사는 벽을 과감하게 터 버렸다. 편집자들은 이제 광고 파트 직원들과 함께 일하며, "광고 판매를 촉발할 리드 기사들을 만들어 내려고 애를 쓴다." 편집자들은 사람들을 사이트로 유인하고 "이용자가 창출한 무료 콘텐츠"를 계발할 수 있는 콘텐츠를 선호하는 쪽으로 방향을 잡았다. 패치는 2011년에 1억 달러의 손실을 입었고, 2012에도 1억5천만 달러의 손실을 더 입을 걸로 예상되었다. 데이비드 카가 지적하고 있듯이, 패치는 "아직 결코 암호문을 풀어 내는 수준에 이르지 못했다."[88] "언젠가는 흑자를 보게 될지 모르지만, 창립 초기 품었던 저널리즘 비전의 상당 부분을 희생시키는 대가로서나 가능한 일일 것이다."[89]

패치는 점차 《허핑턴포스트》 비즈니스 모델 쪽으로 나아가고 있다. 자발적인 노동에 의존하고, 다른 매체가 제공하는 콘텐츠를 취합하며, 트래픽을 높이기 위해 섹스와 유명인들을 강조하라. 그리고 할 수 있는 수준에서만 자신만의 고유한 콘텐츠를 만들어 내라.[90] 마치 운명이 지시한 것처럼, AOL이 2011년에 《허핑턴포스트》를 인수했다. 그 당시 AOL의 CEO 팀 암스트롱이 쓴 저널리즘에 관한 내부 메모는 상업적인 논리를 그대로 담고 있다. 그는 자기 회사 편집자들에게 앞으로 모든 기사를 "잠재적인 트래픽, 잠재적인 수익성, 편집의 질과 총 처리 시간"이라는 기준에 따라 평가하라고 지시를 내렸다. 나아가 모든 스토리들은 이제 오직 '수익성의 관점'에서만 평가되어야 할 것이라고 강조했다.[91] 2011에 나온 저널리즘의 미래에 관한 업계의 한 평가서가 적고 있듯이, 이는 "자신의 스토리를 팔기 위해 안달인 PR 전문가들에게는 매우 좋은 뉴스이다. …… 이러한 사이트들은 자신의 페이지를 채워 줄 더 많은 콘텐츠를 갈구하게 될 게 뻔하기 때문이다."[92]

암스트롱의 메모는 이런 질문을 던진다. 예를 들어 지역 상수도의 사유화나 먼 곳에서 벌어지는 전쟁 같은 스토리가 적절한 "트래픽 잠재성과 수익 잠재성"을 갖추지 못하는 경우에는 어떻게 되는가? 어떤 PR 스핀닥터(spin doctor, 기업과 정부의 여론 조성을 위한 적극적 홍보 선전 활동과 그 주체—옮긴이)도 이런 기사를 밀어 주거나 무료 콘텐츠의 형태로 제공하려 들지 않는다면? 그렇게 되면 결국 레이더에서 사라지고 말 것이 아닌가? 확실한 동의 없이 대체 어떤 일들이 자기 이름으로 자행되고 있는지를 시민들이 알아차릴 수 있는 능력까지도? CEO들에는 승차감 좋은 시승 기회이겠지만, 민주 사회의 처지에서 보자면 고물차에 올라탄 꼴이 된다.

디지털 저널리즘 내부에서는 불가피하게 자본주의와 인터넷이라는 두 측면이 불가피하게 존재한다. 첫째로, 만약 누군가 온라인 저널리즘을 통해서 돈을 벌수 있다면, 그것은 아마도 독점이나 이와 유사한 형태의 매우 거대하고 집중화된 사업체의 모습이 될 게 뻔하다. 적어도 뉴스 미디어 측면에서 인터넷은 탈집중화를 북돋우기보다 기업 지배를 집중시키는 데 더 효과적이라는 사실이 이미 입증되었다. "우리는 아마 과거 어느 때보다 지금 훨씬 더 집중화되어 있을 것이다." 어떤 회사 임원이 이렇게 말했다.[93]

어느 정도는, 사람들이 주기적으로 그리고 의미 있는 수준에서 방문할 수 있는 웹사이트의 수가 제한되어 있기 때문에 빚어지는 일이다. 구글 검색 장치가 집중의 문제를 더욱 조장한다. 특정 검색에서 1~2페이지에 들지 못하는 사이트들은 사실상 존재하기 무척 힘들어지기 때문이다. 《와이어드》에 마이클 울프가 쓰고 있듯이, "2001년에는 상위 10개 웹사이트가 미국 내 페이지뷰의 31퍼센트를, 2006년에는 40퍼센트를, 그리고 2010년에는 거의 75퍼센트를 차지해 버렸다."[94] 웹 트래픽 측정 업체인 엑스페리언히트와이스(Experian Hitwise)에 따르면, 2012년 들어 전체 웹 방문의 35퍼센트 정도가 구글과 마이크로소프트, 야후, 페이스북으로 돌아갔다. (이들 기업이 전체 온라인 광고 수입의 3분의 2를 차지했다.) 매슈 힌드먼이 지적한 바와 같이, 역설적이게도 웹사이트의 개별화가 "규모가 작은 것보다는 가장 큰 웹사이트들에게 시스템적으로 유리하게 작용한다."[95] 존 노턴이 지적하듯이, "상대적으로 적은 수의 웹사이트들이 대부분의 링크를 가져가고 막대한 양의 트래픽도 얻는다는 게" 인터넷의 패러독스이다. 만약 당신의 사이트가 이 엘리트 그룹에 끼지 못한다면, 그것은 매우 작은 형태일 것이며 매우 작은 사이즈로 계속 머물 공산이 크다."[96]

저널리즘과 뉴스 미디어, 정치 웹사이트에 관한 매슈 힌드먼의 연구조사가 보여 주고 있듯이, 몇 안 되는 정치 또는 뉴스 미디어 웹사이트가 트래픽의 대부분을 가져가는 이른바 '멱함수 법칙'(power law) 분포가 등장했다.[97] 이름을 얻고 자원을 갖춘 전통적인 거대기업들이 이들 부문을 지배하고 있다. 물론 수백만 개 웹사이트들의 '긴 꼬리'가 있긴 하지만, 트래픽이 적거나 거의 없는 것들이다. 극소수의 사람들만 이런 게 존재한다는 걸 알 뿐이다. 맨 처음 이런 웹사이트를 만들어 낸 사람들의 뜻과 달리 존치시킬 인센티브와 자원이 거의 없는 상태에서 대부분은 고사하고 말 것이다. 탄탄한 중간 규모 웹사이트들로 짜인 '중간계급'도 사실상 존재하지 않는다. 뉴스 미디어 시스템의 이 부문은 온라인에서 싹 쓸려 나갔다. 이러한 이유로 힌드먼은, 온라인 뉴스 미디어가 오래된 뉴스 미디어의 세계 보다 더 집중화되어 있다는 결론을 내리게 된다.

이게 바로 디지털의 세계가 작동하는 방식이다. 수익률이 너무 낮고 새로이 이용자를 추가시키는 한계비용이 제로인 탓에, 수익은 오직 규모가 커지는 것으로만 가능하다. 《이코노미스트》가 진단하고 있듯이, "돈을 버는 가장 좋은 베팅은 같은 콘텐츠로 더 많은 사람들을 유인하는 것이다." 그리고 만약에 어떤 선수가 상당수 독자들을 차지해 버리면, 다른 사람에게는 더 이상 여유 공간이 없어질 것이다. 디지털 세계에서는 "더욱 적은 수의 전국적 뉴스 매체들만 남게 될 게 분명하다."[98] 인터넷의 가장 큰 아이러니는, 한때 다양성과 선택권 그리고 경쟁의 대리자로 간주되던 게 어느덧 독점의 엔진이 되어 버렸다는 사실이다. 저널리즘과 관련하여, 부유층과 비즈니스 커뮤니티를 표적으로 삼은 콘텐츠가 아닌 다른 어떤 것으로 과연 누가 상업적으로 성공할 수 있을지는 극히 불투명하다.

온라인 저널리즘 비즈니스 모델의 핵심을 이루는 자본주의-인터넷 결합의 두 번째 측면은, 그 이전에는 찾아 볼 수 없을 정도로 작업량이 늘어나는 가운데 저널리스트들에게 지불되는 임금은 대폭 절감할 수 있다는 사실이다. 암스트롱의 메모에는 AOL의 저널리스트 직원들 모두에게 "하루에 5~10건" 정도의 기사를 작성토록 요구할 것이라고 적혀 있었다. 《LA타임스》의 팀 러튼은, 2011년 AOL의 《허핑턴포스트》 인수에 관한 평가 기사에서 이런 요구 조건의 핵심을 짚었다. "《허핑턴포스트》의 비즈니스 모델을 제대로 간파하기 위해서는, 노예들이 도열해 있고 해적들이 지휘하는 갤리선을 떠올려 보면 된다." 그는 이렇게 덧붙였다. "뉴미디어의 전경 속에서, 인수 합병 집단이 더 많은 저널리스트들을 미국 경제에서 비극적으로 확장되고 있는 저임금 부문으로 더 깊이, 더욱 비참하게 내몰 게 이미 확실해졌다."[99]

대규모 실직과 불투명한 전망 속에서, 저널리스트들의 더욱 열악해지는 임금 및 노동 조건의 압박은 마치 민주주의라는 침대 위에 막 올라선 2톤짜리 코끼리와도 같은 모습이다. 러튼은 이렇게 결론을 맺는다. "뉴미디어에서" 우리는 "오래된 산업자본주의 경제가 행사해 온 최악의 남용 양상들"을 고스란히 발견하게 된다. 노동 착취의 현장, 능률 촉진, 도급! 그리고 소유주들의 엄청난 이윤! 한편, 노동자들의 자포자기와 힘들고 단조로운 작업, 그리고 착취! 어린이 노동은 없지만, 만약 그렇게 해도 더 많은 페이지뷰가 나오기만 한다면…….[100] 데이비드 와츠는 2007년 자신이 일하던 《새크라멘토비》(Sacramento Bee)를 떠나 하이퍼로컬(hyperlocal, 아주 좁은 범위의 특정 지역에 맞춘—옮긴이) 디지털 뉴스 회사인 새크라멘토프레스(Sacramento Press)로 직장을 옮겼다. 그는 자원 봉사자들의 노동력에 기초해 신뢰할 만한 저널리즘을 만들어내는 게 얼마나 힘든지 그 극단적인 고충을 《컬럼비아저널리즘리뷰》에 쓴 글에서 토로했다. "편집은 돈이 드는 일이다. 시민 저널리스트들은 돈이 별로 들지 않는 데 질은 좋을 수도 있다. 그렇지만 그런 훌륭한 저널리스트들도 약간의 편집은 필요하다. 시민 저널리스트들에게는 아직까지 많은 것들이 필요하다. …… 저널리즘이라는 직업이 없이, 우리는 저널리즘이라는 걸 절대로 누리지 못한다."[101]

2012년 여름, 공영 라디오 프로그램 〈이 미국인의 삶〉(This American Life)에서 한 내부 고발자의 폭로가 방송되었다. '저내틱 브로하하'(Journatic brouhaha)라는 우스꽝스러운 이름의 회사 이야기를 통해, 저널리즘 노동에 대한 상업 매체의 태도가 명백하게 드러났다. 구글 검색 결과에서 자신의 출현 빈도를 줄이는 코드를 사이트에 포함하고 있을 정도로 개방성을 회피한다는 보도가 나올 정도인 "하이퍼로컬 콘텐츠 제공업자"이다. 이 회사는 《뉴스데이》, 《휴스턴크로니클》, 《샌프란시스코크로니클》 그리고 게이트하우스 같은 신문 체인을 비롯하여 10여 개 미국 상업 뉴스 미디어와 지역 뉴스 공급 계약을 맺고 있다. 이 회사의 비즈니스 모델은, 유급 기자들을 두고 정기적으로 지역 뉴스를 커버하는 것은 더 이상 여러 미국 뉴스 미디어에게 통할 수 있는 옵션이 아니라는 생각을 전제로 하고 있다. 그리하여 이 회사는 대안적인 방식을 채택했다.

이 회사의 지역 보도는 미국과 아이러니하지만 필리핀의 회사가 고용하고 있는 저임금 작가와 프리랜서에 의해 제공되고 있다. 필리핀의 작가들은 한 건당 35~40센트를 받고, "최소한 매주 250건의 기사를 쓰겠다고 회사와 약정을 맺은 상태이다." 이 정도면 "필리핀의 그 어떤 직장보다 낫다"고 이 회사의 CEO인 브라이언 팀폰은 떠벌인다. 이들은 "미국인처럼 보이는 필명"으로, 마치 사건이 발생한 지역 커뮤니티에 머물고 있는 것처럼 보이게 하는 가짜 스토리들을 만들어 낸다. 이들이 지역의 기자들이라는 환상을 유지해야 하는 중요성은 말할 나위도 없고, 기자 한 명이 생산하는 기사의 양을 보면 혹여 독자들과 다른 저널리스트들이 이상하게 여길 수도 있기 때문에 이렇게 필명을 쓰는 것이다.

내부 고발인이 말하고 있듯이, 놀랄 것도 없지만 이런 기사들은 대부분 "보도자료를 그냥 옮겨 쓰는 수준을 넘어서지 못한다." 상당수의 실수와 가공, 표절 사례까지 포함되어 있다.[102] 그렇지만 '저내틱 브로하하'의 고객인 무심한 독자들에게는, 신문이나 웹사이트가 오리지널 지역 기사들로 가득 차 있는 것처럼 보일 것이다.

《시카고트리뷴》을 소유하고 있는 시카고트리뷴사는 2012년 4월 '저내틱 브로하하'에 투자를 했고, 시카고 지역 90개 트립로컬(TribLocal) 웹사이트들과 22개 주말판을 '저내틱 브로하하'의 기사로 채우다시피 했다. 트립로컬은 '저내틱'과 계약을 맺으면서, 직원 40명 가운데 절반이나 해고시켰다. 그런데도 뉴스 생산량은 세 배나 늘어났다. 이런 저런 말이 나오자, 《시카고트리뷴》 편집국 기자 90명이 '저내틱'으로부터 기사를 받아보는 데 항의하는 진정서를 제출했다. 7월 13일 회사는 자사 신문 내 '저내틱 브로하하'의 이용을 무기한 연기시켰다. 그렇지만 하이퍼로컬 콘텐츠 제공업자는 여전히 다른 시장에서 맹렬히 활동 중이며, 불리한 매스컴의 관심이 가라앉기만 기다리고 있다.

결코 이게 이야기의 끝이 아니다. 캘리포니아 패서디나 지역 발행인 제임스 맥퍼슨은, “지금까지 저널리즘이 거둔 성적은 아주 초라하다”고 주장하면서, 아웃소싱이라는 ‘개념을 옹호’하고 싶다고 주장했다. 맥퍼슨의 회사는 2007년부터 저널리즘을 인도로 아웃소싱하기 시작했다. 그러다가 너무 시대를 앞지르고 있다는 사실이 드러나면서, 그는 곧 이 프로그램을 일시 유보시켰다. 맥퍼슨은 전 세계 각지의 프리랜스 리포터들과 계약을 맺기 위해 2012년에 아마존이 개발한 인터넷 소프트웨어를 이용한다. “나는 거의 모든 것을 아웃소싱할 것이다. 좀 더 적은 돈으로 많은 일을 할 수 있는, 바로 그런 사람을 나는 우선적으로 물색하고 있다.” 그는 약간의 제약이 있다고 인정한다. “마닐라에 살고 있는 누군가가 패서디나에서 일어나고 있는 일을 완전히 이해할 가능성은 없다.” 그래도 경제적인 상황을 고려할 때, 아웃소싱은 불가피하다고 맥퍼슨은 고집한다. “저내틱 브로하하의 진짜 교훈은, 아웃소싱은 절대로 사라지지 않을 거라는 점이다.”[103]

저널리즘이 점차 기술적인 것으로 바뀌어 가고 있다. 이제 논리적인 질문은 자연스레 인간의 지적 노동 자체가 계속해 필요할지 여부로 이어진다. 오토메이티드인사이츠(Automated Insights)의 자회사인 스태트시트(StatSheet)는 자신의 418개 스포츠 웹사이트에 게재할 목적으로 숫자 데이터를 내러티브 기사로 만들어 낼 알고리즘을 이용한다. 오토메이티드인사이츠는 이제 부동산 웹사이트에 올리는 용도로 매주 1만~2만 건에 이르는 기사를 컴퓨터로 생산해 내고 있다. 최근 출현하고 있는 알고리즘 컴퓨터-생산 콘텐츠 업계는, 알고리즘이 다가올 미래에 뉴스 기사를 작성할 핵심 부분이 될 거라고 확신한다. “나는 저널리스트가 기계보다는 기사를 더 잘 쓸 수 있다고 확신한다.” 오토메이티드인사이츠와 계약한 부동산 업체 CEO가 이렇게 말했다. “그렇지만 내가 원하는 건 약간의 질을 갖춘 양이다."[104] 누가 알겠는가? 먼 훗날 우리는 '저내틱'이 저널리즘의 황금기였다고 회고하게 될지도 모른다.

요컨대, 인터넷은 상업주의와 저널리즘 사이의 모순을 전혀 완화시켜 주지 못한다. 오히려 확대시킨다. 저임금 또는 무임금이 판을 치는 상황에서, 인터넷으로 제공되는 오리지널 저널리즘은 쉽고 재미난 것들로 몰리고 있다고 게 한 연구 조사의 결론이다. "딱딱한 뉴스가 아닌, 연예와 쇼핑, 스포츠 같은 라이프스타일 토픽들에 초점이 맞춰지는" 경향이 똬리를 틀고 있다.[105] 전통적인 저널리즘이 해체되고 있는 가운데 웹 저널리즘, 심지어 나쁜 저널리즘을 신뢰할 만한 대중적 뉴스 미디어가 필요로 하는 수준에서 수익성 있게 만들어 줄 모델은 아직 개발되지 않았다. 가까운 미래에 그렇게 될 조짐도 보이지 않는다.[106]

미국의 금융 귀재들조차 이 부문에서 돈을 만들어 낼 방도를 아직 찾아 낼 수 없다. 이 사실보다 저널리즘이 공공재라는 점을 더 여실히 보여 주는 증거는 아마 없을 것이다. 교육과 비교해 보면 충격적일 정도로 흡사하다. 기업 경영자들이 학교에 시장 논리를 적용하면 그것은 실패로 돌아가고 만다. 왜냐하면 교육은 비즈니스가 아니라 협력적인 공익 서비스이기 때문이다. 기업형 학교들은 주로 이런 모습을 보여 준다. 수학 능력이 부족하고 가르치기 힘든 아이들은 배 밖으로 내던져 버리고 돈이 들어가는 프로그램들을 중단시켜 버리며, 학생들을 끝도 없는 시험으로 융단폭격한다. 그러면서 교사들과 노동조합이 '성공'의 장애물이라고 무차별 공격을 퍼붓는다.[107] 사실 질 높은 교육을 제공하면서 수익을 올린 경우는 어디에도 없다. 수익성을 노리는 교육 기업들이 공금을 장악하여 가르치지 않고 돈을 번다.[108] 이게 바로 엘리트 경영자들이, 다른 아이들은 시장에서 바짝 마르도록 시간을 보내면서, '자기' 아이들은 일반적으로 사립이지만 가끔은 공립이기도 한 풍요로운 도시

외곽의 비영리 학교에 보내는 이유이다. 한마디로 교육은 공공재이다. 디지털 뉴스에서도, 똑같은 메커니즘이 똑같은 결과를 불러오고 똑같은 결론으로 귀결된다.

공공재를 위한 투쟁

저널리즘 위기가 지닌 심각성은 이제 무시하기 힘들 정도이다. 자신을 쫓는 기자들의 수가 급격히 줄어들었다는 사실을 알게 된 정치권 인사들 사이에서도 특히 그러하다. 2008에 이르러, 자신의 지역구나 자기가 관심을 둔 의제에 관해 뉴스 취재의 기회를 얻어 내는 일이 아주 힘들어졌다고 토로하는 정치인들이 많다. 선거유세 현장에서도, 한때 마치 헤비급 챔피언이나 되는 것처럼 여러 명의 기자들을 달고 다니던 상원의원들은, 어느 순간 수행원 한두 명에 극소수의 다른 사람들과 선거 현장을 누비고 있는 자신을 발견하게 될 것이다. 2010년 FCC와 연방거래위원회는 저마다 저널리즘의 위기를 조사하고 해결책을 제안할 태스크포스를 설치했다. 의회 민주당 코커스 또한 비공식 조사연구팀을 설치 운용했다. 하원과 상원에서 각각 청문회가 열리기도 했다. 특별한 성과가 나온 건 없지만, 이런 조사 작업은 미국 역사에서 전례가 없는 것들이었다.[109)]

별다른 움직임이 나타나지 않는 것은 어느 정도 공중의 불만과 압력이 부족한 현실이 반영된 것이기도 하다. 저널리즘 위기의 정도를, 심각한 뉴스 및 정치 중독자들을 포함하여 대다수 미국인들이 제대로 이해하지 못하고 있다. 중요한 이유는 바로 인터넷 때문일 것이다. 많은 사람들이 자신이 선호하는 뉴스 사이트에 스스로를 가두어 버린다. 심지어 '롱테일'(long tail, 다품종 소량으로 생산된 비주류 상품이 대중적으로 인기가 높은 주류 상품을 밀어내고 시장 내 점유율을 높여 가는 현상과 그 해당 상품—옮긴이)까지도 서핑하면서 그렇게나 많은 온라인 내용물에 접속하는 탓에, 베테랑 편집자인 톰 스티티스가 '뉴스 사막'이라고 이름 붙인 상황에 살고 있다는 사실이 흐릿해진다.[110] 더욱이, 저항적인 웹사이트와 소셜미디어, 스마트폰을 이용하게 되면서, 활동가들은 존 니컬스가 '두 번째 미디어 시스템'이라고 이름 붙인 "수문장들을 가끔은 우회해 버렸다."[111] 대중적인 시위와 격변이 일어나는 동안에 이들 매체가 지닌 가치는 실제로 놀랄 만큼 분명해진다.

그렇지만 소셜미디어 같은 것이 만족스럽게 새로운 저널리즘을 구성해 줄 거라는 환상이 점차 흐릿해지고 있다. 2009년과 2011년 사이 위키리크스가 엄청난 양의 미국 정부 비밀문서를 배포했을 때보다 상황을 더 잘 보여 주는 예는 없다. 보기에 따라 탐사 저널리즘은 이 기간 동안 최고의 모습이었으며, 위키리크스는 인터넷이 정보원으로서 얼마나 탁월한지를 여실히 입증해 주었다. 권력을 가진 사람들을 확실히 위협했으며, 그러한 점에서 자유로운 인민이 필요로 하는 '제4부'의 면모 바로 그것이었다. 그들은 인터넷 덕택에 이제 진정으로 자유로우며 지도자들에게 책임을 물을 수 있는 힘을 갖게 되었다고 주장했다.[112]

그러나 현실에서 위키리크스의 에피소드는 전혀 반대 사실을 입증시켜 주고 있다. 위키리크스는 저널리즘 조직이 아니었다. 위키리크스가 비밀 문건을 공중에게 공개한 건 맞지만, 헤더 브룩의 말처럼 "문서는 온라인에 머물러 있었다. 전문적 저널리스트들의 손에 의해 기사로 작성되었을 때야 비로소 공중의 시선을 끌 수가 있었다. …… 원재료 하나로는 충분치 않다."[113] 저널리즘이 콘텐츠에 신뢰성을 부여해야 했으며, 저널리스트들 또한 내용물에 옷을 입히고 그걸 분석하여 의미를 찾아내는 힘겨운 작업을 떠맡아야 했다. 그러기 위해서는 제도적인 지원을 받는 정규직 저널리스트들이 필요하다. 그런데 현재 미국은 이런 사람들의 수가 너무 적다. 상당수 저널리스트들은 이미 권력 구조와 너무 가까이 유착되어 버렸고, 대부분의 콘텐츠들은 여전히 대중 수용자를 위해 제대로 조사되거나 요약되지 못한 상태로 남아 있을 따름이다. 우리 세대에 제대로 될 공산이 거의 없을지도 모른다.

더욱이 미국 정부가 위키리크스의 신뢰를 무너뜨리기 위해 홍보와 미디어 공세를 성공적으로 가할 때, 거기에 대응할 만한 독립적인 저널리즘도 사실상 존재하지 않았다. 결국 문서의 내용보다는 위키리크스가 무고한 인물들에게 해를 끼치고 있다는 과장되고 근거 없는 주장이 이어졌고, 위리키크스 지도자 줄리언 어샌지 개인에 대해 조명함으로써 관심의 초점이 크게 옮겨가 버렸다. "위키리크스가 악마적이라는 거의 완전한 합의가 존재했다"고 주장한 글렌 그린왈드의 주장이 거의 틀린 말은 아니다. 위키리크스가 공표한 문건을 통해 충격적인 내용을 많이 발견할 수 있다는 사실에도 불구하고, 정부의 선전 공세는 위키리크스의 신뢰를 떨어뜨리고 대중으로부터 고립시키는 데 성공했다. 미국의 편집자와 기자들에게, '위키리크스라는 문을 열기 전에 한 번 더 생각을 해'라는 게 핵심 포인트였다. 그 방식은 효과적으로 먹혀들었다.

다른 나라에서는, 투명성에 관한 기본 원칙을 지켜 내고 권력에 대항해서 진실을 말하기 위해 수많은 저널리스트들이 들고 일어났다. 그들이 평가하고 공개한 내용들은 전 지구적인 민주주의 운동의 흐름에 힘을 실어 주었으며, 심지어 평화로운 정치혁명에 기여하기도 했다. 그런데 미국에서는 이런 일이 일어나지 않았고, 위키리크스도 '우리의' 정치를 민주화시키거나 '우리의' 지도자들에게 책임을 지우는 데 거의 영향력을 끼치지 못했다. 위키리크스의 폭로에 대한 미국의 저널리스트들과 평론가들의 반응은 정부 스핀닥터의 반응과 별반 다르지 않았다. 그린월드는 여러 방송 뉴스 프로그램에서 위키리크스를 변호하는 역할을 맡았는데, 방송에서 주된 상대가 현직 기자들인 경우가 많았다. "저널리스트들이 생각하는 것과 정치인이나 공직자들이 생각하는 것 사이에 겉으로도 별반 차이가 없었다."[114)]

미국 정부와 인터넷 거대기업들이 위키리크스를 무력화시키기 위해 여러 단계로 조치를 취하고 있을 때, 미국의 저널리즘은 그냥 길들여진 양처럼 온순하게 비껴서 지켜보고 있을 따름이었다. 위키리크스와 관련 있는 그 누구도 정보 유출 활동이 범죄로 인정되어 기소되지 않았음에도 그러했다. 국가안보를 강조하는 정부, 그리고 그런 정부나 거대기업들과 맺고 있는 관계에 관해 거의 탐사 취재해 본 바 없는 뉴스 미디어가 정보를 공개하는 용기 있는 뉴스 미디어를 제대로 보호해 주지 않는다는 사실은 참으로 많은 걸 말해 준다! 과거의 정권과 마차가지로 오바마 정부도 대중들의 정보 접근을 차단하고 내부 고발자를 징계하기 위해 특별한 조치들을 취했다. 자유사회의 신뢰할 만한 독립 뉴스 미디어였더라면 기밀 사항의 공개를 기꺼이 주도해 나갔을 것이며 비밀 유지에 적극 반대했을 것이다.[115)] 여러 가지 면에서 위키리크스는 새로운 시대의 선구자라기보다는 낡은 시대의 마지막 숨 헐떡임이었을 가능성이 높다.

이번 사건은, 얼마 전까지만 해도 "좀 더 많은 행위자들에게 언론 매체의 자유를 확장시켜 준 꼬마 수정헌법 제1조 기계들(little First Amendment machines)"로 칭송받던 블로그의 한계점까지도 건드렸다.[116)] 블로그는 우리에게 온갖 다양한 의견들뿐 아니라 때로는 전문가의 코멘트까지도 제공한다. 그렇지만 대부분 다른 누군가가 보도한 것에 기대어 코멘트를 다는 식이다. 신뢰할 만한 저널리즘이 없는 상태에서, 블로그는 오리지널한 탐사 내용을 제공하는 정도에 따라 그 가치가 높아질 것이다. 그러나 이런 일은 제도적인 지원을 받으면서 상시적으로 하지 않으면 힘든 일이다. 더욱이 힌드먼이 진행한 온라인 미디어 집중화에 관한 조사 결과는, 블로고스피어에서조차 더 많지는 않더라도 똑같이 양상이 나타나고 있음을 보여 준다. 구체적으로, 힌드먼은 블로그 트래픽이 몇몇 소수 사이트에 집중되어 있고, 놀라울 정도로 엘리트 혈통을 지닌 사람들에 의해 운용되고 있다는 점을 발견해 냈다.[117)]

그래도 지난 몇 년 사이에 출현한 디지털 저널리즘에는 여전히 우리를 흥분케 할 새로운 희망 하나가 남아 있다. 다름 아닌 비영리 온라인 뉴스 미디어이다. 공중의 이익을 위해 저널리즘에 헌신하겠다고 밝힌 다수의 출구들이 생겨났다. 우리가 한 일은, "비즈니스 모델이 향하고 있는 것으로부터 떨어져서, 절벽 바깥에서 한번 시도해 보는 것이었다." 《샌디에이고의목소리》(Voice of San Diego) 편집자가 뉴욕대학의 로드니 벤슨에게 한 말이다. "우리가 이 공익 서비스를 계속 살리고자 한다면, 우리는 그 재원 조달 문제를 전혀 다른 방식으로 고민해 볼 필요가 있었다." 광고에 의존하면서 수익을 창출하는 일로부터 "시원하게 벗어날 수 있다." 샌프란시스코퍼블릭프레스(SF Public Press)의 편집자가 벤슨에게 말했다. "애당초 시작하지 말았어야 할 엉터리 혼사가 뉴스 보도를 구조적으로 왜곡시켰기 때문이다. 광고의 표적이 되지 않는 사람들과 공동체의 토론을 차단시키기도 했다"[118)] 이들 조직의 설립자들은 미국의 저널리즘에 크게 벌어진 공백을 지켜보면서 그것을 공공성으로 메우고자 한다.

문제는 이런 새 비영리 뉴스 미디어의 파동이 과연 미국의 저널리즘에 활력을 다시 불러일으키고 또한 저널리즘을 뿌리에서부터 갉아먹고 있는 상업주의로부터 떼어 낼 수 있을지 여부이다. 만약 그럴 수만 있다면, 대중의 무관심이나 정부의 방관적 태도도 어느 정도 개선될 수 있을 것이다. 창의력 있는 미국인들이기에 문제를 제대로 다루게 될 것이다. 가장 다행스런 일은 저널리즘에 대한 정부나 상업 부문의 개입이 크게 줄어들 것이라는 사실이다. 비영리 뉴스 미디어는 진정한 공공 영역이 될 것이다.[119)]

《민포스트》(MinnPost)와 앞서 언급한 《샌디에이고의목소리》처럼, 이런 비영리 벤처기업들 가운데 몇몇은 지역에 기반을 두고 있다. 반면에 2010년 보도 부문 퓰리처상을 수상한 최초의 디지털 뉴스 미디어 《프로퍼블리카》(ProPublica)처럼 전국적인 규모로 활동하는 경우도 있다. 한때 상업 뉴스 미디어에서 일하던 뛰어난 저널리스트들을 직원으로 두고 있는 경우가 많다. 젊고 열정적인 새내기 저널리스트들도 적극적으로 이 분야에 뛰어들고 있다. 2011년 '탐사보도워크숍'(Investigative Reporting Workshop)이 실시한 조사에 따르면, 상위 75개 비영리 뉴스 미디어에는 현재 대략 1,300명 정도가 고용되어 있으며, 연간 예산은 모두 합쳐 1억3,500만 달러에 이른다. (이 수치에는 전체 인원 중 거의 절반을 고용하고 있으며 예산도 3분의 1 정도를 차지하는 《컨슈머리포트》도 포함되어 있다).[120)] 2008년 이후, 저널리즘 운영 업체 가운데 특히 디지털 미디어를 중심으로 국세청(IRS)에 제출한 한 비영리 단체 지위 신청이 크게 늘어났다.[121)] "이 분야가 절대적으로 부풀어난 게 틀림없다." 이 분야에서 활동하고 있는 프리프레스 활동가 조시 스턴스가 내게 말했다.[122)] 대체 얼마나 많은 새로운 비영리 디지털 뉴스 벤처들이 시장에 나와 있는 것인가? "아마 수십 개가 아니라 수백 개일 듯하고, 생각하는 것보다 훨씬 더 많을 공산이 크다." 평생 이러한 활동을 모니터링하고 지원해 온 나이트재단(Knight Foundation)의 에릭 뉴턴이 한 말이다.[123)]

그럼에도 불구하고, 비영리 부문의 전체적인 영향력은 아마 그들의 수적인 총합보다 적을 공산이 크다. 뉴턴의 표현처럼, "비영리 탐사 저널리즘은 지금 자신의 중량을 뛰어넘어 펀치를 날리는 중이다." "전체 도달 커뮤니티의 측면에서, 영리를 추구하는 저널리즘을 여전히 따라가지 못하고 있다."[124] 이들은 주로 메이저 뉴스 조직체들이 자기 기사를 게재해 줄 때 가장 큰 성공을 거둘 수 있다. 가령 《뉴욕타임스매거진》에 실린 기사로 두 차례나 수상한 퓰리처상 가운데 첫 번째 상을 받은 《프로퍼블리카》의 접근 방식이 바로 그러하다. 이러한 시나리오에서 비영리 부문은 자칫 상업화된 뉴스 미디어에 보조금을 제공하는 격이 되고 만다.

비영리 활동가 단체들이 경험이 풍부한 분야에서 직접 온라인 저널리즘 제작자가 되는 경우도 나타나고 있다.[125] 전통적인 뉴스 편집국이 몰락하면서, 공익적인 NGO 단체들이 자신의 활동과 관련된 스토리를 추적해 가는 와중에 뉴스 제작까지도 직접 도맡는 방식이다. "비영리 디지털 뉴스 운영이라는 게 대체 뭔가? 온라인 소비자 보고서?" 뉴턴은 이렇게 되묻는다. "인권감시(Human Rights Watch)의 고도로 윤리적인 디지털 정보 수집 파트?"[126] 예를 들어, 2011년에 '미디어와민주주의센터'(CMD, Center for Media and Democracy)는 비밀스럽게 작동하고 기업에 의해 지배되다시피 한 미국입법교류협의회(ALEC, American Legislative Exchange Council)에 관해 폭로 기사를 터뜨림으로써 수상 기록까지 만들어 냈다. 몇 해 전만 해도 이런 일은 전통적인 저널리스트들이 담당했다. 그러나 이제 그런 일을 떠맡을 저널리스트들은 거의 남아 있지 않는 상태인 것이다.

이처럼 NGO들의 저널리즘 비즈니스 진입을 지켜보면 무척 흥미롭다. 그렇지만 이러한 전개 과정을 너무 낭만적으로 보는 것은 금물이다. 필요에 따른 것을 마치 장점인 양 과장해서도 안 된다. 내 경험에 비춰

보면, 이들 그룹의 거의 대부분은 자신이 불가피하게 대신하게 된 탐사의 고역을 독립적인 저널리즘 조직이 제대로 맡아 주길 원한다. 더 중요한 것은, 이해 당사자로부터 나오는 것보다는 독립적인 저널리즘 조직들이 만들어 낼 때, 결과물인 뉴스보다 훨씬 더 많은 정당성을 갖게 되고 그리하여 더 큰 대중적 영향력을 지닐 수 있다는 점이다. 대부분의 저널리즘이 이해 당사자들로부터 흘러나오고 있는 상황에서, NGO들이 이들 기업 후원 미디어가 만들어 내는 시끌벅적한 뉴스들을 넘어선다는 건 몹시 어려운 일이다. 기업이 후원하는 뉴스들이 훨씬 더 많은 자원을 갖고 있기 때문이다. ALEC에 관한 CMD의 작업도, CMD가 뉴스를 처음 터뜨린 후 정확히 1년이나 지났을 때 《뉴욕타임스》가 그걸 픽업해 기사로 띄워 줌으로써 겨우 주류로 진입한 사례였다.[127]

NGO 저널리즘과 비영리 디지털 뉴스 미디어라는 새로운 두 부문 공히 다행인 것은, 애당초 인쇄 파트를 없애 버림으로써 전통적인 신문이나 잡지에 비해 적어도 30퍼센트 정도의 제작·유통 비용을 절감할 수 있다는 사실이다.[128] 네트워크 저널리즘의 비물질적 특성은 옹호자들을 열광케 만드는 요소 중 하나이다. 반대로 좋지 않은 것은, 비용의 30퍼센트를 절감해도 이 분야는 아직까지는 수면 아래에 잠겨 있다는 사실이다. 이들 비영리 디지털 뉴스 미디어는 기금이 절대적으로 부족하며, 현재 보유하고 있는 것보다 훨씬 더 많은 재원을 창출할 수도 있다고 기대할 이유도 별로 없다. 상황에 비춰 보자면, 20년 전 이 나라에 12만 명의 풀타임 저널리스트들이 있었는데, 지금은 기껏해야 1천 명 정도를 고용하고 있을 따름이다.[129] 더욱이 이들 벤처기업 가운데 그 어떤 것도 빠른 성장세를 보여 주지 못하고 있다. 가장 열광적인 지지자들조차 이들이 적자를 기록할 공산이 훨씬 높은 걸로 인식되고 있다. 어쩌면 정말로 그럴지도 모른다. 다음 장에서 나는 이런 어려움을 타개할 몇 가지 급진적인 정책 제안들을 내놓을 것이다. 다시 주제로 돌아와, 75개의 규모가 가장 큰 비영리 뉴스 조직체들 밑으로 내려가면 거기서 우리는 매우 작고 초라한 가게들이 마치 수초 같은 상태를 이루고 있는 장면을 볼 수 있다. "아무도 확실한 비즈니스 모델을 개발해 내지 못했다." 나이트재단 연구도 이렇게 결론을 내린다.[130)]

개인 기부금과 재단 기금이 수익의 기반을 이루고 있는데, 여기에는 분명한 한계가 있고 문제점도 따른다. 물론 많은 사람들이 돈을 내겠지만, 공영방송의 경험을 두고 보자면 필요한 액수보다는 한참 부족한 수준에서 그 상한가가 정해진다. 구체적으로, 2009년에 개인들은 미국의 공영 및 커뮤니티 방송국들에 총 7억3천만 달러를 내놓았다. 그런데 이 총액은 지난 10년에 걸쳐 공영 미디어 수입에서 기부금이 차지한 비율 면에서 전혀 늘어난 게 아니며, 그중에 일부만 저널리즘을 위해 지출되는 실정이다.[131)] 샌프란시스코퍼블릭프레스는 자신을 지원할 '미국공영방송(PBS) 모델' 같은 후원 체계를 만들어 내기 위해 각고의 노력을 기울였다. 그런데도 실제 후원금은 달랑 8만 달러에 그쳤고, 한 해 예산의 7~12퍼센트 정도밖에 되지 않았다.[132)] 후원을 통한 접근 방식이 실행 가능할 경우조차도 또 다른 우려 사항이 제기된다. 상위 중산층과 상류층 계급의 특권을 자칫 디지털의 미래로 더욱 확장시키는 경향이 있다는 점이다.

재단의 문제도 한번 살펴보도록 하자. 2009년 신문 산업의 해체가 시작됨에 따라, 자선에 기반을 둔 비영리 신문과 기금형 신문을 설립하려는 운동이 일어났다. 오랫동안 '공공청렴센터'(Center for Public Integrity)의 대표를 맡아 온 찰스 루이스가 표현한 바와 같이, "이제는 시민사회, 특히 이 나라의 각종 재단들과 이런저런 수단을 가진 개인들이 저널리스트, 전문가들과 협력해야 할 때가 되었다. 우리의 귀중

한 비영리 제도들을 지지하며 또한 새로운 걸 개발하는 데 도움 될 창의적이고 비전 있는 계획을 가진 저널리스트들이다. 저널리즘의 변화하는 경제에 관해서도 전문가들이어야 함은 물론이다."[133] 2005년 이후부터, 아메리칸대학의 잰 섀퍼 교수는 여러 재단들이 적어도 2억5천만 달러 정도를 미국 국내의 비영리 저널리즘 벤처들에게 후원해 왔다고 평가한다.[134]

재단을 재정 지원의 형식으로 바꾸는 데는 대체로 세 가지 문제점이 따른다. 첫째, 재단들은 애당초 저널리즘의 상당 부분을 운영할 만큼 돈을 갖고 있지 않다. 이들 재단에는 자신이 책임져야 할 다른 이슈들도 많다. 《이코노미스트》가 지적한 바와 같이, 재단은 "신문사들이 겪고 있는 비애를 부분적으로만 해결할 수 있는 방책이 될 수 있을 뿐이다."[135]

둘째, 대부분의 재단은 가치중립적인 기관이 아니다. 자신만의 특별한 동기와 고유한 목표가 있으며, 때로는 강력한 개인이나 기관들과 연계되어 있다. 그들은 때에 따라 자신들과 이해관계가 있는 특정 유형의 기사에만 돈을 대려고 할지 모른다. 재단들은 대개 자신이 원하는 바를 얻을 수 있는 활동에 지원금을 내놓는 데 익숙하다. 몇몇 예외도 있겠지만, 그냥 아무렇게나 수표를 끊어 주고 한가하게 해변으로 나가 놀지 않는다. 수많은 비영리 저널리스트들이 다음 끼니는 과연 어디에서 올지 궁금해 하는 그런 환경에서, 재단들은 저널리즘의 콘텐츠에 대해 상당히 명시적이거나 암묵적인 권력을, 거의 책임지지 않아도 되는 권력을 갖게 된다.

셋째, 대다수의 재단은 새로운 업체들에게 단지 일정한 조건 속에서, 보통 3년 이내 기간 동안에만 지원금을 제공한다. 재단 이사회와 이사들은 단지 지원금을 부화시키고자 하지, 끝도 없이 그들에게 돈을 대려 하지는 않는다. "재단의 지원을 받는 기업들 가운데 상당수가 시작한

지 채 3년이 안 된 초보 기업들이라는 사실에 주목할 필요가 있다." 비영리 뉴스 벤처들의 역사를 정리하면서, 스턴스가 이렇게 말했다.[136] 비영리 저널리즘을 지원하는 데 앞장선 나이트재단의 존 브래큰도 초보 기업들을 대상으로 한 "우리의 지원은 영원히 계속되지 않을 것"이라고 분명히 경고하고 있다.[137]

비영리 뉴스 벤처기업들을 연구하고 재정을 지원하는 주요 재단들이, 수년의 경험에도 불구하고 이들 운영 업체들을 존속시킬 방도에 관해 아무런 아이디어도 갖고 있지 않다는 사실은 놀랄 만하다. 재단 측은, 헤지펀드 매니저들이 상업적 부문의 올드 패션인 신문사 사람들에게 내놓는 것과 똑같은 상투적인 언어와 전문용어를 되풀이한다. 가령 나이트재단의 회장은 이렇게 말했다. "우리는 일이 제대로 될 수 있도록 할 새롭고 차별된 방식들에 관심이 있다. …… 변화에 둔감한 사람들보다는, 재빠르고 변화를 시도하는 사람들이 앞으로 더 잘 풀릴 것이다."[138] 2011년 퓨리서치센터 보고서는, "공동체 뉴스에서 유망한 실험들"의 대부분이 "비즈니스 기업 정신과 디지털 혁신을 받아들인 사람들한테서 나온다"고 말하고 있다.[139] 뉴턴도 "디지털 비영리 기업들이 생존하기 위해서는 다양한 수입원이 필요하다"고 주장한다.[140] 기금을 갖고 괜찮은 저널리즘 활동에 집중하던 시대는 이제 끝났다고 덧붙인다. 비영리 디지털 뉴스 미디어들은 "상당한 자금을 기술과 영업, 마케팅 같은 아이템에 쏟아부어야 한다."[141] 그는 비영리 디지털 미디어도 무임금 노동의 활용을 받아들어야 한다고 믿는다. "이제 디지털 모델들은 시민·자원봉사자·프리랜서·전통적인 것들이 혼합된 완전히 다른 유형이 될 것이다."[142]

사실, 이러한 접근법은 마치 실패를 인정하면서도 여전히 승리를 선언하려 드는 것과 똑같다.[143] 저널리즘으로 흘러 들어가는 자원이 급격히 줄어들 게 뻔한 나날이 계속될 것임을 인정하면서도, 여전히 그 어떤 공적 정책에 관여하지 않고 언젠가는 모든 게 잘 풀릴 거라는 일종의 신념 같은 확신에 집착하는 꼴이다. 10년에서 50년이 걸릴 그 공백 기간 동안, 우리는 껌을 씹고 편지나 보내면서 시간을 보내야 할지 모른다. 뉴턴도 이러한 접근 방식이 지닌 함의에 관해 다음과 같은 생각을 내비친다.

> 우리의 삶과 마찬가지로, 뉴스도 언젠가는 자신의 길을 찾아낼 것이다. 장기적인 미래에 관한 나의 이런 낙관주의는 현 상태에 관한 우려와 뒤섞여 있다. 궁극적이라고 말하는 것과 당장이라고 하는 것은 완전히 다르다. 일방적이지 않고 쌍방향적인, 산업적인 게 아닌 디지털적인, 방송이 아닌 네트워크 같은, 그런 것들로 다져질 새로운 시기가 도래하길 우리 모두 학수고대하고 있다. 하지만 온갖 나쁜 일들이 그 사이에 일어날 것이다. 예컨대, 전통적인 저널리즘이 줄어드는 만큼 공적 부문의 타락은 확대된다. 가끔 나는 이렇게 자문해 본다. 과연 한 국가는 얼마나 많은 부패와 혼란을 버텨 낼 수 있을까?[144)]

뉴턴의 말이 맞다. 재원과 정책에 대한 고민 없이 모든 게 잘 될 거라고 믿는 건 너무나 의심스러운 전략이다. 우리가 맞닥뜨리고 있는 엄청난 문제들에 비춰볼 때, 재원 문제에 관한 안일한 태도는 내게 사회적 타살과 비슷한 충격적 현실로 다가온다.

근래에 전개되고 있는 양상 중 가장 정신을 번쩍 들게 하는 것은, 전 세계에서 가장 우수한 영어 신문이라는 평가까지 받고 있는 《가디언》이 엄청나게 많은 온라인 독자층을 확보하고 있다는 사실이다. 《이코노미스트》가 펴낸 〈좀 더 지적인 삶〉(More Intelligent Life)이라는 보고서가 전하고 있듯이, "《가디언》은 그동안 놀랄 만큼 멀리 달려왔다." 다른 어떤 신문도 이 신문만큼 인터넷을 열성적이고 성공적으로 받아들이지 못했다. 도달 범위와 영향력의 측면에서 "《가디언》은 그 어느 때보다 잘 하고 있다." 이러한 성공은 무엇보다 《가디언》이 저널리즘이라는 단 한 가지에만 전념하는 비영리 신문이라는 데 따른 것이다. 더 수익성이 높은 옵션들과 비교해 가면서 《가디언》에 걸린 자신의 투자 금액을 저울질할 그런 투자자들이 없다. 가족 소유주들에 의해 1930년대에 건립된 스콧트러스트(Scott Trust)가 그 동안 착실히 운영되어 왔고, 운영상의 손실을 감당해야 할 약 2억5천만~3억 달러에 이르는 '군자금'도 확보되어 있다. 그렇지만 CEO 앤드루 밀러는 이 돈이 기껏해야 3~5년 정도 버틸 정도라고 말한다. 실제로 《가디언》 또한 광고가 맡은 전통적인 역할을 넘어서 자원을 줄이거나 운영하고 있는 업체들을 상업화하지 않고서는 수지균형을 맞출 수 없을 게 확실하다. 이 두 가지 옵션 모두 신문의 질을 크게 해칠 것이며, 신문과 웹사이트를 추락의 소용돌이로 내몰 것이다. 《가디언》 직원들도 이런 딜레마를 정확히 인식하고 있다. 이 신문사 기자인 닉 데이비스는 현재와 같은 궤적에서 탐사 저널리즘이 어떻게 생존할 수 있을지 그 방도를 찾아내는 것은 불가능한 일이라고 말한다. 지원 구조와 광대한 재원, 엄청난 규모에 인기 있는 《가디언》 같은 신문조차 디지털 시대로 이행하면서 그 수준을 변함없이 유지해 낼 수 없다면(심지어 살아남지도 못하다면) 대체 다른 신문들에게는 어떤 희망이 남아 있겠는가?"[145)]

내가 보기에, 이제 우리는 자율 규제 저널리즘의 기반을 마련할 비즈니스 모델이란 존재하지 않는다는 명백한 사실을 인정하는 게 옳다. 우리에게 필요한 것은, 자신이 속한 커뮤니티와 국가, 세계를 다른 유급 저널리스트들과 경쟁하고 또 협력하면서 커버하는 일군의 중요한 풀타임 유급 저널리스트들이다. 자신의 작업에 집중할 수 있을 정도로 생계가 충분히 안정된 저널리스트들이 상호 협력하고 전문가 수준의 편집 효과를 얻어 내며 또한 사실을 점검하고 지원하는 그런 독립된 뉴스 편집국이 필요하다. 핵심 전문 분야에서 몇 년에 걸친 시행착오를 통해 길러진 전문성과 그것을 책임질 유급 저널리스트들이 필요하다. 정부의 위협으로부터 자신을 보호할 만큼 신뢰성을 갖고 해외 출입처에서 일할 수 있는, 언어와 역사 그리고 문화에 능통한 저널리스트들이 필요하다. 시민들에게 확고한 선택권과 분명한 전망을 제시할 수 있는, 제대로 된 자격과 양식을 갖춘 미디어들끼리 선의의 경쟁이 필요하다.

그리고 이 모든 미디어는, 공백 기간 동안 올드미디어의 겉옷을 걸칠 수는 있겠지만 기본적으로 디지털이어야 한다. 디지털 기술은 시스템을 더욱 접근하기 수월케 하고 또 경제적으로 효율적인 것으로 만들 수 있으며, 시민들에게도 참여할 수 있는 훨씬 많은 역할을 부여한다. 요차이 벤클러를 비롯한 옹호주의자들이 전망한 것처럼 충분히 흥분할 수 있는 모습의 세계이다. 나는 인터넷의 결과로써 새롭고 품질이 탁월한 저널리즘이 출현하는 장면을 내다볼 수 있다. 미국에서 시행되어 온 전문직 저널리즘의 큰 한계점들을 극복할 수 있는 참된 저널리즘이다. 무엇보다도 상위 계급의 눈을 통해 세상을 바라보는 편향성을 지닌, 권력을 가진 사람들의 편협한 의견을 마치 정치 논쟁의 정당한 반경처럼 간주하고 이에 의존하는 한계를 극복한 저널리즘이다. 민주주의 이론이 전망한 것과 같은 방식으로 우리의 정치를 제대로 열어 나갈 그런 저널리즘이다.

그러나 이런 일이 일어나기 위해서는 제대로 된 공적인 투자가 있어야 하며, 이들 재원이 다양하고 독립적인 비영리 부문의 발전으로 흘러 들어가야 한다. 그렇지 않고서는 저널리즘의 미래란, 모든 공적 투자가 중지된 상태에서 교육이 보이게 될 모습과 거의 다를 바 없을 것이다. 제대로 된 공적인 투자 없이, 우리 교육 시스템은 사립학교에 아이를 보낼 여유가 있는 극소수 상류층에게만 멋진 형태로 남을 것이다. 중산층 계급들 사이에서는 별로 좋지 않은 것으로, 이 나라 인구의 대다수인 노동자계급과 빈곤층에게는 존재하지 않거나 끔찍한 꼬락서니로만 남을 것이다. 설혹 존재하더라도, 상당 부분 자원봉사자들의 노동에 의존하고 있을 것이다. 그 어떤 믿을 만한 민주적이고 인간적인 사회에게는 결코 어울리지 않는 일종의 악몽이다. 우리는 그런 모델을 공교육의 미래로 받아들일 수 없다. 저널리즘도 마찬가지다.

그런데 잠깐만 기다려 보시라. 혹시 저널리즘에 대한 정부의 보조금은 미국이 지금까지 견지해 온 모든 걸 위배하지는 않는가? 자유와 민주주의라는 가장 초보적인 생각들을 욕보이진 않는가? 이 판도라의 상자를 여는 것보다는, 그냥 실패한 상태로 불구덩이 속에 한번 내려가 보는 게 차라리 낫지 않을까?

저널리즘과 민주주의

1787년 필라델피아에서는 미국 헌법의 초안이 만들어지고 있었다. 당시 토머스 제퍼슨은 미국이라는 역사도 짧고 성격도 명확하지 않는 나라의 프랑스 공사 자격으로 파리에 머물고 있었다. 그곳에서 그는 성공적인 민주 정부를 위해 필요한 것들에 관해 본국의 지인들과 편지를 주고받았다. 언론과 출판의 자유를 확립하는 게 핵심 관심사였다. 제퍼슨은 이렇게 썼다.

사람들의 무원칙한 간섭을 예방하는 길은 공적인 신문이라는 채널을 통해 사안에 관한 제대로 된 정보를 제공하는 것이다. 그리고 이러한 신문이 전체 인민 대중들의 삶 속으로 파고 들어갈 수 있도록 할 방도를 찾아내는 것이다. 인민의 여론에 우리 정부의 기초가 달려 있기 때문에 그걸 제대로 유지하는 게 최우선 목표가 되도록 해야 한다. 신문이 없는 정부와 정부 없는 신문 가운데 나보고 하나를 택하라고 한다면, 나는 조금도 주저 없이 후자를 택할 것이다. 내가 말하고자 하는 바는, 모든 사람이 신문을 받아 보고 또 그것을 읽어 볼 수 있도록 해야 한다는 것이다.

제퍼슨에게, 정부의 검열 없이 말할 수 있는 권리를 갖는다는 것은 출판의 자유와 민주주의의 필요조건이지만 충분조건은 되지 못했다. 자유언론과 민주주의는 글을 읽을 수 있는 대중과 제대로 된 언론 시스템, 그리고 이들 매체에 사람들이 쉽게 접근할 수 있는 조건이 반드시 필요하다.

그렇다면 제퍼슨은 왜 이런 생각에 그토록 집착했던 것일까? 같은 편지에서 그는 북아메리카 원주민들의 공동체를 계급의 분화가 이루어지지 않은 행복한 사회로서 찬미하면서, 혁명 전야에 자신이 눈으로 목격한 프랑스를 포함한 유럽 사회를 맹비난했다. 사람들이 이야기하는 것과 전혀 다르다는 얘기이다. 그러면서 제퍼슨은 부유한 자들이 가난한 사람들을 착취하고 지배하는 걸 예방하는 출판의 역할을 기술하면서, 아주 대놓고 계급적 용어를 쓰면서 그 역할을 부각시켰다.

유럽 국가들은 통치라는 이름 아래 자기 나라를 늑대와 양이라는 두 가지 계급으로 양분시켜 버렸다. 과장하는 게 결코 아니다. 이게 유럽의 진정한 모습이다. 그러하니 우리 인민들의 정신을 귀하게 여기고, 그들의 주의력을 늘 생기 있게 유지할 수 있도록 하라. 그들의 실수에 대해 너무 엄격하게 굴지 말 것이며, 그들을 계몽시켜 조금씩 교정해 나가라. 한번 그들이 공적인 사안에 무관심해져 버리면, 나와 당신 그리고 연방 의회, 주의회, 재판관, 주지사들 모두 늑대로 변하고 말 것이다. 몇몇 예외가 있을지는 몰라도, 이게 바로 우리가 처한 현실의 일반적 속성이자 법칙인 듯하다. 내 경험에 따르면, 인간은 자기와 똑같은 종류의 것들을 잡아먹는 유일한 동물이다. 유럽의 정부에 관해, 그리고 가난한 사람들이 부유한 자들의 먹잇감이 되는 이런 일반화된 형태를 보고 이보다 더 부드러운 표현을 쓸 수가 없다.[146)]

요컨대, 재산을 가진 계급이 정치를 장악하고 부패로 문을 활짝 열어젖히고 또 대중들의 힘을 앗아 가 궁극적으로 자율 정부를 붕괴시킬 그런 자연스러운 경향에 제동을 거는 임무가 출판에 부여된다.

출판의 자유에 관해서라면 제임스 매디슨도 제퍼슨 못지않게 열정적이었다. 두 사람은 힘을 합쳐 군사주의와 비밀주의, 부패, 제국을 견제할 장치로서 출판의 자유를 주창했다. 삶을 마감할 무렵에 매디슨은 유명한 말을 남긴다. "대중적인 정보나 그것을 얻어 낼 수단이 결여된 대중적인 정부는, 희극이나 비극 또는 그 둘의 전주곡에 불과한 것이 되고 만다. 지식이 영원히 무지를 지배하도록 하며, 스스로를 지배코자 하는 사람은 지식이 제공하는 권력을 갖고 자신을 무장해야 할 것이다."[147)]

두 사람만이 아니었다. 공화국 초기에 정부는 실행 가능한 출판 시스템을 만들어 내기 위해 막대한 액수의 우편 및 출판 보조금을 제도화시켰다. 그런 정책을 두고 이의를 제기하는 사람은 아무도 없었다. 이러한 투자가 없이 민간 부문이 그 업무를 떠맡을 거라는 환상을 어느 누구도 갖지 않았다. 이후 몇 세대 동안에도 생각조차 해볼 수 없는 것이었다. 미국 역사에서 첫 세기 동안 대부분의 신문은 우편을 통해 배송되고 있었으며, 우체국의 신문 배송료는 무척 낮은 수준이었다. 신문이 전체 화물 중량의 90~95퍼센트를 차지했지만, 우체국의 수입 면에서는 기껏해야 10~12퍼센트 정도밖에 되지 않았다. 그 무렵 우체국은 연방정부에서 가장 규모가 크고 가장 중요한 부처였다. 1860년에 무려 연방정부 공무원의 80퍼센트를 차지할 정도로.[148]

지난 세기의 상업적으로 추동된 뉴스 미디어의 혼돈 속에서, 우리는 미국에서 자유언론의 전통이 두 가지 중요한 요소를 갖고 있었다는 사실을 너무 쉽게 망각해 버렸다. 우선 첫 번째는 모두가 잘 알고 있듯이, 정부는 출판에 대해 사전 제약이나 검열을 해서는 안 된다는 생각이다. 두 번째로 그 만큼이나 중요한 게, 정부는 검열 받을 수 없는 가치 있는 뭔가를 말해 줄 바로 그 자유로운 출판이 실제로 존재할 수 있도록 해야 하는 최고의 의무를 갖는다는 점이다. 미국 자유언론 전통의 이 두 번째 전통이 기업·상업적인 저널리즘의 시기가 도래한 이래 망각되어 버렸지만, 여러 관련 판례에서 대법원은 그 존재와 중요성을 변함없이 강조해 왔다. 연방 대법관 포터 스튜어트는 "출판의 자유에 대한 보장은 실제로 헌법 '골격'의 일부"라고 적었다. 그리고 "출판의 자유에 대한 헌법적 보장의 주된 목적은 행정부·사법부·입법부라는 공식적인 세 줄기에 대한 추가적인 견제로서 정부 바깥에 네 번째 기구를 두려는 것이다"라고 덧붙였다. 스튜어트는 이렇게 결론을 맺는다. "아마 우리의 자유는 독립적인 출판 제도가 없이도 존재할 수는 있을 것이다. 그런데 건국의 아버지들은 과연 그러할 수 있을지 의문을 품었으며, 1974년 지금 우리 모두는 그들이 품은 의문에 감사를 표해야 한다."[149]

1994년 터너방송시스템(Turner Broadcasting System) 대 FCC의 판례에서 자신의 의견을 표하면서, 로널드 레이건이 지명한 연방 대법관 앤서니 케네디도 이렇게 결론을 내린 바 있다. "공중이 복수의 취재원들에 대한 접근권을 갖도록 해주는 게 정부가 떠맡아야 할 가장 중요한 목표 가운데 하나이다."[150)]

오늘날 물가로 따져 볼 때, 저널리즘에 대한 이런 공적인 투자(또는 출판 보조금)는 그 규모가 대체 어느 정도였을까? 《미국 저널리즘의 죽음과 삶》이라는 책에서 니컬스와 나는, 만약에 연방정부가 1840년에 썼던 액수만큼의 저널리즘 보조금을 현재의 국내총생산(GDP) 수준에서 지출코자 한다면, 정부는 해마다 300억~350억 달러를 투자해야 한다는 계산을 내놓은 바 있다. 《미국의 민주주의》(Democracy in American)에서 알렉시스 토크빌이, 미국에는 "놀랄 만큼 많은" 출판물들이 있다고 경이로움을 표현했다. 신문의 종수는 한 국가가 얼마나 평등하고 민주적인지를 그대로 보여 준다고 결론을 맺었다.[151)] 건강한 출판은 자유시장과 아무런 상관이 없었으며, 출판 비용을 극적으로 줄여주며 출판 계약을 통해 추가적인 수익을 제공하는 보조금과 크게 상관이 있었다. 1910년까지도 해도, 신문과 잡지에 대한 우편 보조금의 필요성에 대해 의문을 제기한 당시 우편국장 앨버트 벌슨이 뉴스 산업의 경제에 관해 아무 것도 모르는 사람으로 가차 없이 해임되어 버릴 정도였다.[152)] 그 어떤 정치적인 신념을 가진 미국인이건, 특히 노예폐지론자나 대중주의자 또는 여성참정권주의자들처럼 진보적인 정치 운동을 하고 있는 이들의 경우에는, 미국 역사상 가장 자유가 방임되던 시대에도 저널리즘에 상당 규모의 공적 투자가 필요하다는 견해가 당연하게 받아들여지고 있었다.

비록 오늘날에도 존재하기는 하지만, 우편 보조금과 유료 정부 공시

(paid government notices)와 같은 연방 출판 보조금은 19세기에 비해 보잘것없는 수준으로 줄어들었다. 미디어 분야에서 정부의 가장 눈에 띄는 투자처인 공영방송은 대략 10억 달러를 공적인 지원으로 받고 있는데, 그중에 극히 일부만 저널리즘을 지원하는 데 쓰인다. 주정부와 지역 정부가 주립대학들과 더불어 이들 공적 보조금의 상당 부분을 제공하며, 연방정부에서 나오는 것은 불과 4억 달러밖에 안 된다.

저널리즘 콘텐츠를 정부가 통제하는 상황에 대해 당연히 우려가 존재한다. 나는 그러한 결과로 귀결될 수 있는 그 어떤 투자도 단호히 거부한다. 아울러 미국처럼 막대한 군사·국가안보 복합체를 가진 정부가 편집국으로 들어가는 열쇠를 갖는 것은 특히 위험하다는 사실을 잘 이해하고 있다. 그렇지만 우리는 국방부가 해마다 홍보를 위해 쓰고 있는 50억 달러가량의 예산은 이제 제대로 된 저널리즘의 육성하는 데 지출되어야 한다.[153] 명백한 한계에도 불구하고, 미국이라는 나라를 그래도 어느 정도 민주적인 사회로 유지해 나가야 하지 않겠는가? 억압적인 것이 될 수 있지만 반대로 진보적인 방향으로 압박해 낼 수 있는 게, 바로 우리가 살고 있는 미국이라는 국가이다.

이것은 매우 중요한 차이점이다. 출판 보조금에 반대하는 사람들은, 비교를 위해 찾아볼 수 있는 나라가 나치 독일과 스탈린의 러시아, 폴 포트의 캄보디아, 이디 아민의 우간다쯤 된다고 생각한다. 실제로 이런 독재적이고 권위적인 정권이 저널리즘에게 보조금을 지급한다면, 그래서 나오게 되는 '뉴스'는 반민주적인 질서의 유지를 위해 고안된 선전일 게 틀림없다. 그렇지만 민주적인 국가가 출판 보조금을 제도화할 때도 필연적으로 똑같은 결과가 나올 거라는 보장은 어디에도 없다. 독일, 캐나다, 일본, 영국, 노르웨이, 오스트리아, 네덜란드, 덴마크, 핀란드, 스웨덴, 프랑스, 스위스 같은 다당제 민주주의와 발전된 경제, 법, 선거제도,

시민 자유권을 지닌 나라들을 보면 과연 그러한가?

우선 미국과 비교해 보면, 이들 국가에서는 정부가 저널리즘의 막대한 투자자로 직접 나선다. 만약 미국이 캐나다와 오스트리아, 뉴질랜드 같은 유사한 정치경제를 갖춘 나라와 똑같은 수준의 국민 일인당 비율로써 공익 미디어에 보조금을 지출한다면, 미국의 공영방송들은 해마다 70억~100억 달러 범위의 정부 투자금을 보유하게 될 것이다. 만약 미국이 일본이나 프랑스, 영국 같은 나라와 똑같은 비율로 공익 미디어에 보조금을 지급한다면, 총액은 160억~250억 달러 규모에 이를 것이다. 나아가 독일이나 노르웨이, 덴마크 같은 비율이라면 무려 300억~350억 달러가 되는 셈이다.[154)]

이러한 추정 금액에는 여러 민주주의 국가들이 채택하고 있는 광범위한 신문 보조금은 포함되지 않는다. 만약에 연방정부가 노르웨이와 똑같은 일인당 비율로 신문 보조금을 지급한다면, 대략 연간 30억 달러나 되는 직접적인 지출이 발생할 것이다. 스웨덴은 일인당 조금 적은 금액을 지급하고 있지만, 디지털 신문에 대한 보조금은 확대시켰다. 프랑스는 신문 보조금에서라면 챔피언 국가이다. 만약 프랑스가 신문 출판업자들에게 하는 만큼 미국 연방정부가 신문 업계 전체 수입 가운데 일부를 보조금으로 지급한다면, 2008년을 기준으로 최소한 60억 달러는 지급하고 있었을 것이다.[155)]

최근에 나는 이들 국가 상당수를 여행할 기회가 있었는데, 경찰국가의 모습과는 거리가 멀다는 게 내가 받은 인상이었다. 더욱이 이 국가들의 광범위한 공적 미디어 시스템과 저널리즘 보조금은 일당 독재국가는 물론이고 엉터리 민주주의 국가의 이미지를 전혀 떠올리게 하지 않았다. 물론 겉으로 보이는 모습이 우리 눈을 속일 수도 있다. 그리하여 우리는 미디어에 대한 공적인 투자라는 발상을 반드시 지지하지 않는 성향의 출처에서 나온 자료까지도 공평하게 검토해 봐야 한다. 미디어 공공성에 비판적인 진영이 내놓은, 논란의 여지가 없는 출처의 확실한 증거도 면밀히 살펴볼 필요가 있는 것이다.

자본주의와 탈규제·민영화를 선호하며 대규모 공적 영역이나 노동조합 또는 사회주의 낌새가 보이는 것들에 대해 결코 우호적이지 않은 영국의 《이코노미스트》부터 우선 살펴보자. 《이코노미스트》는 정평이 나 있는 이른바 '민주주의 지수'(Democracy Index)라는 걸 만들어 냈다. 전 세계 모든 국가를 대상으로 얼마나 민주적인지에 따라 순위를 매긴 것인데, 2011년 현재 25개 나라만 민주적인 것으로 평가가 되었다. 선거 과정과 다원주의, 정부의 운용 정도, 정치 참여, 정치 문화, 시민 자유권 등이 그 잣대였다. 이런 잣대에 비춰볼 때, 미국은 겨우 19위에 올라 있고, 상위에 랭크되어 있는 18개 국가 대부분이 미국에 견줘 일인당 최소 10~20배나 되는 정부 미디어 보조금 시스템을 갖추고 있다. 민주주의 최상위 4개국(노르웨이, 아이슬란드, 덴마크, 스웨덴)에는 일인당 미디어 보조금이 세계에서 가장 많은 두 나라가 포함되어 있다. 나머지 두 나라도 미국보다는 보조금 규모가 한참 앞서 있다. 《이코노미스트》에 따르면, 바로 이런 나라들이 세계에서 가장 민주적이고 자유로운 국가이다. 이런 국가는 모두 시민 자유권 측면에서 거의 만점을 받고 있다. 미국은 25개 민주주의 국가 가운데 시민 자유권이 가장 낮은 두 나라 가운데 하나로 기록된다. 바로 이런 문제 때문에 《이코노미스트》의 순위에서 '하자가 있는' 민주주의 국가로 평가된 나머지 20여 국가를 뒤쫓고 있다.[156)]

이 민주주의 지수를 평가하는 모든 잣대는 암묵적으로 강력한 언론 시스템의 존재를 전제로 하고 있으며, 이 보고서는 언론 자유를 민주주의의 핵심 지표로 특별하게 논의하고 있다. 하지만 출판의 자유가 구체적으로 여섯 가지 측정 변수에 포함되어 있지는 않다. 그렇다면 언론 자유를 살펴볼 좀 더 직접적인 출처가 존재할까?

다행이도 그렇다. 《이코노미스트》의 민주주의 지수는 미국 프리덤하우스(Freedom House)의 연구 결과를 통해 보완될 수 있다. 1940년대 좌우 전체주의에 반대하기 위해 설립되었고 냉전 시대부터는 자유에 대한 좌파 정부의 위협을 강조했던 프리덤하우스는 미국 국내의 유명한 정재계 인사들과 긴밀한 관계를 맺고 있는, 일종의 제도권 단체이다. 프리덤하우스는 해마다 전 세계 모든 국가를 대상으로, 언론 시스템이 얼마나 자유롭고 효과적인지에 따라 순위를 매긴다. 이 조사는 아주 면밀하고 정교하게 이루어질 뿐 아니라, 민간 뉴스 미디어에 대한 정부의 모든 간섭 행위에 특별한 관심을 갖는다. 이런 까닭에 공산주의 국가들은 늘 꼴찌를 차지할 게 뻔하고, 세계에서 가장 억압적인 언론 시스템을 가진 나라들로 꼽힌다. 사적인 뉴스 미디어의 존재 의의를 확인하고 정부의 공적 간섭 행위를 감시하기 위해 레이더를 민감하게 세우고 있는 단체로서, 둘째가라면 서러워할 게 바로 이 프리덤하우스다.

프리덤하우스는 '홈팀'을 별로 선호하지 않는다. 2011년에 이 단체는 세계에서 22번째로 언론 시스템이 자유로운 국가로서 미국에게 체코 공화국과 같은 점수를 주었다. 미국은 취재원을 제대로 보호하지 못한 점, 이 장에서 정리한 바와 같이 편집국에 대한 막대한 경제적 삭감이 이루어진 점 때문에 이토록 낮은 순위가 메겨졌다.

프리덤하우스 순위에서 상위권은 세계에서 일인당 저널리즘 보조금이 가장 많은 민주주의 국가들이 지배하다시피하고 있다. 프리덤하우스가 최상위에 올려놓은 나라들은 《이코노미스트》의 민주주의 지수에서도 똑같은 결과를 보였다. 모두가 세계에서 일인당 언론 보조금이 가장 많은 나라였다.[157)] 실제로 이 두 리스트는 놀라울 정도로 일치한다.

가장 자유롭고 가장 좋은 언론 매체 시스템을 갖추고 있는 나라가 가장 자유로운 국가로 꼽힐 될 것이라고 충분히 예상할 수 있는 것이기에, 어쩌면 놀라운 결과도 아니다. 오히려 덧붙여야 할 이야기는, '가장 자유로운 언론 시스템을 갖춘 나라들이 저널리즘에 대한 공적 투자도 가장 많이 하고 있으며,' 그리하여 저널리즘에 대한 공적인 투자는 강력한 민주주의의 토대가 된다는 사실이다.[158)]

프리덤하우스의 연구 결과는, 성공적인 민주주의 국가들 가운데 그 어떤 나라도 미국의 공영방송에서는 일반화된 형태의 정치적 간섭을 허용하지 않는다는 사실을 뒷받침하고 있다. "정치화되어 있다"는 말도 안 되는 이유를 들어 공영방송을 거세하고자 한 미국 정치인들의 간섭 행위 같은 것을 이들 나라에서는 찾아보기 힘들다.[159)] 맷 파워스와 로드니 벤슨은 14개 주요 민주주의 국가의 미디어 법·정책들에 관해 철저하게 조사했다. "이들 국가는 모두 미디어의 공적이고 균형 있는 규제를 위해 정파적 간섭으로부터 의식적으로 적당한 거리를 두고자 했다"는 사실을 발견해 냈다.[160)] 그들이 내린 결론은 이렇다.

> 공적이고 사적인 미디어 모두에게 중요한 것은, 적절한 재원과 소유자나 재정 지원자 또는 규제 당국으로부터 독립성을 보장해 줄 제도와 정책이 존재하는지 여부이다. 기업이 소유한 뉴스 편집국 안에서는 수익성 압박이 증대함에 따라, 편집 부문을 비즈니스 간섭으로부터 보호해 줄 비형식적인 벽이 허물어진다. 이에 반해 공적 지원을 받는 미디어들의 경우, 자신을 보호할 벽이 어느 정도는 존재한다. 비판적인 뉴스 보도 때문에 정치적인 외압이나 재원의 상실을 겪지 않도록 보장해 주는, 독립적 규제 기관이나 다년간의 선행 지원과 같은 것들로 만들어진 확고한 벽이다.[161)]

"재원에 대한 계산법보다는 바로 이 재원 자체가 우리 연구가 기여하는 주요 대목이라고 생각하고 싶다"고 벤슨이 내게 말한 바 있다.[162]

비록 어떤 국가도 완벽할 수 없으며 가장 훌륭한 나라라고 해도 나름대로 약점은 갖고 있다. 그렇지만 이 같은 사례는, 미국에서 마치 주지사와 주의회가 주립대학 교수의 연구 및 강의 커리큘럼을 간섭할 수 없게끔 막아 줄 장치를 고안해 낸 것처럼, 공적인 미디어 사업체들에 대해 정부가 부당한 영향력을 행사할 수 없도록 효과적으로 막아 줄 수단이 존재함을 입증시켜 주고 있다. 다른 민주주의 국가에서 공영방송 시스템은 대중들 사이에서 인기가 높을 뿐 아니라 정치적 스펙트럼과 상관없이 모든 정당들에 의해 보호를 받고 있다. 미국에서조차, 보잘것없는 예산과 들쭉날쭉한 성과에도 불구하고 공영방송은 여론조사에서 가장 인기가 있는 정부 프로그램 가운데 하나로 나타난다.[163]

또 다른 연례 조사가 도움이 되는 증거를 제공한다. 2002년부터 '국경 없는 기자회'는 해마다 신뢰도가 높은, '세계언론자유지수'라는 걸 발표해 왔다. 저널리스트들이 직간접적인 공격을 받지 않고 얼마나 자유로이 일을 할 수 있는지에 따라 전 세계 모든 국가의 순위를 매긴 것이다. 이 조사는 저널리즘의 질은 다루지 않는다. 다만 저널리스트들이 폭력이나 위협 없이 얼마나 자유롭게 자신의 커뮤니티와 출입처에 관해 보도할 수 있는지 여부에만 관심이 있다. 미국은 2012년에 세계 47위 국가로 곤두박질쳤다. 상당 부분, 대중 시위를 취재·보도하고 있는 저널리스트들을 경찰이 체포하고 심지어 구타하는 관행이 크게 늘어나면서 빚어진 결과였다. 저널리즘이 위축되면서 국가는 보도되길 원치 않는 사안들에 유독 관심을 갖는 제4부의 구성원들을 괴롭히는 걸 점차 대수롭지 않게 여긴다. 언론 자유라는 측면에서 나머지 국가들에 비해 높은 점수를 얻은 10여 개 나라들은, 앞서 언급한 두 가지 리스

표 1 저널리즘에 대한 예산 지원과 민주주의 지수

언론자유 지수 (국경없는기자회)		언론자유 (프리덤하우스)		민주주의 지수 (이코노미스트)		공공 미디어에 대한 투자		
나라	순위	나라	순위	나라	순위	나라	순위	일인당 금액($)
핀란드	1	핀란드	1	노르웨이	1	노르웨이	1	130.39
노르웨이	2	노르웨이	2	아일랜드	2	덴마크	2	109.96
에스토니아	3	스웨덴	3	덴마크	3	핀란드	3	104.10
네덜란드	4	벨기에	4	스웨덴	4	영국	4	88.61
오스트리아	5	덴마크	5	뉴질랜드	5	벨기에	5	74.00
아이슬란드	6	룩셈부르크	6	오스트레일리아	6	아일랜드	6	61.28
룩셈부르크	7	네덜란드	7	스위스	7	일본	7	57.31
스위스	8	스위스	8	캐나다	8	슬로베니아	8	52.34
카보베르데	9	안도라	9	핀란드	9	네덜란드	9	49.50
캐나다	10	아이슬란드	10	네덜란드	10	프랑스	10	45.62
덴마크	11	리히텐슈타인	11	룩셈부르크	11	오스트리아	11	35.86
스웨덴	12	세인트루시아	12	아일랜드	12	뉴질랜드	12	28.96
뉴질랜드	13	아일랜드	13	오스트리아	13	캐나다	13	27.46
체코	14	모나코	14	독일	14	독일	14	27.21
아일랜드	15	팔라우	15	몰타	15	한국	15	9.95
미국	47	미국	22	미국	19	미국		1.43

출처: 이 표는 조시 스턴스의 *Adding It Up: Press Freedom, Democratic Health, and Public Media Finding* (Washington, DC: Free Press, Jan. 26, 2012), savethenews.org/blog/12/01/26/adding-ii-press-freedom-democratic-health-and-public-media-funding을 새롭게 만든 것이다. 데이터는 “Press Freedom Index 2011-2012,” (Paris: Reporters Without Borders, 2011), en.rsf.org/press-freedom-index-2011-2012, 1043.html; Karis Deutsch Karlekar & Jennifer Dunham, *Press Freedom in 2011* (Washington, DC: Freedom House, 2011), freedomhouse.org/sites/default/files/FOT%202012%20Booklet.pdf (동수를 이룬 것은 이 표에서는 제시되지 않았음); “DemocracyIndex 2011,” The Economist, ediu.com/democracyindex2011; 그리고 “Funding for Public Media,” Free Press, based on 2008 budget numers, freepress/net/public-media에서 온 것임. 나는 조시 스턴스에게 데이터 사용에 관해, 그리고 표의 형식을 잡아 준 것과 관계해 재밀 조나에게 감사를 표한다.

트에서도 상위권을 차지한 나라들과 거의 정확히 일치한다. 저널리즘에 대한 공적인 투자가 가장 많은 나라들이다.[164] [표 1]은 이 모든 연구 결과를 한데 모아 본 것이다.

한편 또 다른 연구 조사에 따르면, 재원 조달이 양호한 비상업 방송

시스템을 갖춘 민주주의 국가들이, 그런 게 없는 나라에 비해 정치적 지식 수준이 높고 또 부유층과 노동계급 간에 정보 격차도 훨씬 낮다는 사실이 입증되었다.[165] 스티븐 쿠션이 최근에 진행한 연구 조사가 바로 그런 경향을 확인시켜 준다. 이 조사는 공적 서비스 방송들이 상업적인 경쟁자들에 비해 선거 캠페인 보도를 훨씬 더 많이 하는 경향이 있음에 주목했다. 쿠션이 내린 한 가지 결론은 특히 놀랄 만하다. 강력한 공영방송을 보유한 나라들이 선거 보도를 더 '충실하게' 하는 것으로 나타났다. 정당 또는 특정 정치인이 지닌 상대적 장점에 관한 뉴스, 시민들의 판단에 도움이 될 정책 관련 뉴스들을 훨씬 더 잘 전해 주고 있었다. 공영방송이 선거 보도를 할 자원이 부족한 나라들과 비교해, 훌륭한 공영방송은 상업 방송까지도 더 높은 수준으로 격상시키고 유지시켜 주었다.[166]

마찬가지로, 신문 보조금은 규모가 큰 신문사들보다는 거꾸로 가장 규모가 작고 보다 비판적인 목소리를 내며 이념적인 편향성이 없는 신문사들에게 성공적으로 도움을 주는 방향성을 갖는다.[167] 19세기의 미국 우체국 보조금을 떠올리게 하는 측면이다. 민주 정부의 가능성에 관한 당대 미국인들의 냉소를 당혹스럽게 만들 수 있는 지점이기도 하다. 유럽 언론 매체에 관한 최근의 연구 조사는, 저널리즘 보조금이 늘어남에 따라 이들 나라의 전반적인 보도가 권력에 굽실거리지 않고 오히려 정부에 대해 좀 더 비판적인 모습을 보이게 되었다고 결론 내린다.[168]

다른 국가들을 낭만적으로 묘사하거나 이들을 띄워 주려는 의도가 결코 아니다. 저널리즘은 전 세계 여러 나라에서 다양한 수준의 위기 상황에 처해 있다. 비록 공적인 투자가 완충제 역할을 하지만, 저널리즘의 재원은 다른 나라에서도 마찬가지로 줄어들고 있는 형편이다.[169] 더욱이 재원이 많다고 해서 저널리즘의 수준이 보장되는 것은 아니다.[170]

재원은 단지 충분히 민주적인 저널리즘이 생존하는 데 필요한 전제조건일 뿐이다.

분명한 것은, 저널리즘에 대한 공적인 투자가 민주적인 사회, 검열 받지 않는 사적인 뉴스 미디어의 융성, 비판적 저널리즘과 충분히 공존할 수 있다는 사실이다. 증거는 명백하다. 민주주의 사회에서 실행 가능한 자유언론 시스템을 만들어 내는 일은 충분히 해결할 수 있는 과제이다. 완벽한 해결책은 없겠지만, 그래도 바람직하고 작동 가능한 것들은 존재한다. 시장이 무너지고 있는 바로 이 시점에서 해결책은 일종의 의무사항과도 같다. 아마도 미국 저널리즘 학자들 중 최고 원로이자 언론에 대한 정부의 관여를 결코 좋아하지 않았던 고 제임스 캐리 교수는 2002년에 이렇게 말한 바 있다. "아뿔싸! 민주적인 언론이 융성하고 또한 저널리스트들이 민주적인 사회 안에서 대화를 조율하는 자신의 적절한 역할을 되찾는 데 필요한 조건을 만들어 내기 위해, 언론은 이제 민주적인 국가에 의존해야 할지도 모르겠다."[171]

다른 지면에서 나는 (공적인 매체와 커뮤니티 매체, 학교 매체를 포함하는) 민주적 저널리즘을 증진시킬 몇 가지 제안을 구체적으로 내놓은 바 있다. 다양한 구조와 보조금 시스템을 갖춘, 그리고 비영리 업체로서 충분한 경쟁력을 지닌 다양한 시스템을 발전시키는 게 내 제안의 공통된 목표이었다. 사실, 어떻게 하면 온라인에서 사람들에게 더 많은 물건을 팔 수 있을까 방도를 고안하는 데 들이는 돈의 10분의 1 정도만 창의적인 정책 제안이나 공적 재원 조달 장치 모색에 투자한다면, 우리는 검토해 볼 가치가 있는 훨씬 더 많은 뛰어난 제안들을 얻게 될 것이다. 여기에서 나는, 디지털 혁명의 독특한 성격을 제대로 포착해 냈으며 또한 신뢰감 가는 저널리즘 시스템의 잠재성 강화에도 최적격인 한 가지 제안에 관해서만 짧게 언급해 보고자 한다.

이 발상은 경제학자 딘 베이커와 동생 랜디 베이커가 맨 처음 구상한 것이다. 니컬스와 나는 이 두 사람의 핵심 개념을 일정하게 다듬어 그것에 '시민 뉴스 바우처'라는 이름을 붙였다. 아이디어는 비교적 간단하다. 모든 미국 성인들은 자신이 원하는 비영리 뉴스 미디어를 지정해 기부할 수 있는 200달러짜리 쿠폰을 지급받는다. 세금 환급 때 자신이 선택한 미디어를 일러 주면 된다. 세금 환급 신청을 하지 않을 경우에 대비해, 이용이 간편한 서식을 따로 준비한다. 200달러를 자격이 있는 다수의 다른 비영리 미디어에게 쪼개 줄 수도 있다. 이 프로그램은 선거 후원이나 야생동물 보호를 위한 세금 용지의 체크 표시처럼 순전히 자발적인 것이다. 국세청 산하일 수도 있겠는데, 후원금을 분배하고 보편적인 기준에 따라 자격을 정하기 위해 정부기관을 별도로 설치할 수도 있다.

이 같은 자금 제공 시스템은 미디어 콘텐츠만 배타적으로 생산하는 모든 비영리 매체에게 적용할 수 있다. 미디어 이외의 분야 사업체를 가진 거대 기업 소유 미디어에는 해당되지 않는다. 이들 매체가 만들어 내는 콘텐츠들은 무료로 모두가 보고 이용할 수 있도록 인터넷에 즉각 공개되어야 할 것이다. 저작권 보호를 받지 않는 공적 도메인으로 들어갈 것이다. 정부는 돈이 저널리즘 활동으로 제대로 지출되는지 확인할 목적으로도 콘텐츠에 대해서는 평가하지 못한다. 이런 잣대가 바람직한 결과를 효과적으로 만들어 낼 것이라고 나는 기대한다. 약간의 허점이 있겠지만 크게 문제가 되는 것은 아닐 것이다. 자격을 갖춘 매체들은 광고 수주가 허용되지 않는다. 독자와 직접적이고 일차적인 관계를 가져야 하는 탓이다. 다만, 자격을 갖춘 매체는 소득을 보충할 목적으로 개인이나 단체로부터 소득공제 기부금은 받을 수가 있다.

이렇듯 새로운 인터넷 부문에 대해 광고를 금지시키면, 현존하는 광고의 풀(pool)은 신문과 상업 미디어, 특히 상업 방송사들에게 분배될 수 있을 것이다. 그렇게 되면 상업 매체들은 작동 가능한 비즈니스 모델을 찾아낼 더 나은 틈새를 갖게 된다. 아울러 나는, 어떤 미디어든 펀드를 받으려면 최소 2만 달러 상당의 쿠폰 보유자들로부터 언약을 받아 내도록 해야 한다는 제안을 내놓는다. 매체를 창립하려는 자는 적어도 100명 정도의 회원가입신청은 받아 내야 하기에, 상당 수준의 진지함이 강제될 수 있을 것이다. (다른 말로, 당신은 그냥 신문사를 하나 설립했다고 말하면서 쿠폰을 받아 당신 은행 계좌에 입금시킬 수는 없다는 얘기다.) 프로그램과 관련해 약간의 규제 행정이 있겠지만, 이는 최소한의 수준에 그칠 것이다.

'바우처 시스템'은 최근 들어 그 수가 부쩍 늘어났지만 영세한 수준을 채 벗어나지 못한 비영리 디지털 뉴스 부문이 자립할 수 있는 하나의 길이 된다. 상당수 정규 직원을 고용할 수도 있는 재정 확보의 길을 제시한다. 해마다 300억~400억 달러에 이르는 영양 주사 역할을 바우처가 맡을 수 있다. 모든 비영리 디지털 뉴스 사업체는 마침내 성장과 발전의 기도문을 갖게 된다. 왜냐하면, 바로 이게 저널리즘을 말 그대로 공공재로 인정하는 정책이기 때문이다.

바로 지금의 블로고스피어에 존재할 수 있는 몇 가지 대단한 콘텐츠를 생산해 내며, 그래서 수십만 명이나 되는 정기 방문자를 확보하고 있는 어떤 웹사이트를 한번 상상해 보자. 이 사이트는 지금까지 저임금이나 자원봉사 노동에 의존해 왔다. 광고 부스러기를 얻어 내고 운영을 위해 기부금에도 목을 매야 했다. 그러면서 가까스로 전국적인 정치 이슈들을 커버해 왔다. 그런데 이 사이트가 이제 공식적으로 비영리 조직으로 그 운영 방식을 바꾼다. 더 이상 광고에 집착하지 않을 것이며 독자들에게 직접 호소할 것이다. 이 뉴스 미디어가 2만 명이나 되는 사람들로 하여금 계좌에 그들의 바우처를 입금토록 했다고 상상해 보라. 대략 4백만 달러가 모일 것이다. 이 돈이면 50명 정도의 정규직 저널리스트를 비롯한 직원들을 괜찮은 임금을 주고 고용하기에 충분하다. 이렇게 변모한 인터넷 뉴스 서비스가 할 수 있는 게 무엇일지 한번 생각해 보시라. 소속 기자와 편집자들도 바우처를 계속 받기 위해 대형 기사를 터뜨리고 기사의 품질을 유지하는 등 온갖 동기부여를 받게 되지 않겠는가?

아니면, 이렇게 한번 생각해 보라. 점차 많은 미국인들이 그렇듯이, 당신 또한 커뮤니티나 이웃에 관한 뉴스 보도가 엉터리 수준인 어떤 도시에 주민의 일원으로 거주하고 있다고 상상해 보시라. 만약 누군가 지역 뉴스 매체를 시작해 1,000명한테서 바우처를 얻어 낼 수 있다면 20만 달러의 착수 예산이 쉽게 확보된다. 그 돈으로 이 지역 매체는 전문 영역을 커버하고 또 제대로 된 탐사 취재 기사를 만들어 낼 수 있는 기자 여러 명을 채용할 수 있을 것이다.

바우처는 또한 새로운 창업자들로 하여금 서로 경쟁하도록 부추길 것이다. 기부금이나 후원금으로 착수 기금을 만들고, 그것을 갖고 우선 사업을 시작한 뒤에 바우처 지원을 호소하는 방식도 있을 수 있다. 자선가들로 하여금 저널리즘에 돈 내놓게 할 훨씬 많은 인센티브를 바우처 시스템이 제공할 수 있을지 모른다. 자신이 내놓는 보조금이 자족적 기구로 발전할 길을 열어 줄 수도 있기 때문이다. 특정 매체에 대한 지원은 당연하게 얻어 낼 수 있는 게 아니다. 때문에, 바우처 시스템은 상당한 경쟁을 불러일으킬 것이다. 부자와 가난한 사람 모두가 똑같은 바우처를 갖게 될 것이기 때문에 민주적이기도 한 시스템이다. 그리고 정부는 좌파나 우파, 중도 할 것 없이 누가 돈을 가질 것인지에 관해 그 어떤 통제권도 갖지 않는다. 엄청난 규모의 공적인 투자가 이루어질 것이다.

딘 베이커의 표현대로, 이것은 올드 패션의 미디어 경제학이 인터넷 시대에 더 이상 통하지 않는다는 사실을 인정하는 경제 모델이다. 당신은 디지털 제품을 만들어 그것을 시장에 내다 팔 수 없다. 당신은 사업체를 굴릴 광고주를 구할 수도 없다. 합리적인 정책 해결책은 제작자들(이 경우 저널리스트들)에게 먼저 돈을 지불하고 나서 그들이 만들어 내는 걸 온라인에서 누구나 무료로 이용할 수 있도록 하는 것이다. 디지털 혁명을 기꺼이 받아들이라! 이 혁명을 전류가 통하는 철조망과 지불 장벽, 과도한 상업주의, 그리고 이용자들에 대한 스파이 짓으로 맞서려 하지 말라. 시민들의 뉴스 바우처는 웹을 상당한 양의 전문적인 자질을 갖춘 저널리즘으로 채울 것이며, 참으로 독립적인 저널리즘 섹터를 제공할 것이다. 나아가 이 프로그램을 통해 개발된 모든 내용물은 상업 뉴스 미디어들에 의해 자신에게 맞는 방식으로 재활용될 수도 있을 것이다. 상업 매체들이 더 이상 뉴스를 독점할 수 없으며, 독립적 저널리즘에 시민들이 접근하는 것을 제약할 수도 없다. 그렇지만 만약 상업적인 뉴스 미디어들도 가치 있는 뉴스를 더할 수 있다면, 훨씬 많은 권력이 그들에게 갈 것임은 더 말할 필요가 없다.

10년도 전에 딘 베이커가 이러한 아이디어를 처음 제안했을 때, 그것은 유토피아적이고 황당한 것이라며 금방 기각되고 말았다. 그러다가 니컬스와 내가 《미국 저널리즘의 죽음과 삶》에서 그 이야기를 다시 꺼낸 후, 우리는 2010년 저널리즘의 위기에 관해 연구를 수행한 FCC와 FTC의 소속 관료들을 방문 인터뷰했다. 그들은 모두 우리 책을 면밀하게 읽어 본 듯했다. 만나자마자 그들은 시민들의 뉴스 바우처 아이디어는 보다 향상된 저널리즘을 위해 꼭 필요한 것이라는 여론을 정확히 반영하고 있다고 말했다.[172] 결정적인 국면으로 들어서자, 생각조차 해

볼 수 없던 아이디어가 당장 생각해 볼 수 있는 것이 된 셈이다.

다른 많은 경우들과 마찬가지로, 유감스럽게도 우리가 제안한 이 개혁 방안은 아직까지 정책적 검토 대상은 되지 못하고 있다. FTC와 FCC의 관료들은 그 가치를 인정하고 있을 것이다. 그러면서도 자칫 야기될 정치적 논란이 자신들의 입지를 곤란하게 만들 수 있다는 우려 탓인지 이런 '래디컬'한 제안을 쉽게 승인하지 않는다. 그들이 두려워하고 불편해하는 이유는 다음 두 가지로 요약된다. 우선, 첫 번째로, "보조금은 미국적인 것이 아니고, 상업적 수익이 전적으로 미국적인 것이다"라는 여전히 지배적인 생각이 존재한다. 위기가 심화되면서, 그리고 저널리즘에 대한 공적인 투자가 민주주의와 병존할 수 있을 뿐 아니라 그 생존에 필수불가결하다는 증거가 축적되면서, 이러한 반응이 약화되길 바랄 수밖에 없다. 약간의 움직임이 있었지만 충분한 변화는 아직 나타나지 않는다. 2011년에 진행한 저널리즘 위기에 관한 컬럼비아대학 교수들의 폭넓은 연구 조사는 여전히 다음과 같이 결론을 내린다. "저널리즘의 경제적 기반을 제공하는 것은 궁극적으로는 상업적인 시장이다."[173] 토드 기틀린이 30년 전에 한 말이 오늘날 더욱 긴급하게 다가온다. "공적인 재원 조달 이외의 대안들이 빠르게 사라지고 있다. 다음 단계로 옮아가서 구체적인 아이디어를 두고 좀 더 성숙한 논쟁을 펼쳐야 할 시점이 되었다."[174]

두 번째 요인은 좀 더 고집스러운 것인데, 1787년 당시의 상황에 관한 제퍼슨의 평가로 되돌아간다. 저널리즘의 부족과 정보의 불균형으로부터 명백히 혜택을 입는 집단이 존재하는 것이다. 바로 사회를 지배하고 있는 집단들이다. 그들은 자신이 가진 특권이나 자신과 관련된 사안들이 소상하게 조사되는 걸 원치 않는다. 실제로는 따로 떼어 낼 수 있는 것도 아니지만, 정치권과 재계도 마찬가지다. 월스트리트 은행과

에너지 기업, 건강보험 회사, 국방부 계약자, 농업 관련 비즈니스 같은 온갖 이해관계자들은 자신들의 사업이나 정부와의 안락한 관계가 누구나 볼 수 있게끔 노출되는 걸 절대로 바라지 않는다. 이들과의 관계를 통해 이익을 보는 정치인들의 경우도 전혀 다를 바 없다. 이들이 바로 제퍼슨이 말한 '늑대'들에 해당한다. 그들 중 어느 누구도 유권자들을 개입시키거나 빈민·노동계급을 정치 시스템 안으로 끌어들이게 될 저널리즘을 좋아하지 않는다. 이처럼 강력한 세력들은 뉴스 미디어를 개방하고 강화시킬 수 있는 그 모든 아이디어에 반대한다. 공적인 미디어나 시민들의 뉴스 바우처 같은 언론 보조금 캠페인에도 강력하게 저항한다. 공개적으로 "노!"라고 하지는 않겠지만, 말보다는 행동이 자신들의 본심을 좀 더 많이 대변해 줄 것이다. '저널리즘이라고요? 고맙지만, 우리는 사양하겠소.'

민주적 저널리즘이 부재한 세상을 부유한 사람 모두가 만족스러워하는 것은 아니다. 사실 참된 자유시장 자본주의는 강력한 언론 시스템으로부터 오히려 혜택을 볼 수 있다. 그렇지만 부유층 가운데 어느 누구도 이런 대의를 지지할 물질적 이해관계를 갖고 있지는 않다. 그래서 그 대의는 뒷전으로 밀려나고 만다. 우리 정치 시스템은 너무나 타락해 버렸다. 그 존재 자체를 위협하는 문제를 제대로 다룰 능력조차 빠르게 상실해 가고 있다. 오히려 정책 담당자들 앞에는 사회복지 프로그램의 끝없는 감축, 기업과 부자들에 대한 세금 인하, 필요한 환경 보호책 무시, '국가 안보' 관련 지출의 확대, 기업 탈규제 같은 끝도 없는 것들이 주요 현안인 양 자리 잡고 있을 것이다.

오늘날, 인터넷이 진정으로 미국 민주주의를 부활시키고 있다면, 그것은 한참은 에두른 경로를 택하고 있음이 분명하다. 변속기에 얹은 자본의 손에는 더 강한 힘이 들어가 있으며, 자본은 민주주의라는 격자

무늬로부터 한참 벗어난 데로 우리를 데려가고 있는 듯하다. 저널리즘만큼 인터넷의 실패가 분명하게 드러난 낭떠러지에, 우리의 미래가 위태롭게 기대고 있는 문제도 없을 것이다.

DIGITAL DISCONNECT

7

'디지털 혁명'은 과연 혁명인가

■■
■

인터넷과 넓은 의미의 디지털 혁명은 결코 테크놀로지에 의해 결정되지 않는다. 사회가 그것을 어떻게 발전시킬지 정하는 바에 따라서 그 형태가 정해질 것이다. 서로 관련된 것이지만, 아마도 우리가 선택한 발전 방식이 곧 우리 사회의 모양새를 규정하게 될 것이다. 앞서 나는 여러 정책적인 이슈들을 부각시킨 바 있다. 우리가 당장 논의에 붙여야 할 몇 가지 개혁 조치들을 제안하기도 했다. 인터넷과 우리 사회를 완전히 다른 궤도에 올려놓을 수 있는 쟁점이다.

- 사람들이 디지털 커뮤니케이션에 관해 비판적 안목을 높일 수 있도록 폭넓은 미디어 교육 프로그램을 정규 과목으로 편성
- 광고에 대한 엄격한 규제
- 12세 이하 어린이를 직접 대상으로 삼는 광고 금지
- 광고를 사업 경비로 간주하여 세금을 감면해 주는 관행 중지 또는 그 비율의 상당한 감축
- 방송국에 대한 소유권의 엄격한 제한
- 비영리 방송 부문의 확장
- 공공 자원으로서 주파수 관리
- 기본권으로서 브로드밴드 무료 이용
- 공적 도메인과 공정한 이용권을 확대한 기업 지배 시기 이전의 표준으로 되돌리기 위한 저작권의 엄격한 제한
- 디지털 '독점 기업들'에 대한 강력한 규제 또는 비영리 부문으로

전환

- 공적인 미디어, 커뮤니티 미디어, 학생 미디어에 대한 재원 대폭 확대
- 비영리 미디어와 저널리즘을 좀 더 실용적인 것으로 만들 수 있는 조치
- 시민 뉴스 바우처를 비롯하여 저널리즘에 대한 더 많은 공적 투자
- 망 중립성: 법적으로 보장된 디지털 활동에 대한 차별이나 검열 금지
- 온라인 활동이 우편을 통한 사적인 교신과 같은 방식으로 간주될 수 있도록 하는, 엄격한 온라인 프라이버시 규제[1)]
- 인터넷의 군사화, 영장 없는 사찰을 위해 인터넷을 활용하지 못하도록 강력한 법적 장벽 설치

만약 이러한 조치를 실행에 옮기게 되면, 우리는 미국을 좀 더 좋은 나라, 훨씬 민주적인 국가로 탈바꿈시킬 수도 있을 것이다. 제대로 진척만 된다면, 미국은 그 전에는 제대로 다룰 수 없던 사회경제적인 문제나 환경 관련 현안들까지 제대로 공개 토론할 수 있는 민주사회가 될 것이다. 더 민주적이고 인간적인 사회라는 조건 속에서 자유시장과 경쟁의 기초가 확고해지면, 교리문답형 자본주의도 훨씬 더 효과적으로 작동할 수 있게 될 것이다. 유감스럽게도, 앞선 정책적 개혁 내용들 중 어느 것도 아직까지는 실현의 기회를 얻지 못했다. 그저 몇 가지가 겨우 권력 기관의 복도에서 논의될 수 있는 희망을 얻어 냈을 따름이다.

정책 수립 과정이 부패해 있는 게 결정적인 원인이었다. 미국인들이 실제로 경험하고 있는 현실 자본주의 속에서는, 부유한 개인과 거대기

업들이 민주주의 원칙을 침해할 정도로 막강한 정치권력을 휘두른다. 이들의 지배력이 커뮤니케이션 정책 결정 과정만큼 확실히 관철되는 분야는 없다. 대부분의 미국인들은 정책에 대한 논의가 과연 존재하는지, 실제 논의되는 내용은 대체 무엇인지 전혀 짐작할 수가 없다. 업계의 신문에 간간이 흘러나오는 소식을 제외하고는, 이들 주제에 관한 뉴스가 효과적으로 차단되어 있는 탓이다.

이러한 상황이 반드시 어떤 음모에서 비롯되는 것이라고만 볼 수는 없다. 자본주의 자체가 지닌 아주 노골적이고 염치가 없는 논리에 따른 것이다. 자본주의는 필요 수단을 갖고 수익을 무한히 만들어 내는 사람들에게 의존하는 하나의 시스템이라는 논리이다. 당신은 아무리 많은 걸 가져도 괜찮으며, 부에는 한계라는 것은 '결코' 없다. 끝없는 탐욕, 자본주의 사회가 아니라면 미치광이 짓거리로 조롱받았을 행동이 경제 상층부에 있는 사람들의 가치 체계를 구성하고 있다.[2] 이러한 에토스는 사회적인 논란이나 '외부 효과'에 관한 그 어떤 우려도 노골적으로 거부해 버린다.

이러한 근본적 문제가 다름 아닌 자본주의에 고유한 것이라는 사실은, '로더데일의 패러독스'(Lauderdale paradox)라는 이름으로 이미 오래전부터 알려져 왔다. 로더데일 백작 8세 제임스 메이틀랜드(1759~1839)는 지난날 《공적인 부의 본성과 기원, 그 증대 수단 및 대의에 관한 탐구》(An inquiry into the Nature and Origin of Public Wealth and into the Means and Causes of Its Increases, 1804)를 썼다. 로더데일은 공적인 부와 사적인 부 사이에 부정적인 상관관계가 존재하기에, 사적인 부가 증대되면 공적인 부가 감소된다고 주장했다.[3]

어떤 것이 교환 관계를 통해 가치를 획득하고 사적인 부를 증대시키기 위해서는 희소성이 필수적이다. 애덤 스미스가 《국부론》에서 말한 바와 같이, "희소성은 재화가 풍부해짐에 그 가치가 떨어지며," 그리하여 자본주의 시장의 구성 조건이 된다.[4] 그러나 이용 중인 모든 가치들을 포괄하고 그럼으로써 희귀한 것뿐만 아니라 풍족한 것까지도 포함하는 공적 재화의 경우에는 이야기가 다르다. 이러한 패러독스를 전제로 로더데일은 이렇게 주장한다. 공기나 물, 음식처럼 생활에 필수적이고 풍족한 요소들의 희소성 증가는, 그것들에게 교환가치가 부여될 때 개인의 사적인 부는 물론이고 "개별적 부의 총괄 집합"으로 인식되는 국가의 부까지도 향상시킨다. 다만, 사회 공통의 부를 그 대가로 치르게 된다. 예컨대, 어떤 사람이 우물에 사용료를 부가해 그전까지만 해도 공짜로 사용할 수 있었던 걸 독점화시켜 버리면, 국가의 부는 늘어나겠지만 목말라하는 인구는 더 늘어나는 대가를 치르게 될 게 틀림없는 것이다.

생태주의자들은 로더데일의 패러독스를 다음과 같은 현실 이해의 방도로서 받아들인다. 한 나라의 GDP와 수익성을 노린 투자 성장이 실제로는 사회적 복리의 하락을 불러올 수 있다. 실제로 자본가들은 수익을 창출할 새로운 부문을 끊임없이 찾아내며, 때로는 여태 풍족했던 사회적 자원을 희소하게 만들어 버리기도 한다. 인터넷이 바로 그런 경우이다. 인터넷상의 정보는 사실상 거의 공짜인데, 상업적인 이해관계가 그것을 희소한 것으로 만들려고 한다. 이들의 성공 정도에 따라 GDP는 올라가겠지만 사회는 더욱 가난해질 수도 있는 것이다.

이 대목에서 잠깐 멈추고, 디지털 혁명이 1980년대와 1990년대 초반의 평온한 나날로부터 오늘날과 같은 모습으로 얼마나 멀리까지 여행해 왔는지 한번 돌아보자. 사람들은 한때 인터넷이 모든 인간의 지식들에 대한 즉각적이고 글로벌한 접속을 무료로 실현해 줄 것이라고 생각했다. 인터넷이 좀 더 많은 공적인 의식과 강력한 공동체, 나아가 더 많은 정치 참여로 이어질 비상업적인 구역, 순수한 공적 도메인이 될 거라고 믿었다. 마치 광범위한 불평등과 독재, 기업 독점에 종말을 고하는 사건이 일어난 것처럼 들렸다. 일이 좀 더 효율적이고 매력적이며 상호협력적이고 또 인간적인 모습을 띄게 거라는 이야기도 많았다.

그러나 실제로는 이와 전혀 반대의 모양새이다. 기회 있을 때마다 인터넷은 더욱 상업화되었고, 인터넷 정보에는 저작권과 특허권 같은 딱지가 붙기 시작했다. 사유화와 독점화가 심화되었고, 데이터는 권력에 의해 검열을 받기 일쑤였다. 희소성이라는 게 만들어졌다. 2012년의 한 설문조사에서 다음과 같은 결과가 나왔다. 디지털 기술은 노동시간을 줄여 주는 것과는 거리가 멀고 전형적인 미국인 노동자가 매년 한 달 반 정도나 되는 초과근무를 무급으로 제공하는 걸 가능하게 만들었다. 노동자들은 공장 바깥에서 보내는 모든 시간에 스마트폰과 컴퓨터를 사용해 가면서 근무한다. "거의 절반은 다른 선택의 여지가 없다고 느낀다."[5] 바로 로더데일이 제시한 것처럼, 경제는 디지털 봉토(封土)를 창출했으며 이를 GDP에 추가시키는 데 성공한 억만장자들이 맨 윗자리를 차지해 버렸다. 반면에 공적인 부는 훨씬 더 줄어들었다. 정보라는 우리의 재산은 점차 독점적인 가격 책정 시스템이 매겨진, 소유주 통제의 장벽이 쳐진 정원 안으로 진입해야만 이용이 가능해지고 있다. 인터넷을 자본주의 황금어장으로 만들어 내기 위해 사람들은 자신의 사생활을, (회의주의자들이 보기에는) 자신의 인간성을 포기토록 강요받는다. 뿐만 아니라 한때는 가능한 것처럼 보였던 디지털 시대의 위대한 약속 중 상당수도 포기해야만 했다.

너무 낙담하지 마시라. 그 와중에도 경이로운 디지털 혁명은 여전히 우리를 끊임없이 세상사에 관여하도록 만든다. 그렇기에 앞서 말한 패러독스가 더욱 도드라지는 것이다.

자본주의 사회, 특히 민주적인 사회는 핵심적인 공익 서비스의 총체적인 사유화 또는 물 같은 풍요로운 자원의 의도적인 희소성 창출을 막아 낼 대중적 압박이라는 메커니즘을 갖추고 있다. 이따금, 특히 노동운동이 강력할 때 주요 개혁을 승리로 가져올 수 있었다. 미국이라는 사회에서 가장 인간적이라고 할 수 있는 많은 것들, 진보적인 세금 체계와 단체 협상, 공교육, 사회보장제도, 실업보험, 소비자 보호, 환경보호 장치와 같은 것들이 바로 이러한 정치적 조직화의 결과로써 얻어 낸 것들이다.

그렇지만 이런 혜택들을 획득하고 유지하기 위해서는 상당히 힘겨운 싸움이 필요하고 그런 싸움이 펼쳐지는 운동장은 이제 경사가 너무나 심한 지경이다. 오늘날 그것은 거의 수직에 가까운 경사의 모습을 띠고 있다고 해도 좋을 것이다. 선거 제도와 사법 시스템은 거대한 이익집단의 수중에 들어갔다. 외부인 출입 제한 주택 단지 안에 거주하면서 자기 아이들은 사립학교에 보내고 (하인들이나 아첨꾼을 다뤄야 할 때가 아니라면) 다른 백만장자들과 어울리며, 사람들이 살고 있는 현실로부터 자신을 완전히 유리시켜 버린 그런 부류의 사람들이 장악했다. 정의를 구현할 사회적 역량들이 점차 그 효력을 잃어 가고 있다. 더욱이 과거에 얻어 낸 모든 승리들은 이제 거대기업의 조준선 안에 들어가 있다. 다시 상황을 돌이킬 수 있다고 믿는 아주 드문 대중적 열의에도 불구하고, 이제 대중적 투쟁은 대체로 수세 국면으로 내몰리고 있다. 바로 이것이 자율 정부 퇴행의 충격적인 진술서이다.

이 장 첫머리에 나열된 인터넷 관련 정책 투쟁 가운데 어느 하나라도 얻어 내려면, 공동 전선을 형성하고 수적인 힘을 만들어 낼 대중적 연대 조직이 꼭 필요하다. 바로 이게 앞서 열거한 갖가지 이슈에 천착해 온 '프리프레스'의 핵심적인 투쟁 원칙이기도 하다. 물론 저작권 운동가들과 독립 저널리스트들을 커뮤니티 미디어 활동가나 사생활 보호 주창자들과 하나로 묶어 내는 게 결코 쉬운 일은 아니다. 그렇지만 수백 개 새로운 비영리 라디오 방송국의 설립을 가능케 한 2011년의 '지역 공동체 라디오 법'의 통과를 비롯해서 몇 가지 의미 있는 승리를 얻어 낼 수 있었다. 2011~2012년의 온라인저작권침해금지법안(SOPA)을 무산시킨 경우처럼, 말도 안 되는 입법화 조치들을 무력화시킬 수도 있다.

여러 중요한 사안들이 여전히 검토 대상조차 되지 못하고 있다. 승리를 얻어 내고자 한다면, 인터넷이나 미디어에 특정하게 초점 맞추지 않은 보다 일반화된 진보적 의제를 중심으로 집결한 폭넓은 정치 운동이 반드시 필요하다. 그래야만 거대한 이익집단들의 힘을 물리칠 만한 다수의 대중이 결집될 것이다. 전설적인 공동체 조직가 솔 앨린스키 말마따나 조직화된 자본을 퇴치할 유일한 길은 사람, 그것도 많은 사람들을 조직하는 것뿐이다.

그러한 정치 운동은 현존 자본주의를 바꾸는 방향으로 설계될 때 비로소 체제와 맞설 제대로 된 싸움이 된다. 물론 '정상적인' 시기에 이런 운동은 미국에서 거의 가설에 가까운 걸로 그친다. 지금까지 미국의 자본주의 정치경제는 풀뿌리 대중 저항의 토대를 막아 내기에 충분할 정도로 성공적이었다. 그러나 오늘날의 미국 자본주의는 그다지 성공을 거두는 시기가 아니다. 오히려 시간이 지나면서 미국 사회는 정상적인 상태로부터 더욱 멀어지고 있다. 수십 년 동안 계속된, 거의 체험한 적이 없는 만성적인 불평등과 기업 지배를 한번 보라. 다수의 사람들에게 죽음과도 같은 내핍 경제가 강요되고 있지 않은가? 청년들과 노동자 그리고 자연환경을 상대로 한, 아무 뚜렷한 쓸모가 없는 불경기 정치경제가 계속되고 있다. 이러한 상황에 맞선 2011년의 위대한 저항을 돌아보기만 해도, 자본주의의 비정상성은 실체로서 금방 드러난다.

노벨상 수상자인 경제학자 조지프 스티글리츠는 2012년 미국과 전 세계에서 펼쳐진 저항운동의 정신을 이렇게 간파했다.

> 밑바닥에 오랫동안 깔려 있던 불만이 새로운 저항 운동의 형식으로 새로운 긴급성을 갖고 표출된 셈이다. 경제와 마찬가지로 미국 정치 시스템에도 뭔가 잘못 되어 있다는 느낌이 널리 퍼져 나갔다. 잘못된 경제 시스템을 고치지 않고, 정치 시스템은 오히려 그 실패를 강화시켜 왔기 때문이다. 미국 정치경제 시스템이 지향해야 할 바(그럴 것이라고 우리가 들은 바)와 실제로 존재하는 모습 사이에 무시할 수 없을 정도로 큰 괴리가 존재한다. …… 자유와 공정성이라는 보편적인 가치는 소수의 탐욕에 의해 희생되어 버렸다.[6]

이제는 자신이 나서 공공연히 비판하는 시장 친화적 정책들의 주요 입안자였던 경제학자 제프리 삭스도 미국과 전 세계에 걸친 "시위들이 부와 임금의 극단적인 불평등과 부유층에 대한 법·제도적 특혜, 정부의 부패, 그리고 공익 서비스의 몰락이라는 네 가지 목표에 초점을 맞추었다"고 주목했다.[7]

요컨대, 지금은 아주 결정적인 국면이며 이런 현실은 많은 걸 바꿔 놓았다. 스티글리츠는 우리가 살고 있는 지금의 시간을 현대사에서 가장 요란한 분수령이 된 시기였던 1948년, 1968년에 견준다. "뭔가 잘못 되었다는 걸 말하기 위해, 변화를 요구하기 위해, 세계 모든 인민들이 들고 일어난 것 같다."[8] 자본주의는 이제 80년의 시간 중 가장 심각한 그런 위기에 처해 있다. 노벨상을 수상한 경제학자 폴 크루그먼은 1930년대와 같은 유형의 불황이 거의 확실하다고 경고한다.[9] 20세기 전반 50년 동안만 해도 평균 이하로 간주되었을 성장률이 이제는 사람들이 환호하는 지표가 될 것이다. 2012년 노동시장에 나오는 미국 고등학교 졸업생(노동계급 청년들) 여섯 명 가운데 한 명만 겨우 정규직 직장을 구할 수 있으며, 임금은 그대로이거나 떨어지고 있다. 일자리에 비해 노동력이 엄청나게 많이 공급되고 있기 때문이다.[10] 2012년에 세계적인 환경과학자 18명이 모여, 인류는 이제 "전례 없는 위기"에 직면해 있으며, 사회는 "문명의 몰락을 피하기 위해 완전히 다른 행동 방식을 취하는 것 말고는 선택의 여지가 없다"고 보고했다. 이들이 내놓은 보고서는 현존하는 자본주의를 완전히 거부했으며, 경제 시스템을 완전히 새로 디자인할 것을 요청했다.[11]

현 체계를 더 이상 그대로 유지할 수 없게 됨에 따라, 권력을 가진 자들과 이들에게 동정적인 집단 가운데 상당수도 자신이 처한 위기를 잘 이해하게 되었다. 그래서 새로운 정책이 필요하다는 생각을 공개적으로 피력한다. 가령 데이비드 브룩스는 '구조적인 혁명'을 요청했고, 에드워드 루스는 시스템이 제대로 작동하지 않고 급격히 하락하고 있는 미국이라는 나라의 연대기를 면밀히 기록한 바가 있다.[12] 그럼에도 자본주의의 근본 문제에 의문을 제기하길 주저하는 권력층 사람들에게, 전 지구를 덮친 환경 재난 문제는 차치하고 미국을 강력한 성장세로 되돌려 놓을 방도에 관해 그 어떤 아이디어가 있는 것 같지는 않다. 루스는 흐지부지 말을 얼버무리고 만다. 현존하는 자본주의와 지금처럼 계속 밀착해 있다면, 미국이 불황과 절망, 탈정치화로 나아가게 될 것은 너무도 뻔한 귀결이다. 그런데 바로 이 탈정치화가 사람들이 처한 삶, 생존의 필요, 보다 나은 삶에 대한 욕망과 궁극적으로는 충돌을 빚게 될 것이다. 경제학자 리처드 울프는 이렇게 썼다. "대다수 사람들의 필요를 더 이상 충족시켜 주지 못하는" 자본주의 시스템은, "어디에서든 그 대안적 시스템을 모색하고 규합하는 적극적 활동, 곧 사회운동을 부추긴다."[13] 이게 바로 우리가 진입하고 있는 역사적 순간의 모습이다.

인터넷 정책에만 일차적인 관심을 두고 더 깊은 정치 문제 내부로 발을 들여놓기를 주저하는 사람들은 우리 시대의 이런 속성을 정확하게 간파할 필요가 있다. 시스템은 아직 안정적으로 자리를 잡지 못했다. 개혁가들이 권력을 가진 자들의 일정한 호의 하에 약간의 변화 조처들만 내놓으면 되는, 그런 정상적인 비즈니스의 시기가 결코 아니다. 오히려 시스템이 실패로 돌아가고 있으며, 관습적인 정책과 제도가 더욱 큰 불신을 받고 있다. 잘 되든 그렇지 않든, 이런저런 근본적인 변화가 꾸준히 나오게 될 것이다. 1930년대의 위기에 세계의 다른 국가들이 저마다 어떻게 대응했는지를 보면, 초래될 수 있는 포괄적 결과에 관해 제대로 감 잡을 수 있을 것이다.

또 다른 문제는, 자본주의가 여전히 강고한 상태에서 이 장의 첫머리에 제안한 방식으로 인터넷을 개혁하고 그걸 공공재로 만들어 내는 게 과연 가능할까 하는 점이다. 그래프(그림 10)가 보여 주고 있듯이, IT 분야는 미국 국내 비-거주 사적 투자(nonresidential pvivate investment)의 약 40퍼센트를 차지하고 있다. 50년 전에 비춰볼 때 네 배가 늘어난 수치이다.[14] 5장에서 나는 어떻게 인터넷 관련 기업들이 시장 가치 측면에서 현재 미국에서 가장 규모가 큰 30대 기업 가운데 절반가량이나 차지하게 되었는지 논의한 바 있다. 이런 상황에서, 만약 누군가 교리문답에 반해 인터넷 거대기업들이 갖고 있는 특권에 도전하고 나선다면, 그는 사실상 자본주의의 지배자들에게 도전장을 내미는 것에 다름 아니다.

인터넷 정책에 관해 거의 관심을 기울이지 않았지만 부정과 가난, 불평등, 부패 문제에 깊은 관심을 가진 사람들에게도 마찬가지로 중대한 문제이다. 가끔씩 이런 활동가들 사이에는 디지털 기술이 마치 탁월하

그림 10 전체 비거주 사적 확정 투자에서 정보처리 및 소프트웨어 관련 장치에 대한 투자가 차지하는 비중

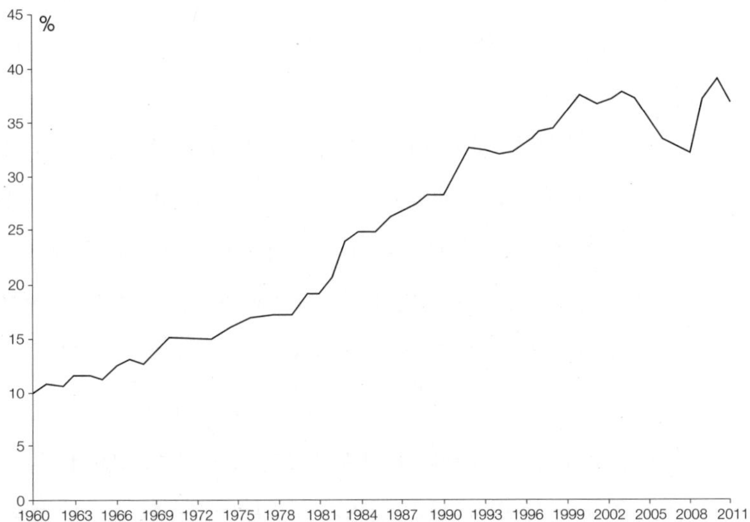

출처: 경제분석국(BEA), "Private Fixed Investment by Type," Table 5,3,5,bea.gov.

고 새로운 자본주연의 경제를 만들어 낼 수 있고, 현존하는 인터넷 거대기업들은 바로 이 새로운 자본주의를 만들어 내는 과정에 적이 아니라 동지라는 인터넷 예찬론자들도 끼어 있음을 알 수 있다. 이들의 논리에는 건전한 측면도 있다. 과거에 철도와 자동차(그리고 관련된 파생 산업들)에 대한 막대한 투자가 자본주의 전체 시대를 통틀어 높은 경제성장률과 생활수준의 향상을 추동시켰다. IT 분야에 대한 엄청난 투자를 놓고 볼 때도, 어째서 또 그럴 수 없겠는지 반문한다. 이번에는 환경에 대한 피해도 없을 것이다. 하지만 대답은 간단하다. 디지털 기술 덕택에 위대하고 새로운 자본주의가 목전에 와 있다는 끝도 없는 주장들에도 불구하고, 그것을 입증할 만한 증거는 거의 없다.[15] 특히 주목할 것은, 인터넷 거대기업들이 가장 가치가 높은 미국의 30개 기업 가운데 13개

나 차지하고 있지만, 인력 고용의 측면에서는 30개 가운데 4개밖에 안 된다는 사실이다.[16] 그런 식이 되기를 원하는 상층부 사람들에게는 돈이 넘쳐나지만, 그 혜택이 아래로 흘러 내려갈 거라는 증거는 거의 없다. 현실은 전혀 반대의 모습이다.

내가 보기에, 인터넷 거대기업들을 그대로 잘 나가도록 내버려 둔다면 개혁하고 자본주의를 대체하려는 노력은 현실 자본주의를 전혀 개혁하거나 대체하지 못할 것이다. 4장과 5장에서 증거를 제시한 것처럼, 인터넷 거대기업들은 결코 진보적인 세력이 아니다. 이들의 막대한 이익은 독점적 특권과 네트워크 효과, 상업주의, 노동 착취, 그리고 정부 정책과 상당한 보조금이 만들어 낸 결과물이다. 한 유명 비즈니스 분석가가 진술한 것처럼, 충분해야 할 것을 희소한 것으로 만들면서 "지적인 재산을 거두어 들이는" 게 바로 인터넷 거대기업들의 성장 모델이다.[17] 모든 범주의 인터넷과 미디어 이슈들이 그 어떤 신뢰할 만한 대중적·민주적 봉기의 핵심부에 자리 잡아야 한다. 디지털 혁명이 우리 사회적 삶의 거의 모든 측면들에 스며들어 있고 또 그것을 규정하고 있는 정도를 고려할 때, 다른 그 어떤 코스도 말이 되지 않는다.

피터 다이아맨디스와 스티븐 코틀러 같은 몇몇 관찰자들에게는 걱정할 아무런 이유가 없다. 디지털 혁명이 자본주의의 위기를 해소할 것이며, 머지않아 과거 어느 때보다 나은 시스템을 새롭게 만들어 낼 것이기 때문이다. 그들은 이렇게 말한다. "100년 안에, 한때 극소수에게만 국한되던 재화와 서비스가 필요한 누구에게나 제공할 수 있게 될 것이다. 없다면 그런 걸 욕망하기만 하라. 모든 이들이 풍족하게 누릴 수 있는 그런 세계가 실제 우리 손 안에 들어와 있다."[18] 에릭 브린졸프슨과 앤드루 맥애피는 좀 더 미묘한 뉘앙스를 띤 논리를 가지고 변화에 대한 기대를 표명한다. 요약해 보자면, 디지털 기술들이 현재의 자본주의 위기에 기여하겠지만 동시에 빠른 시간 안에 자본주의의 영광스러운 미래, 즉 '세 번째의 산업혁명'으로 우리를 이끌어 낼 수도 있다는 게 그들의 핵심 논리이다.[19] 우리가 양적으로나 질적으로 현재보다 훨씬 더 잘할 수 있는 기술적·물질적 능력을 갖고 있다는 그들의 주장은 분명 타당하다.[20] 하지만 현존하는 자본주의 하에서 그러한 향상이 가능할 것이라는 생각은 설득력이 떨어진다.[21]

이 대목에서 카를 마르크스의 대담하고 빼어난 통찰력 가운데 하나가 전면에 등장하게 된다. 인터넷이 등장하기 150년 전에 집필된 것이지만, 그의 통찰력은 이 책의 주제와도 무관하지 않다. 마르크스와 엥겔스는, 생산의 사회화 및 발전과 이윤의 사적인 전유 시스템 사이의 모순이 자본주의에 내재한 핵심 문제라고 주장했다. 바꿔 설명하자면 이런 이야기다. 사회는 점차 더 많은 것을 생산할 수 있게 되었다. 놀라운 정도의 물질적인 성취를 이뤄 낼 능력을 갖추었다. 그러나 사회의 부가 바로 그것을 '통제하고 있는' 소수를 위한 최대 이익의 창출이라는 논리를 따르고 있는 탓에, 우리는 우리가 할 수 있는 것보다 훨씬 덜 이뤄 내는 데 그친다. 우리가 생산하는 것도 사회적으로 의미 있는 것과는 크게 차이가 난다.[22] "핵심 문제는 지배적인 생산관계가 이러한 잠재성의 실현을 증진시킬지 아니면 방해할지 여부이다." 50년 전에 경제학자 폴 배런과 폴 스위지가 이렇게 설명한 바 있다. "실재성과 잠재성 사이에 격차가 나타나고 그것이 점차 넓어져 가고 있는 상황은, 현존하는 자본주의와 이에 기초하고 있는 경제적·사회적·정치적 제도들이 가능해진 것들을 성취하는 데 오히려 사실상의 방해물이 되어 버렸음을 입증하고 있다.[23]

이제 이러한 점이 미국에 어떤 의미를 갖는지 한번 생각해 보자. 지난 40년에 걸쳐 미국의 노동생산성은 엄청난 성장을 보였다. 동일한 생산량에 훨씬 적은 노동자들이 요구된다. 그런데 이러한 인간 발전과 계몽의 엄청난 잠재성이 현실의 자본주의 질서 속에서 얼마나 실현이 되었던가? 이를테면, 스티글리츠는 최근에 자신의 고향 인디애나 주의 개리 시를 방문했다. 그곳에서 그는 커다란 철강 공장들 가운데 한 곳의 생산량이 100년 전과 똑같지만, 일하는 노동자는 그때의 6분의 1 정도밖에 안 된다는 사실에 주목하게 된다. 2005년에 이르러 대체로 미국의 노동자는 1970년에 두 사람이 생산해 내던 정도의 양을 혼자서 만들어 낸다. 제조업 분야에서 그 증가치는 훨씬 극적일 것이다.[24)]

정신이 멀쩡한 세계였다면 이런 것은 황당무계한 뉴스가 될 것이다. 사람들은 노동자 생산성의 이런 엄청난 증대가 더 많은 소득과 노동시간 단축, 빨라진 은퇴 연령, 더 늘어난 휴가와 즐거운 생활로 이어질 거라 생각할지 모른다. 모든 사람들을 위한 질 높은 고용이 이루어질 것이며, 고된 노역은 줄어들 테다. 나아가 미국은 모든 시민들을 위한 뛰어난 의료보험과 교육제도, 주택과 노인연금 제도를 갖춘 엄청나게 부유한 나라가 될 것이다. 자신의 환경을 깨끗하게 유지해 갈 것이며, 전 지구적 차원에서는 온갖 경제적·사회적·생태적 이슈를 주도해 나갈 것이다. 생산력의 증대는 훨씬 향상된 삶의 수준으로 이어질 것이다. 더욱 효과적인 방식으로 대부분의 성가신 노동을 대체할 능력이 있는 로봇의 시대가 다가오면서, 인간의 삶을 향상시킬 수 있는 능력은 지금 우리가 이해할 수 있는 수준을 훨씬 뛰어넘을 것이다.[25)]

유감스럽게도 이런 일은 결코 일어나지 않았다. 현재와 같은 경로대로라면 앞으로도 일어나지 않을 것이다. 자본주의는 멀쩡한 정치경제가 결코 아니기 때문이다. 미국 경제는 자본을 가진 자들의 변덕을 따라 개발이 되고 있다. 자본가들은 자신들을 더 부유하게 만들어 줄 수 있는 조건에서만 사회의 부, 곧 모든 사람들이 창출해 낸 잉여에 투자

한다. 건강한 환경을 갖춘 공장에서 같은 수의 노동자들이 6배나 많은 철강을 생산할 수 있도록 해줘야 할 까닭이 어디에 있다는 말인가? 낡아 가는 건물과 교량이 더 많은 철강을 사용할 수 있다는 사실은 하느님도 잘 아신다. 그런데 이런 일은 잘 일어나지 않는다. 철강 생산량이 세 배 증가하면, 생산을 지배하는 소수의 거대기업들은 더 적은 이익, 더 낮은 가격에 그것을 팔아야 할지 모르기 때문이다.

삶의 질을 40~50년 전에 견주어 훨씬 더 낫게 만들 수 있는 풍요로운 경제는커녕 오늘날 수백만 명의 노동자들이 일자리를 잃어 가고 있다. 우리가 갖고 있는 생산적 잠재성 가운데 상당 부분을 묵히고 있으며, 우리의 공적 부문은 변함없이 비참한 상태로 남게 된다. 사람들은 이제 더 적은 휴가와 더 늦어진 은퇴, 동결되거나 줄어든 실질임금, 그리고 더욱 줄어든 사회보장책들을 갖고, 인간적인 문명을 실현하기 점차 힘들어진 환경 속에서 우리는 더 많은 시간을 노동에 바쳐야 한다. 21세기 들어 빈곤은 그동안 볼 수 없던 수준에 이르렀으며, 지구 남쪽에서 빈곤은 더욱 보편화되어 가고 있다.[26] 2012년 미국의 기업들은 무려 1조7천3백억 달러에 이르는 유동자산(현금)을 보유하고 있다. 수익성 높은 옵션들이 눈에 잘 띄지 않기에 투자를 유보한 돈이다. 2007년에 비해 기업의 이런 현금 보유액은 50퍼센트나 늘어났다.[27] 이 보다 현재의 경제 시스템이 부조리하다는 사실을 더 잘 보여 주는 증거가 또 있겠는가? 노동생산성의 급격하고 놀라운 향상에 관해 언급한 후, 스티글리츠는 "개리 시는 마치 유령도시처럼 보였다"고 적었다.[28]

삶의 질이 매순간 위협을 받고 있다. 미국은 역사상 가장 큰 경제적 잠재력을 지닌 나라가 아니라 점점 발전도상국을 빼닮아 가고 있다. 돈이 될 수 있는 것이라면 거의 모두 사유화하거나 아웃소싱시켜 버리는 그런 나라이다. 가장 크게 성공을 거둔 참여자들은 소비자들에게 좋은 서비스를 제공하고 시장에서 상품이나 서비스의 양과 질을 높이고자 경쟁한 가장 정직한 비즈니스맨들이라는 이 나라의 교리문답은 현실과 완전히 동떨어져 있다. 그러한 믿음은 스티글리츠가 표현대로, 꼭대기에 있는 자들은 부를 창출하기보다 독점력과 부패를 통해 "다른 사람들로부터 부를 강탈하는" 경향이 있다는 진실에 의해 거짓으로 드러난 지 이미 오래다.[29]

2012년 《뉴욕타임스》가 인정한 바와 같이, 거의 처벌받지 않으면서 "잘못을 저지르는 기업들의" 실제 세계가 "일상적인 일"이 되어 버렸다. 시스템의 꼭대기를 차지하고 있는 자들에게는 남을 속이는 게 점차 현명한 플레이로 간주된다. 《뉴욕타임스》가 결론 내리고 있듯이, 참가자들이 지배적인 기업과 플레이어들의 진실성에 대한 신뢰를 상실한 시장 시스템은 틀림없이 문제가 많은 시스템이다.[30] 인간적 행복에 관한 여러 조사들은 미국을 순위 표의 밑바닥에 위치시키는 데, 이는 50년 전보다 더 낮은 성적이다. 현재 미국은 전 세계 우울증 치료약 시장의 3분의 2 정도나 차지하고 있다.[31] 교리문답에 최면이 걸리지 않은 사람이라면, 우리가 처한 지금의 곤궁은 도무지 말이 되지 않는 것이고 변명의 여지도 없는 것이 된다.

우리 사회 인프라 상황을 검토해 봐도 자본주의는 훨씬 전에 그 효력이 다했다는 생각이 틀리지 않았음을 금방 확인할 수 있다. 훌륭한 사회 인프라는 지본주의적인 것든 아니든 상관없이 성공적인 현대 경제의 기초가 된다. 언젠가 금융업자 펠릭스 로하틴이 《뉴욕타임스》 칼럼니스트 밥 허버트에게 이렇게 말했다고 한다. "현대 경제는 현대적인 플랫폼을 필요로 하는데, 그게 바로 사회 인프라이다."[32] 20세기 중엽, 미국은 세계에서 타의 추종을 불허하는 가장 선진적인 사회 인프라를 갖추고 있었다. 그런데 지난 30년 동안 이 모든 게 완전히 무너졌다. 미국

토목학회는 미국의 사회 인프라를 다른 경제 선진국 수준으로 끌어올리려면 앞으로 5년 동안 무려 2조2천억 달러 정도를 지출해야 한다고 추정한다.[33] 물론 업계의 이해관계와 가장 밀접하게 연루된 정치인들은 이런 문제에 거의 아무 관심도 보이지 않는다. 2012년에 《이코노미스트》는 사회 인프라에 대한 미국의 이런 부주의를 "앞이 내다보이는, 전혀 필요가 없는 재앙과 같은 것"이라고 규정한 바 있다.[34] 《워싱턴포스트》의 칼럼니스트 E. J. 디온은 이렇게 썼다. "미국의 지배계급은 우리뿐 아니라 자기 자신까지도 실패로 이끌고 있다." 몇 해 전까지만 해도 상상할 수 없었을 어조로 이렇게 지적었다. "미국에는 좀 더 나은 지배계급이 필요하다."[35] 바꾸어 말하자면, '더 이상 미래가 있는 것처럼 행세할 수 없는 시스템인 것이다.' 상층부 사람들은 할 수 있는 동안 자신이 할 수 있는 모든 걸 차지해 가면서, 나머지 사람들은 알아서 하도록 그냥 내팽개쳐 버린다.

많은 자유주의적 개혁가들을 난감하게 만드는 이슈이다. 이들은 이렇게 묻는다. 사회 인프라를 구축하고 일자리를 만들어 내며 불황을 끝내기 위해 정부를 이용하는 것을 반대하다니, 자본가들은 어찌 이리도 생각이 짧을 수 있는가? 다른 나라의 민주적인 정부들이 자본주의를 훨씬 더 효과적이고 효율적으로 작동토록 만들어 내지 않았던가? 스티글리츠와 로버트 폴린은 저마다 2012년에 완전고용과 고임금 자본주의를 위한 합리적이고 깊이 있는 정책 제안을 담은 책을 펴냈다. 그러나 이들은 미국 정치인들에게 보조금을 대는 부유한 자본가들한테서는 그 어떤 지지도 얻어 내지 못했다.[36] 대체 업계의 이런 이해 관계자들은 역사의 기록을 제대로 읽을 수 없다는 말인가? 뉴딜 이후의 고임금과 고도성장, 완전고용 경제에서나 북유럽의 사회 민주적인 국가처럼, 자본가들이 지금보다 훨씬 더 잘 해내고 또 이익도 더 많이 가져갈 수 있었다는 사실을 왜 그들은 자기 눈으로 제대로 볼 수가 없는가? 왜 그들은 1930년대와 1940년대에 이미 신뢰를 상실해 버린 오늘날의 자본주의를 위기와 불황, 후퇴로 이끈 낡은 경제이론에 그토록 집착하고 매달리는가? 폴 크루그먼 같은 경제학자들은 이런 역설의 황당한 비극을 정리할 때 거의 분노로 폭발할 지경이 된다.

2012년에 출간한 《이제 이 불황을 끝내라!》(End This Depression Now!)에서, 크루그먼은 바로 이 수수께끼에 대한 답을 내놓는다. 그는 1943년에 경제학자 미하우 칼레츠키가 쓴 고전적인 에세이를 인용한다. 그 에세이에서 칼레츠키는 이렇게 주장한 바 있다. 만약 정부가 완전고용을 이룩할 자원을 갖추고 있다는 사실을 사람들이 인식하게 된다면, 바로 그 인식은 기업들이 시스템에 대해 확신을 갖고 일자리 창출을 위해 궁극적으로 투자할 수 있도록 하는 환경을 만들어 내는 게 정부의 의무라는 생각을 단박에 무너뜨리게 될 것이다. 물론 업계의 리더들에게는 불편한 이야기겠지만, 업계가 구가하는 "정부 정책에 대한 강력한 간접 통제"도 끝이 날 것이다.[37]

크루그먼은 이렇게 적는다. "처음에 이 글을 읽었을 때는 사뭇 극단적인 이야기로 들렸지만, 이제는 상당히 그럴 듯한 생각처럼 보인다."[38] 완전고용을 이루어 내는 데 성공한 국가는 사람들에게 다음과 같은 의문을 논리적으로 제기토록 할 것이다. 왜 자본가들이 이토록 많은 권력을 갖게 되었는가? 지금 그들이 제공하고 있는 걸 좀 더 민주적인 수단으로 제공할 수는 없는 건가? 그러나 정부에 대한 자신들의 통제력과 사회에서 차지하고 있는 지배적인 위치를 어떤 식으로든 위기에 빠트릴 수 있는 한, 부유층과 기업들은 국가 정책이 주도하는 성장 경제보다는 정체된 불황 경제를 선호할 것이다.[39]

마르크스는 자본주의의 성장과 생존을 가로막는 핵심 장벽은 자본

그 자체라고 쓴 바 있다. 경제 시스템의 논리가 그대로 위기로 귀결된다는 의미이다. 오늘날에도 자본가가 자본주의에서 결정적이고 직접적인 문제라는 증거가 속속 나타나고 있다. 만약 자본가들이 현재 시스템을 제대로 작동시킬 개혁에 반대하고 나선다면, 우리는 왜 그들을 계속 필요로 해야 하는 것일까?

새로운 이윤 창출의 기회를 제공하면서 디지털 혁명이 자본주의에 생기를 다시 불어넣어 준 측면도 있지만, 동시에 디지털 혁명은 마르크스가 확인했고 배런과 스위지가 상세하게 논구한 긴장 관계를 확대시켰다. 실제로 디지털 기술은, 한 사회가 만들어 낼 수 있는 것과 자본주의 아래에서 실제로 만들어지고 있는 것 사이의 격차라는 문제를 최종적으로 한 번 더 부각시킬 수 있다. 인터넷은 궁극적인 공공재이며 폭넓은 사회 발전에 더없이 적합하다. 희소성을 없애 버릴 뿐 아니라 민주주의 쪽으로 상당한 경향성을 갖고 있다. 인터넷은 또한 그 이상의 것이다. 예를 들어, IT는 제조업을 진정으로 혁신해 나가는 과정에 있다. 훨씬 저렴하고 효율적이며 환경적으로 건강한, 탈집중화된 생산을 가능케 해주기도 한다.[40] 그렇지만 실재하는 자본주의에서, 이처럼 예상 가능한 혜택 가운데 널리 전파될 뿐 아니라 제대로 실현될 수 있는 것은 거의 없다. 기업 시스템은 기술을 자신의 목적에 가장 도움이 되는 방식으로만 제한하고자 할 것이다.

자본주의가 이룬 지금까지의 기록과 정치 시스템의 부패상을 두고 볼 때, 우리는 기대치를 너무 높게 잡지 말아야 한다. 오히려 배런과 스위지가 강조한 "잠재성과 실재성 사이의 더욱 커져 가는 격차"를 계속 유념할 필요가 있다. "현실의 자본주의와 거기에 기대고 있는 경제·사회·정치 제도들은, 사회적 이익을 위해 기술적으로 가능한 것들을 실현시키는 걸 효과적으로 방해하는 장애물로 전락해 버렸다."

새로운 경제의 수립을 진지하게 고려해 봐야 한다는 게, 점차 더 많은 사람들에게 무척 논리적인 생각으로 다가온다. “자본주의 시스템은 18세기와 19세기, 20세기에 뜨문뜨문 번성할 수 있었다.” 제프 맨더는 2012년 이렇게 썼다. “이제 자본주의 시스템은 낡고 더 이상 유순하지 않으며 점차 파괴적인 게 되어 버렸다.” 자본주의는 “전성기가 지났다. 인류와 자연의 행복한 미래를 진정으로 걱정한다면, 이제는 뭔가 다른 것으로 옮겨 가야 할 시간이다.” ‘래디컬’한 발언이다. 성공을 거둔 전직 광고회사 임원인 맨더는 스스로 사회주의자나 마르크스주의자가 아니라는 점을 분명히 한다. 그런 그의 견해에 따르면, 우리는 “절차의 상층부에 위치한 사람들과 제도들을 존속시키는 방향으로” 구조화된 경제에 대해 무언가 해야 할 시점에 이르렀다. “현재 시스템은 실패할 수밖에 없다.”[41]

만약 우리가 지난날의 어떤 비자본주의 사회나 다른 자본주의 사회를 평가하고 있다면, 맨더가 내린 결론은 별다른 논쟁거리가 되지 않을 것이다. 그런데 오늘날의 미국에서는 믿기 어려울 정도로 격분을 불러일으킨다. 자본주의는 이제 맨더의 표현대로, “손을 쓸 수 없을 정도로 정치의 ‘당연한 궤도’ 같은 게” 되어 버렸다. 물론 맨더가 인정하듯이, “시스템의 특정 측면을 비판하는 것은 여전히 별 문제가 없다.” 그렇지만 자본주의 시스템 자체는 “마치 오류 없는 종교처럼, 신이 내린 선물같이 거의 영원한 불멸성을 가져 버렸다.”[42] 이유는 명백하다. 권력을 지닌 자들은 자신을 강력하게 만들어 준 자본주의 시스템에 의문이 제기되는 걸 결코 원하지 않는다. 이들에게는, 자본주의를 비판적인 논의 바깥에 두는 게 절대적으로 중요하다. 그래야만 사기가 떨어지고 무관심이 생겨날 수 있기 때문이다. 수많은 관여와 정치적인 참여를 버텨 낼 수 있는 그런 정치경제가 아니다. 세계가 조각조각 떨어져 나가고 있는 바로 이 시점에, 현존하는 자본주의의 운영방식과 적합성에 시비를 건다고 해서 반드시 보편적인 의미의 반자본주의자가 되는 것은 아니다. 지구를 더 이상 살아갈 수 없는 지경으로 만들어 버린 빈곤과 불평등, 낭비와 파괴를 부추기는 시스템은, 과거에 성취해 낸 게 무엇이든 지금으로서는 민주적인 질문 제기로부터 결코 면제될 수 없다.

미디어와 주류 문화에서 보편적으로 경의를 포함에도 불구하고, 자본주의는 미국인들에게 그다지 인기가 있는 시스템이 아니라는 사실은 아주 놀랄 만한 것이다. 우리 주류 문화에서 자본주의에 대한 우호적인 언급을 찾아내기가 매우 힘들 텐데도, 사회주의가 얼마나 대중적인지 살펴보면 더욱 경이롭다. 2011년의 점거운동과 지난 2년 동안 세계 곳곳에서 일어난 봉기들이 시작되기도 전인 2009년에 BBC가 실시한 전 지구적인 차원의 조사에서는, 미국인들 가운데 대략 15퍼센트가 자유시장 자본주의는 "심각한 문제가 있으며 다른 경제 시스템이 필요하다"는 데 동의했다. 그리고 50퍼센트의 미국인들은 자본주의가 문제가 많아 규제와 개혁이 필요하다고 생각하는 것으로 나타났다. 불과 25퍼센트 정도만이 자본주의는 제대로 작동되고 있으며 확대된 정부 규제는 해를 끼칠 것이라고 생각했다.[43] 3년 전에 실시된 또 다른 조사에 따르면, 미국인들 가운데 불과 53퍼센트만이 자본주의가 사회주의에 비해 우월하다고 생각하고 있었다. 30세 이하 미국인들 사이에서 사회주의와 자본주의 둘 가운데 어느 쪽이 더 좋은 시스템이라고 생각하는지 선호도를 물어보니 37대 33퍼센트의 비율로 자본주의가 아주 근소하게 앞선 것으로 나타났다.[44] 그로부터 3년이 흘러, 미국을 포함하여 오늘날 전 세계 수많은 사람들은 거리가 민주주의의 마지막 보루라는 사실을 명확하게 인식한 상태에서, 시스템에 대한 자신들의 불만을 더욱 늘어난 거리 저항으로 표시하고 있다.

자본주의가 허둥대는 모습을 보이면서, 그것을 영원하고 대체 불가능한 것으로 간주하는 게 거의 절대적인 것처럼 되어 버린 건 불과 최근의 일이다. 오늘날의 잣대에 비춰볼 때 미국에서 자본주의가 그래도 황금기의 결과물을 내놓고 있던 1960~1970년대까지만 해도, 시스템의 장점과 한계에 관해 솔직하고 과감한 토론이 더 흔하게 벌어졌다. 좀 더 나아가서, 존 스튜어트 밀과 존 메이너드 케인스를 비롯한 여러 위대한 경제학자들은 자본주의를 영원한 인류의 본성에 따른 상태가 아니라 역사적으로 특수한 시스템이라고 정확히 이해하고 있었다. 밀과 케인스는 자본주의가 '경제 문제'를 풀어 내고 궁극적으로는 희소성이 없는 세상을 만들어 낼 것으로 보았다. 밀과 케인스는 그 결실이 몇 세기가 지나서 나타날 것이라고 내다보면서, 자신들이 살고 있던 시기 동안 자본주의의 손을 들어 주었다. 그렇지만 두 사람의 역사적인 관점은 비판을 날카롭게 해주었으며 지속적인 비판의 중요성을 크게 부각시켰다.[45]

대공황 와중에 케인스는 업계나 정치 지도자들은 물론이고 경제학자들조차 경제에 관해, 그리고 그것을 어떻게 대다수 인구를 위해 제대로 작동토록 할지 심히 잘못 알고 있었다고 인정하는 특별한 에세이를 썼다. 케인스는 1933년 이렇게 적고 있다. "전쟁 이후 어느 순간 우리 손 안에 들어와 버린, 세계적이지만 개인주의적인 쇠퇴기의 자본주의는 결코 성공을 거둔 게 아니다. 지혜롭지 못하며 아름답지도 않다. 정의롭지도 않고 선하지 못하다. 좋은 것들을 내놓지도 못한다." 그는 활짝 개방된 토론과 실험 기간이 필요하다고 역설했다. 현존하는 이론과 정책들은 참담하게 파산한 것으로 밝혀졌기 때문이다. "그 자리에 무엇을 대신 넣을지 생각해 볼 때, 우리는 크게 당혹하지 않을 수 없다."[46] 비록 시장과 이윤 시스템의 주창자였지만, 케인스는 감히 비판할 수 없는 성역 같은 건 결코 존재하지 않으며 자본주의가 치명적인 약점을 갖고 있지 않다고 확실히 말할 경제학자도 없다는 사실을 분명히 했다.

케인스가 1930년대 초에 제안한 이런 내용은 정확히 바로 지금 우리에게 필요한 것들이다. 우리는 좀 더 마음을 열고 실험 정신을 발휘할 필요가 있다. 우리는 현 시스템의 속박으로부터 탈출해야 하며, 어떻게 하면 시스템이 제대로 작동할 것인지 제대로 알아봐야 한다. 크리스 헤이스가 지적하고 있듯이, 우리는 "다른 사회 질서를 상상하고 좀 더 평등한 제도는 어떠한 모습일지 그려 볼 필요가 있다."[47] 특히 리처드 울프와 줄리엣 쇼어, 가르 앨페로비츠 같은 경제학자들을 중심으로 한 대다수 저작에 이 주제에 관한 다음과 같은 특정 가치들이 두드러진다.

- 어떤 공동체의 부는 바로 그 공동체 사람들에 의해 규제되어야 한다.
- 탈중심적이고 지역적인 공동체 규제에 강조점을 두어야 하며, 국가는 지역의 계획을 강화하는 수준에 머물러야 한다.
- 다양한 협동조합과 비영리 조직들에 대한 강력한 신념이 있어야 한다.
- 노동자들이 기업을 민주적으로 통제하는 것이 필수적이다.
- 정기적인 목표의 마련은 대중 토론과 깊은 고민 끝에 이루어져야 한다.
- 환경적으로 건강한 생산과 배급이 강조되어야 한다.[48]

미국의 상황에서, 이러한 용어들이 어떤 사람들에게는 대체 그렇게 말하는 작자가 제정신인지 의문을 갖게 할 수 있다. 실재하는 현실과 관습화된 지혜로부터 너무 동떨어져 있어 보이는 탓이다. 그렇지만 표면 아래에서는 이미 새로운 유형의 경제적인 벤처 사업들이 점차 늘어나고 있다. 클리브랜드 같은 침체된 공동체에서는 이러한 벤처기업들의 증가가 미래에 대한 약속의 원천이 될 수도 있다. 우리는 민주적이고 탈자본주의적인 경제가 과연 어떠한 모양새를 갖추고 또 어떻게 작동할 수 있을지에 관해 몇 가지 흥미로운 실험을 해보기 시작했다. 시장이 여전히 존재할 것이고, 이윤을 추구하는 기업들은 변함없이 남게 될 것이다. 그렇지만 시스템의 전체적인 논리를 따라 경제활동이 창출하는 잉여 이익들은 이제 거의 대부분 비영리 공동체의 통제권 아래에 귀속될 것이다.

새로운 정치경제를 수립하는 데 무엇보다 중요한 것은, 저널리즘을 펼치고 문화를 생산하며 인터넷 접근을 마련하고 지역의 풀뿌리 조직들을 지원할 비영리·비정부 기구를 구성하는 일이다. 공동체 라디오, 텔레비전 방송국, 인터넷 미디어센터에서부터 문화센터, 스포츠 리그, 커뮤니티 ISP에 이르기까지 너무도 다양한 일들이다.

이런 운동은 모두 정치적으로 경제적으로 엄청난 장애물과 맞닥뜨릴 수도 있다. 정부가 자본주의의 명령을 따르는 한 쉽게 성공을 거둘 수 없는 것들이다. 새로운 세계를 수립하려는 모든 시도는 저항하는 사람들로 하여금 현 정치 시스템과 직접 부딪치게 할 것이다. 위대한 싸움들이 결국 실패로 끝날 수 있고, 그 이해관계를 국가가 고스란히 거두어 갈 수도 있다. 그럼에도 국가를 자극하고 변화시키고 새로운 경제를 수립하며 새로운 문화 시스템을 만드는 데 모든 노력을 집중해야 한다. 밑바닥에서부터 협력하며 다시 시작해야 한다. 낡은 세계로부터 새로운 세계가 태어나야만 한다. 사람들이 차이 나는 유형의 경제를 보고 경험할 수 있기 전까지는, 그것을 지지하거나 그것을 위해 싸우는 걸 머뭇거릴 게 당연하다.

경제 문제가 이 싸움의 가장자리에 존재하는 양상이 되어서는 절대로 안 된다. 사회의 전반적이고 새로운 논리를 만들어 내기 위한 커다란 싸움 속에 정확히 제자리를 잡아야 한다. 감히 말하자면, 일종의 혁명과도 같은 것이다. 그럼으로써 궁극적으로는 문화를 바꾸는 것이 되고, 새로운 유형의 인간을 키워 내는 일이 된다. 바로 이 지점에서 우리가 내놓는 전망은 인터넷이 인간 본성에 좀 더 협력적인 요소를 북돋울 수 있다고 주장한 요차이 벤클러 같은 인터넷 옹호자들의 생각에도 가까이 다가가 있다.[49)]

2009년 마이클 무어가 금융 위기와 경제 붕괴에 관한 다큐멘터리 영화 〈자본주의: 어떤 사랑 이야기〉(Capitalism: A Love Story)를 내놓았다. 유명세 탓에 무어는 케이블 TV 네트워크에서도 인터뷰 기회를 확보할 수 있었다. 주류 매체의 뉴스 앵커들은 지금까지 절대적인 것으로 당연시되어 온 경제 시스템을 비판하는 문제적 인물과 최초로 마주했다. CNN의 사회자는 자본주의에 대한 무어의 비판에 경악했다. 자본주의를 무엇으로 대체할 것인지 답변을 요구하자, 무어는 의미심장한 표정으로 말을 멈추었다가 이렇게 짧게 대답했다. "민주주의!" 다른 수많은 미국인들과 마찬가지로 이 사회자도 혼란에 빠진다. 그가 보기에, 자본주의는 일종의 경제 시스템이고 민주주의는 하나의 정치 시스템이기 때문이다. 그에게 무어는 마치 사과를 오렌지에 비교하는 사람처럼 이상하게 비쳤다.

과연 무어가 정말로 이상한가? 아니다. 정치와 경제는 밀접하게 연결되어 있다. 우리 시대의 결정적 문제는, 자본주의가 민주주의를 뿌리에서부터 침해하는 현실에 있다. 민주주의를 확장할 것인지, 아니면 지금처럼 계속해 시들도록 내버려 둘 것인지, 우리는 중대한 선택의 경로에 서 있다. 민주주의의 확장이라는 카드를 선택한다면, 현존하는 자본주의를 보다 냉정하게 응시하는 자세가 절대적으로 필요하다. 이게 바로 우리가 살고 있는 오늘을 규정하는, 이 결정적 국면의 기초가 되는 핵심 이슈이기 때문이다.

인터넷이 바로 이 결정적 국면의 한가운데에 자리 잡고 있다. 인터넷은 좀 더 민주적인 사회를 건설하고 경제에 대한 자율 정부의 지배력을 확장시키는 데 결정적으로 중요하다. 디지털 기술은 새로운 경제와 탈집중화된 조직들의 자율 경영을 훨씬 더 현실적인 것으로 만들어 줄 것이다. 제대로 된 공적 투자와 함께, 인터넷은 지금껏 상상했던 것 가운데 가장 위대한 저널리즘과 공적 영역을 마련해 줄 수 있다. 디지털 기술은 사람들을 훨씬 더 효과적인 방식으로 사회 변화에 참여시킬 정치운동의 결정적 부분이 될 수 있다. 제프리 삭스가 지적한 것처럼, "소셜네트워크의 시대에는, 엄청나게 많은 걸 들이지 않고도 열정적인 사람들의 에너지에 기대어 효과적인 캠페인을 펼칠 수 있다."[50] 크리스 헤이스도 이렇게 썼다. "인터넷은 사람들이 비위계적인 방식으로 자신을 조직하는 데 커다란 역할을 담당했다."[51]

지금대로 내버려진 채 자본의 필요에 따라 계속 달리게 한다면, 인터넷은 자유와 민주주의의 가치를 놀랍도록 위배한 채 좋은 삶과는 아무 상관이 없는 방식으로 굳어질 수 있다. 그렇기에 인터넷을 둘러싼 투쟁은 더 나은 사회를 만들고자 모색하는 모든 사람들에게 핵심적인 과제가 된다. 결정적 국면이 어느 정도 정리되었을 때, 그때까지도 우리 사회가 더 나은 방향으로 근본적인 변화를 이루어 내지 못하고 민주주의가 자본에게 승리를 거두지 않았다면, 디지털 혁명이란 인간 사회가 지닌 실현 가능한 잠재성과 바로 지금 구체화된 실재성 사이의 늘어난 격차를 비극적이고 역설적으로 환기시켜 주는 단지 이름만 혁명이었을 뿐인 걸로 입증될 것이다.

옮긴이 후기

이 책은 로버터 맥체스니 교수가 최근에 펴낸 책《Digital Disconnet》를 우리말로 옮긴 것이다. 위스콘신대학(매디슨)에서 시작해 현재는 일리노이대학(어바나 샴페인)에서 학생들을 가르치고 있는 맥체스니는 미국을 대표하는 마르크스주의 이론가이자 좌파 비평가이다. 자본주의와 민주주의, 미디어 문제에 천착해 온 그는 언론학 분야에서도 비판 커뮤니케이션 이론과 미디어 정치경제학, 미디어 역사 연구를 가로지르는 뛰어난 연구와 탁월한 안목으로 명성을 떨치고 있다. 위키피디아에 잘 나와 있듯이, 맥체스니 교수는 오늘날 세계적으로 가장 저명한 커뮤니케이션 학자 가운데 한 사람으로 꼽힌다.

맥체스니 교수의 활약상은 비단 아카데미 내부에 머물지 않는다. 그는 미국의 진보적 언론운동 단체인 '프리프레스'의 공동 설립자이다. 《먼슬리리뷰》를 포함해 다양한 좌파 계열 잡지에 깊은 통찰력을 갖춘 글을 꾸준히 싣고 있다. 최근에는 미디어 비평 프로그램 사회를 진행하고 있다. 그는 미국에서 드문 실천적 지식인이다. 이처럼 활발한 연구와 실천적인 활동 덕에, 2008년 미국의 한 비판적 잡지는 그를 '세상을 바꾸는 50명의 선각자'에 포함시켰다. 반면에 미국의 보수 진영으로부터는 불량하고 불편한 좌익 인사로 간주된다. 2006년 보수적인 평론가 데이비드 호로비츠(David Horowitz)는 그를 '미국 내 가장 위험한 학자 101명' 가운데 한 명으로 꼽았다.

지금까지 맥체스니 교수가 쓴 책과 논문, 에세이, 칼럼들은 하도 많아 일일이 적시할 수 없다. 그의 마르크스주의 정치사상, 비판적 민주주의 철학, 미디어 정치경제학 이론은 이런 텍스트에 분산되어 있고 또 담론을 통해 표출되고 있음에 틀림없다. 따라서 그의 사유와 논의를 제대로 따라잡고 전반적으로 이해하려면 학술적인 동시에 대중적인 다양한 층위의 글을 고루 읽어 보는 게 옳다. 다만 그가 단독이나 공저로 내놓은 책들의 제목을 살펴보더라도, 그가 관심을 갖는 주제와 비판의 대상으로 삼은 문제, 전하려는 메시지는 어느 정도 짐작할 수 있을 터이다.

1993년 《텔레커뮤니케이션, 매스 미디어, 민주주의》(Telecommunicsions, Mass Media, and Democracy)를 옥스퍼드대학 출판부에서 출간했다. 1920~30년대 미국의 방송 시스템 결정 과정을 둘러싼 이념적·정책적 다툼을 다룬 책이다. 문제의식은 1997년에 쓴 두 권의 책에서 더욱 분명해진다. 민주주의에 대한 미디어 독점 기업의 위협을 다룬 책 《기업 미디어와 민주주의 위협》(Corporate Media and the Threat to Democracy), 마르크스 경제학자인 에드워드 S. 허먼과 함께 거대 미디어 기업들의 팽창과 글로벌 자본주의의 문제를 짚은 《글로벌 미디어》(The Global Media)이다. 그의 시선은 이제 거대 미디어와 글로벌 자본주의, 민주주의의 관계로 집중된다.

그 뒤로 지금까지 맥체스니의 저술은 바로 이 테마를 중심으로 계속된다. 몇 권의 책만 꼽아보면 《부자 미디어, 가난한 민주주의》(Rcich Media Poor Democracy, 2000년), 《미디어와 계급투쟁, 그리고 민주주의》(Media, Class Struggle and Democracy, 2005년), 《커뮤니케이션 혁명》(Communication Revolution, 2007년), 존 니컬스와 함께 쓴 《미국 저널리즘의 죽음과 생명》(The Death and Life of American Journalism, 2010)이 있다. 2012년에는 금융 독점자본주의가 어떻게 미국과 중국을 비롯하여 세계적 차원에서 경기 부진과 대중 봉기를 유발했는지를 살펴본 《끝없는 위기》(The Endless Crisis)를 존 벨라미 포스터와 함께 저술한다.

이러한 저작들은 지금까지 30개가 넘는 언어로 번역되어 세계 곳곳에서 읽히고 있다. 《디지털 디스커넥트》는 책 제목에서 알 수 있듯이, 인터넷 통신과 스마트폰으로 대표되는 디지털 미디어에 관해 다루고 있다. 마르크스주의 정치경제학자인 그는 디지털 커뮤니케이션 환경을 사회로부터 결코 분리시켜 접근하지 않는다. 자본주의 경제와 국가권력, 계급 모순이라는 현실의 맥락과 밀접하게 연관시켜 논의한다. 좀 더 정확하게는, 인터넷의 발전과 디지털의 확장을 무엇보다 자본주의 이윤 축적 욕망과 국가권력의 지배 전략이라는 관점에서 비판적으로 짚어내고자 한다.

그는 금융자본과 독점 재벌을 중심으로 한 신자유주의의 문제를 전면에 내세우고 있다. 1퍼센트와 나머지 99퍼센트 사이의 불평등 사회를 불러오는 글로벌 자본주의의 현실을 핵심에 위치시킨다. 국가 기간 시설과 사회 공공성의 해체, 사유화, 경제적 불평등의 확대, 노동계급의 몰락, 조직화된 노동계급 운동의 위기. 이 모든 것들이 현실 위기의 중대한 단면이자 결정적 구성물로서 책에서 거듭 언급된다. 현재와 미래를 위협하는 사회 공동체의 해체, 탈정치화 현상, 궁극적으로는 민주주의의 위기에 대한 우려에 대해서도 맥체스니 교수는 적나라하게 묘사하고 있다. 그리고 바로 이러한 측면들을 논의의 결정적 문맥으로 설정함으로써 마르크스주의 미디어 정치경제학의 전통을 고수한다.

그가 보기에 자본주의 시스템은 미국은 물론이고 전 지구적인 차원에서 심각한 위기에 처해 있다. 코앞에 닥친 불황은 쉽게 해소되지 않을 것이며, 자본(주의)의 위기는 더욱 심화될 수밖에 없다. 문제는 경제불황이 자본주의의 위기에 그치지 않고 정치적 민주주의, 민주주의 사회의 위기로 이어질 수 있다는 점이다. 현재의 위기가 노동계급을 중심으로 한 대항 세력의 출현과 사회혁명의 기회로 이어지지 않고, 반동적 흐름과 야만적 경향으로 이어질 수도 있다는 얘기이다. 맥체스니 교수는 '파시즘'이라는 용어를 이 책의 본문은 물론이고 '한국어판 서문'에 반복해서 쓰고 있다. 섬뜩한 일이고 두려운 대목이다.

따지고 보면, 금융시장의 독점과 저항 정치의 통제, 공적 부문의 사유화, 치안국가의 강화를 기반으로 한 신자유주의는 다름 아닌 위기에 빠진 자본주의가 축적의 위기 상황을 극복하기 위해 취한 일종의 생존 전략이라고 할 수 있다. 위기가 심화되고 그래서 생존을 위해 필요하다고 판단할 경우, 자본주의 시스템은 이미 역사에서 채택된 바 있는 파시즘의 옵션을 기꺼이 불러 올 수 있는 얘기이다. 맥체스니 교수는 이미 이런 징후가 다름 아닌 미국 사회에 나타나고 있다고 진단한다. '파시즘'에 대해 정확한 개념 정의를 시도하거나 구체적인 실례를 들어 분석하고 있지는 않지만, 자본주의의 현재와 민주주의의 앞날에 대한 저자의 비판적이고 비관적인 인식은 자못 타당하다.

이런 위기 국면에 비춰볼 때, 인터넷 미디어의 발전과 디지털 기술의 변화를 낙관적이고 긍정적으로만 보는 것은 타당하지 않다는 《디지털 디스커넥트》의 핵심 내용도 설득력이 높다. 진보정치의 가능성과 민주주의의 희망이라는 측면에서 훨씬 더 우려되는 양상에 주목할 필요가 있다. 맥체스니 교수의 설명은 이러하다. 인터넷이라는 새로운 미디어는 사회에서 공적 영역과 대중의 자율적 소통 공간으로 작동하지 않는다. 신자유주의 독점자본주의의 상품경제에 더욱 깊숙이 포섭되고 있는 중이다. 디지털이라는 신기술 또한 민주주의의 강화와 진보정치의 구성에 기여하는 만큼이나 국가의 감시 통제, 전체주의적 정보 집적의 채널로 변질되고 있다.

미국에서 인터넷은 민주적이고 자율적이며 사회적인 대중 소통의 공간이 아니다. 자본의 사유화 욕망이 관철되고, 소비자의 정보가 상품화되며, 광고의 경제학이 지배하는 철저한 이윤과 경쟁의 공간이다. 곧 독점의 논리가 지배하는 공간이다. 국가권력 또한 이 공간을 상대로 강력한 통제 활동을 조직적이고 일상적으로 펼친다. 대중들의 의사와 표현을 검열하고 프라이버시를 통제하며 궁극적으로 민주적인 여론과 진보적인 정치의 가능성을 차단하려는 조치들이다. 더욱 중요한 사실은, 바로 이 지점에서 자본의 욕망과 국가의 의지는 정확하게 합치한다는 사실이다. 맥체스니 교수가 제시하는, 인터넷 미디어와 디지털 기술 통제를 위한 자본·국가의 합동 공세, 협력 관계는 가히 놀랄 만하다.

이 책을 읽는 한국의 독자들을 경악시키기에 충분할 정도이다. 사실 한국에서도 인터넷은 대중들의 자율적인 소통 공간이 아니다. 민주적이고 직접적인 대중정치의 채널도 아니다. 디지털은 강력하고 주도적인 자본주의 경제에 의해 견인되고 있다. 상품의 논리로부터 전혀 자유로울 수 없으며, 대중들은 광고를 통해 인터넷의 세계에서도 소비 자본주의로 끊임없이 호명된다. 대중들이 자발적으로 내놓지 않은 정보까지도 디지털 시장에서는 상품으로 취급된다. 이윤 축적을 위해 무단으로 유통되는 것이다. 대중들의 중요한 사생활이 이른바 '빅 데이터'로 처리

되어 광범위하게 거래된다. 국가권력은 사회적 통제와 정치적 검열을 위해 이런 데이터에 대한 은밀한 접속과 비밀스러운 독해, 위험한 활용의 시도를 게을리하지 않는다.

현 정권 들어 부쩍 늘어난 양상이다. 공영방송을 비롯한 같은 대의적 커뮤니케이션 공간은 사실상 와해되었다. 국가권력의 손아귀에 들어갔으며 신자유주의 시장 논리에 의해 완전 포위되었다. 대중들이 의견을 표출하고 여론을 매개하며 권력을 비판할 가능성은 거의 없어졌다. KBS는 국가의 선전 매체로 전락했고, MBC는 문화 산업의 경쟁 시장으로 변질되었다. 이런 상태에서 국가권력은 자본 권력과 결탁하여 대중들이 자율적으로 의사를 표현하고 의견을 교환하며 정치를 실천할 수 있는 인터넷 공간, 디지털 기술을 지배하려고 혈안이 되어 있다. 2008년 광우병 사태 당시 이른바 '촛불 시민'의 등장은, 국가권력의 입장에서 볼 때 인터넷 검열과 디지털 통제 필요성을 정확히 인식하는 계기가 되었을 것이다.

인터넷 통제와 디지털 감시를 위해 청와대와 행정부, 검찰과 경찰, 국군사이버사령부로 대표되는 군대, 국가정보원 등 국가기관이 총동원된다. 지난 대통령 선거를 앞두고 국가권력의 편파적이고 부정한 여론조작 개입이 있었다. 첨단 디지털 감시 장치를 활용한 재벌 기업들의 노동자와 노동조합 탄압이 상시적으로 벌어진다. 불법이다! 이른바 '카카오톡' 사이버 감청 사건은 인터넷 거대기업과 국가권력이 얼마나 가깝게 유착되어 있는지를 충격적으로 폭로했다. 사람들이 또 다시 '사이버 망명'을 이야기한다. 맥체스니 교수가 말하는, 사이버스페이스를 통한 사회·정치의 파시즘적 감시와 통제는 이렇듯 한국에서도 생생한 현실, 악몽 같은 현실로서 펼쳐지고 있는 셈이다.

한편, 맥체스니 교수는 위기의 자본주의와 밀접하게 맞물려 있는 저널리즘의 위기 현상에도 주목한다. 물론 미국에서 '저널리즘의 죽음'은 이미 오래전에 시작된 일이다. 신자유주의의 득세와 더불어 공익적인 기능을 제대로 수행할 수 있는 물적인 토대가 완전히 와해된 탓이다. 현실의 저널리즘은 오직 수익성의 논리만 추구하는 거대 미디어 독점 기업들에 의한 표피적 정보 전달 활동으로 퇴화했다. 중요한 것은 인터넷과 디지털의 발전이 저널리즘을 되살리는 효과를 전혀 가져오지 못했다는 사실이다. 오히려 상업화된 인터넷 미디어와 광고 의존적이며 독점 지향적인 디지털 기술의 발전은 공익적이고 지역 중심적이며 비판적이어야 할 저널리즘의 죽음을 더욱 가속화시킨다.

이러한 모순은 한국에서도 별반 다르지 않는 양상으로 나타난다. 위기의 자본과 국가는 자신에 대한 비판의 목소리를 진압하고 대안적인 구상을 불가능하게 하기 위해서, 모순 현실의 재생산을 위해, 기존의 공적인 저널리즘을 사실상 뇌사 상태에 빠뜨렸다. KBS와 MBC의 실력 있는 많은 저널리스트들이 해고되거나 자리에서 밀려났다. 저널리즘은 정권과 자본의 메시지를 일방적으로 선전하는 도구로 전락했다. 세월호 참사에서 볼 수 있듯이, 진실을 밝히거나 민의를 대변할 책무를 전혀 짊어질 수 없는 '기레기'들이 속출했다. 이러한 몰락은 탈정치화 분위기를 고조시키면서 한국 민주주의의 위기를 더욱 심화시킨다. 진실을 말하는 비판적인 저널리즘의 부재는 희망 대신 불안을 더욱 고조시키고 공포를 유포시킨다.

최근 10여 년 동안, 한국의 여러 평자들은 인터넷 매체와 디지털 기술이 저널리즘의 대안, 대안 저널리즘이 될 수 있을 것이라는 낙관적인 분석을 조심스럽게 내놓았다. 나도 대의적 미디어 공간의 폐쇄를 상쇄시킬 수 있는 대중적 직접 교통 가능성의 공간으로 인터넷을 읽어 내고자 시도한 바 있다. 실제로 '뉴스타파' 같은 의미 있는 사례는 우리에게 여전히 많은 희망을 준다. 하지만 의미와 효과는 별개의 문제이다. 이러한 시도가 세상을 바꾸기에 충분하다고 말하기는 한마디로 어렵다. 보수적 사이트들이 우후죽순 늘어나고 있으며, 인터넷은 이제 국가 권력과 연결된 '네트 우익'들의 적극적이고 능동적인 (저널리즘) 활동 무대로서 중요하게 자리 잡았다. 진보 진영의 독점 공간이 전혀 아니다.

전체주의는 미국에서나 한국에서나 과거지사가 결코 아니다. 현재진행형이다. 이러한 상황에서 과연 우리는 인터넷과 디지털에 대해 어떻게 생각하고 무엇을 해야 할 것인가? 어떠한 판단을 내리고 어떤 선택을 해야 하는가? 지은이 맥체스니 교수의 입장은 무엇인가? 언뜻 보면 '디스커넥트'(Disconnet)라는 단어가 담고 있는 뜻처럼, 인터넷 매체와 디지털 환경으로부터 완전한 절연을 주장하는 듯 보인다. 《디지털 디스커넥트》는 디지털을 자본주의의 산물이자 지배 통치의 공간으로 설정한 상태에서, 그와의 연결을 물리적이고 인위적으로 끊어 내야 한다는 일종의 과격한 선언문인가? 급진적인 반미디어 운동 제안서, 과격한 미디어 단절의 정치적 발표문인가?

이는 맥체스니 교수가 《디지털 디스커넥트》를 통해 독자들에게 전하고자 하는 진의와 한참 거리가 먼 해석이다. 지은이는 시스템으로부터의 단절을, 체제와의 절연을 선언하지 않는다. 도주나 망명은 가능한 일이 아니다. 글로벌 자본주의 제국 바깥으로의 탈주가 정치적으로 불가능한 프로젝트이듯이, 자본과 권력이 지배하는 영역 바깥에 있을 자유로운 디지털 세계로의 망명은 이루어질 수 없는 꿈과 같다. 회피하는 태도는 문제의 해결책이 결코 될 수 없다. 정치적 냉소주의는 답이 아니다. 현재의 권력 시스템이 원하는 바이기도 하다. 더 적극적이고 능동적이며 책임 있는 답안을 우리는 자본이 지배하고 국가가 통제하는 바로 지금의 야만적 현실 속에서 찾아내지 않으면 안 된다.

지은이는 인터넷 미디어와 디지털 기술을 민주적이고 진보적이며 정치적인 미디어 기술로 계속해 전유해 내는 정치적인 개입 활동을 제안한다. 그럼으로써 이들을 지속적 축적과 상시적 통제의 수단으로 활용코자 하는 자본·국가의 의지에 맞서는 것, 바로 그게 미디어 운동과 진보정치가 견지해야 할 태도라는 것이다. 그것이 위기의 현실 속 우리가 고수해야 할 급진적인 투쟁의 형식이자 진보적인 혁명의 내용이라는 논리이다. 사실 디지털 미디어 기술에 관해 맥체스니 교수는 긍정과 부정의 변증법적 태도를 취한다. 인터넷과 디지털이 지니고 있는 가능성인 '잠재성'(the potential)과 현실적 한계인 '실재성'(the reality)를 가려서 사유하기를 제안하고 있다.

비판과 생성, 참여와 분리의 이중 전략을 제기하고 있는 셈이다. 그가 인터넷을 일방적으로 옹호하는 예찬론, 디지털을 무조건적으로 비판하는 부정론 모두를 시비하면서 이 책을 시작하는 이유이다. 그는 두 가지 입장을 조화시켜, 새로운 미디어 환경의 전환을 위해 보다 적극적으로 참여하고 능동적으로 개입해야 한다고 강조한다. 우리가 디지털 기술을 어떻게 변화시키는지에 따라 민주주의와 자유, 공공성의 미래가 결정된다. 우리는 민주주의의 미래를 두고, 인터넷과 디지털의 미디어 기술 영역에서 신자유주의 자본·국가와 운명적인 교전을 펼치지 않으면 안 되는 것이다. 미래는 결코 정해져 있는 게 아니다. 인터넷과 디지털을 둘러싼 정치 투쟁이 지닌 중요성이 바로 이러한 점에서 더욱 분명해진다.

요컨대 이 책에서 지은이는 이렇듯 인터넷 미디어와 디지털 기술을 양가적으로 보려고 한다. 미디어의 문제를 자본주의는 물론이고 국가권력과 연관시켜 비판적으로 조명하려고 노력한다. 그러면서 변화의 필요성에 덧붙여 일정한 대안까지도 제시해 보고자 한다. 그러한 점에서

《디지털 디스커넥트》는 미국의 민주주의 상황은 물론이고 한국의 미디어 현실을 총체적으로 이해하고 반성적으로 독해하는 데 큰 도움이 될 것이다. 비록 이론적 깊이가 부족하다거나 논의가 미국에 국한되어 있는 점을 아쉬워 할 독자들도 있겠으나, 기존 문헌들을 폭넓게 참조하고 방대한 사실을 수집하여 그것을 기초로 진실을 드러내고자 하는 맥체스니 교수 특유의 뚝심 있는 글쓰기는 여전히 매력적이고 흥미 있게 다가갈 것이다.

마지막으로, 이 책을 번역하게 된 연유를 간단하게 덧붙이고자 한다. 글을 쓴다는 것은, 내 말투로 하자면 우연을 가장한 필연적 조우에서 비롯된다. 반드시 써야 했던 것은 아니지만, 그렇다고 단순히 우연한 기회로 글쓰기를 하는 경우는 거의 없다. 하필이면 내가 하게 될 수밖에 없는, 내가 맡도록 점지된 그런 글쓰기를 궁극적으로 하게 되는 경우가 허다하다. 피할 수도 있었지만 피할 수 없는 현실의 지령! 그 선택과 결정을 기꺼이 받아들이고 책임을 짊어지는 게 글 쓰는 자의 운명이라는 생각이다. 번역의 경우에도 마찬가지인 모양이다. 출판사로부터 이 책의 번역 의뢰를 받고 지은이가 로버트 맥체스니 교수라는 사실을 알게 되었을 때, 나는 바로 이 필연적 조우의 운명을 또다시 절감했다.

맥체스니 교수가 서문에서 밝히고 있듯이, 그는 나의 위스콘신대학 박사과정 논문 지도교수였다. 이른바 '은사'(恩師)인 셈이다. 벌써 20년은 된, 80년대 말과 90년대 초의 이야기다. 그때 '밥(Bob)'이라고 편히 부르던 맥체스니 교수는 막 부임한 신진 마르크스주의자였다. 미디어와 커뮤니케이션 문제를 정치경제학적인 관점에서 풀이할 실력을 충분히 갖추고 있었다. 카리스마와 에너지가 넘치는 좌파 교수이고 열정적인 소장 학자였다. 지도 학생인 나는 그로부터 비판적 미디어 이론은 물론이고 공부에 임하는 진지한 태도, 치밀한 연구 조사 방법에 관해서도 많은 것을 배웠다. 늘 록 음악이 흐르는 연구실에서 우리는 마르크스주의와 미국의 현실, 한국 정치 등에 관해 폭넓은 대화를 나눌 수 있었다.

관계가 늘 좋았던 것은 아니다. 사실, 미디어 정치경제학자인 그는 자신의 첫 박사논문 지도 학생이 '문화 연구'라는 것에 관심 갖는 걸 좋아하지 않았다. 'LA폭동'으로 귀결되고 말 미국 도심의 이른바 '한·흑 갈등' 문제에 관해 논문을 준비 중이던 나와는 생각이 잘 들어맞지 않았다. 한국에서 유학 와 미국 사회 내부의 백인 중심주의에 예민해 있던 내 입장에서, 모든 걸 계급이나 자본의 문제로 환원시키는 그의 시각이나 인종주의·민족주의에 둔감한 듯해 보이는 태도가 상당히 불편했던 게 사실이다. 그렇지만 역사적 안목과 진보적인 관점에서, 미디어의 문제를 자본주의의 문맥에 비춰 조명하려는 그의 진지한 태도에서 나는 많은 것을 배웠다. 배움은 지금도 계속된다.

1993년에 나는 학위를 마치고 돌아왔다. 지금의 예술학교에서 주로 비판 커뮤니케이션 이론과 저널리즘, 문화 연구를 가르친다. 스스로 저널리스트라 칭하며, 이런 저런 글을 각종 지면에 발표하고 있다. 참담한 미디어·문화 현실을 외면할 수 없어 문화연대 미디어문화센터 소장을 맡았다. 지금은 언론연대 대표로서 운동 현장에 꽤 오랫동안 결합하고 있는 중이다. 위기의 자본주의를 불편한 시선으로 바라보고 있고, 고통받는 삶과 사라지는 인명의 문제에 관해 안타까운 비명을 지르고 있으며, 위협 받고 있는 민주주의를 어찌 복구할지 실천적 지식인을 지향하는 사람으로서 심각하게 고민하고 있다.

맥체스니 교수가 공동 설립자로 참여한 '프리프레스'는 법 개정과 정책 생산 능력까지 갖추고 회원 50만 명을 거느린 미국 최대의 미디어 운동 조직이다. FCC를 상대로 연대 투쟁을 펼치고 미국판 '미디어 악법'에 반대하는 싸움을 조직해 냈다. 로버트 맥체스니의 독보적 명성은 오래전부터 국내 진보적 미디어 학자들 사이에도 자자할 정도이다. 참 흐뭇하다. 이제 동료이자 동지이며 스승인 사람의 책을 두 번째로 번역하는 역을 소박하게 떠맡게 되었다. 평가는 독자 제위의 몫이다. 파시즘의 자본·권력에 맞서 민주주의·진보를 꿈꾸는 모든 분들과 함께 읽고 싶다.

2014년 11월 23일

전규찬

주석

1. 디지털이라는 방 안에 있는 코끼리

1) David Weinberger, *Too Big to Know* (New York: Basic Books, 2001), 7에서 논의.
2) Eli Pariser, *The Filter Bubble: What the Internet Is Hiding from You* (New York: Penguin, 2011), 11.
3) Rachel Botsman and Roo Rogers, *What's Mine Is Yours: The Rise of Collaborative Consumption* (New York: Harper Business, 201), xiv; Peter H. Diamandis and Steven Kotler, *Abundance: The Future Is Better Than You Think* (New York: The Free Press, 2012), 282.
4) Nicholas Carr, *The Shallows: What the Internet Is Doing to Our Brains* (New York: W.W. Norton, 2010), 9-10, 87.
5) Jerrey D. Sachs, *The Price of Civilization: Reawakening American Virtue and Prosperity* (New York: Random House, 2011), 154-55에서 인용.
6) Elizabeth K. Englander, "Research Findings: MARC, 2011 Survey Grades 3-12," *Research Reports*, paper 2, 2011, http://vc.bridgew.edu/marc_reports/2.
7) Lori Andrews, *I Know Who You Are and I Know What You Did: Social Networks and the Death of Privacy* (New York: The Free Press, 2011), 3.
8) Carr, *Shallows*, 9-10.
9) Diamandis & Kotler, *Abundance*, x, 9.
10) Pamela Lund, *Massively Networked: How the Convergence of Social Media and Technology Is Changing Your Life* (San Francisco: PLI Media, 2011), 3.
11) Rebecca J. Rosen, "A World With More Phones Than People," *The Atlantic*, July 19, 2012, theatlantic.com/technology/archive/2012/07/a-world-with-more-phones-than-people/260069/.
12) Michael Manges, "Overview," in *Maximizing Mobile* (Washington, DC: World Bank Group, 2012), 11.
13) 벤 스콧이 2012년 3월 21일 이메일로 보내온 내용.

14) Lund, *Massively Networked*, 3.

15) James Curran, "Reinterpreting the Internet," in James Curran, Natalie Fenton, and Des Freedman, *Misunderstanding The Internet* (Routledge, 2012), 3.

16) Robin Mansell, *Imagining the Internet: Communication, Innovation, and Governance* (Oxford: Oxford University Press, 2012), 1-2.

17) Clay Shirky, *Cognitive Surplus: Creativity and Generosity in a Connected Age* (New York: Penguin, 2010), 213, 27.

18) Henry Jenkins, *Convergence Culture: Where Old and New Media Collide* (New York: New York University Press, 2006), 4.

19) Michael Nielsen, *Reinventing Discovery: The New Era of Networked Science* (Princeton, NJ: Princeton University Press, 2012), 3, 6, 10, 41. 아울러 "The Wow factors," *The Economist*, Mar. 10, 2012, 92를 보라.

20) Yochai Benkler, *The Penguin and the Leviathan: How Cooperation Triumphs over Self-Interest* (New York: Crowm Business, 2011), 3.

21) Cass R. Sunstein, *Republic.com* (Princeton, NJ: Princeton University Press, 2011).

22) Cass R. Sunstein, *Infotopia: How Many Minds Produce Knowledge* (New York: Oxford University Press, 2006), 8, 9.

23) Simon Mainwaring, *We First: How Brands and Consumers use Social Media to Build a Better World* (New York: Palgrave Macmillan, 2011), 1.

24) Jeff Jarvis, *Public Parts: How Sharing in the Digital Age Improves the Way We Work and Life* (New York: Simon & Schuster, 2011), 11, 76.

25) Manuel Castells, *Communication Power* (New York: Oxford University Press, 2009), 346-62, 431-32. 이와 같은 지적은 또한 Rebecca MacKinnon, *Consent of the Newtorked: The worldwide Struggle for Internet Freedom* (New York: Basic Books, 2012), 13에서도 논의되고 있다.

26) Diamandis & Kotler, *Abundance*, 25.

27) Lund, Massively *Networked*, 141.

28) Rory O'Connor, *Friends, Followers and the Future: How Social Media Are Changing Politics, Threatening Big Brands, and Killing Traditional Media* (San Francisco: City Lights Books, 2012), 20.

29) Jarvis, *Public Parts*, 11.

30) Shaheed Nick Mohammed, *The (Dis)information Age: The Persistence of*

Ignorance (New York: Peter Lang, 2012), ii, 8.

31) Mark Bauerlein, *The Dumbest Generation: How the Digital Age Stupefies Young Americans and Jeopardizes Our Future* (New York: Tarcher/Penguin, 2008), 13.

32) Jaron Lanier, *You Are Not a Gadget: A Manifesto* (New York: Knopf, 2010), 49-50.

33) Pariser, *Filter Bubble*, 89, 97. 패리저는 과학사학자 애런 칸토로비치와 유발 니먼을 인용하고 있다

34) Lanier, *You Are Not a Gadget*, 86.

35) MacKinnon, *Consent of the Networked*, 특히 3장; Evgeny Morozov, The Net Delusion: *The Dark Side of Internet Freedom* (New York: PublicAffairs, 2011).

36) 마이클 매싱은, 2011년 현장에서 아랍의 봄 봉기를 좇았던 사람들은 페이스북과 소셜미디어의 역할이 서구에서 지나치게 과장되었다고 쓰고 있다. 《뉴욕타임스》 카이로 지국장인 데이비드 커크패트릭은 이렇게 말했다. "중동에서 변화를 불러일으킨 것은 거리로 나간 사람들이었다." 실제로 커크패트릭은, 봉기를 '페이스북 혁명'이라고 이름 붙이는 것은 여러 참가자들에게 인기가 없었다고 말한다. 그들은 이런 현상을 "사건에 '서구적인 브랜드'를 붙이려는 시도"로 간주했다. Michael Massing, "The Media's Internet Infatuation," *Columbia Journalism Review* online, August 15, 2012, cjr.org/the_kicker/internet_infatuation.hph를 보라.

37) Virginia Eubanks, *Digital Dead End: Fighting for Social Justice in the Information Age* (Cambridge, MA: MIT Press, 201), xv-xvi.

38) 탁월한 안목으로 엮은 다음 책을 보라. Saul Levmoer & Martha Nusbaums, eds., *The Offensive Internet: Speech, Privacy, and Reputation* (Cambridge, MA: Harvard University Press, 2010).

39) Victor Mayer-Schoberger, *Delete: The Virtue of Forgetting in the Digital Age* (Princeton, NJ: Priceton University Press, 2009).,

40) Clifford Stoll, *High-Tech Heretic: Reflections of a Computer Contrarian* (New York: Anchor, 1999), 200-206.

41) 나오미 울프도 몇 해에 걸쳐 이 주제에 관해서 글을 썼다. Naomi Wolf, "Is Pornography Driving Men Crazy," June 20, 2011, globalpublicsquare.blogs.cnn.com/2011/06/30/is-pornography-driving-men-crazy를 보라. 아울러 Peter Nowak, *Sex, Bombs and Burgers: How War, Pornography, and Fast Food Shaped Modern Technology* (Guilford, CT: Lyons Press, 2011), 7장을 보라.

42) Russell Banks, *Lost Memory of Skin* (New York: HarperLuxe, 2011). 뱅크스는 애이미 굿먼과 가진 2011년 12월 28일자 *Democracy Now*! 인터뷰에서도 이 점에 관해 구체적으로 언급했다. demoracynow.org/2011/12/28/author_russell_banks_on_writing_through. 인용문은 이 책에 대한 재닛 매슬린의 글, "A Man Entrapped in a Host of Webs," *New York Times*, Sept. 25, 2011에서 가져왔다.

43) Stephen Marche, "Is Facebook Making Us Lonely?" *The Atlantic*, May 2012, 60-69.

44) Larry D. Rosen, *iDisorder: Understanding Our Obsession with Technology and Overcoming Its Hold on Us* (New York: Palgrave Macmillan, 2012).

45) Sherry Turkle, "The Flight from Conversation," *New York Times*, Apr. 22, 2012, Week in Review 섹션, 1, 6.

46) 온라인 독서는 전통적인 독서와 완전히 다르고 훨씬 표피적이라는 카의 우려를 발전시킨 글을 원한다면, Julie Bosman & Matt Richtel, "Finding Your Book Interrupted…by the Tablet You Read It On," *New York Times*, mar. 5, 2012, Ai, B2를 보라.

47) Carr, *Shallows*, 6, 11, 119, 125, 138, 180, 181.

48) Arianna Huffington, "Virality *Uber Alles*: What the Fetishization of Social Media Is Costing Us All," *Huffington Post*, Mar. 8. 2012, huffingtonpost.com/arianna-huffington/social-media_b_1333499.htlm.

49) John Naughton,가 2012년 4월 2일 런던대학에서 '미디어와 권력, 혁명'을 주제로 열린 학술대회에서 에브게니 모로조프에 응답한 코멘트.

50) 마크 바우얼레인은 2011년, 이 장에서 언급된 몇몇 저자들을 포함하여 소셜미디어 '지지와 반대' 주장들을 묶은 선집 편집을 맡았다. 더글러스 러시코프의 글을 제외하고는, 총 334쪽에 이르는 27편의 에세이에서 자본주의라는 말은 거의 찾아볼 수가 없다. Mark Bauerlein, ed., *The Digital Divide: Arguments for and Against Facebook, Gooble, Texting, and the Age of Social Networking* (New York: Tarcher, 2011).

51) Robert A. Dahl, *Democracy and Its Critics* (New Haven: Yale University Press, 1989). 이는 학술서의 공통된 테마이다. 최근의 뛰어난 논의를 참고하라. Gar Alperovitx, *America Beyond Capitalism: Reclaiming Our Wealth, Our Liberty, and Our Democracy*, 2d ed. (Boston: Democracy Collaborative Press, 2011), 1부.

52) Larry M. Bartles, *Unequal Democracy: The Political Economy of the New Gilded Age* (New York: Russell Sage Foundation, 2008); Martin Gilens,

"Inequality and Democratic Responsiveness," *Public Opinion Quarterly* 69, no. 5 (2005): 778-96을 보라. Jacob S. Hacker & Paul Pierson, Winner-*Take-All Politics: How Washington Made the Rich Richer-and Turned Its Back on the Middle Class* (New York: Simon & Schuster, 2010)에 지난 30년 동안 미국 내 확대된 불평등에 관한 탁월한 통계 요약과 함께 이 지점에 대한 뛰어난 논의가 있다.

53) 이러한 긴장이, 자본주의가 곧 민주주의라는 관습적 지혜를 뒤집어 놓기 때문에 주류 담론에서는 일반적으로 탐색되지 않은 채 내버려 둔, 다음과 같은 미국 외교 정책의 기막힌 모순을 설명해 준다. 왜 미국은 상대적으로 민주적이며 상당한 수준의 대중적 지지를 갖춘 나라들에 종종 반대하면서, 거꾸로 반민주적이고 기초적인 정치적 자유조차 부족한 나라들은 그토록 자주 지지해 주는가? 이에 대한 신뢰할 만한 답변의 하나는, 이들 국가가 미국이 용납할 수 있는 방식으로, 글로벌 자본주의 경제 체제 내에 (사회정의와 인권 문제에도 불구하고) 아무 문제없이 존재하고 있는지 여부와 관련되어 있다.

54) Mainwaring, *We First*, 4, 1.

55) Benkler, *The Epenguin and the Leviathan*, 23. 그는 Yochai Benkler, *The Wealth of Newworks: How Social Production Transforms Markets and Freedom* (New Haven, CT: Yale University Press, 2006)의 논의의 기초를 제공한다.

56) Don Tapscott & Anthony D. *Williams, Wikinomics: How Mass Collaboration Changes Everything* (New York: Portfolio, 2006), 1, 3.

57) Jarvis, *Public Part,*s 6-7, 163-66.

58) Botsman & Rogers, *What's Mine Is Yours*, 224-25.

59) Mainwaring, *We First*, 231.

60) Cass R. Sunstein, *Infotopia: How Many Minds Produce Knowledge* (New York: Oxford University Press, 2006), 224.

61) Charles E. Lindblom, *The Market System* (New Haven, CT: Yale University Press, 2001), 3.

62) Ha-Joon Chang, *23 Things They Don't Tell You About Capitalism* (New York: Bloomsbury Press, 2010, vx.

63) Richard A. Posner, *A Failure of Capitalism: The Crisis of '08 and the Descent into Depression* (Cambridge, MA: Harvard University Press, 2009); 그리고 Richard A. Posner, *The Crisis of Capitalist Democracy* (Cambridge, MA: Harvard University Press, 2010).

64) 이 점은 그가 쓴 마지막 책에서 가장 확실히 나타난다. John Kohn Kenneth

Galbaith, *The Economics of Innocent Fraud: Truth for Our Time* (Boston: Houghton Mifflin, 2004)를 보라.

65) 예컨대 다음과 같은 것들을 보라. Dan Schiller, How to Think about Information (Urbana: University of Illonis Press, 2006); Luis Suarez-Villa, Technocapitalism: A Critical Perspective on Technological Innovation and Corporatism (Philadelphia: Temple University Press, 2009); 그리고 Vincent Mosco, *The Digital Sublime: Myth, Power, and Cyberspace* (Cambridge, MA: MIT Press, 2004). 시간이 지나도 여전히 유효한 이전의 두 저작. Darin Barney, *Prometheus Wired: The Hope for Democracy in an Age of Network Technology* (Chicago: University of Chicago Press, 2004); 그리고 Kevin Robins & Frank Webster, *Times of the Technoculture: From the Information Society to the Virtual Life* (London: Routledge, 1999).

2. 벼랑 끝에 몰린 자본주의

1) 이러한 입장에서 자본주의를 옹호한 최근의 사례는 Allan H. Metzger, *Why Capitalism?* (New York: Oxford University Press, 2012)를 보라. 주의를 덜 끌지만 자유시장주의의 다른 면이라 주장할 수 있는 낙관적 자유시장 교리문답의 또 다른 요소가 있다. 자유시장 교리문답은 일반 대중의 편의를 위해 부자들의 사안에 간섭해야 할 경우의 최소 정부 논리와 편안한 만큼이나, 일반 대중을 상대로 한 상당 수준의 감금과 치안력을 지닌 정부와도 편리하게 잘 어울린다.
2) *A Capitalism for the People: Recapturing the Lost Genius of American Prosperity* (New York: Basic Books, 2012)에서 루이기 진게일스는 이 교리문답을 미국적인 방식으로 격렬히 방어하면서, 지배적인 '연고 자본주의'(crony capitalism)의 여러 특징에 대해 비판한다.
3) 나는 여기서 명백하게 일반화하고 있다. 이 과정에 대한 고전적 설명을 원한다면, Morton H. Fried, *The Evolution of Political Society: An Essagy in Polticial Anthropology* (New York: McGraw-Hill, 1967)을 보라.
4) Marcel Mazoyer & Laurence Roudart, *A History of World Agriculture: From the Neolithic Age to the Current Crisis* (New York: Monthly Reviw Press, 2006).
5) Jared Diamond, *Guns, Germs, and Steel: The Fate of Human Societies* (New York: W.W. Norton, 1997), 235.
6) Ellen Meiksins Wood, *Liberty and Property: A Social History of Political Thought from Renaissance to Enlightenment* (London: Verso, 2012); Ellen

Meiksons Wood, *The Origins of Capitalism: A Longer View* (New York: Verso, 2002)를 보라.

7) Karl Marx & Friedrich Engles, *The Communist Manifesto* (New York: Monthly Reviw Press, 1964), 30.
8) David Wessel, "Rich-Poor Gap Widens-Class Mobility Stalls," *Wall Street Journal*, May 13, 2005.
9) Peter H. Diamandis & Steven Kotler, *Abundance: The Future Is Better Than You Think* (New York: The Free Press, 2012), 10.
10) Daisy Grewal, "How Wealth Reduces Compassion," *Scientific American*, Apr. 10, 2012.
11) Dacher Keltner, "Greed Prevents Good," Room for Debate section, NY Times.com, Mar. 16, 2012.
12) George Packer, "No Death, No Taxes: The Libertarian Futurism of a Silicon Vally Billionaire," *New Yorker*, Nov. 28, 2011.
13) 자본주의의 계급 기반은 교리문답에서 전혀 찾아볼 수가 없다. 왜냐하면 시장에서 재화와 서비스를 자발적으로 사고팔기 위해 모여드는 상인들과 소비자들에게 방점이 찍혀 있기 때문이다. 노동계급의 경우, 이는 양자가 대등하게 접근하는 하나의 시장 이외에 아무 것도 아니다.
14) 이런 이유로 40여 년 전 내가 대학을 다닐 때 나눴던 대화를 지금도 기억한다. 나는 자기 아버지가 꽤 규모가 중장비 사업체를 운영하고 있는 롱아일랜드 출신의 낙천적인 녀석과 친구가 되었다. 우리가 속한 그룹은 젊은이들이 늘 그러하듯 파티에서 이야기 나누며 우리의 미래에 관해 생각해 보기 시작했다. 나는 롱아일랜드 친구가 한 말을 결코 잊을 수 없다. "나는 아버지 회사에 가서 일할 계획이야." 나를 포함해 모든 친구들은 그가 마치 40년 동안 혼수상태에 빠지게 될 거라고 말한 것처럼 반응했다. 사업이라는 말이 너무나 끔찍하고 지루하게 들렸다. "이봐!" 그가 이전에는 들어본 적 없는 목소리 톤으로 대답했다. "이런 식으로 돌아가는 거야. 다른 누군가를 위해서 일해서 그를 더 부유하게 만들거나, 아니면 다른 사람들이 너를 위해 일해서 너를 더 부자로 만들어 주도록 만들던가."
15) 이 지점에서 내 개인의 경험을 이야기해 보면 이렇다. 나는 1980년대에 록 음악 잡지를 발행하여 성공적으로 운영했다. 그러다가 2000년대에 들어서는 상당히 큰 비영리 조직의 출범에 도움을 주기도 했다. 여러분이 이미 짐작했겠지만 나는 노동계급에 기대를 갖고 있다. 우리가 북유럽 수준의 노동조합 가입률을 이룬다면 훨씬 더 살기 좋은 나라가 될 거라고 생각한다. 내가 운영하는 회사 노동자들이 노조를 구성해서 임금이나 노동조건들을 협상하는 아이디어에 대해 노골적이고

예상치 못한, 부정적인 반응을 보였다. 나는 그런 절차가 불필요한 것이라고 생각했다. 왜냐하면 나는 노동자들에게 너무나 잘해 주고 있었고, 무엇보다 성공적으로 회사를 운영할 내 능력에 장애가 될 수 있었기 때문이다. 나는 비슷한 경우에 비슷한 반응을 보인 몇몇 사람들을 지켜보았고 또 그들과 이야기도 나누어 보았다. 나와 같은 친노동 배경을 갖고 있지 않은 소유자나 경영진들에게 노동조합에 대한 적대감은 거의 유전적인 것이었다.

16) Joseph E. Stiglitz, "Of the 1%, by the 1%, for the 1%," *Vanity Fair*, May 2011.

17) James K. Galbraith, *Inequality and Instability: A Study of the World Economy Just Before the Great Crisis* (New York: Oxford University Press, 2012).

18) 이 문제에 관한 탁월한 논의를 원한다면, Charles H. Ferguson, *Predator Nation: Corporate Criminals, Political Corruption, and the Hijacking of America* (New York: Crown Business, 2012)를 보라.

19) Jacob S. Hacker & Paul Pierson, *Winner-Take-All Politics: How Washington Made the Rich Richer-and Turned Its Back on the Middle Class* (New York: Simmon & Schuster, 2010). 조지프 스티글리츠도 "불평등은 경제적인 것만큼이나 정치적인 힘의 결과이다"라고 썼는데, 나도 이 생각에 동의한다. Joseph E. Stiglitz, *The Price of Inequality: How Today's Divided Society Endangers Our Future* (New York: W.W. Norton, 2012), 30을 보라.

20) Gar Alperovitz, *America Beyond Capitalism*, 2d ed. (Takoma Park, MD: Democracy Collaborative Press, 2011), x에서.

21) 노조와 경영진 사이 힘의 균형이 이동하면서, 노조를 해체하고 임금과 각종 연금 혜택들을 줄이려는 업주들의 움직임이 커지고 있다. 2012년 현재, 고용주들의 공장폐쇄가 미국에서 벌어지는 작업 중단 가운데 기록적인 비중을 차지한다. Steven Greenhouse, "More Lockouts As Companies Battle Union," *New York Times*, Jan. 23, 2012, A1, B2를 보라.

22) Bruce Western & Jake Rosenfeld, "Unions, Norms, and the Rise in U.S. Wage Inequality," *American Sociological Review* 76, no. 4 (2011): 513-37.

23) Bureau of Economic Analysis (BEA), "Value Added by Industry: Manufacturing," National Income and Product Accounts (NIPA); 그리고 St. Louis Federal Reserve (FRED) database, "Average Hourly Earnings of Production and Nonsupervisory Employees: Manufacturing (AHEMAN)" 그리고 "Production and Nonsupervisory Employees: Manufacturing (CES3000000006)," research.stouisfed.org. 제조업 분야 생산직과 비

관리직 노동자들이 받는 연간 총 급여는 다음과 같다. (AHEMAN*40[시간]*50[주])*CES3000000006.

24) Alperovitz, *America Beyond Capitalism*, xi에서 인용.

25) John Bellamy Foster & Robert W. McChesney, *The Endless Crisis: How Monopoly-Finance Capital Produces Stagnation and Upheaval from the USA to China* (New York: Monthly Review Press, 2012)를 보라.

26) Paul Krugman, "Jobs, Jobs and Cars," *New York Times*, Jan. 27, 2012, A21. 크루그먼은 애플의 미국 국내 고용 인구를 어림잡아 43,000명으로 본다. "An iPopping Phenomenon," *The Economist*, Mar. 24, 2012, 15는 60,000명으로 추정되고 있다.

27) Charles Duhigg & David Barboza, "In China, the Human Costs That Are Built into an iPad," *New York Times*, Jan. 26, 2012, A1, B10.

28) Robert Reich, "Bye Bye American Pie: The Challenge of the Productivity Revolution," *The Huffington Post*, Mar. 2, 2012. huffingtonpost.com/robert-reich/worker-productivity_b_1315814.html.

29) Steven Rattner, "The Rich Get Even Richer," *New York Times*, Mar. 26, 2012, A23.

30) David Hirschman, "On the Road to Riches: Those Under 35 With $100K Household Income," *Advertising Age*, May 22, 2011.

31) Ken Layne, "As American Middle Class Vanishes, Advertisers Focus Only on Richest 10%," *Wonkette*, June 2, 2011, wonkette.com/446740/as-middle-class-vanishes-advertisers-focus-only-on-richest-10.

32) Hope Yen, Associated Press, "Half New Low-Income or Poor," *Wisconsin State Journal*, Dec. 15, 2011, A1, A10.

33) Matt Townsend, with Asley Lutz & Christoher Palmeri, "A Star Customer Falls Back to Earth," *Bloomberg Besinessweek*, Mar. 26-Apr. 1, 2012, 19-20.

34) Ryan Chittum, "Procter & Gamble and the Hollowing Out of the American Economy," *Columbia Journalism* Reviw online, Sept. 12, 2011. cjr.or/the_audit/procter_gamble_and_the_hollowi.php?page=all&print=true.

35) Timoth Noah, *The Great Divergence* (New York: Bloomsbury Press, 2012).

36) Drake Bennett, "Commentary: The Inequality Delusion," Bloomberg Businessweek.com, Oct. 21, 2000. Lina McQuaig & Neil Brooks, *Billionires' Ball: Gluttony and Hubirs in an Age of Epic Inequality* (Boston: Beacon Press, 2012), 214-15.

37) Richard Wilkinson & Kate Pickett, *The Spirit Level: Why Greater Equality Makes Societies Stronger* (New York: Bloomsbury Press, 2009).

38) Stigliz, *Price of Inequality*, 43.

39) 물론 많은 사람들이 유사한 경로를 따랐지만, 아마 역사상 가장 위대하고 창의적인 미국의 경제학자라고 볼 수도 있는 소스테인 베블런이 자본주의의 이 같은 근본적 변화를 처음으로 간파했다, Thostein Veblen, Absentee Ownership and Business Enterprise in Recent Times (New York: Augustus M. Kelley, 1964)를 보라. 이 책은 원래 1923년에 출간된 베블런의 첫 저작이다.

40) 네 개의 가장 큰 기업들이 전체 선적 가치의 최소 50퍼센트를 차지하는 경우, 이 산업은 집중 상태로 간주된다. 통계청은 해마다 새로운 산업들을 추가하거나 뺀다. 표준산업분류법(SIC)이 사용되고 있던 1987년과 1992년에, 각각 457개와 458개의 범주가 있었다. 이 SIC 시스템은 1997년 북아메리카산업분류시스템(NAICS)으로 대체되었다. 그때부터 산업 분류 대략 472개(1997년에 그러하며 2002년에는 473개, 2007년엔 471개) 정도로 균형을 이루어왔다.

41) Simon Johnson, "The Bill Daley Problem," *Huffington Post*, Jan. 11, 2011, huffingtonpost.com/simon-johnson/bill-daley-obama-chief-of-staff_b_806341.html.

42) Stigliz, *Price of Inequality*, 35.

43) Friedrich Hayek, *The Road to Serfdom* (Chicago: University of Chicago Press, 1944), 49.

44) Andrew Frye & Dakin Cambell, "Buffett Says Pricing Power More Importnant Than Good Management," Bloomberg, Feb. 18, 2011, bloomberg.com/news/2011-02-18/buffett-says-pricing-power-more-important-than-good-management.html.

45) 나는 듀크 포스터와 함께 쓴《끝없는 위기》(*Endless Crisis*)에서 독점 문제를 대충 얼버무리고 마는 주류 경제학의 방식에 관해 좀 더 상세하게 다루고 있다.

46) Eric A. Schultz, *Markets and Power: The 21st-Century Command Economy* (Armonk, NY: M. E. Sharpe, 2001), 80-81.

47) Lawrence J. White, "Aggregate Concentration in the Global Economy: Issues and Evidence," Stern School of Business, New York University, Economic Working Papers, EC-03-13, Jan. 1, 2003, http://hdl.handle.net/2451/26166, pp. 3-4.

48) 오늘날의 거대 법인체들은 최대의 판매 수익과 최대의 이익률이라는 서로 연관된 두 가지 목표를 추구한다. 시장 점유율이 클수록 보다 높은 독점 이익이 나오기

때문에 상당 기간을 거치며 수렴된 결과이며, 더 높은 이익은 시장 점유율을 확장하는 데 활용된다. Peter Kenyon, "Pricing," in Alfred S. Eichner, ed., *A Guide to Post-Keynesian Economics* (White Plains, NY: M.E. Sharpe, 1979), 37-38을 보라.

49) Milton Friedman, *Capitalism and Freedom* (Chicago: University of Chicago Press, 2002).

50) "Surf's Up," *The Economist*, May 19, 2012, 83.

51) 루이기 진게일스도 이 점을 아주 잘 지적하고 있다. Zingales, *Capitalism for the People*, 8-39를 보라.

52) David Brooks, "The Creative Monopoly," *New York Times*, Apr. 24, 2012, A23.

53) David Rothkopf, *Power, Inc.: The Epic Rivalry Between Big Business and Government-and the Reckoning That Lies Ahead* (New York: Farrar, Straus & Giroux, 2012), p. 266.

54) Paul A. Baran & Paul M. Sweezy, "Some Theoretical Implications," *Monthly Review*, July-Aug. 2012, 40-41을 보라. 이 글은 원래 1996년에 나온《독점자본》(*Monopoly Capital*, Monthly Review Press)을 위해 준비된 논문이다. 완성하기 직전 폴 배런이 사망하면서 이 책에는 포함되지 않았다.

55) 나는 이 이야기를 리브스의 테드베이츠 광고대행사 전직 광고 전문가로부터 들었다. 이야기의 약간 다른 버전을 원한다면, Reed Hundt, chariman, Federal Communications Commission, "The Children's Emmy: An Award Worth Winning," speech to Children's Action Network, Los Angeles, Nov. 19, 1996, & Richard S. Tedlow, *The Watson Dynasty* (New York: HaperBusiness, 2003), 118을 보라.

56) William Greider, *Who Will Tell the People: The Betrayal of American Democracy* (New York: Simon & Schuster, 1992), 271.

57) Eli Pariser, *The Filter Bubble: What The Internet Is Hiding from You* (New York: Penguin Press, 2011), 159.

58) Darrell M. West, Air Wars: Television Advertising in Election Campaigns, 1952-2008 (Washington, DC: CQ Press, 201), 89. 선거 캠페인 관련 TV 뉴스 보도에서 차지하는 비주얼의 중요성에 대한 날카로운 분석을 원한다면, Maria Elizabeth Grabe & Erik Page Bucy, *Image Bite Politics: News and the Visual Framing of Elections* (New York: Oxford University Press, 2010)을 보라.

59) 여성의 불행과 광고에 관한 연구 조사의 뛰어나고 간략한 논의가 필요하다면,

Richard Layard, *Happiness: Lessons from a New Science* (New York: Penguin, 2005), 89-99를 보라.

60) Gary S. Becker & Kevin M. Murphy, "A Simple Theory of Advertising as a Good or Bad," *Quarterly Journal of Economics* 108, no. 4 (1993): 933.

61) 같은 글, 934. 광고를 많이 하는 온갖 제품들의 근본적인 유사성에 관한 뛰어난 논의를 위해서는, juliet B. Schor, *The Overspent American* (New York: HarperCollins, 1999), 60-63.

62) 이 주제에 관한 좀 더 풍부한 노작이 궁금하다면, Hannah Holleman, Inger I., Stole, John Bellamy Foster & Robert W. McChesney, "The Sales Effort and Monopoly Capital," *Monthly Review* 60, no. 11 (Apr. 2009)을 보라.

63) Drew Weston, *The Political Brain: The Role of Emotion in Deciding the Fate of the Nation* (Cambridge, MA: Perseus, 2007).

64) James Rorty, *Our Master's Voice: Advertising* (New York: John Day, 1934).

65) "대부분의, 특히 값비싼 주시청 시간대의 광고는 제품의 기능이나 특성에 관해 그 어떤 주장도 내놓지 않는다. 모두가 풍자이고 연상이며 이미지다." 전직 광고 카피라이터인 제리 맨더가 2012년에 지적한 내용이다. "상업 광고의 문제는, 광고들이 진실인지 아닌지 여부에 있지 않다. 문제는 이미지 그 자체다. 일단 받아들여지면, 이미지는 우리의 준거 틀이 된다. 시간이 경과하면서, 우리는 이미지를 모방하기 시작한다. …… 우리는 우리가 보아 온 바로 그게 되어 버린다. 심지어 그 가치까지도 공유하게 된다." Jerry Mander, *The Capitalism Papers: Fatal Flaws of an Obsolete System* (Berkeley, CA: Counterpoint, 2012), 183을 보라.

66) 내가 밀러 교수와 1999년인가 2000년에 나눈 사적인 대화에서 얻어 낸 것이다.

67) Wilhelm Ropke, *A Humane Capitalism: The Social Framework of the Free Market* (Wilminton, DE: ISI Books, 1960), 137.

68) James Livingston, *Against Thrift: Why Consumer Culture Is Cood for the Economy, the Environment, and Your Soul* (New York: Basic Books, 2011), 7장.

69) Mara Einstein, *Compassion, Inc: How Corporate America Blurs the Line Between What We Buy, Who We Are, and Those We Help* (Berkeley: University of California Press, 2012).

70) Inger I. Stole, "Cause Marketing as Commercial Propaganda: Neoliberal Wolf in Sheep's Clothing?" *in Gerald Sussman, ed.,* The Propaganda Society: Public Persuasion in Liberal Democratic Regimes (New York: Peter Lang, 2011), 130-44.

71) Michael J. Sandel, *What Money Can't Buy: The Moral Limits of Markets* (New York: Farrar, Straus & Giroux, 2012), 3장.

72) Robert E. Lane, *The Loss of Happiness in Market Democracies* (New Haven, GT: Yale University Press, 2000), 179. 개개인에게 강박관념이라 할 만큼 주목하면서, 광고는 역설적으로 미국에서 '나르시시즘 전염병'이라 할 만한 현상을 조장하고 있다. 이 주제에 관해 최근 책을 쓴 저자들은, 광고에 만연한 개인의 '독창성에 대한 강조'에 상당한 의미를 부여한다. Jean M. Twenge & W. Keith Campbell, *The Narcissism Epidemic* (New York: Free Press, 2009), 184-88을 보라. 여기서도 상업주의와 새로운 소셜미디어 기술의 결합은 매우 긴밀하다. 크리스 헤이스는, 1950년의 미국 십대들 가운데 불과 12퍼센트만이 "나는 중요한 사람이다"라는 항목에 동의했음을 입증한 조사에 주목한다. 근래에 들어 그 비율은 80퍼센트를 넘어선다. Christopher Hayes, *Twilight of the Elites: America After Meritocracy* (New York: Crown, 2012), 162. 이 책을 살펴보면서 나는 이와 같은 자기 망상이 과연 보다 행복한 사람을 만들어 내는지에 관해 그 어떤 증거도 찾지 못했다. 트웬지와 캠벨이 주장하듯이, 오히려 사람들을 우울하고 외롭게 만드는 경향이 있다.

73) Darl Travis, *Emotional Branding: How Successful Brands Gain the Irrational Edge* (Roseville, CA: Orima Venture, 2000); 그리고 Marc Gobe, *Emotional Branding: The New Paradigm for Connecting Brands to People* (New York: Allworth Press, 2001).

74) Jeffrey D. Sachs, *The Price of Civilization: Reawakening American Virtue and Prosperity* (New York: Harbinger, 1964; 초판은 1936년에 발행), 1장과 2장.

75) John Maynad Keynes, *The General Theory of Employment, Interest, and Money* (New York: Harbinger, 1964; 1936년에 최초로 출간되었음), 1장과 2장.

76) 폴 크루그먼은 미국 거시경제에서 군사비 지출이 갖는 중요성에 관해 훌륭한 토론을 이끈 바 있다. Paul Krugman, *End This Depression Now!* (New York: W.W. Norton, 2012), 234-37을 보라.

77) John Bellamy Foster, Hannah Holleman & Robert W. MeChesney, "The U.S. Imperial Triangle and Military Spending," *Monthly Review*, Oct, 2008, 1-19.

78) 제임스 갤브레이스는 이렇게 쓰고 있다. "2004년에 이르러, 그 어떤 현대 전쟁을 일으켜도 국내 경제성장과 전국 차원의 일자리 창출에 의미 있고 지속적인 효과를 내지 못한다는 사실이 밝혀졌다." James K. Galbraith, *Inequality and Instability: A Study of the World Economy Just Before the Great Crisis* (New York: Oxford University Press, 2012), 292.

79) 왜 불황이 오늘날의 규준이 되었는지에 대한 다른 설명도 있다. 존 포스터와 나는 《끝없는 위기》(The Endless Crisis)에서 우리 나름의 설명을 제시한 바 있다.

80) Galbaith, *Inequality and Instability*, 291.

81) Paul Krungman, *End This Depression Now!*, 19.

82) Alfred D. Chandler Jr., *Scale and Scope: The Dynamics of Industrial Capitalism* (Cambridge, MA: Belknap Press of Harvard University Press, 1990).

83) 그리하여 다음과 같은 논리적인 질문이 남는다. 만약 이게 이상적인 가족 형태라면, 사회의 나머지 다른 부문에서도 이처럼 가치 규칙과 전혀 반대되는 윤리적 시스템을 갖는 게 바람직한가? 앨런 그린스펀과 폴 라이언을 비롯하여 여러 당대 미국 자유시장 보수주의자들의 영웅이자 멘토인 에인 랜드는, 자본주의 가치에 대한 종교 특히 기독교의 근원적인 적대성을 잘 인지하고 있었다. 무신론자인 랜드는 기독교적인 가치가 "가능한 공산주의의 가장 훌륭한 유치원"이었다고 썼다. Jennifer Burns, "Atlas Spurrned," *New York Times*, Aug. 15, 2012, A21를 보라.

84) 환경 훼손이라는 외부 효과가 근대 정치경제의 결정적 위기 중 하나로 출현했다는 사실에 주목할 가치가 있다. 지구와 우리 인류의 지속적인 생존을 진실로 위협하는 것이다. 디지털 혁명을 지지하는 주장들 가운데 하나는, 그 혁명이 환경 친화적이라는 것이었다. 예컨대 디지털 커뮤니케이션은 과거에 쓰던 많은 종이나 잉크병이 필요하지 않다. 토비 밀러와 리처드 맥스웰의 새로운 연구는 이 같은 환경 친화적이라는 주장의 허구성을 폭로한다. Richard Maxwell & Toby Miller, *Greening the Media* (New York: Oxford University Press, 2012)를 보라. 그들은, 2020년 220억 달러 정도에 이를 인터넷 장치의 생산 및 처분 비용이 엄청난 환경 훼손을 불러올 것이라는 점을 입증했다. 이게 바로 생산자나 소비자가 비용을 부담하지 않는 전통적인 외부 효과다. 외부 불경제들이 큰 시장들은 훼손 정도를 줄이기 위해 정부의 규제를 요구한다. 문제는 그런 규제책을 입법화할 정치적인 힘을 갖는 일이 몹시 힘들다는 사실이다.

85) 외부 효과와 미디어에 관한 훌륭한 논의를 원한다면, Edward S. Herman, "The Externalities Effects of Commercial and Public Broadcasting," in Kaarle Nordenstreng & Herbert I. Schiller, eds., *Beyond National Sovereignty: International Communication in 1990s* (Norwood, NJ: Ablex, 1993), 84-1115를 보라.

86) 이에 관한 고전적인 진술은 Paul A. Samuelson, "The Pure Theory of Public Expenditure," Review of Economics and Statistics 36 (4) (1954): 387-389. 이 시기 또 다른 고전적인 작업은 John Kenneth Galbraith, *The Affluent Society* (Boston: Houghton Mifflin, 1958)이다. 특히 18~22장을 보라.

87) Diane Ravitch, *The Death and Life of the Great American School System: How Testing and Choice Are Undermining Education* (New York: Basic Books, 2010).

88) 이 연구 조사의 결론은 이렇다. "대부분의 응답자들은 공영방송을 상업적인 미디어가 안고 있는 함정 거의 모든 걸 피해 갈 탁월한 자원으로 환영했다. 공영방송의 뉴스 프로그램은 선정주의를 피하고 객관적이고 정보가 풍부하다고 보았다. 그런 광고 없는 편성의 진가를 사람들은 널리 인식하고 있었다. 공영방송은 어린이와 성인 모두를 상대로 질 높은 교육 콘텐츠도 제공한다. 그렇지만, 열정적인 지지자 일부를 제외하고, 대다수의 응답자들은 (자기 아이들을 빼놓고) 자신이 공영방송을 거의 시청하지 않으며 NPR 뉴스로도 채널을 자주 돌리지 않는다고 인정했다. 그냥 매일 시청할 선택지로 생각하지 않다거나 프로그램이 너무 지루하다고 말했다. 선정주의에 관한 불만에도 불구하고, 어떤 이들은 그런 뉴스를 보면서 즐거움을 얻고 싶다고 마지못해 시인했다." Gerstein-Agne Strategic Communications, "Media Reform Focus Groups: Understanding Public Attitudes and Building Public Support for Media Reform," June 1, 2005, www.freepress.net/files/focus_groups.pdf.

89) Roper Public Opinion Poll on PBS, Jan. 2009, kpts.org/user/file/Roper2009.pdf.

90) Aristotle, *Politics*, trans. Benjamin Jowett (Stilwell, KS: Digiereads, 2005), 60.

91) Gordon S. Wood, *The Idea of America* (New York: Penguin Press, 2011).

92) Thompson, *Politics of Inequality*, 57에서 인용.

93) Abraham Lincoln, "1861 State of the Union Address," Dec. 3, 1861, presidentialrhetoric.com/historicspeeches/lincoln/stateoftheunion1861.htlm.

94) Jack Beatty, *Age of Betrayal: The Triumph of Money in America, 1865-1900* (New York: Knoopf, 2007), xv.

95) 폴 불과 2012년 2월 나눈 대담.

96) "Justice Luis D. Brandeis," brandeis.edu/legacyfund/bio.html.

97) John Nichols, ed., *Against the Beast: A Documentary History of United States* (New York: Routledge, 2006), 3에서 인용.

98) Ron Hayduk, *Democracy for All: Restoring Immigrant Voting Rights in the United States* (New York: Routledge, 2006), 14.

99) Alexander Keyssar, *The Right to Vote: The Consted History of Democracy in*

the United States (New York: Basic Books, 2000), 11, 15를 보라.

100) 존 애덤스도 같은 주장을 했다는 이야기가 있다. 애덤스는 금권주의자가 아니었다. 비록 근대적인 의미에서 민주적이진 않았지만, 힘이 있는 자들이 제어되지 않는 권력을 갖는 것에 대해 심각하게 우려하고 있었다. 제퍼슨과 생애 마지막에 주고받은 편지는 이런 사상을 뚜렷이 보여 주고 있다. Michael Perelman, *The Invisible Handcuffs of Capitalism* (New York: Monthly Review Press, 2011), 272를 보라.

101) Alex Carey, *Taking the Risk Out of Democracy* (Urbana: University of Illinois Press, 1996).

102) 예찬론자들이 인터넷의 장점으로 내세우는 것 가운데 하나는, 인터넷이 기업 홍보 노력을 크게 약화시킬 수 있다는 발상이다. 또한 기업들이 좀 더 윤리적으로 행동하게끔 압박할 수 있도록, 소비자들에게 훨씬 더 많은 지지대를 제공할 거라는 생각이었다. 이러한 주장이 소셜미디어와 함께 다시 등장한다. 페이스북이나 트위터, 유튜브, 스마트폰 같은 게 구글 검색과 더불어, 기업이라는 상대에 맞선 소비자들을 훨씬 더 강하게 만들어 줄 수 있다는 것이다. 그런데 《블룸버그 비즈니스위크》는 이렇게 관측한다. 기업들이 소셜미디어와 웹에 자신의 회전 기술을 적용하는 데 전문가가 되어 가면서 이런 희망은 아직 규칙으로 자리 잡지 못했다. Felix Gillette, "It's Getting Toughter to Bully Brands," *Bloomberg Businessweek*, Aug. 6-12, 2012, 20-22를 보라.

103) 최근에 엄청난 성공을 거둔 홍보 캠페인은, 지구 변화에 관한 만장일치의 과학적 성과에 대한 평판을 나쁘게 하기 위한 에너지 회사들의 로비의 작업이었다. James Hoggan, *Climate Cover-Up: The Crusade to Deny Global Warning* (Vancouver: Greystone Books, 2009)와 James Lawrence Powell, *The Inquisition of Climate Science* (New York: Columbia University Press, 2011)를 보라.

104) Michel Crozier, Samuel P. Huntington & Joji Wakanuki, *The Crisis of Democracy: Report on the Governability of Democracies to the Trilateral Communication* (New York: New York University Press, 1975), 114.

105) Glenn W. Smith, "Republican Operative: 'I Don't Want Everyone to Vote," FireDogLake, Oct. 12, 2008. http://firedoglake.com/2008/10/12/republican-operative-i-dont-want-everyone-to-vote/

106) Richard I. Kaplan, *Politics and the American Press: The Rise of Objectivity*, 1865-1920 (New York: Cambridge University Press, 2002), 24, 149.

107) V.O. Key Jr. *Politics, Parties, and Pressure Groups* (New York: Thomas Y.

Growell, 1955), 19장.

108) Walter Dean Burnham, "The Appearance and Disappearance of the American Voter," in Thomas Ferguson & Joel Rogers, eds. *The Poltical Economy: Readings in the Poltics and Economics of American Public Policy* (Armonk, NY: M.E. Sharpe, 1984), 112-37.

109) Hacker & Pierson, *Winner Take-All Politics*을 보라.

110) Galbraith, *Inequality and Instability*, 164.

111) C.B. Macpherson, *The Life and Times of Liberal Democracy* (New York: Oxford University Press, 1977), 89-90. 에리히 프롬도 그 무렵에 비슷한 주장을 한 바 있다. Erich Fromm, *The Sane Society* (New York: Rinehart & Company, 1955), 184-91을 보라.

112) Martin Gilens, *Affluence and Influence: Economic Inequality and Political Power in America* (Princeton, NJ: Princeton University Press, 2012); Kay Lehman Schlozman, Sidney Verba & Henry E. Brady, The Unheavenly Chorus: Unequal Political Voice and the Broken *Promise of American Democracy* (Princeton, NJ: Princeton University Press, 2012)를 보라.

113) Richard K. Matthews, *The Radical Politics of Thomas Jefferson: A Revisionist View* (Lawrence: University Press of Kansas, 1984), 83.

3. 커뮤니케이션 정치경제학과 인터넷

1) 커뮤니케이션 정치경제학과 관련하여 조금은 독특한 시각이다. 내 취향에 따라, 그리고 이 책과 이 장의 목적에 맞춰 스타일을 바꿔 본 것이다. 좀 더 포괄적이지만 여전히 약간은 독특한 관점을 원한다면, Vincent Mosco, *The Political Economy of Communication*, 2d ed. (Thousand Oaks, 2009)를 추천한다.

2) 나는 이 미디어라는 문제에 관한 생각을 같은 제목의 책에서 좀 더 발전시키고 있다. 더 길게 살펴보기를 원한다면, Robert W. McChesney, *The Problem of the Media* (New York: Monthly Review, 2004)를 참고하라.

3) Raymond Williams, *The Existing Alternatives in Communication* (London: Fabian Society, 1962).

4) Jurgen Harbermas, *The Structural Transformation of the Public Sphere: An Inquiry into a Category of Bourgeois Society* (Cambridge, MA: MIT Press, 1989), 독일에서는 1962년에 처음 출간되었다.

5) 미디어에 관한 이 마니교식 프레이밍은 냉전의 기능이자 소비에트 공산주의 특성의 기능이었다. 카를 마르크스나 사회주의 이론과는 아무 상관이 없다. 다른 분야

에서 드러난 자유주의와 래디컬한 사유 사이의 긴장 관계에도 불구하고, 저널리즘과 자유언론의 사안에 관해서는 둘 사이에 상당한 합치점이 있다. 언론의 자유에 관한 마르크스의 입장이 궁금하다면, Robert W. McChesney, *Communication Revolution: Critical Junctures and the Future of Media* (New York: The New Press, 2007), 2장을 보라. 20세기에 들어 래디컬한 사회주의자들이 독립적이고 검열되지 않은 저널리즘을 주창하는 맨 앞자리에 서 있었다. 존 니컬스는 미국 수정헌법 제1조를 '탄생시킨' 것은 다름 아닌 사회주의자들이었다고 설득력 있게 주장한다. 그들이 제1차 세계대전 직후의 생산적인 대법원 판결의 기초를 제공했다는 것이다. John Nichols, *The "S" Word: A Short History of an American Tradition... Socialism* (New York: Verso, 2011)을 보라. 마찬가지로, 1920년대 이후 유럽에서 광범위하고 독립적인 공공서비스 방송을 위해 가장 일관되게 운동해 온 사람들도 사회민주주의자들이었다. Hakon Larsen, "Public Service Broadcasting as an Object for Cultural Policy in Norway and Sweden: A Policy Tool and End in Itself," *Nordicom Review* 32, no. 2 (Nov. 2011): 34-48을 보라. 이후 민주적 좌파가 전 지구적으로 앞서 나가면서 받아들이고 발전시킬 풍부한 미디어 전통을 갖추게 되었다. 헝가리의 사회주의자 줄러 헤지는 2006년, 라틴아메리카의 성공적인 좌파 정부들에게 전달한 메시지에서 이렇게 말한 바 있다. "동지들, 내 말을 믿으십시오. 민주주의 없이는 그 어떤 민주적 사회주의도 있을 수 없습니다. 그리고 민주주의 없이 존재하는 그 어떤 종류의 사회주의들도 미래를 향한 당신들의 꿈을 죽여 버릴 수 있습니다." Gyula Hegyi, "Learn from Our Failures and Create a Socialist Democracy," The Guardian, Dec. 22, 2006.

6) Ruth Berins Collier & David Collier, *Shaping the Poltical Arena: Critical Juncture, the Labor Movement, and Regime Dynamics in Latin America* (Princeton, NJ: Princeton University Press, 1991; South Bend, IN: Notre Dame University Press, 2002).

7) Giovanni Capoccia & R. Daniel Kelemen, "The Study of Critical Junctures: Theory, Narrative, and Counterfactuals in Historical Institutionalism," *World Politics* 59 (Apr. 2007): 368.

8) Juan Gonzales & Joseph Torres, *News for All the People: The Epic Story of Race and the American Media* (New York: Verso, 2011), 16장을 보라.

9) Michel Crozier, Samuel P. Huntington & Joji Watanuki, *The Crisis of Democracy: Report on the Governability of Democracies to the Trilateral Commission* (New York: New York University Press, 1975). 이 지점에 관한 탁

월한 토론을 Noam Chomsky, *Necessary Illusions: Thought Control in Democratic Societies* (Boston: South End Press, 1989), 2-5에서 찾아볼 수 있다.

10) Harold Innin, Political Economy in the Modern State (Toronto: Ryerson Press, 1946), Empire and Communication (Oxford: Clarendon Press, 1950); 그리고 The Bias of Communication (Toronto: University of Toronto PRess, 1951).

11) Eric McLuhan & Frank Zingrone, eds., *Essential MeLuhan* (New York: Basic Books, 1995); Marshall McLuhan, *Understanding Media: The Extentions of Man* (1964; Cambridge: MIT Press, 1999, 서문 Lewis H. Lapham); Marshall McLuhan & Quentin Fiore, *The Medium Is the Message: An Inventory of Effects* (New York: Bantam Books, 1967); 그리고 Marshall McLuhan, *The Gutenberg Galaxy: The Making of Typographic Man* (Toronto: University of Toronto Press, 1962)를 보라. 이와 같은 전통에 있는 또 다른 고전은 Jerry Mander, *Four Arguments for the Elimination of Television* (New York: Qull, 1978)이다. 맨더는 이렇게 쓰고 있다. "우리는 지금 독재 아래에서 사는 것과 하등 구별되지 않는 수동성과 무기력 상태에 갇혀 있다." (p. 252).

12) Neil Postman, *Amusing Ourselves to Death: Public Discourse in the Age of Show Business* (New York: Penguin, 1985).

13) Nicholars Carr, *The Shallows: What The Internet is Doing to Our Brains* (New York: W.W. Norton, 2010), 45.

14) 기술 결정론에 관한 중요한 논문을 원한다면, Merritt Roe Smith & Leo Marx, eds., *Does Technology Drive History? The Dilemma of Technological Determinism* (Cambridge, MA: MIT Press, 1995)를 보라.

15) Harold A. Innis, *Changing Concepts of Time* (Toronto: University of Toronto Press, Knopf, 1992), 170.

16) Neil Postman, Technopoly: *The Surrender of Culture to Technology* (New York: Knopf, 1992), 170.

17) Carr, *Shallows*, 112, 156-57.

18) 결과에 대해서는 최소한의 관심만을 가진 기술 변화의 '무서운 속도'는 일반적으로 상업적 규칙들에 의해 추동된다. 그런데도 이 점은 너무나 당연한 것으로 여겨지고 분석 요인으로 고려되지 않은 채 사라지고 만다. Jim Taylor, *Raising Generation Tech* (Narperville, IL: Sourcebook, 2012)을 보라.

19) Sherry Turkle, *Alone Together: Why We Expect More from Technology and Less from Each Other* (New York: Basic Books, 2011); 그리고 *Arlie Russell*

Hochschild, The Outsourced Self: Inmate Life in Market Times (New York: Metropolitan Books, 2012)를 보라.

20) Steven Pinker, *The Language Instinct: How the Mind Creates Language* (New York: Morrow, 1994).

21) 이 부분은 Spencer Wells, *The Journey of Man: A Genetic Odyssey* (New York: Random House, 2003); 그리고 Jared Diamond, *The Third Chimpanzee: The Evolution and Future of the Human Animal* (New York: HarperCollins, 1992)에서 논의되고 있다. 아울러 Richard G. Klein & Blake Edgar, *The Dawn of Human Culture: A Bold New Theory on What Sparked the "Big Bang" of Human Consciousness* (New York: Wiley, 2002)를 보라.

22) Marcel Mazoyer & Laurence Roudart, *A History of World Agriculture: From the Neolithic Age to the Current Crisis* (New York: Monthly Review Press, 2006).

23) Wayne M. Sener, ed., *The Origins of Writing* (Lincoln: University of Nebraska Press, 1989); 그리고 Stephen D. Houston, ed., *The First Writing: Script Invention as History and Process* (Cambridge, UK: Cambridge University Press, 2004).

24) Jared Diaamond, *Guns, Germs, and Steel: The Fate of Human Societies* (New York: W.W. Norton, 1997), 235에서 인용.

25) Carr, *Shallows*, 53.

26) 고전적인 저작으로 Elizabeth L. Eisenstein, *The Printing Press as an Agent of Change: Communication and Cultural Transformations in Early Modern Europe* (Cambridge: UK: Cambridge University Press, 1979), 그리고 *The Printing Revolution in Early Modern Eurrope* (Cambridge, UK: Cambridge University, 1983); Adrian Johns, *The Nature of the Books: Print and Knowledge in the Making* (Chicago: University of Chicago Press, 1998)이 있다.

27) Car, *Shallows*, 75.

28) 크게 놀랄 일은 아니지만, 전자책의 출현은 독서를 "페이지 위에서 이루어지는 독자와 단어들 사이의 친밀한 교환"에서 "측정 가능하고 유사-공적인 뭔가로" 극적으로 바꿔 놓고 있다. 마찬가지로 별로 놀랍지 않은 일인데, 이런 변화는 기술의 본성만큼이나 상업적인 요구에서 비롯된다. Alexandra Alter, "Your E-Book Is Reading You," *Wall Street Journal*, July 19, 2012를 보라.

29) Carr, *Shallow*, 116.

30) John Naughton, *What You Really Need to Know About the Internet: From*

Gutenberg to Zuuckerberg (London: Quercus, 2012).

31) QWERTY의 영어 자판은 초창기 타자기의 키를 타자수들이 너무 빨리 쳐 엉기지 않도록 할 목적으로 디자인되었다. 만약 효율성을 최대로 높이기 위해 키보드를 디자인하려고 했다면, 지금과는 전혀 다른 모양이 되었을 것이다.

32) Rebecca MacKinnon, *Consent of the Networked: The Worldwide Struggle for Internet Freedom* (New York: Basic Books, 2012), 53에서 인용.

33) 미국에서 상업주의와 대중음악의 관계에 관한 역사를 알고 싶다면, David Suisman, *Selling Sounds: The Commercial Revolution in American History* (Cambridge, MA: Harvard University Press, 2009)를 보라,

34) Tim Wu, *The Master Switch: The Rise and Fall of Information Empires* (New York: Knopf, 2010), 17장에서 팀 우는 거대기업들이 볼 때 미디어 복합기업이 지닌 경제적 가치를 간결하고 설득력 있게 설명해 주고 있다.

35) 같은 책.

36) 같은 책, 228-29.

37) 이에 관한 고전적인 연구가 있다. Todd Gitlin, *Inside Prime Time*, 2d ed. (Berkeley: University of California Press, 2000).

38) 커뮤니케이션 정치경제학의 전통에서 지배적인 결론 가운데 하나이다. 고전적 사례는 Erik Barnouw, *The Sponsor: Notes on Modern Potentates* (New York: Oxford University Press, 1978).

39) Robert W. McChesney, *The Problems of the Media: U.S. Communication Politics in the 21st Century* (New York: Monthly Review Press, 2004), 4장.

40) 이 상업적 교육의 의심스러운 특성은 David George, *Preference Pollution: How Markets Create the Desires We Dislike* (Ann Arbor: University of Michigan Press, 2001)에서 좀 더 구체적으로 논의되고 있다.

41) 이 문단의 주제들을 보다 구체적으로 다룬 연구에 관심 있다면, Juliet Schor, *Born to Buy: The Commercialized Child and the New Consumer Culture* (New York: Scribner, 2004)를 보라. 그리고 McChesnery, Problem of the Media, 4장을 보라.

42) Martin Lindstrom, *Brandwashed* (New York: Crown Business, 2011), 17-21을 보라.

43) Susan Gregory Thomas, *Buy, Buy Baby: How Consumer Culture Manipulates Parents and Harms Young Minds* (Boston: Houghton Mifflin, 2007).

44) Joel Bakan, Childhood *Under Siege: How Big Business Targets Children* (New York: The Free Press, 2011), 51에서 인용. Danielle Sacks, "Alex Bogusky

Tells All: He Left the World's Hottest Agency to Find His Soul," *Fast Company*, Aug. 9, 2010을 보라.

45) Bakan, *Childhood Under Siege*, 6에서 인용.

46) 이러한 이유로, 스웨덴을 비롯한 몇몇 국가들은 12세 이하 어린이들을 상대로 한 광고를 금지시키고 있다. 경제학자인 리처드 레야드는 이런 정책이 다른 나라들도 따라할 만한 매우 바람직한 방향이라고 주장한다. 나도 동의하는 바이다. Richard Layard, *Happiness: Lessons from a New Science* (New York: Penguin, 2005), 161을 보라.

47) 이 수치는 전 FCC 위원 마이클 콥스가 여러 전문가들과 협의하여 내놓은 것이며, 최근의 주파수 경매 때 제시된 평가액를 기초로 계상한 것이다. "Remarks of Commissioner Michael J. Copps," National Conference on Media Reform, Memphis, TN, Jan. 12, 2007을 보라.

48) McChesney, *Communication Revolution*, 3장을 보라.

49) Lewis Hyde, *Common as Air: Revolution, Art, and Ownership* (New York: Farrar, Straus & Giroux, 2010), 45에 인용.

50) 좀 더 정확히 말해, 저작권을 배후에서 밀어붙이는 세력은 저자들만큼이나 출판업자들이었다. 출판의 사업 전망은 정부의 독점 특혜를 받아내는 데 달려 있었다.

51) Peter Decherney, *Hollywood's Copyright Wars: From Edison to the Internet* (New York: Columbia University Press, 2013), 3.

52) John Palphrey, *Intellectual Property Strategy* (Cambridge, MA: MIT Press, 2012), 144-45.

53) Wu, *Master Switch*, 7장. 우는 당대의 복합기업이 영화 한 편을 제작할 때 얻어내는 수입의 원천을 분석함으로써 이러한 현실을 탁월하게 입증해 냈다.

54) Lawrence Lessig, *Free Culture* (New York: Penguin, 2004); 그리고 Kembrew McLeod, *Freedom of Expression* (New York: Doubleday, 2005)을 보라.

55) Milton Friedmon, Capitalism and Freedom (Chicago: University of Chicago Press, 192), 8장. 프리드먼은, 국회가 이미 연장된 저작권을 계속해서 또 연장하는 저작권 정책의 합헌성을 둘러싼 '엘레드 대 애스크로프'(Elred vs. Ashcroft)의 2003년 대법원 사례에서 로런스 레식을 지지하는 소송 사건 적요서를 제출한 바가 있다.

56) Jewis Hyde, *Common as Air: Revolution, Art, and Ownership* (New York: Farrar, Straus & Giroux, 2010), 199-206.

57) Don Clark, "Facing Early Losses, Some Web Publishers Begin to Pull the Plug," *Wall Street Journal*, Jan. 14, 1997, A8.

58) Joseph Turow, *The Daily You* (New Haven, CT: Yale University Press, 2011), 15에서 인용.

59) J. D. Lasica, "John Perry Barlow: 'People Want to Bypass the Mass Media,.'" May 24, 1996, www.jdlasica.com/1996/05/24/john-perry-barlow-people-want-to-bypass-the-mass-media.

60) Michael Mandiberg, introduction, in Michael Mandiberg, ed., *The Social Media Reader* (New York: New York University Press, 2012), 1.

61) 이를 테면, Clifford G. Christians, Theodore L. Glasser, Denis McQuail, Kaarle Nordenstreng & Robert A. White, *Normative Theories of the Media: Journalism in Democratic Societies* (Urbana: University of Illinois Press, 2009)를 보라.

62) 이를 테면, Mauro P. Porto, "Frame Diversity and Citizen Competence: Towards a Critical Approach to News Quality," *Critical Studies in Media Communication* 24, no. 4 (2007): 303-21; Minho KIm, "News Objectivity and Political Conversation: An Experimental Study of Mad Cow Disease and Candlelight Protest," *Development and Society* 41, no. 1 (June 2012), 55-75를 보라.

63) 19세기 말과 20세기 초의 신문 시장에 관한 원자료가 필요하다면, Robert W. McChesney & John Nichols, *The Death and Life of American Journalism: The Media Revolution That Will Begin the World Again* (New York: Nation Books, 2010), 3장을 보라.

64) Richard L. Kaplan, *Politics and the American Press: The Rise of Objectivity, 1865-1920* (New York: Cambridge University Press, 2002), 123-24.

65) 고전적인 저작 Upton Sinclair, *The Brass Check* (1919, Urbana: University of Illinois Press, 2005)를 보라.

66) Robert M. La Follette, ed. Ellen Torelle, *The Political Philosophy of Robert M. La Follette* (Madison, WI: Robert M. La Follette Co. 1920).

67) Kaplan, *Politics and the American Press*, 166에서 인용.

68) Duane C.S. Stolzfus, *Freedom from Advertising: E.W. Scripps's Chicago Experiment* (Urbana: University of Illinois Press, 2007)을 보라.

69) William Neuman, "In 'Battle' with Media, a New Tactic in Ecuador," *New York Times*, Mar. 13, 2012, A10.

70) "The Media and the Mouth," *The Economist*, Mar. 3, 2012, 47.

71) Kaplan, *Politics and the American Press*, 126에서 인용.

72) Ben Scott, "Labor's New Deal for Journalism: The Newspaper Guild in the 1930s," PhD dissertation, University of Illinois at Urbana-Champaign, 2009, 7장.

73) Ronald K.L. Collins, *Dictating Content: How Advertising Pressure Can Corrupt a Free Press* (Washington, DC: Center for the Study of Communication, 1992)를 보라.

74) 고전적인 저작으로 Walter Lippman, *Liberty and the News* (Princeton, NJ: Princeton University Press, 2008)과 Walter Lippman & Charles Merz, "A Test of the News," *New Republic*, Aug, 4, 1920가 있다.

75) John Nichols & Robert McChesney, "Bush's War on the Press," *The Nation*, Dec. 5, 2005를 보라,

76) Chris Hedges, *Empire of Illusion* (New York: Nation Book, 2009), 170.

77) 이 주제를 다룬 다양한 작업들이 필요하다면, Howard Friel & Richard A. Falk, *The Paper of Record: How the "New York Times" Misreports U.S. Foreign Policy* (New York: Verso, 2004); Edward S. Herman & Noam Chomsky, *Manufacturing Consent* (New York: Pantheon, 1989); 그리고 Jonathan Mermin, *Debating War and Peace: Media Coverage of U.S. Intervention in the Post-Vietnam Era* (Princeton, NJ: Princeton University Press, 1999); 그리고 Mathew A Baum & Tim J. Groeling, *War Stories: The Causes and Consequences of Public Views of War* (Princeton, NJ: Princeton University Press, 201)을 보라.

78) 이 주제에 관한 탁월한 연구는 W. Lance Bennett & Regina G. Lawence & Steven Livington, *When the Press Fails: Political Power and the News Media from Iraq to Katrina* (New York: Cambridge University Press, 2007).

79) I.F. Stone, "What Few Know About the Tonkin Bay Incidents," *I.F. Stone's Weekly*, Aug. 4, 1964, 또한 Jeff Cohens, "Izzy Stone, Patron Saint of Bloggers," Common Dreams, June 16, 2008, commondreams.org/archive/2008/06/16/9646에서 인용.

80) "The Press: The Newspaper Collector Samuel Newhouse," *Time*, July 27, 1962.

81) Michael Hastings, *The Operators: The Wild and Terrifying Inside Story of America's War in Afganistan* (New York: Blue Rider Press, 2012), 90-91.

82) Glenn Greenwald, "What NPR Means by 'Reporting'," Salon.com,Mar. 27. 2012.

83) Hastings, *Operators*, 329.

84) Ronald D. Smith, *Strategic Planning for Public Relations* (Mahwah, NJ: Routledge, 2004), 191; Norman Solomon, *Unreliable Sources: A Guide to Detecting Bias in News Media* (New York: Carol Publishing Group, 1992), 66; 그리고 Trevor Morris & Simon Goldworthy , *PR-a Persuasive Industry? Spin, Public Relations, and the Shaping of the Modern Media* (Basingstoke, UK: Palgrave Macmillan, 2008). 또한 Michael Turney, "Working with the Media," 2002, nku.edu/-turney/prclass/readings/media_rel.html을 보라.

85) Christopher Lasch, *The Revolt of the Elite and the Betrayal of Democracy* (New York: W.W. Norton, 1995), 162-63.

86) Lawrence Lessig, *Republic, Lost: How Money Corrupts Congress-and a Plan to Stop It* (New York: Twelve Books, 2011), 59.

87) Amy Reynolds & Gary Hicks, *Prophets of the Fourth Estate: Broadsides by Press Critics of the Progressive Era* (Los Angeles: Litwin Books, 2012)을 보라.

88) 이러한 사건들은 PEC 문헌에서 폭넓게 취급되고 있다. Robert W. McChesney, *Telecommunications, Mass Media & Democracy: the Battle for the Control of U.S. Broadcasting, 1928-1934* (New York: Oxford University Press, 1993); Victor Pickard, "The Battles over the FCC Blue Book: Determining the Role of Broadcast Media in a Democratic Society, 1945-1948," *Media, Culture & Society* 33, no. 2 (2011): 171-91; Victor Pickard, "Wheter the Giants Should be Slain or Persuaded to Be Good: Revisiting the Hutchins Commission and the Role of Media in a Democratic Society," *Critical Studies in Media Communication* 27, no. 4 (2010): 391-411; Inger L. Stole, *Advertising on Trial: Consumer Activism and Corporate Public Relations in the 1930s* (Urbana: University of Illinois Press, 2006); 그리고 Inger L. Stole, *Advertising at War: Business, Consumers, and Government in the 1940s* (Urbana: University of Illinois Press, 2012)를 보라.

89) 이 시기의 탁월한 논의는 Juan Gonzalez and Joseph Torres, *News for All the People: The Epic Story of Race and the American Media* (New York: Verso, 2011), 16장을 보라.

90) McChesney, *Communication Revolution*, 3장에서 나는 이 역사를 연대기 순으로 기술한 바 있다.

91) 캠페인의 일례가 궁금하다면, "'Glenn Beck': Net Neutrality Pits Free Speech Against Free Press," *Glenn Beck Show*, Fox News Channel Apr. 5, 2010,

foxnews.com/story/0,2993,590506,00.html#ixzzlpgCJQ41Lw를 보라.

92) 공익 조직의 대표와 2012년 3월 워싱턴에서 나눈 대화.

93) Heather Brooke, *The Revolution Will Be Digitised: Dispatches from the Information War* (London: Heinemann, 2011), 15.

4. 공룡들은 어디를 배회하고 있는가

1) 원고, "Special Event: George W. Bush Addresses Rally in Appleton, Wisconsin," Oct. 28, http://archives.cnn.com/TRANSCRIPTS/0010/28/se.02.html.

2) 톰 스트리터는 "고어가 인터넷을 발명했다"는 빈정거림이 선거 과정에서 적어도 랠프 네이더만큼 고어의 최종 득표수에 손해를 입혔다"고 지적한다. Thomas Streeter, *The New Effect: Romanticism, Capitalism, and the Internet* (New York: New York University Press, 2011), 114-15를 보라.

3) 원고, "Vice President Gore on CNN's Late Edition," Mar. 9, 1999, www.cnn.com?ALLPOLITICS/stories/1999/03/09/president.2000/transcript.gore/index.html.

4) *Matrix News9*, mo.4 (Apr. 1999), http://web.archive.org/web/20000125065813/http://www.mids.org/min/904/vcef.html.

5) 몇몇 보수적인 인사들은 정부와 군부가 인터넷을 설립하는 데 근본적인 역할을 했다는 사실을 거짓이라거나 사소한 문제로 만드는 데 혈안이 되어있다. 명백하게 정치적인 이유 때문이다. 《월스트리트저널》의 전 편집인인 고든 크로비츠는 이 신문의 웹사이트에, 만약 정부가 인터넷을 만들 수 있다는 사실을 사람들이 이해하게 된다면 그것은 "큰 정부를 정당화하는 것으로 인용"될 수 있다고 썼다. L. Gordon Crovitz, "Who Really Invented the Internet?" *Wall Street Journal* online, July 22, 2012, online.wsj.com/article/SBI10000872396390444464304577539063008406518.html. 이 '주장'은 누구보다도 자유시장 자유주의자인 경제학자 댄 미첼에 의해 곧 이데올로기적인 활동이라고 비판받았다. 인터넷을 설립하는 과정에서 정부의 역할은 "아주 근거가 있고 쉽게 입증 가능한 진실이다." 미첼은 바로 이게 "혁신이 이따금 실제로 일어나는 방식"이라고 설명했다: "정부가 연구 프로젝트에 자금과 엔지니어링 재능을 퍼붓고, 그 성과는 시장으로 유출된다. 이 시장에서 결과물은 상업적인 이해 관계자들에게 착취되고 더욱 개발된다." Dan Mitchell, "Untruths at the Origins of Internet," CNN Money, July 24, 2012, tech.fortune.cnn.com/2012/24/untruths-at-the-origins-of-the-internet.

6) Peter Nowak, *Sex, Boms and Burgers: How War, Pornography, and Fast Food have Shaped Modern Technology* (Guilford, CT: Lyons Press, 2011), 203.

7) **주 확인

8) John Naughton, *What You Really Need to Know About the Internet: From Guttenberg to Zuckerberg* (London: Quercus, 2012), 45-46.

9) Susan Landau, *Surveillance or Security? The Risks Posed by New Wiretapping Technologies* (Cambridge, MA: MIT Press, 2010), 18.

10) Nathan Newman, *Net Loss: Internet Prophets, Private Profits, and the Costs to Community* (University Park, PA: Penn State University, 2002), 52-53.

11) James Curran, "Rethinking Internet History," in James Curran, Natatie Fenton, & Des Freedman, *Misunderstanding the Internet* (London: Routledge, 2012), 37.

12) Nowak, *Sex, Boms and Burgers*, 9.

13) Newman, *Net Loss*, 51.

14) 조지프 스티글리츠는 경제자문위원회 수장이었을 때 CEA는 "정부 R&D(연구개발)의 평균 사회적 반환" 비율이 사적 영역의 R&D보다는 훨씬 높은 수치인 "50퍼센트는 당연히 넘어야 한다"고 결정했다고 썼다. Joseph E. Stiglitz, *The Price of Inequality: How Today's Divided Society Endangers Our Future* (New York: W.W. Norton, 2012), 174.

15) Nowak, *Sex, Bombs and Burgers*, 11.

16) Newman, *Net Loss*, 26.

17) Linda McQuaig & Neil Brooks, *Billionaries' Ball: Gluttony and Hubris in an Age of Epic Inequality* (Boston: Beacon Press, 2012), 77, 83.

18) Newman, *Net Loss*, 21.

19) Nowak, *Sex, Bombs and Burgers*, 11, 12.

20) Chris Anderson, "Here Come the Drones," *Wired*, July 2012, 107.

21) 2011년 1월 6일 사샤 메인래스 보내온 이메일.

22) Newman, *Net Loss*, 57.

23) Kenneth David Nichols, *The Road to Trinity: A Personal Acount of How America's Nuclear Policies Were Made* (New York: William Morrow, 1987), 34-35.

24) Wu, *Master Switch*, 276.

25) Eden Medin, *Cybernetic Revolutionaries: Technology and Politics in Allende's Chile* (Cambridge, MA: MIT Press, 2011).

26) Richard Adler, *Updating Rules of the Digital Road: Privacy, Security, Intellectual Property* (Washington, DC: Aspen Institute, 2012), 4.

27) Rebecca MacKinnon, *Consent of the Networked: The Worldwide Struggle for Internet Freedom* (New York: Basic Books, 2012), 4.

28) Heather Brooke, *The Revolution Will Be Digitised: Dispatches from the Information War* (London: Heinemann, 2011), 24. 또한 Johan Soderberg, *Hacking Capitalism: The Free and Open Source Software Movement* (New York: Routledge, 2008).

29) Naughton, *What You Really Need to Know About the Internet*, 82.

30) Joseph Turow, *The Daily You: How the New Advertising Industry Is Defining Your Identity and Your Worth* (New Haven, CT: Yale University Press, 2011), 38.

31) 같은 책, 57.

32) Eli Pariser, *The Filter Bubble: What the Internet Is Hiding from You* (New York: Penguin, 2011), 31에서 인용.

33) Newman, *Net Loss*, 57.

34) Dan Shiller, *Telematics and Government* (Norwood, NJ: Ablex, 1982), 210-14.

35) 현재 스탠퍼드대학 박사후연구원 라이언 엘리스가 이 주제에 관해 역사 연구를 진행하고 있다. Ryan Ellis, "Binding the Nation Together? Postal Policy in the Era of Competition," International Communication Association Conference, San Fransco, May 2007, 57-65을 보라.

36) Nowak, *Sex, Bombs and Burgers*, 206.

37) Richard Adler, *Updating Rules of the Digital Road: Privacy, Security, Intellectual Property* (Washington, DC: Aspen Institute, 2012), 4.

38) Curran, "Rethinking Internet History," 45.

39) Tim Berners-Lee, *Weaving the Web* (New York: HarperCollins, 1999), 197-98.

40) Project Censored, http://www.projectcensored.org/top-stories/articles/category/top-stories/top-25-of-1996/page/3.

41) 이 이야기는 Fred Turner, *From Counterculture to Cyberculture* (Chicago: University of Chicago Press, 2006)에 탁월하게 제시되어 있다.

42) 시바 바이드야나탄은 '공적 실패'라는 개념을 통해 이 논의를 더욱 발전시키고 있다. Siva Vaidhyanathan, *The Googlization of Everything* (*and Why we Should*

Worry) (Berkeley: University of California Press, 2011), 39-44를 보라.

43) 이러한 주장에 대한 탁월한 비판과 다른 신자유주의 경제학을 무너뜨리는 이데올로기적 밸러스트(balast)를 위해서는, Ha-Joon Chang, 23 *Things They Don't Tell You About Capitalism* (New York: Bloomsbury Press, 201)을 보라.

44) Matthew Crain, "The Revolution Will Be Commercialized: Finance, Public, Policy and the Construction of Internet Advertising in the 1990s," Ph.D dissertation, University of Illinois at Urbana-Champaign, 2013.

45) S. Derek Turner, "The Internet," in Changing Media: *Public Interest Policies for the Digital Age* (Washington, DC: Free Press, 2009), 12, www.freepress.net/files/changing_media.pdf.

46) Dan Shiller, *Digital Capitalism: Networking in Global Market System* (Cambridge, MA: MIT Press, 1999), 128.

47) 인터넷에 대한 열광적이고 상당 수준 실체가 없는 보도는 오늘날까지도 뉴스 미디어에서 일정하게 계속되고 있다. 2012년의 《컬럼비아 저널리즘 리뷰》 보고에서, 마이클 매싱은 이렇게 쓰고 있다. "기자들은 숨 가쁘게 디지털 지식층(digerati)의 재산과 대저택, 의복에 관해 연대기적으로 기록한다." 그런데 미국의 언론 매체들은 "인터넷에 관해 끊임없이 써 대면서도, 그와 관련된 몇 가지 중요한 질문들에 대해서는 전혀 조사하지 않는다." 특히 "저널리스트들은 거물들이 끌어 모은 엄청난 재산과 그것이 가져다줄 정치적·경제적 결과에 관해서는 침묵한 채 이들의 꾀바르고 멋진 모습만 찬미하는 경향을 띠었다." 나는 인터넷의 행방을 좌우한 결정적인 정책 토론도 더 나은 게 없었다고 덧붙이고 싶다. Michael Massing, "The Media's Internet Infatuatin," Columbia Journalism Review online, Aug. 15, 2012, cjr.org/the_kicker/internet_infatuation.php.

48) Jane Slaughter, "Interview with Henry Louis Gate Jr. Harvard Professor," *Progressive* 62, no. 1, Jan. 1998.

49) Yochai Benkler, *The Penguin and the Leviathan: How Cooperation Triumphs over Self-Interest* (New York: Crown Business, 2011), 212-23.

50) Naughton, *What You Really Need to Know About the Internet*, 89. 또한 Joseph Michael Reagle Jr., *Good Faith Collaboration: The Cultue of Wikipedia* (Cambridge, MA: MIT Press, 2010)을 보라.

51) Lawrence Lessig, *Republic, Lost* (New York: Twelve Books, 2011), 34.

52) 예를 들어 Charles M. Schweik & Robert C. English, Internet *Success: A Study of Open-Source Software Commons* (Cambridge, MA: MIT Press, 2012)를 보라.

53) MacKinnon, *Consent of the Networked*, 20.

54) 2012년 5월 31일 제임스 로지가 보내온 이메일.

55) Vaildyanathan, Googlization of Everything, 63. 팀 우는 위키피디아의 엔트리(entry)가 검색 용어의 공식 사이트를 앞서 구글 검색의 최정상을 꾸준히 차지하고 있다고 적는다. Wu, *Master Switch*, 287을 보라.

56) Somini Sengupta & Claire Cain Miller, "Zuckerberg's 'social Mission' View vs. Financial Expectation of Wall St.," *New York Times*, Feb. 3, 2012, B1.

57) Wu, *Master Switch*, 244.

58) 텔레커뮤니케이션법을 둘러싼 정치적 투쟁의 상당 부분은 MCI나 스프린트(Sprint) 같은 장거리 전화 회사와 지역 베이비벨 회사들의 탈규제 조건을 두고 벌어졌다.

59) Wu, *Master Switch*, 245-46.

60) 미시시피 북부 지역 커미셔너 브랜든 프레슬리에 따르면, 2012년 미시시피 주는 AT&로 하여금 "그 어떤 관리 감독도 없이 요금을 인상할 수 있도록 허용하는" 법안을 통과시켰다. 프레슬리는 AT&T가 미시시피 주의 가장 큰 로비스트 권력이었으며, 그들이 마련하는 법안은 모두 얻어 낼 수 있었다고 기술한다. "우리는 동전으로 작동되는 정부를 갖고 있다"고 프레슬리는 비판하고 "이는 잘못된 일이다"라고 덧붙인다. Phillip Dampier, "Mississippi Public Service Commissioner on Big Telecom $: 'We Have a Coin-Operated Government," Stopthe Cap!, July 10, 2012, stopthecap.com/2012/07/10/mississippi-public-service-commissioner-on-big-telecom-we-have-a-coin-operated-government.

61) Wu, *Master Switch*, 247.

62) 프리프레스의 데렉 터너가 이 부분에서 도움을 주었다.

63) 민주당의 조너선 애델스테인이 남은 자리의 비준을 기다리는 상황에서, 당시 FCC에는 단 4명의 위원들만 남아 있었다.

64) Meinrath, Losey & Pickard, "Digital Feudalism," 434.

65) 이 문단의 정보는 Connecting America: The National Broadcasting Plan (Washington, DC: Federal Communication Commission, 2010), 37-38에서 가져왔다.

66) 벤 스콧이 2012년 6월 14일 이메일을 보내왔다.

67) 사샤 메인래스가 2012년 6월 14일 이메일로 보내온 내용이다.

68) Susan Crawford, "Survey: Mobile App Privacy Fears Continue to Escalate," scrawford.net/blog, July 17, 2012, scrawford.net/blog/survey_mobile-app-privacy-fears-continue-to-escalate/1627.

69) Michael Moyer, "Verizon and AT&T Sccused of Being Threats to Democracy," *Scientific America*, Mar. 13, 2012.

70) B rian X. Chen, "A Squeeze on Smartphones," *New York Times*, Mar. 2, 2012, B1, B4.

71) Brian X. Chen, "A Data Plan That Devices Can Share," *New York Times*, June 13, 2012, B1.

72) Matt Stotter, "Corruption Is Responsible for 80% of Your Cell Phone Bill," Republic Report, Apr. 11, 2012. 스톨러는 자신의 아이디어를 경제협력개발기구(OECD)와 FCC, 그리고 과거에는 휴대전화텔레커뮤니케이션산업연합(Cellular Telecommunications Industry Association)으로 불리었고 현재는 그 이니셜인 CTIA이라고만 알려진 단체로부터 구했다.

73) Susan Crawford, "What's Good for Verizon and AT&T Is Terrible for American Consumers," Wired Business, July 26, 2012, wired.com/business/2012/07/whats-good-for-verizon-and-att-is-terrible-for-americans-consumers. 공적 지식이라는 단체의 커뮤니케이션 정책 전문가 헤럴드 펠드는 이렇게 쓰고 있다. "수익 극대화의 모든 인센티브가 좀 더 많은 돈을 받고 더 적은 서비스를 제공하며 또한 사람들로 하여금 당신의 서비스를 이용하지 않도록 막는 데만 있다면, 뭔가 심각하게 잘못되어 있다고 봐야 한다." Harold Feld, "The Wirless Market Is Seriously Messed Up When Every Incentive Is Anti-Consumer," Wetmachine, July 24, 2012, tales-of-the-sausage-factory-wetmachine.com/the-wireless-market-is-seriously-messed-up-when-every-incentive-is-anti-consumer.

74) "Fortune 500," CNN Money, http://money-cnn.com/magazines/fortune/fortune500/2011/full_list.

75) Harold Feld, "My Insanely Long Field Guide to the Verizon/SpectrumCo/Cox Deal," *Wetmachine*, Mqr. 22, 2012, http://tales-of-the-sausage-factory.wetmachine.com.

76) Stacey Higginbotham, "Verizon to Buy Cox Spectrum to Remake Its Broadband Model," *Gigacom*, http://GigaOM.com, Dec. 16, 2011.

77) Chistopher Mitchell, *Broadband at the Speed of Light: How Three Communities Built Next-Generation Networks* (Washington, DC: Benton Foundation, Apr. 2012), 61.

78) Susan Crawford, "Water, Internet Access and Swagger: These Guys Are Good," Wired.com, Mar. 9, 2012.

79) Feld, "My Insanely Long Field Guide."

80) Hayley Tsukayama, "Justice Allows Verizon Deals with Cabe Companies, with Conditions," *Washington Post* online, August 16, 2012, washingtonpost.com/blogs/post-tech/post/jutice-approves-verizon-deal-with-cable-companies/2012/08/16/783aab14a9-11디-8487-6-4b2a7 9ba8_blog.html.

81) David Lazurus, "Why Is Verizon in Bed with Time Warner and Comcast?" *Los Angeles Times* online, July 26, 2012, latimes.com/business/la-fi-lazarus.20120727,0,2605145.clumn.

82) Mattthew Lasar, "Do We Need a New National Broadband Plan?" *ArsTechnica*, July 27, 2012, arstechnica.com/tech-policy/2012/do-we-need-a-new-national-broadband-plan.

83) Feld, "Wireless Market Is Seriously Messed Up."

84) Meinrath, Losey & Pickard, "Digital Feudalism," 425.

85) OECD 자료는, United Nations Organisation for Economic Co-operation and Development, Directorate for Science, Technology and Industry, OECD Broadband Portal, http;://oed.org을 보라. 또한 James Losey & Chiehyu Li, Price of the Pipe: Comparing the *Price of Broadband Service Around the Globe* (Washington, DC: New Amercian Foundation, 2010)을 보라.

86) Benjamin Lennett, Drah J. Morris & Greta Byrum, *Universities at Hubs for Next-Generation Networks* (Washington, DC: New America Foundation, Apr, 2012), 2에 인용. 이 보고서의 필자들은 미국의 비율이 인구밀도가 높은 지역에서조차 여타 국가들에 뒤진다고 지적했다. 그럼으로써 미국의 광대한 공간이 이 취약한 수행성에 대한 이유가 된다는 설명을 반박했다.

87) New America Foundation, *The Cost of Connectivity* (Washington, DC: New America Foundation 2010), I.

88) Lasar, "Do We Need a New National Broadband Plan?"

89) Susan P. Crawford, "Team USA Deserve No Gold Medal for Internet Access," *Bloomberg View*, Aug. 5, 2012, bloomberg.com/news/2012-08-05/team-usa-deserves-no-gold-medals-for-internet-access.html.

90) 사샤 메인래스가 2012년 8월 13일 이메일로 보내온 내용.

91) 피카드와 메인래스는 정부의 수요를 해치지 않으면서도 유통될 수 있는 정부 관리 비사용 주파수가 엄청나다는 사실을 보여 주고 있다. Victor W. Pickard & Sascha D. Meinrath, "Revitalizing the Public Airwaves: Opportunistic Unlicensed Reuse of Government Spectrum," *International Journal of*

Communication 3 (2009): 1052-84.

92) Nick Valery, "White-Space Puts Wi-Fi on Steroids," *The Economist*, Nov. 17, 2011, 48.

93) Richard Bennett, *Powering the Mobile Revolution: Principles of Spectrum Allocation* (Washington, DC: Information Technology and Innovation Foundation, 2012), 4, 5.

94) 메인래스가 2012년 8월 13일 이메일로 전달해 준 내용이다.

95) Feld, "My Insanely Long Field Guide."

96) 맷 우드가 2012년 8월 22일 이메일로 보내왔다.

97) Karl Bode, "AT&T Wants FCC to Free More Spectrum-for Tthem to Squat On," *Broadband DSL Reports*, Jan. 14, 2011, http://dslreports.com.

98) 주파수 문제에 관한 탁월한 조사는, Meinrath, Losey & Pickard, "Digital Feudalism," 435, 437, 465, 466을 보라.

99) Peter Barnes, *Capitalism 3.0:P A Guide to Reclaiming the Commons* (San Francisco, Berrett-Koehler, 2006), 127.

100) Brian Chen, "Carriers Warn of Crisis in Mobile Spectrum," *New York Times*, Apr, 17, 2012, 첸은 휴대폰 투자자 마틴 쿠퍼를 인용하는데, 후자는 그러한 주장을 근거가 없는 것으로 기각해 버린다.

101) MacKinnon, *Consent of the Networked*, 120.

102) Bruce Upbin, "Complacent Telcos Deliver Americans Third Rate Service at High Prices," *Forbes* online, July 21, 2012, forbes.com/sites/bruceupbin/2012/07/21/americans-suffer-from-third-rate-broadband-at-high-prices.

103)Council of Economic Adviser, *The Economic Benefits of New Spectrum for Wireless Broadband* (Washington, DC: Executive Office of the Presient, Feb. 2012).

104) Brian X. Chen, "Sharing the Air," *New York Times*, June 7, 2012, B1; 그리고 Brian X. Chen, "On Sharing the Spectrum," *New York Times*, June 4, 2012, B5.

105) 제임스 로지가 2012년 8월 13일 이메일로 보내온 내용이다.

106) 메인래스가 2012년 8월 13일 이메일로 답신해 준 내용이다.

107) Josh Smith, "FCC Chairman Lobbies Pentagon for More Spectrum," *National Journal* online, Aug. 3, 2012, techdailydose.nationaljournal.com/2012/08/fcc-chairman-lobbies-pentagon.php.

108) 프리프레스의 정책 책임자인 데릭 터너가 2012년 5월 2일 이메일로 보내온 내용이다.

109) Lynn Steet, "Obama on Why He Is Not for Single Heath Insurance: New Mexoco Town Hall Transcript," *Chicago Sun Times*, May 14, 2009, http://blogs.suntimes.com/sweet/2009/05/obama_on_why_he_is_not_for_sin.html.

110) Al Gore, "Networking the Future: We Need a National 'superhighway' for Computer Information," *Washington Post*, July 15, 1990, B3.

111) Streeter, *Net Effect*, 106-15를 보라.

112) Gerry Smith, "Without Internet, Urban Poor Fear Being Left Behind in Digital Age," *Huffington Post*, Mar. 1, 2012.

113) John Dunbar, "Poverty Stretches the Digital Divide," Investigative Reporting Workshop, American University School of Communication, Mar. 23, 2012.

114) 2012년 6월, 오바마 행정부는 광대역 접속을 극적으로 늘리겠다는 계획을 발표했다. Carl Franzen, "White House Debuts Ambitious Plan to Remake the Web Using Broadband," TPM Idea Lab, June 13, 2012, idealab.talkingpointsmemo.com/2012/06/white-house-debuts-ambitious-plan-to-expand-broadband-again.php를 보라. 이 조치의 내용을 살펴봤더니, 여기에는 화려한 유행어들이 잔뜩 포함되어 있지만 막상 카르텔에 경쟁적 도전이 될 만한 실질적 요구 조건은 거의 없다고 한 정책 전문가가 말했다. "오바마 행정부가 최근에 내놓은 다른 거의 모든 발표와 마찬가지로, '사적인 부문에 맡겨 두면 모든 게 마술처럼 잘 해결될 것이라는' 정책의 일반적인 눈가림에 불과해 보인다."

115) Lennett, Morris & Byrum, *Universities as Hubs*, 3.

116) 같은 책.

117) 이 문단의 내용은 마이클의 *Broadband at the Speed of Light*에서 온 것이다.

118) Denise Roth Barber, "Dialing Up the Dollars: Telecommunication Interests Donated Heavily to NC Lawmakers," National Institute on Money in State Politics, Mar. 20, 2012, followthemoney.org/press/ReportView.phtm?r=484.

119) "Municipal Broadband: Triumph of the Little Guys," *The Economist* online, Aug. 10, 2012, economist.com/blogs/democracyinamerica/2012/08/municipal-broadband.

120) Masha Zager, "Santa Monica City Net: How to Grow a Network," *Broadband Communities*, May-June 2011, 44-47.

121) Higginbotham, "Verizon to Buy Cox Spectrum."

122) Mu, *Master Switch*, 285.

123) MccKinnon, *Consent of the Networked*, 121.

124) Erick Schonfeld, "Vint Cerf Wonders It We Need to Nationalize the Internet," *TechCrunch*, June 25, 2008, techcrunch.com/2008/06/25/vint-cerf-wonders-if-we-need-to-nationalize-the-internet.

125) 인용과 오바마 연설의 비디오 링크는, Timothy Karr, "Obama FCC Caves on Net Neutrality-Tuesday Betrayal Assured," *Huffington Post*, Dec. 20, 2010, huffingtonpost.com/timothy-carr/obama-fee-caves-on-the-net-ne_b_799433.html.

126) Jeff Jarvis, *Public Parts: How Sharing on the Digital Age Improves the Way We Work and Live* (New York: Simon & Schuster, 2011), 208.

127) MacKinnon, *Consent of the Networked*, 122.

128) Jarvis, *Public Parts*, 208.

129) Charles Arthur, "Walled Gardens Look Rosy for Facebook, Apple-and Would-be Censors," *The Guardian*, Apr. 17, 2012.

130) 같은 책.

131) Eli M. Noam, *Media Ownership and Concentration in America* (New York: Oxford University Press, 2009), 365-69.

132) Barry C. Lynn, "Killing the Competition: How the New Monopolies Are Destroying the Competition," *Harper's*, Feb. 2012, 33.

133) Mergent Online, Moody's Investors Service, 2012, by subscription at attp://mergenonline.com (accessed Apr. 24, 2012). 나는, Robert W. McChesney, *Rich Media, Poor Democracy: Communication Politics in Dubious Times* (New York: The New Press, 2000), 1장에서 1990년대 후반 이들 미디어 제국의 범위와 특성에 관해 자세히 살펴본 바 있다.

134) 나는 여기에서 "자격을 갖추었다"고 말하고 있다. 2000년의 포춘 리스트는 소니나 비벤디 그리고 베텔스만"과 같이 외국에 기반을 두고 있고 미국 국내에도 엄청난 이해관계를 가진 미디어 기업들은 기술적으로 포함시키고 있지 않지만, 나는 이들을 정확성을 위해 계산에 넣고 있기 때문이다. 이러한 접근은 미디어 지배 기업들의 수적 증가에 관한 대략적인 아이디어를 제공한다는 의미가 있을 뿐, 이 문제에 관한 최종적인 결론으로 간주되어서는 안 된다. 상세한 통계 평가는, Noam, *Media Ownership and Concentration*을 보라.

135) 이에 관한 고전적 작업은, 많은 후속 개정판을 내 호평을 받은 Ben H. Badgikian, *The Media Monopoly* (Boston: Beacon Press, 1983)이었다.

136) 이들은 또한 3장에서 논의한 바와 같이, 미디어 경제학이 오히려 전통적인 재화 및 서비스의 시장과 같지 않기 때문에 복합기업이 되었다. 기업복합화는 특히 위험성을 줄이는 효과적인 방식이다. 이에 관한 탁월한 논의는, Wu, *Master Switch*, 7장을 보라.

137) Jaron Lainer, *You Are Not a Gadget: A Manifesto* (New York: Knopf, 2010), 87.

138) Steven Levy, "How the Propeller Heads Stole the Electronic Future," *New York Times Magazine*, Sept. 24, 1995, 58.

139) Lanier, *You Are Not a Gadget*, 87.

140) Adam Smith, *The Wealth of Nations* (1776; New York: Modern Library, 1937), 173.

141) 이 이야기는 John Motavalli, *Bamboozled at the Revolution: How Big Media Lost Billions in the Battle for the Internet* (New York: Vking, 2002)에 연대순으로 잘 기술되어 있다. *Rich Media, Poor Development*, 3장도 보라.

142) 놀라운 전개 과정의 하나는, 미디어 복합기업들이 교육을 교과서와 특히 디지털 콘텐츠의 잠재적 '돈방석'으로 보고 여기에 참여하려는 일이다. 루퍼트 머독의 뉴스코퍼레이션은 뉴욕 시 전직 교장인 조엘 클레인을 고용해 그 수익용 교육 자회사인 앰플리파이(Amplify)의 운영을 맡기기도 했다. 복합기업들의 교육 분야 진출은 상업주의와 상업적 가치를 향한 더욱 확대된 개방성을 암시한다. 현존하는 70억 달러의 시장이며, 거대기업들이 서로 다투는 공적인 여물통이 바로 교육이다. Books Barnes & Amy Chozick, "The Classroom as a Cash Cow," *New York Times*, Aug. 20, 2012, B1, B8을 보라.

143) "Fortune 500," CNN Money, money.cnn.com/magazines/fortune/fortune500/2011/full_list.

144) MacKinnon, *Consent of the Networked*, 101.

145) Tarleton Gillespie, *Wired Shut: Copyright and the Shape of Digital Culture* (Cambridge, MA: MIT Press, 2007)을 보라.

146) Ian Katz, "Web Freedom Faces Greatest Threat Ever, Warns Google's Sergey Brin," *The Guardian*, Apr. 15, 2012.

147) David Kravets, "Analysis Internet Blacklist Bill Is Roadmap to 'the End' of the Internet," *Wired*, Nov. 17, 2011.

148) Brooke, Revolution Will be Digitised, 47; Dominic Rushe, "The Online Copyright War: The Day the Internet Hit Back at Big Media," The Guardian, Apr. 18, 2012.

149) Harold Feld, "Op-ed: MPAA/RIAA Lose Big as US Backs Copyright 'Limitation'," Ars Technica, July 8, 2012, arstechnica.com/tech-policy/2012/07/op-ed-eus-rejection-of-acta-subtly-changed-law-landscape.

150) 로지가 2012년 8월 13일 이메일로 보내온 내용이다.

151) 메인래스가 2012년 8월 13일 이메일을 보내주었다.

152) MacKinnon, *Consent of the Networked*, 104-11.

153) Antoine Champagne, "Watching Over You: The Perils of Deep Packet Inspection," *CounterPunch*, Mar. 8, 2012.

154) Brendan Greeley, "Holloywood Tries to Wash the Web with SOPA," Bloomberg Businessweek, Dec. 19-25, 2011, 35-36. 이런 결론은 2011년 1월 사회과학연구평의회(Social Science Research Council)가 펴낸 400쪽 분량의 보고서에서 나온 것이다.

155) David D. Friedman, *Future Imperfect: Technology and Freedom in an Uncertain World* (New York: Cambridge University Press, 2008), 16.

156) Patricia Aufderheide and Peter Jaszi, *Reclaiming Fair Use: How to Put Balance Back in Copyright* (Chicago: University of Chicago Press, 2011); Benkler, *Penguin and the Leviathan*, 222-29; and Lawrence Lessig, *Remix: Making Art and Commerce Thrive in the Hybrid Economy* (New York: Penguin Press, 2008).

157) Rushe, "Online Copyright War."

158) 로지가 2012년 8월 13일 이메일로 보내온 것이다. 이 예정된 계획에 대한 일련의 우려 사항에 관해서는 Douglas Rushkoff, "Will Your Internet Provider Be Spying on You?" CNN Opinion, July 6, 2012, cnn.com/2012/07/06/opinion/rushkoff-online-monitoring.

159) Amy Chozick, "Under Copyright Pressure, Google to Alter Search Results," *New York Times*, Aug. 11, 2012, B2.

160) Carl Franzen, "Google's Copyright Filtering Causes Consern," Talking Points Memo, Aug. 10, 2012.

161) 우드가 이메일로 보내왔다.

162) Greeley, "Hollywood Tries to Wash the Web," 36.

163) Adler, *Updating Rules of the Digital Road*, 2.

164) Steve Wasseman, "The Amazon Effect," *The Nation*, May 29 2012. 또한 Julie Bosman, "Survey Details How E-Books Continue Strong Growth Trend,"

New York Times, July 19, 2012, B4을 보라.

165) 래리 다운스는 이러한 환경 하에서 사람들이 저작권에 대해 존중심을 잡기는 어렵다고 통찰력 있게 지적한다. "[저작권]은 더 이상 대다수 소비자들에게 그 어떤 권위를 갖지 못한다. 자율 집행이 약화되고 있으며 규칙이 너무나 엄하고 또한 너무나 자주 위반되어 효과적인 법적 집행은 거의 불가능해졌다 …… 저작권은 단지 이름으로만 법이다. 누가 어떤 종류의 옷을 입어야 하거나 입을 수 있는지를 규제하는 몇몇 재판 장부들에 쓰인 규칙들만큼이나 낡고 쓸모없다." Larry Downes, "How Copyright Extension Undermined Copyright: The Copyright Parking. (Part 1)." Techdirt, May 21, 2012, echdirt.com/articles/20120521/0353118987/how-copyright-extension-undermined-copyright-copyright-parking-part-i.shtml.

166) Lanier, *You Art Not a Gadget*, 89, 91.

167) Ben Sisario, "New Layer of Content Amid Chaos on YouTube," *New York Times*, Mar. 12, 2012, B1.

168) Evan Shapiro, "The 8 Most Important Things to Happen to TV in the Past 5 Years," *Huffington Post*, Mar. 8, 2012, huffingtonpost.com/even-shapiro/tvs-top-8_b_1328846.html.

169) "Charlie Rose Talks to Hulu CEO Jason Kilar," *Bloomberg Businessweek*, Mar. 5-11, 2012, 48.

170) BBC Capital Markets, "Brightcove, Inc.: Introducing the Video Cloud," Report for Subscriber, Mar. 28, 2012, 1.

171) Turow, *Daily You*, 161.

172) Bill Carter, "Where Have All the Viewers Gone," *New York Times*, Apr. 23, 2012, B1, B3.

173) Kit Eaton, "The Future of TV Is Two Screens, One Held Firmly in Your Hands," *Fast Company* online, July 17, 2012, fastcompany.com/1842995/future-tv-two-screens-one-held-firmly-your-hands.

174) Brian Stelton, "New Internet TV Network to Feature Larry King," *New York Times*, Mar. 12, 2012, B5.

175) Nick Bilton, "In a Skirmnish to Control the Screens," *New York Times*, June 4, 2012, B5.

176) Nich Bilton, "TV Makers Ignore Apps at Their Own Peril," *New York Times*, Mar. 12, 2012, B4; Mike Hale, "Genres Stretch, for Better and Worse, as YouTube Takes On TV," *New York Times*, Apr. 25, 2012, A1, A3. 인터넷이

미디어 기업들과 콘텐츠 생산에 불러일으킨 딜레마에 관한 생각 깊은 논의는 Robert Levine, *Free Ride: How Digital Parasites Are Destroying the Culture Business, and How the Culture Business Can Fight Back* (New York: Anchor, 2011)을 보라.

5. 인터넷과 자본주의, 국가

1) "Google," *Trefis*, Mar. 29, 2012, 2.
2) "Microsoft Corp," *Standard & Poor's Stock Report*, Apr. 14, 2012.
3) Adam L. Penenberg, "The Evolution of Amazon," *Fast Company*, July 2009, 66-74.
4) "Apple, Inc.," *Standard & Poor's Stock Report*, Apr. 14, 2012.
5) Claire Cain Miller, "Motorola Set for Big Cuts as Google Reinvent it," *New York Times*, Aug. 13, 2012, B1.
6) Barry C. Lynn, "Killing the Competition: How the New Monopolies Are Destroying the Competition," *Harper's*, Feb. 2012, 33.
7) Linda McQuaig & Neil Brooks, *Billionaires' Ball: Gluttony and Hubris in an Age of Epic Inequality* (Boston: Boston Press, 2012), 38.
8) "U.S. Commerce-Stock Market Capitalization of the 50 Largest American Companies," Weblists, iweblists.com/us/commerce/MarketCapitalization.html (2012년 6월 14일 접속). 이들 중 상당수, 특히 톱 텐 바로 아래의 기업들은 주신들이 보유한 주식의 주가 차이에 따라 한두 단계를 들락날락 한다. 내가 체크해 본 당일, 31위와 32위를 차지하는 은행들이 있었다. 그리하여 대충 뽑아 볼 때, 상위 30위 안에는 네 개 정도의 대형 은행들이 늘 포함되어 있을 공산이 크다.
9) John A. Byme, "The 12 Greatest Entrepreneurs of Our Time," *Fortune*, Apr. 2012, 68-86.
10) Chris Anderson, "The Web Is Dead; Long Live the Internet: Who's to Blame: Us," Wired 18 (Sept. 2010): 164. 이러한 상황은 그 실현을 위해 조지프 슘페터가 "독점적인 실천"이라고 이름 붙인 것들의 완전한 모음을 요구한다. Joseph A. Schumpeter, *Capitalism, Socialism and Democracy* (New York: Harper & Row, 1950), 90과 *Essays* (Cambridge, MA: Addison-Wesley Press, 1951), 56을 보라.
11) Carl Shapiro & Hal R. Varian, *Information Rules* (Boston: Harvard Business School Press, 1999), 173.
12) Anderson, "Web Is Dead," 122-27, 164.

13) 메트컬프의 법칙은 Eli Pariser, *The Filter Bubble: What the Internet Is Hiding from You* (New York: Penguin, 2011), 41에서 논의되고 있다.

14) "A Fistful of Dollars," *The Economist*, Feb. 4, 2012, 11.

15) Somini Sengupta & Nick Bilton, "Facebook Plays Offensive and Defense in a Single Deal," *New York Times*, Apr. 11, 2012, B4.

16) 이 지점에 관한 논의는, Rahul Tongia & Ernest J. Wilson III, "The Fiip Side of Metcalfe's Law: Multiple and Growing Costs of Network Exclusion," *International Journal of Communication* 5 (2011): 665-81.

17) Peter Martin, "Big Guy Embraces the Net," *Financial Times*, June 13, 1996, 10.

18) Hal R. Varian, Joseph Farell & Carl Shapiro, *The Economics of Information Technology* (Cambridge, UK: Cambridge University Press, 2004), 37, 49, 71-72; Richard Gibert & Michael I. Katz, "An Economist's Guide to US v. Microsoft," *Journal of Economic Perspectives* 15, no. 2 (2001), 30.

19) Sascha D. Meinrath, James W. Lossey & Victor W. Pickard, "Digital Fedualism: Enclosures and Erasures from Digital Rights management to the Digital Divide," *Comm Law Conspectus* 19, no. 2 (2011): 458-59.

20) 같은 책, 476-77. 스티글리츠는 경제적 임대료와 그것이 독점력 및 불평등의 문제와 맺고 있는 관계를 논의하고 있다. Joseph E. Stiglitz, *The Price of Inequality: How Today's Divided Society Endangers Our Future* (New York: W.W. Norton, 2012), 2장.

21) Eduardo Porter, "Tech Suits Endanger Innovation," *New York Times*, May 30, 2012, B2.

22) 특허법과 지적재산권이 어떻게 업계에 의해 노동자들의 생산에 대한 지식과 생선의 혁신을 전유하는 데 활용되었는지에 관한 탁월한 역사는 Catherine I. Fisk, *Working Knowledge: Employee Innovation and the Rise of Corporate Intellectual Property, 1800-1930* (Chapel Hill: University of North Carolina Press, 2009)를 보라.

23) Paul M. Barrett, "Apple's Jihad," *Bloomberg Businessweek*, April 2-8, 2012, 59; Ashlee Vance, "Hiring a Mercenary for the New Patent War," *Bloomberg Businessweek*, Aug. 13-26, 2012, 41.

24) "Opening Remarks," *Bloomberg Besinessweek*, April 9-15, 2012, 14; 그리고 Peter Burrows, "Google's Bid to Be Everything to Everyone," *Bloomberg Businessweek*, Feb. 20-26, 2012, 37.

25) Elizabeth Wasserman & Michelle Quinn, "Tech Firms Behaving Badly," Politico, Apr. 23, 2012, *politico*.com/news/stories/0412/75498.html. 2012년 8월, 애플은 스마트폰 특허를 두고 삼성과 벌인 다툼에서, 인터넷 시기 최대의 특허 사례라 할 수 있는 법정 다툼에서 승리했다. 《뉴욕타임스》가 적고 있듯이, "이 판결은 급성장 중인 스마트폰과 태블릿 컴퓨터 비즈니스에서 힘의 균형을 좌우할 수 있었다. 또한 애플에게는, 경쟁적인 서비스를 갖고 시장에서 넘쳐나게 될 라이벌들로부터 자신의 혁신을 보다 공세적으로 보호하는 데 활용할 수 있는 일종의 도구를 제공했다." Nick Wingfield, "Jury Gives Apple Decisive Victory in a Patents Case," *New York Times*, Aug. 25, 2012, A1.

26) 크레익스리스트(Craigslist)가 많은 이들에 수준 이하라고 여기는 서비스를 제공하면서도 그 독점권을 유지할 수 있었던 것은 어떤 새로운 경쟁자들을 막아 내기 위해 저작권법 위반이라는 위협을 사용해 왔기 때문이라고 주장하는 사람들도 있다. Nick Bilton, "Innovation Snuffed Out by Craigslist," New York Times, July 30, 2012, B1, B6을 보라. '공적 지식'(Public Knoweldge)의 조디 그리핀은 4장에 논의된, 정부가 승인한 전화 및 케이블 거대기업들에 의한 ISP 시장 분할 협약은, 이들로 하여금 특허권을 모아 "차세대 인터넷 접속 서비스 근본 기술에 대한 독점권"을 갖게끔 할 수 있다고 주장한다. Jodie Griffin, "Verison, Comcast, and the Patient Wars," Public Knowledge, July 27, 2012, publicknowledge.org/blog/verizon-comcast-and-patent-wars.

27) Porter, "Tech Suits Endanger Innovation," 포터가 지적하고 있듯이, 이제는 "저작권 '낚시'"라는 일종의 산업이 생겨났는데 유일한 비즈니스라면 특허를 사고 로열티에 대해 고소를 하는 일이다. 또한 Vanice, "Hiring a Mercenary"을 보라.

28) Tim Wu, *The Master Switch: The Rise and Fall of Information Empires* (New York: Knopf, 2010), 290-91.

29) Peter Decherney, *Hollywood's Copyright Wars: From Edison to Internet* (New York: Columbia University Press, 2012), 215.

30) Wu, *Master Switch*, 292.

31) John Naughton, *What You Really Need to Know About the Inernet: From Gutengerg to Zuckerberg* (London: Quercus, 2012), 279, 285.

32) 존슨의 인용과 함께 이에 대한 논의는 Decherney, *Hollywood's Copyright Wars*, 220에 나옴.

33) Charles Arthur, "Walled Gardens Look Rosy for Facebook, Apple - and Would-be Censors," *The Guardian*, Apr. 17, 2012.

34) Ian katz, "Web Freedom Faces Greatest Threat Ever, Warns Google's

Sergey Brin," *The Guardian*, Apr. 15, 2012.

35) Peter Junenfeld, *The Secret War Between Downloading and Uploading* (Cambridge, MA: MIT Press, 2011), 177.

36) 시스코는 2012년, 고객들의 인터넷 이용도에 대해 스파이하고 그 결과물을 판매할 공식적인 권리를 자신이 갖도록 허락하는 방향으로 거대한 클라우드 서비스 협약 내용을 재편해 논란을 일으켰다. 이 변화 내용들이 공론화되자 시스코는 계획의 핵심 요소들로부터 한발 물러났다. 그렇지만 미래에 그 정책을 실행할 권리는 그대로 유지시켰다. Cory Doctorow, "CIsco Locks Customers Out of Their Own Routers, Only Lets Them Back In if They Agree to Beging Spied upon and Monetized," Boing Boing, July 3, 2012, boingboing.net/2012/07/03/cisco-locks-customers-out-of-t.html.

37) Matthew Hindman, The Myth of Digital Democracy (Princeton, NJ: Princeton University Press, 2009), 84-86. 힌드먼은 구글이 자신의 지배를 확고히 하기 위해 들인 엄청난 자본의 규모를 탁월하게 드러내 보여 주고 있다. 이러한 투자를 통해 구글은 다른 기업들이 엔진 검색 시장에서 자신에게 도전하는 걸 거의 불가능도록 만들어 버린다.

38) Siva Vaidhyanathan, *The Googlization of Everything (and Why We Should Worry)* (Berkeley: University of California Press, 2011), 54.

39) Naughton, *What You Really Need to Know About the Internet*, 201–2. These enormous data centers also have significant negative effects on the environment. See James Glanz, "Power, Pollution and the Internet," New York Times, Sept. 23, 2012, 1, 20.

40) Peter F. Cowhey & Jonathan D. Aronson, *Transforming Global Information and Communication Markets* (Cambridge, MA: MIT Press, 2009), 44.

41) David Streitfeld & Edward Wyatt, "U.S. Is Escalating Inquiry Studying Google's Power," *New York Times*, Apr. 27, 2012, A16.

42) Steve Wasserman, "The Amazon Effect," *The Nation*, May 29, 2012. 스펜서 소퍼의 심층취재 보고서 "Inside Amazon's Varehouse"는 지역 신문 *The Morning Call*에 2011년 9월 18일 게재되었다.

43) Counteney Palis, "What Apple Looks Like in Numbers," *Huffington Post*, May 9, 2012, huffingtonpost.com/2012/05/09/what-apple-looks-like-in_n_1503017.html.; 그리고 Todd Bishop, "Charts: Apples Has More Cash Than Google and Microsoft Combined," *GeekWire*, Feb. 23, 2012, gookwire.com/2012/charts-putting-apples-growing-cash-pile-perspective.

44) Jenna Wortham, "At Facebook, Its Targets may Hint at Its Future," *New York Times*, May 14, 2012, B1, B2.

45) Jenna Wortham, "Facebook to Buy Mobile Start-Up for $1 Billion," *New York Times*, Apr. 10, 2012, A1.

46) '야후'의 연간 매출은 2008년의 72억 달러에서 2011년 50억 달러로 뚝 떨어졌다. 다른 모든 제국들은 엄청난 수익성 성장을 이룬 시점에 벌어진 일이다. "Yahoo! Inc.," *Standard & Poor's Stock Report*, Apr. 14, 2012. 또한 Nocole Perlroth, "Revamping at Yahoo to Focus on Its Media Properties and Customer Data," *New York Times*, Apr. 11, 2012, B4; 그리고 Michael J. de la Merced, "New Cast Atop Yahoo Faces Stubborn Problems," *New York Times*, May 15, 2012, B3을 보라.

47) Evelyn Rusli & Nick Bilton, "Apple Officials Said to Consider Stake in Twitter," *New York Times*, July 28, 2012, A1, B6.

48) 그렇기에 마이크로소프트는 페이스북에 상당수의 중요한 특허권을 5억 5천 달러를 받고 팔아넘겼다. 페이스북이 자신들의 공통된 적인 구글에 맞설 수 있도록 도와주기 위함이었다. Nick Wingfield, "$550 Patent Pact for Facebook and Microsoft," *New York Times*, Apr. 24, 2012, B1.

49) Wasserman & Quinn, "Tech Firms Behaving Badly."

50) 페이스북이 자신의 IPO를 완성시켰을 때, 뉴욕타임스는 페이스북의 구글, 애플, 트위터 그리고 카르텔을 포함한 많은 거물들과의 라이벌 관계를 그린 기사를 게재했다. Brian X. Chen, "As Facebook Moves On from Its I.P.P., the Challengers Draw Battle Lines," *New York Times*, May 21, 2012, B8.

51) 구글 제국과 그 제국이 지배하고 있는 시장에 관해 분석한 놀라운 리뷰는 Vaidhyanathan, *Googlization of Everything*을 보라.

52) Steven Johnson, "Can Anything Take Down the Facebook Juggernaut?" *Wired*, June 2012.

53) "Making It Click," *The Economist*, Feb. 25, 2012, 75.

54) "Amazon.com Inc.," *Standard & Poor's Stock Report*, Apr. 14, 2012.

55) Steve Pearlstein, "Pick Your Monopoly: Apple or Amazon," *Washington Post*, Mar. 10, 2012; David Welch, "Why Wal-Mart Is Worried About Amazon," *The Economist*, Oct. 1, 2011, 65-66; 그리고 David Carr, "For E-Book, Navigating a Tight-rope by Amazon," *New York Times*, May 8, 2012, A1, A3을 보라.

56) Stephanie Clifford, "Amazon Is Taking a Leap into the High End of the

Fashion Pool," *New York Times*, May 8, 2012, A1, A3.

57) 이 인터뷰는 Lynn, "Killing the Competition," 33에서 인용.

58) Joseph E. Stiglitz, *The Price of Inequality: How Today's Divided Society Endangers Our Future* (New York: W.W. Norton, 2012), pp.45-46.

59) Bill Keller, "Wishing Up to Facebook," *New York Times*, June 11, 2012, A19.

60) "Internet Weekly," *Deutsche Bank Markets Research*, Apr. 2, 2012, 4.

61) "A Fistful of Dollars," The Economist, Feb. 4, 2012. 컴퓨스태트(Compustat)가 편집한 연례 기록 자료에 따르면, 2000년과 2011년 사이, 아마존과 애플, AT&T, 컴캐스트, 이베이, 구글, IBM, 인텔, 마이크로소프트, 야후의 기업 인수 순 가치는 무려 1,210억 달러에 이르렀다. 다른 믿을 만한 자료에 따르면, 같은 시기 인수 총 가치는 2,000억 달러에 이르는 것으로 추정되고 있다. 어떻게 쪼개든, 이 분야는 2000년 이후 미국 경제에서 기업 인수의 독보적인 위치를 차지하고 있다. 모든 거래의 약 20퍼센트를 차지했고, 전체 금융 분야 협약 체결을 거의 곱절 넘게(660억 달러) 증대시켰다. Compustat North America, Fundamentals Annual, Wharton Research Data Services, University of Pennsylvania (2012년 6월 4일 검색).

62) Jenna Wortham & Nocole Perlroth, "When to Believe the Buzz," *New York Times*, May 7, 2012, B1, B2.

63) Nick Wingfield, "Battle Nears for Office Apps," *New York Times*, June 11, 2012, B7; Brian X. Chen & Nick Wingfield, "Apple Updates Laptops and Mobile Software," *New York Times*, June 12, 2012; Nick Wingfiled, "Microsoft Is Expected to Introduce a Tablet," *New York Times*, June 16, 2012, pp. B1, B2.

64) "Joyn Them or Join Them," *The Economist*, Aug. 11, 2012, 60.

65) 맷 우드가 2012년 8월 22일 이메일로 보내 준 내용이다.

66) Susan P. Crwaford, "Is Google a Monopoly? Wrong Question," Bloomberg View, July 8, 2012, bloomberg.com/news/2012_07_08/is-google-a-monopoly-wrong-question.html; Stacy Higginbotham, "The Economics of Google Fiber and What It Means for U.S. Broadband," GigaOM, July 26, 2012, gigaom.com/2012/07/26/the-economics-of-google-fiber-and-what-it-means-for-us-broadband; Marcus Wohlsen, "Google Attacks Cable and Telcos with New TV Service," Wired Business, July 26, 2012, wired.com/business/2012/07/cable-companies-shouldnt-fear-googles-networkyet.

67) Burrows, "Google's Bid to Be Everything to Everyone," 37-38.

68) David Streifeld, "Seeking the Captive Consumer," New York Times, Feb. 13, 2012, B1. 2012년, 경제지들을 중심으로, 어떻게 모든 인터넷 거인들이 디지털 활동의 거의 모든 핵심 영역으로 들어가고자 계획을 마련하고 있는지에 관한 일련의 기사들이 쏟아져 나왔다. Claire Cain Miller, "Back to the Drawing Board for Nexus Q," *New York Times*, Aug. 9, 2012, B1, B2; "Social Whirl," *The Economist*, June 23, 2012, 65-66; Ashlee Vance, "Dear PC Makers: It's Our Turn, Now," *Bloomberg Businessweek*, June 25-July 1, 2012, 38-41; Nick Wingfiled & Nick Bilton, "The Race in Tablets Heats Up," *New York Times*, July 16, 2012, B1, B6.

69) Burrows, "Google's Bid to Be Everything to Everything," 37.

70) Streitfeld, "Seeking the Captive Consumer," B7.

71) Anderson, "The Web Is Dead," 127; Varian, Farrell & Shapiro, *Economics of Information Technology*, 14.

72) Streifeld, "Seeking the Captive Consumer," B7.

73) Ruben Rodrigues, "Privacy on Social Networks: Norms, Markets, and Natural Monopoly," in Saul Levmore & Martha C. Nussbaum, eds. *The Offensive Internet* (Cambridge, MA: Harvard University Press, 2010), 13장.

74) Schumpeter, *Capitalism, Socialism and Democracy* (New Yor: Harper and Row, 1942), 90; 그리고 Paul A. Baran & Paul M. Sweezy, *Monopoly Capital* (New York: Monthly Review Press, 1966), 73-74.

75) Anderson, "The Web Is Dead," 126.

76) David Brooks, "The Creative Moment," *New York Times*, Apr. 23, 2012.

77) Lori Andrews, *I Know Who You Are and I Saw What You Did: Social Networks and the Death of Privacy* (New York: The Free Press, 2011), 9.

78) Liam Murphy & Thomas Nagel, *The Myth of Ownership: Taxes and Justice* (Oxford, UK: Oxford University Press, 2002), McQuaig & Brooks, *Billionaires Ball*, 34에서 인용.

79) 2012년, 초창기 온라인 비디오 경쟁자들을 상대로 반경쟁적인 행위를 펼쳤는지 알아보기 위해 법무부가 컴캐스트에 대한 조사에 들어가자, 샌퍼드번스타인&컴퍼니(Sanford C. Bernstein & Company)의 한 미디어 분석가는 "넷플릭스(Netflix)가 이 조사의 핵심 발의자라고 보는 게 타당한 것 같다"고 말했다. Brian Stelter & Edward Wyatt, "Cable TV's Data Curbs Get Scrutiny," *New York Times*, June 14, 2012, B1.

80) David Streitfeld & Edward Wyatt, "U.S. Is Escalating Inquiry Studying

Google's Power," *New York Times*, Apr. 27, 2012, A1. Wasserman & Quinn, "Tech Firms Behaving Badly"를 보라.

81) 가르 앨페로비츠는, 제2차 세계대전 이전 시카고대학의 경제학자이자 밀턴 프리드만의 멘토인 헨리 C. 시먼스의 작업을 인용한다. 시먼스는, "자신들이 누리고 있는 현재의 규모가 생산 경제의 완전한 착취를 위해 이성적으로 필요하다는 점을 근거로 방어할 수 있는 거대기업들은 거의 없다"고 주장했다. 시먼스는 정부의 거대기업들 규제 능력에 대해 회의적이었다. 규제 과정이라는 것이 불가피하게 기업들의 "손에 들어갈" 것이기 때문이다. 프리드먼과 조지프 스티글러와 같은 이후의 시카고 경제학자들의 포지션도 이와 똑같았다. 시먼스에게, 증거는 다음과 같은 방향으로 귀결된다: "모든 산업은 효과적으로 경쟁적이거나 아니면 사회화되어 있어야 한다." 이는, 효과적인 경쟁 조건을 유지하기 불가능한 산업들"은 국가가 실제로 인수하고 소유하며 직접 운영해야 한다는 뜻이 된다. Gar Alperovitz, "Wall Street Is Too Big to Regulate," *New York Times*, July 23, 2012, A19.

82) Andre Schiffrin, *Words and Money* (London: Verso, 2011).

83) Evgeny Morozov, *The Net Delusion: The Dark Side of Internet Freedom*, paperback edition (New York: PublicAffairs, 2011), 323.

84) 규제자들이 어떻게 경제학 이론에 따르면 상당히 집중화된 시장이라 간주될 것조차 너그럽게 용인해 버렸는지에 관한 최근 사례는, James Kanter, "Microsoft Faces a New Antitrust Action and Fines in Europe," *New York Times*, July 18, 2012; Jeff John Roberts, "Justice Department Slams Apple, Refuses to Modify E-book Settlement," paidContent, July 23, 2012, paidcontent.org/2012/07/23/justice-department-slams-apple-refuses-to-modify-e-book-settlement.

85) "Over to You, and Hurry," *The Economist*, May 26, 2012, 65-66. 또한 Charles Arthur, "Google Faces Mobile Services Pressure in Antitrust Case," *The Guardian*, July 20, 2012를 보라.

86) James Kanter & David Streitfeld, "Europe Weighs Antitrust Case Against Google," *New York Times*, May 22, 2012, A1, A3.

87) Wasserman & Quinn, "Tech Finns Behaving Badly."

88) 이 이슈에 관한 탁월한 일반적인 논의는, Des Freedman, "Outsourcing Internet Regulation," in James Curran, Natalie Fenton & Des Freedman, *Misunderstanding the Internet* (London: Routledge, 2012), 95-120을 보라.

89) Michael del Castillo, "Google Spends Big in Washington," Portfolio.com, Apr. 24, 2012, portfolio.com/companies-executives/2012/04/24/google-

lobbying-expenses-surpass-major-competitors.

90) MacKinnon, *Consent of Networked*, 7.

91) David Saleh Rauf, "Tech Group Executive Making Big Money," *Politico*, July 9, 2012, politico.com/news/stories/0712/78306.html.

92) Andrew, *I Know Who You Are*, 1.

93) MacKinnon, *Consent of the Networked*, 165.

94) 이 주제에 관해 제대로 다룬다는 것은 여기서 내가 할 수 있는 수준을 한참 넘어서는 탓에, 전자상거래 비즈니스들이 주 바깥에 거주하는 고객들과 거래는 것에 한해서는 주정부에 세금을 내지 않아도 되는 이른바 인터넷 매출 세금 지불정지 문제는 다루지 않을 것이다. 이 지불정지 탓에 주정부들은 해마다 아무리 낮춰 잡아도 120억 달러의 수입 손실을 입는다. Declan McCulla호, "Politicians, Retailers Push for New Internet Sales Taxes," CNET, Apr. 17, 2012; 그리고 Deborah Swann, "Weekly Round-up: Another State Strikes a Deal with Amazon," BNA.com, June 1, 2012.

95) Nicholas Shaxson, *Treasure Islands: Uncovering the Damage of Offshore Banking and Tax Havens* (New York: Palgrave Macmillan, 2011), 14-15.

96) Charles Duhigg & David Kocieniewski, "How Apple Sidesteps Billions in Taxes," *New York Times*, Apr. 29, 2012, A1, A20, A21.

97) 같은 글.

98) Meinrath, Losey, & Pickard, "Digital Feudalism," 426.

99) Robert W. McChesney, *Rich Media Poor Democracy: Communication Politics in Dubious Times* (New York: The New Press, 2000), 237.

100) Inger L. Stole, *Advertising on Trial: Consumer Activism and Corporate Public Realtions in the 1930s* (Urbana: University of Illinois Press, 2006), 그리고 *Advertising at War: Business, Consumers, and Government in the 1940s* (Urbana: University of Illinois Press, 2012).

101) James Rorty, *Our Master's Voice: Advertising* (New York: John Day, 1934).

102) Joseph Turrow, The Daily You: How the New Advertising Industry Is Defying our Identity and Your Worth (New Haven, CT: Yale University Press, 2011), 40-41. 1990년대 인터넷의 상업화와 관련된 탁월한 논의는 Dan Shiller, *Digital Capitalism: Networking the Global Market System* (Cambridge: MIT Press, 1999)를 보라.

103) Turrow, *Daily You*, 49.

104) 같은 책, 57-63.

105) Lauar J. Gurak, *Cyberliteracy: Navigating the Internet with Awareness* (New Haven, CT: Yale University Press, 2001); 그리고 Reg Whitaker, *The End of Privacy: How Total Surveillance Is Becoming a Reality* (New York: The New Press, 1999).

106) Turrow, *Daily You*, 57-63.

107) Alexis Madrigal, "I'm Being Followed: How Goole-and 104 Other Companies-Are Tracking Me on the Welb," *The Atlantic*, Feb. 2012.

108) Pariser, *Filter Bubble*, 6.

109) "US Internet Advertising to Surpass Print in 2012," eMarketer.com, Jan. 19, 2012, www.emarketer.com/PressRelease.aspx?R=1008788.

110) Olga Kharif, "Taking the Pulse of Neighborhood News," *Bloomberg Businessweek*, Mar. 12-18, 2012, 39. 아메리카은행 메릴린치는 모바일 광고 시장이 2015년 183억 달러로 크게 늘어날 것이라고 예측한다. Sarah Frier, "Big Brands Move to Little Screens," *Bloomberg Businessweek*, July 9-15, 2012, 33을 보라.

111) Brian Wieser, "Internet Advertising: Content Passes the Crown," *Pivotal Research Group Report*, Feb. 24, 2012, 1.

112) "Mad Men Are Watching You," The Economist, May 17, 2011, 67; 그리고 Lori Andrews, "Facebook Is Using You," *New York Times*, Feb. 5, 2012, Week in Review section, 7.

113) 이 대목은 Pariser, Filter Bubble, 21쪽에 인용된 앤드루 루이스의 말이다.

114) Somini Sengupta, "Trust: Ill-Advised in a Digital Age," *New York Times*, Aug. 12, 2012, 5.

115) Somini Sengupta & Evelyn M. Rusli, "Personal Data's Value? Facebook Set to Find Out," *New York Times*, Feb. 1, 2012, A1.

116) Somini Sengupta, "Facebook Test: How to Please the New Faces," New York Times, May 15, 2012, B2; 그리고 Stephen Marche, "Is Facebook Making Us Lonely?" *The Atlantic*, May 2012, 62, 69.

117) Peter Eavis & Evelyn M. Rusli, "Investors Get the Chance to Assess Facebook's Potential," *New York Times*, Feb. 2, 2012, B1.

118) Stephanie Clifford, "Social Media as a Guide for Marketers," *New York Times*, July 31, 2012, A1.

119) Andrew, *I Know Who You Are*, 5.

120) Turrow, *Daily You*, 75.

121) 같은 책, 1.

122) Aleks Krotoski, "Big Data Age Puts Privacy in Question as Information Becomes Currency," *The Guardian*, Apr. 22, 2012.

123) Joshua Brustein, "Start-ups Aim to Help Us Put a Price on Their Personal Data," *New York Times*, Feb. 13, 2012, B3.

124) Turrow, *Daily You*, 2.

125) 가장 잘 나가는 데이터베이스 마케팅 기업은 액시엄(Acxiom)이다. 23,000개 컴퓨터 서버를 갖춘 채 전 세계 5억 명에 관한 데이터를 수집하고 있다. 액시엄은 개인별로 1,500개의 데이터 포인트들을 갖고 있다. 액시엄은 이 데이터를 기업 고객들에게 판다. 액시엄은 광범위한 오프라인 데이터를 온라인 데이터와 결합시킨다. Natasha Singer, "A Data Giant Is Mapping, and Sharing, the Consumer Genome," *New York Times*, Sunday Business Section, June 17, 2012 1, 8. 그들의 데이터 세트는 얼마나 광범위한가? 《필터 버블》(42-43)쪽에서 패리저는, 액시엄이 9.11 여객기 납치범 19명 가운데 11명에 관해 미국 정부보다 더 많은 데이터를 갖고 있었다는 사실을 어떻게 부시의 백악관이 발견했는지에 관해 쓰고 있다.

126) Pariser, Filter Bubble, 7. 또한 Noam Cohen, "It's Tracking Your Every Move and You May Not Even Know It," *New York Times*, Mar. 26, 2011, A1, A3.

127) Peter Maass & Megha Rajagopalan, "That's No Phone, That's My Tracker," *New York Times*, Dec. 17, 2010.

128) Scott Thurm & Yukari Iwatani Kane, "Your Apps Are Watching You," *Wall Street Journal*, Aug. 3, 2010.

129) Emily Steel & Julie Angwi, "The Web's Cutting Edge: Anonymity in Name only," *Wall Street Journal*, Aug. 3, 2010.

130) Heathe Brooke, *The Revolution Will Be Digitised: Dispatches from the Information War* (London: Heinemann, 2011), 133.

131) Madrigal, "I'm Being Followed."

132) Ryan Gallagher, "Skype Won't Say Wheter It Can Eavesdrop on Your Conversation," *Slate*, July 20, 2012, slate.com/blogs/future_tense/2012/07/20/skype_won_t_comment_on_whether_i_can_now_eavesdrop_on_conversation_html.

133) Pariser, *Filter Bubble*, 147에서 인용.

134) Sengupta, "Trust." 좀 더 상세한 논의는 Bruce Schneier, *Liars and Outliers: Enabling the Trust That Society Needs to Thrive* (Indianapolis: John Wiley &

Sons, 2012)를 보라.

135) David 깬두, "America's Sp State: How the Telecom Sell Out you Privacy," AlterNet, May 29, 20120.

136) Krotoski, "Big Data Age Puts Privacy in Question"에 나온 알렉산더 하워드의 인용문.

137) Jaron Lanier, *You Are Not a Gadget: A Manifesto* (New York: Knopf, 2010), 55.

138) Bill Keller, "Wising Up to Facebook," *New York Times*, June 11, 2012, A19.

139) Turrow, *Daily You*, 171.

140) Lori Andres, "Facebook Is Using You," *New York Times*, Feb. 5, 2012, Week in Review section, 7.

141) Jason Ankeny, "Survey: Mobile App Privacy Fears Continue to Escalate," FierceMobileContent, July 16, 2012, fiercemobilecontent.com/story/survey-mobile-app-privacy-fears-continue-escalate/2012-07-16. 이 조사는 프라이버시 매니지먼트 기업인 트러스티(TRUSTe)의 의뢰를 받아 해리스인터랙티브(Harris Interactive)에 의해 실시되었다.

142) Turrow, *Daily You*, 184-89.

143) Kate Murphy, "How to Muddy Your Tracks on the Internet," *New York Times*, May 3, 2012, B9에 인용된 폴 옴의 인용문.

144) 미국의 지배 구조에서 여론이 어떻게 작동하는지를 알아보는 것은 흥미로운 일이다. 힘을 가진 이해 당사자들에게 혜택이 되는 뭔가에 대한 극적으로 우호적인 다수의 여론이 있다면, 지도자들은 무한한 지혜를 가진 인민의 의지를 존중할 필요성에 대해 산꼭대기에서라도 외치고 나설 것이다. 반대로 매우 강력한 이해 당사자들과 여론 사이에 갈등이 존재한다면, 그 산꼭대기는 텅 빈다. 그리고 빽 하는 경적 소리도 들을 수가 없다. 이 점에 관한 논의는 W. Lance Bennett, "Toward a Theory of Press-State Relations in the U.S.," *Journal of Communication* 40 (Spring 1990): 103-25; W. Lance Bennett, "Marginalizing the Majority: Conditioning Public Opinion to Accept Managed Democracy," in Michael Margolis & Gary Mauser, eds., *Manipulating Public Opinion: Essays on Public Opinion as a Dependent Variable* (Pacfiic Grove, CA: Brooks/Cole, 1989)를 보라

145) Turrow, *Daily You*, 185-87.

146) Kevin J. O'Brien, "Facebook, Eye on Privacy Laws, Offers More Disclosure to Users," *New York Times*, Apr. 13, 2002, B4.

147) James Ball, "Me and My Data: How Much Do the Internet Giants Really Know?" *The Guardian*, Apr. 22, 2012.

148) Tanzina Vega, "Opt-Out Provision Would Halt Some, But Not All, Web Tracking," *New York Times*, Feb. 27, 2012, B1.

149) Richard Adler, *Updating Rules of the Digital Road: Privacy, Security, Intellectual Property* (Washington, DC: Aspen Institute, 2012), 10.

150) Murphy, "How to Muddy Your Tracks."

151) 미국인들에게 액션을 취하도록 동기 부여할 수 있는 가장 유망한 부문은, 어린이를 상대로 한 온라인 데이터 수집과 광고다. 아마도 공익 입장에서 가장 큰 법적 승리는 1998년에 제정된 어린이온라인프라이버시보호법(COPPA, Children's Online Privacy Protection Act)일 것이다. FTC가 집행되는 이 법은, 기업이 부모 동의 없이 13세 이하 어린이들로부터 개인의 신원 확인이 가능한 정보를 수집하는 걸 불법이라고 못 박고 있다. 페이스북은 13세 이하 어린이의 가입을 허용하지 않는다. 그렇지만 아이들은 자기 나이를 속일 수 있고, 많은 조사들에 따르면 대략 6백만의 사춘기 직전의 어린이들(preteens)이 실제로 그러고 있다. 페이스북은 2012년 이 홍보 상 악몽일 수도 있는 문제의 해결을 위해 보다 엄격한 프라이버시 규정을 갖춘 어린이 대상 공식 프로그램을 도입했다. 그러면서도 페이스북은 한편으로 "어린 아이들을 빨리 갈고리로 낚아 챌" 확실한 동기를 갖고 있다. "Let the Nippers Network," *The Economist*, June 9, 2012, 18; 그리고 "Kid Gloves," *The Economist*, June 9, 2012, 70을 보라. COPPA에 관한 괜찮은 논의는 James P. Steyer, *Talking Back to Facebook* (New York: Scribner, 2012), 1장을 보라. COPPA를 위반하고 어린이들을 대상으로 데이터를 수집하는 웹사이트들에 대한 기사들이 계속 늘어나고 있다. Natasha Singer, "Web Sites Accused of Collecting Data on Childeren," *New York Times*, Aug. 22, 2012, B1, B7을 보라. 2012년 8월 FTC는 어린이를 상대로 데이터를 수집하는 웹사이트들에 관한 규칙을 보다 엄격하게 할 계획을 발표했다. Edward Wyatt, "F.T.C. Seeks Tighter Rules on Wet Sites for Children," *New York Times*, Aug. 2, 2012, B3; Carl Franzen, "FTC Seeks More Nuanced Rules for Child Data Collection Online," TPM Idea Lab, Aug. 2, 2012, idealab.talkingpointsmemo.com/2012/08/ftc-child-data-collection-online-web.php을 보라.

152) Federal Trade Commission, *Protecting Consumer Privacy in an Era of Rapid Change: Recommendations for Business and Policymakers* (Washington, DC: FTC, Mar. 2012), ftc.gov/os2012/03/120326privacyreport.pdf.

153) "Sorry, Friends," *The Economist*, Dec. 3, 2011, 79.

154) Claire Cain Miller, "Google, Accused of Skirting Privacy Provision, Is to Pay $22.5 Million to Settle Charge," *New York Times*, Aug. 10, 2012, B2; Ryan Singel, "FTC's $22M Privacy Settlement with Google is Just Puppet Waving," Wired Threat Level, July 10, 2012, wired.com/threatlevel/2012/07/ftc-Google-fine.

155) Will Oremus, "For Violating User's Privacy, Google Pays FTC Fine of Appoximately 0 percent of Revenues," *Slate*, Aug. 9, 2012, slate.com/blogs/future_tense/2012/08/09/google_ftc_privacy_settlement_22_5_million_fine_or_about_0_percent_of_revenues.html. 오리머스는 이 벌금이 연간 소득 5만 달러인 사람에게는 25달러에 해당하는 것으로, 주차위반 벌금보다도 적은 액수라고 적고 있다.

156) Karen Weise, "Who Does Google Think You Are?" *Blooomberg Businessweek*, Feb. 6-12, 2012, 39; Tony Romm, "Google Privacy Changes: Tech Giant Bucks Scrutiny," *Politico*, Mar. 1, 2012, www.politico.com/news/stories/0312/73495.html; Eric Pfanner, "France Says Google Plan Violates Law," *New York Times*, Feb. 29, 2012, B9.

157) Brad Stone, "Idiot Proof," *Bloomberg Businessweek*, Mar. 5-11, 2012, 64-65.

158) Brian Wieser, "Internet Advertising: Content Passes the Crown," *Pivotal Research Group Report*, Feb. 24, 2012, 1.

159) "Mad Men Are Watching You."

160) Edward Wyatt, "White House, Consumers in Mind, Offers Online Privacy Guide," *New York Times*, Feb. 23, 2012. B1.

161) Federal Trade Commission, *Protecting Consumer Privacy*, 72.

162) Quentin Hardy, "Big Data Era and Privacy," *New York Times*, June 11, 2012, B7.

163) "Change of Track," *The Economist,* June 9, 2012, 70.

164) Madrigal, "I'm Being Followed."

165) Wyatt, "White House …… Offers Online Privacy Guide."

166) "Attack of the Covert Commercials," *The Economist*, July 7, 2012, 60.

167) Mark Milian, "Technology," *Bloomberg Businessweek*, July 2-8, 2012, 29.

168) Pariser, *Filter Bubble*, 8장; Jarvis, *Public Parts*, 210-17.

169) Jarvis, *Public Parts*, 5, 120.

170) Madigral, "I'm being followed."

171) Turow, *Daily You*, 113.

172) 신문 광고국의 오랜 임원이 이 문제를 다룬 고전적 연구를 원한다면 Leo Bogart, Commercial Culture: The Medai System and the Public Interest (New York: Oxford University Press, 1995)

173) Stuart Elliott, "This Time the Co-Brand Makes It into the Title," *New York Times*, Feb. 29, 2012, B3.

174) Turow, *Daily You*, 111.

175) Andrew Elliott, "This Time the Co-Brand Makes It into the Title," *New York Times*, Feb. 29, 2012, B3.

176) Elliott, "This Time the Co-Brand Makes It inot the Title."

177) Turow, *Daily You*, 8.

178) 같은 책, 112.

179) Wieser, "Internet Advertising," 1.

180) "Mad Men Are Watching You."

181) Madrigal, "I'm Being Followed."

182) Turow, *Daily You*, 69, 118-22.

183) Madrigal, "I'm Being Followed."

184) Pariser, *Filter Bubble*, 49.

185) Alan D. Mutter, "Retailers Are Routing Around the Media," *Reflections of a Newsosaur*, Mar. 13, 2012, newsosaur.blogspot.com/2012/03/retailers-are-routing-around-media.html.

186) "Mad Men Are Watching You."

187) Turow, *Daily You*, 159.

188) Pariser, *Filter Bubble*, 120-21.

189) "The All-Telling Eye," *The Economist*, Oct. 22, 2011, 100-101.

190) Pariser, *Filter Bubble*, 120-21.

191) Alan D. Mutter "Newspaper Digital Ad Share Hits All-Time Low," *Reflections of a Newsosaur*, Apr. 23, 2012, newsosaur.blogspot.com/2012/04/newspaper-digital-ad-share-hits-all.html.

192) 이 문제에 관해 버즈피드(BuzzFeed)가 기업 부문과 함께하고 있는 방식에 관해서는 Felix Gillette, "I Can Haz Click Crack," *Bloomberg Businessweek*, Mar. 26-Apr. 1, 2012, 72-75를 보라.

193) Turow, *Daily You*, 95. 페이스북은 이 광고 테크닉 때문에 좋지 않은 여론몰이를 맞았다. 페이스북 이용자의 친구들에게 바로 그 이용자가, 광고 중인 제품의 보증서와 함께 광고를 보내는 것이었다. 4천 자로 된 서비스 조건 계약서에 담겨 있

는 것은, 페이스북이 이용자들의 제품에 관한 호의적 코멘트들을 가져다가 다른 페이스북 이용자들을 표적으로 한 해당 제품 광고에 쓸 수 있도록 권리를 부여하는 내용이었다. 이 관행은, 한 페이스북 이용자가 55갤런 개인용 윤활제 한 통에 대해 농담성 코멘트를 달았는데, 나중에 알고 보니 자신이 페이스북 친구 모두에게 그 제품을 프로모션하고 있음을 알게 되면서 일반에게 널리 알려졌다. Somini Sengupta, "So Much for Sharing His 'Like'," *New York Times*, June 1, 2012, A1, B4.

194) Alan D. Mutter, "Publishers Need to Focus on Facebook," *Feflections of a Newsosaur*, newsosaur.blogspot.com, Nov. 8, 2011.

195) ComScore, "Changing How the World Sees Digital Advertising," vCE Charter Report, Mar. 2012.

196) Pariser, *Filter Bubble*, 204.

197) Turow, *Daily You*, 158.

198) Lanier, *You Are not a Gadget*, 14.

199) Pariser, *Filter Bubble*, 215.

200) Turow, *Daily You*, 17.

201) "Gleanings from Varied Sources," *Education by Radio*, Apr. 18, 1935, 20에 인용된 브리벤의 말.

202) 이 주제에 관한 탁월한 논의는, Andrew J. Bacevich, *Washington Rules: America's Path to Permanent War* (New York: Metropolitan Books, 2010).

203) John Bellamy Foster, Hannah Holleman & Robert W. McChesney, "The U.S. Imperial Triangle and Military Spending," *Monthly Review*, Oct. 2008, 1-19.

204) Rachel Maddow, *Drift: The Unmooring of American Military Power* (New York: Crown, 2012), 247.

205) R. Jeffrey Smith, "Public Overwhelmingly Supports Large Defense Spending Cuts," Center for Public Integrity, May 10, 2012, publicintegrity.org/2012/05/10/8856/public-overwhelmingly-supports-large-defense-spending-cuts.

206) Tom Engelhardt, *The United States of Fear* (Chicago: Haymarket Books, 2011).

207) Maddow *Drift*, 7.

208) Tom Engelhardt, "That Makes No Sense! Your Security's a Joke (And You're the Butt of It)," TomDispatch.com, July 19, 2012, www.tomdispatch.com/archive/175570.

209) Fareed Zakaria, "Fareed's Take: U.S. Has Made War on Terror a War Withut Find," CNN.com, May 6, 2012, globalpublicsquare.blogs.cnn.com/2012/05/06/national-security-state.

210) 이를 가장 잘 다룬 것은 Dana Priest & William M. Arkin, *Top Secret America: The Rise of the New American Security State* (New York: Little, Brown, 2011)이다.

211) Maddow, *Drift*, 6-7.

212) Naughton, *What You Really Need to Know About the Internet*, 261.

213) Nick Hopkins, "Militarisation of Cyberspace: How the Global Power Struggle Moved Online," *The Guardian*, Apr. 16, 2012.

214) James Bamford, "The Black Box," *Wired*, Apr. 2012, 80-81.

215) Bill Quigley, "Thirteen Ways the Govenrnent Tracks Us," Common Dreams, Apr. 10, 2012, commondreams.org/view/2012/04/09_14.

216) Susan Landau, *Surveillance or Security? The Risks Posed by New Wiretapping Technologies* (Cambridge, MA: MIT Press, 2010), xii.

217) Naughton, *What You Really Need to Know About the Internet*, 288.

218) Zakaria, "Fareed's Take: U.S. Has Made War on Terror Without End."

219) David Rosen, "America's Spy State: How the Telecoms Sell Out Your Privacy," AlterNet, May 29, 2012, alternet.org/story/155628/america's_spy_state%3A_how_the_telecoms_sell_out_your_privacy.

220) Brooke, *Revolution Will Be Digitised*, 151.

221) Nick Hopkins, "Militarisation of Cyberspace."

222) Morozov, *Net Delusion*, 324.

223) MacKinnon Consent of the Networked, 50. 인용 문구에서 강조는 매키넌이 한 것이다.

224) Rory Caroll, "Google Illicit Networks Summit Calls for Unity Between Activists and Technologies," *The Guardian*, July 18, 2012.

225) Glenn Greenwald, With Liberty and Justice for Some: How the Law Is Used to Destroy Equality and Protect the Powerful (New York: Metropolitan Books, 2011), 75-76. 2장의 전부가 이 스캔들에 할애되어 있으며, 지금까지 출판된 것 중에서는 가장 완벽하게 이 사건을 취급한 책이다.

226) FISA 하에서 사찰 허락을 받아 내는 게 결코 어렵지 않다는 사실을 깨닫게 될 때, 무법 상태의 정도는 뚜렷이 드러난다. 안보 및 법 집행 기구들로부터의 모든 신청을 취급하는 비밀 FISA 법정이 있다. 1979년부터 2011년 사이 30,000개 이상의

신청 중 "총 합쳐 11개의 신청"을 기각시켰다. *The Economist*, July 21, 2012, 24.

227) 같은 책, 79.

228) Dana Priest & William M. Arkin, "A Hidden World, Growing Beyond Control," *Washington Post*, July 19, 2010.

229) Praiser, *Filter Bubble*, 145.

230) Brooke, *Revolution Will Be Digitised*, 223.

231) 위키리크스 사건이 전개되는 과정과 밀접하게 연관된 국무성 관리와 가진 비밀스러운 인터뷰에서 나는 이런 확신을 갖게 되었다.

232) MacKinnon, *Consent of the Networke*d, 85-86.

233) Eric Lichbl며, "Wireless Carriers Who Aid Police Are Asked for Data," *New York Times*, May 1, 2012, A22; 그리고 Josh Smith, "ACLU: Most Police Departments Track Cell Phones Without Warrants," *National Journal*, Apr. 10, 2012.

234) Charlie Savage, "Hearing Held on Program Monitoring Social Media," *New York Times*, Feb. 23, 2012, A17.

235) Andrews, "Facebook Is Using You."

236) Eric Lichibl며, "Cell Carriers Called on More in Surveillance," *New York Times*, July 9, 2012, A1.

237) James Melvi, "Cell Carriers Companies See Spike in Surveillance Requests," Reuters, July 10, 2012.

238) "The End of Privacy?" *New York Times*, July 14, 2012.

239) Rosen, "America's Spy State."

240) Katz, "Web Freedom Faces Greatest Threat Ever."

241) "Little Peepers Everywhere."

242) Jennifer Valentino-Devries, "Court FBI Power to Obtain Phone Data Faces Rare Test," *Wall Street Journal*, July 18, 2012, A1.

243) Declan McCullagh, "How CISPA Would Affect You(FAQ)," CNET, Apt. 27, 2012, news.cnet.com/8301-31921_3-57422693-281/how-cispa-would-affect-you-faq.

244) 사샤 메인래스가 2012년 5월 7일 이메일을 보내왔다.

245) Barack Obama, "Taking the Cyberattack Threat Seriously," *Wall Street Journal*, July 19, 2012.

246) Carl Franzen, "Cybersecurity Bill Backed by Obama Won't Protect U.S., Experts Agree," TPM Idea Lab, July 21, 2012, ideallab.talkingpointsmemo.

com/2012/07/presidnet-obamas-warining-cyber-attacks-divides-experts.php; Ed O'Keefe, "Cybersecurity Bill Fails in Senate," *Washington Post* online, Aug. 2, 2012, washingtonpost.com/blogs/2chambers/post/cybersecurity-bill-fails-in-the-senate/2012/08/02/gJQABofxRX_blog.html.

247) 사샤 메인래스가 2012년 8월 22일 이메일을 보내왔다.

248) 사샤 메인래스가 2012년 5월 7일 이메일을 보내왔다.

249) Ari Melber, "Obama Sides with Civil Libertarian on Cyberwar Policy," *The Nation*, May 3, 2012. thenation.com/blog/167706/obama-sides-civil-libertarians-cyberwar-policy.

250) 팀 카가 2012년 5월 7일 이메일로 보내온 내용이다.

251) "Declaration of Internet Freedom," internetdeclaration.org/freedom.

252) Daniel J. Solove, *Nothing to Hide: The False Tradeoff Between Privacy and Security* (New Haven, CT: Yale University Press, 2011), 207.

253) Zakaria, "Fareed's Take: U.S. Has Made War on Terror a War Without End."

254) John Nichos, ed., *Against the Beast: A Documentary History of American Opposition to Empires* (New York: Nation Books, 2005), 14쪽에서 인용.

255) Vaildhyanathan, *Googlization of Everything*, 97.

256) Landau, *Surveillance or Security?*, 256.

257) MacKinnon, *Consent of the Networked*, 279.

258) Sanford J. Ungar, "Unnecessary Secrets," *Columbia Journalism Review*, Mar.-Apr. 2011, 35, 37.

259) Michael Hastings, *The Operators: The Wild and Terrifying Inside Story of America's War in Afghanistan* (New York: Blue Rider Press, 2012), 156-57.

260) Christopher Hayes, *Twilight of the Elites: America After Meritocracy* (New York: Crown, 2012), 127.

261) Michael Hastings, "Exclusive Homeland Security Kept Tabson Occupy Wall Street," RollingStone.com, Feb. 28, 2012. ollingstone.com/politics/blogs/national-affairs/exclusive-homeland-security-kept-tabs-on-occupy-wall-street-20120228; 그리고 David Lindoriff, "White House & Dems Banks over Protests: Newly Discovered Homelands Security Files Show Feds Central to Occupy Crackdown," National-protests-newly-discovered-homeland-security-files-show-feds-central.

262) 이 문제에 관한 통찰력 있는 분석은 Bertram Gross, *Friendly Facism: The New Face of Power in America* (Boston: South End Press, 1980).

6. 저널리즘의 운명

1) Newspaper Association of America, naa.org/Trends-and-Numbers/Advertising-Expenditures/Annual-All-Categories.aspx에서 자료를 가져옴.
2) Jeff Sonderman, "The One Chart That Should Scare the Hall out of Print Media," Poynter, May 30, 2012, poynter.org/latest-news/mediawire/175619.
3) 이에 관한 논의는, Bruce A. Williams & Michael X. Delli Carpini, *After Broadcast News* (New York: Cambridge University Press, 2011), 7-10을 참조하라.
4) Alan D. Mutter, "Publishers Are Flubbing the iPad," Reflections of a Newsosaur, Feb. 7, 2012, newsosaur.blogspot.com/2012/02/publishers-are-flubbing-ipad.html.
5) Tom Rosenstiel & Amy Mitchell, "Survey, Mobile News and Paying Online," in *The State of the News Media 2011: An Annual Report on American Journalism* (Washington, DC: Pew Research Center, Project for Excellence in Journalism, 2011).
6) Alex S. Jones, *Losing the News: The Future of the News That Feeds Democracy* (New York: Oxford University Press, 2009), 4쪽을 보라.
7) 이러한 주장에 관해 저널리즘 커뮤니티 내부에서는 상당히 오랜 논쟁이 있었다. 예를 들면 Dean Starkman, "Confidence Game: The Limited Vision of the News Gurus," *Columbia Journalism Review*, Nov.-Dec. 2011, cjr.org/essay/confidence_game.php?page=all.
8) Jeff Jarvis, foreword to Elliott King, *Free for All: The Internet's Transformation of Journalism* (Evanston, IL.: Northwestern University Press, 2010), x.
9) Clay Shirky, "Newspapers and Thinking the Unthinkable," in Robert W. McChesney & Victor Pickard, eds., *Will the Last Reporter Please Turn Out the Lights: The Collapse of Journalism and What Can be Done to Fix It* (New York: The New Press, 2011), 38-44.
10) Yochai Benkler, "A New Era of Corruption," New Republic, Mar. 4,, 2009, tnr.com/story_print.html?id-c84d2eda-0e95-42fe-99a2-5400e7dd8eab.
11) Clay Shirky, Richard S. Salant Lecture on Freedom of the Press, Joan Shorenstein Center on Press and Politics, John F. Kennedy School of Government, Cambridge, MA, Oct. 14, 2011.
12) Scott Gant, *We're All Journalists Now: The Transformation of the Press and the Reshaping of the Law in the Internet Age* (New York: The Free Press, 2007).

13) Rory O'Connor, *Friends, Followers and the Future: How Social Media Are Changing Politics, Threatening Big Brands, and Killing Traditional Media* (San Francisco: City Lights Books, 2012), 147.

14) Peter H. Diamandis & Steven Kotler, *Abundance: The Future Is Better Than You Think* (New York: The Free Press, 2012), 147.

15) Alan D. Mutter, "Newspaper Job Cuts Surged 30% in 2011," Reflections of a Newsosaur, newsosaur.blogspot.com, Dec. 18, 2011, newsosaur.blogspot.com/2011/12/newspaper-job-cuts-surged-30-in-2011.html.

16) The editors, "The Future of News," *New York Observer*, Mar. 21, 2012.

17) Jessica Sieff, "It Could Be Worse-You Could Be a Lumberjack," *Niles* (MI) *Daily Star*, Apr. 18, 2012.

18) "Alan D. Mutter, "Philly Papers Sold at 10% of 2006 Value," Reflections of a Newsosaur, newsosaur.blogspot.com,/2012/04/philly-papers-sold-at-10-of-2006-value.html.

19) "The State of News Media 2006," Project for Excellence in Journalism. 이 자료는 온라인 stateofthemedia.org/2006/overview에 나와 있는 보고서의 서문에서 발췌했다.

20) Steve Myers, "What the Future of News Looks Like in Alabama After Advance Case Stuff by 400," Poynter, June 14, 2012, poynter.org/latest-news/top-stories/177191.

21) "Union and Peoria Take on Wall Street-Can the PSJ be saved?" PeoriaStory/typepad.com, Apr. 9, 2012.

22) Jim Romenesko, "Newspaper Executives' 2011 Compensation," Jim Romenesko.com, Apr. 19, 2012, jimromenesko-com/2012/_04/)19/_newspaper-executive-2011-compensation/.

23) Michael R. Fance, "Seattle: A New Media Case Study," in *The State of the News Media 2011: An Annual Report on American Journalism*, Pew Research Center, Project for Excellence in Journalism, 2011, stateofthemedia.org/2011/mobile-surbey/seattle-a-new-media-case-study에서 인용.

24) David Carr, "Fissures Are Growing for Papers," *New York Times*, July 9, 2012, B6.

25) James O'Shea, The Dead from Hell: How Moguls and Wall Street Plundered Great American Newspaper (New York: PublicAffairs, 2011)을 보라. 저널리즘의 극적인 축소를 연대순으로 살펴본 후, 에릭 올터먼은 이렇게 퉁명스럽게 내

지른다. "수익성의 마인드를 가진 기업 대표들이 탐사 저널리즘이라는 돈을 잃는 사업에 계속해서 투자할 것이라고 우리는 언제까지 그런 척할 것인지 묻는 게 타당한 질문거리가 되었다. 권력을 가진 사람들 뒤를 추적하는 경우, 얼마나 많은 적을 만들게 되는지를 염두에 둘 때 말이다." Eric Alterman, "Think Again: Bad News About the News," Center for American Progress, July 26, 2012. americanprogress.org/media/news/2012/07/26/11943/think-again-bad-news-about-news을 보라.

26) Steves Waldman & the Working Group on Information Needs of Communities, *The Information Needs of Communities: The Changing Media Landscape in a Broadcasting Age* (Washington, DC: Federal Communication Commission, June 2011), 5.

27) David Carr, "Newspaper as Business Pulpit," *New York Times*, June 11, 2012, B1.

28) David Sirota, "The Only Game in Town," *Harper's Magazine*, September 2012, 49.

29) 댄 리더가 *Real Time with Bill Maher*, HBo network, May 18, 2012에서 한 말이다. Dan *Rather, Rather Outspoken: My Life in News* (New York: Grand Central, 2012), 287-88을 보라.

30) 모든 인용은 "The Study of the News Ecosystem of One American City," Pew Research Center, Project for Excellence in Journalism, Jan. 11, 2010, journalism.org/analysis_repor/how_press_happens에서 가져왔다.

31) David Carr, "Newspaper Barons Resurface," *New York Times*, Apr. 9, 2012, B1.

32) Amy Chozick, "Tax Benefit in Asset Sale Lifts Proft at Times Co.," *New York Times*, Apr. 20, 2012, B3.

33) 예를 들어, 몇 안 되는 신문을 제외하고는 그래도 어느 정도 선방한 《워싱턴포스트》는 그 편집부 직원들을 3분의 1 정도 감축했고 로스앤젤레스와 뉴욕, 시카고 지사의 문을 닫았다. Jerry W. Peters, "A Newspaper, and a Legacy, Recorded," *New York Times*, Business section, Feb. 12, 2012, 1, 5.

34) Daniel R. Schwarz, *Endtimes? Crises and Turmoil at the New York Times, 1999-2009* (Albany: State University of New York Press, 2012) 속표지.

35) 댄 래더가 *Real Times with Bill Maher*에서 한 코멘트. *Rather, Rather Outspoken*, 287-88도 보라.

36) 끔찍한 세부 내용에 관해서는, Waldman, *Information Needs of Communities*,

44-45를 보라.

37) 딘 스타크먼은 이것이 그가 "생각 없는 용적"이라고 이름을 붙인, "햄스터 쳇바퀴" 위의 현업 기자들로 이어진다고 주장한다. 그것은 뉴스의 공황이자 절제력의 부족, '아니오!'라고 할 수 없는 무능력이다. 그것은 또한 임의적인 생산성 매트릭스를 충족시키기 위해 만들어진 카피이다. Dean Starkman, "The Hamster Wheel," *Columbia Journalism Review*, Sept.-Oct. 2010을 보라.

38) Brian Stelter, "You Can Change the Channel, but Local News Is the Same," *New York Times*, may 29, 2012, A1, A3.

39) Waldman, *Information Needs of Communities*, 23.

40) John Sterns, "Hindsight Journalism," WordPress.com, May 16, 2012.

41) 이러한 생각은 "How Citizen Journalism is Setting the Local Agencies," *The Guardian*, Mar. 9, 2012에서 캐빈 셰파드가 개발한 것이다.

42) Christine Haughney, "The Undoing of the Daily," *New York Times*, June 4, 2012, B1, B8.

43) Waldman, *Information Need of Communities*, 12, 46, 52, 90.

44) "Total and Minority Newsroom Employment Declines in 2011 but Loss Continues to Stabilzie," American Society of News Editors, April 4, 0212, asne.org/Article_View/Articled/2499.

45) "Study of the News Ecosystem of One American City." 랜스 베네트(Lance Bennett)가 입증한 바와 같이, 이는 추측성 기사나 가십, 설익은 기사들이 뉴스로 자리 잡을 수 있는 비옥한 환경이 된다. W. Lance Bennett, "Press-Government Relations in a Changing Media Environment," in Kate Kenski & Kathleen Hall Jamieson, eds., *The Oxford Handbook of Political Communication* (New York: Oxford University Press, 발간 예정).

46) Robert W. McChesney & John Nichos, The Death and Life of American Journalism: The Media Revolution That Will Begin the World Again (New York: Nation Books, 2011). 페이퍼백 판의 서문과 첨부 3을 보라.

47) 자신의 보도자료를 '뉴스'로 발표하길 원하는 사람들에게는 매우 유익한 시나리오다. 위스콘신 주 한 환경 단체의 대표는 2012년 내게, 자신의 그룹은 주 신문사의 남은 지면에 자신들의 보도자료를 완전한 형태로 게재하기 거의 힘들다고 토로했다. 텔레비전과 웹사이트용 영상물들로 번지르르한, 고품질 보도자료를 만들 수 있는 사람들에게는 더욱 좋은 환경이다.

48) David Couters, Rebecca Bredhot, Julie Holley, Kyle Johnson & Katrina M. Mendolera, *State of the Media Report 2011; Adapting, Surviving, and Reviving*

(Beltsville, MD: Vocus Cloud-Based Marketing and PR software, 2011), 2, 3, 8.

49) Lymari Morales, "Americans' Confidence in Television News Drops to New Low," Gallup, July 10, 2012, gallup.com/poll/155585/americans-confidence-television-news-drops-new-low.aspx.

50) *Information Needs of Communities*, 226.

51) 전문적 저널리즘의 언뜻 영광스러운 나날들처럼 보이던 역사에 관한 이야기는, Jones, *Losing the News*를 보라.

52) 텔레비전 프로그램 〈더와이어〉(The Wire)를 만든 《볼티모어선》의 전직 저널리스트인 데이비드 사이먼이 2009년 5월 의회에 출석해 이렇게 설명했다. 《볼티모어선》처럼 지역에 기반을 둔 가족 소유 신문이 공적으로 소유된 신문사 체인으로 통합될 때, 저널리즘과 그 저널리즘이 서비스하는 커뮤니티 사이의 결정적인 역동성, 결정적인 신뢰감을 져버리게 된다. 경제적으로 그 단절은 이제 명백하다. 로스엔젤레스나 시카고의 신문 사주들이 볼티모어의 시민들은 보다 나은 신문을 가질지에 관해 무슨 상관을 할 것인가? 가치 있는 것보다는 보잘 것 없는 신문을 내놓아도 여전히 더 많은 돈을 벌 수 있는 데 말이다. 가족 소유주들은 10이나 15퍼센트의 이윤율에 만족하는 반면, 체인은 그보다 두 배 혹은 더 이상의 이익을 요구한다. 신기술의 위협이 감지되기 훨씬 이전에, 감축이 시작된다. *Hearing on the Future of Journalism, Senate Committee on Commerce, Science, and Transportation, Subcommittee on Communications, Technology, and the Internet*, 111th Cong. (May 6, 2009). 데이비드 사이먼의 증언.

53) John H. McManus, *Market-Driven Journalism: Let the Citizen Beware?* (Thousand Oaks, CA: Sage, 1994); Penn Kimball, *Downsizing the News: Network Cutbacks in the Nation's Capital* (Washington, DC: Woodrow Wilson International Center for Scholars, 1994); James D. Squries, *Read All About It! The Corporate Takeover of America's Newspaper* (New York: Random House, 1995); 그리고 Doug Underwood, *When MBAs Rule the Newsroom: How Marketers and Managers Are Reshaping Today's Media* (New York: Columbia University Press, 1993).

54) David Weaver et al, *The American Journalist in the 21st Century* (Mahwah, NJ: Lawrence Erlbaum Associates, 2007), 3.

55) Paula Constable, "Demise of the Foreign Correspondent," Washington Post, Feb. 18, 2007, Bi, washingtonpost.com/wp-dyn/content/article/2007/02/16/AR2007021601713_pf.html; 그리고 Tom Fenton, *Bad News: The Decline*

of Reporting, the Business of News, and the Danger to Us All (New York: HarperCollins, 2005).

56) 예를 들어, Gene Roberts, ed., *Leaving Readers Behind: The Age of Corporate Newspapering* (Fayetteville: University of Arkansas Press, 2001); William Serrin, ed., *The Business of Journalism: Ten Leading Reporters and Editors on the Perils and Pitfalls of the Press* (New York: The New Press, 2000); 그리고 David Merritt, *Knight Ridder and How the Erision of Newspaper Journalism is Putting Democracy at Rist* (New York: Amacom, 2005).

57) Gilbert Cranberg, Randall Bezanson & John Soloski, *Taking Stock: Journalism and the Publicly Traded Company* (Ames: Iowa State University Press, 2001).

58) 2001년에서 2011~12년까지는 얼마 걸리지 않았다. 신문과 방송 뉴스 미디어는 화석 연료 환경 파괴의 주된 영향을 지닌 해양 산성화의 충격적인 전개보다 카다시안(Kardashian) 가족 이야기에 40배나 많은 분량의 보도를 할애했다. David Helvarg, "The Corporate Media Cares Way More About the Kardashians Than Climate Change," *The Progressive* online, July 11, 2012, progressive.org/corporate_media_climate_change.html.

59) Tom Rosentiel, Mark Jurkowitz & Hong Ji, "How Newspapers Are Faring Trying to Build Digital Revenue," Journalism.org, Mar. 5, 2012, journalism.org/analysis_report/search_new_business_model.

60) Alan D. Mutter, "Banner Ads Flop in Consumer-Trust Poll," *Reflections of a Newsosaur*, Apr. 16, 2012, newsosaur.blogspot.com/2012.04/banner-ads-flop-in-consumer-trust-poll.html.

61) Rosentiel, Jukowitz & Ji, "How Newspapers Are Faring."

62) Rick Edmonds, Emily Guskin & Tom Rossentiel, "Newspapers: Missed the 2010 Media Rally," in *the State of the New Media 2011: An Annual Report on American Journalism* (Washington, DC: Pew Research Center, Project for Excellence in Journalism, 2011), stateofmedia.org/2011/newspapers-essay.

63) Rodney Benson, "American Journalism Between a Rock and a Hard Place: Are Foundation of the Solution?" PowerPoint presentation, University of London, Apr. 2, 2012에서 가져온 것임. 벤슨은 곧 발간할 자신의 책 How Media Owndership Matters (Oxford, UK: Oxford University Press)에서 가져온 예비 조사결과를 발표했다.

64) The editors, "The Future of News," *New York Observer*, Mar. 21, 2012.

65) 헤지 펀드와 사모펀드 기업들이 실재로 얼마나 많은 가치를 생산하는지, 그리고 이들이 과연 경제의 생산적인 플레이어인지 아니면 기생충에 가까운지를 두고 상당한 논란이 있다. 2012년의 한 조사는 이렇게 결론을 맺는다. "진실을 말하자면, 사모 매니저들의 기록이라는 것은, 자신들은 부자가 되는 가운데 비용 절감과 부채 축적, 직장 파괴에만 주력하는 그런 긴 이야기기 된다. 일자리를 만들어 내고, 오랜 기간에 걸쳐 혁신을 주도하며, 자신들이 축적한 수백만 달러에 대한 세금을 지불하는 일에는 매우 인색하다." John Miller, "Private Equity Moguls and the Common Good," Dollars & Sense, July-Aug. 2012, 10.

66) "Major Trends," in *The State of the News Media 2011: An Annual Report on American Journalism* (Washington, DC: Pew Research Center, Project for Excellence in Journalism, 2011), stateofthemedia.org/2011/overview_2/major-trends.

67) Carr, "Fissures Are Growing."

68) Mutter, "Philly Papers Sold at 10% of 2006 Value."

69) Tanzina Vega, "Study Finds News Sites Fail to Aim Ads at Users," *New York Times*, Feb. 13, 2012, B3.

70) Joseph Turow, *The daily You: How the New Advertising Industry Is Defining Your Identity and Your Worth* (New Have, CT: Yale University Press, 2011), 78.

71) Alan D. Mutter, "Four Ways Newspapers Are Failing at Digital," *Reflection of a Newsosaur*, Apr. 11, 2012, newsosaur.blogspot.com/2012/04/four-ways-news-papers-are-failing-at.html.

72) Edmond, Guskin & Rosentiel, "Newspapers: Missed the 2010 Media Rally."

73) Russell Adams, "Papers Put Faith in Paywalls," *Wall Street Journal*, Mar. 4, 2012.

74) Matthew Ingram, "Why the Washington Post Will Never Have a Paywall," GigaOM, July 18, 2012, gigaom.com/2012/07/18/why-the-washington-post-will-never-have-a-paywall.

75) "Major Trends," in *State of the News Media 2011*.

76) Jeff Sonderman, "Gannett Says Paywalls Are Generating Strong Revenue, Despite Circulation Declines," Poynter, June 29, 2012, poynter.org/lastest-news/mediawire/178778; Steve Myers, "Paywalls Now Affect One Third of Daily Newspaper Readers," Poynter, July 9, 2012, poynter.org/lastest-news/mediawire/180323.

77) Ken Doctor, "The Newsonomics of Paywalls All Over the World," Nieman Journalism Lab, Mar. 8, 2012, niemanlab.org/2012/03/the-newsonomics-of-paywalls-all-over-the-world; 그리고 William F. Baker, "A National Paywall That Works Lessons from Slovakia," *Columbia Journalism Review* online, Feb. 14, 2012, cjr.org/the_news_frontier/a_national_paywall_that_works.php.

78) Staci D. Kramer, "Murdoch's Daily Adds iPhone App; Lower Prices, Some Free Stories," paidContent, May 3, 2012, paidcontent.org/2012/05/03/murdochs-daily-adds-iphone-lower-price-some-free-stories.

79) "The Daily Lays Off 50 Staffers, Announces Content and Design Changes," *Huffington Post*, July 31, 2012, huffingtonpost.com/2012/07/31/the-daily-lays-off-50-staffers_n_1725334.html; Tom Rosentiel & Amy Mitchell, "Survey: Mobile News and Paying Online," in *The State of the News Media 2011: An Annual Report on American Journalism* (Washington, DC: Pew Research Center, Project for Excellence in Journalism, 2011).

80) Jeremy W. Peters, "ANewspaper, and a Legacy, Reorderd," *New York Times*, Business section, Feb. 12, 2012, 5.

81) Turow, Daily You, 87, 89, 127-30, 133.

82) 그레그 미첼이 2009년 5월 21일 이메일로 보내왔다.

83) Turrow, *Daily You*, 135.

84) Ira Boudway, "A Content Farm That Grows Books," *Bloomberg Business=week*, Oct. 31-Nov. 6, 2012, 38-39.

85) Turrow, *Daily You*, 6-7.

86) Olga Kharif, "Taking the Pulse of Neighborhood News," Bloomberg Business-week, Mar. 12-18, 2012, 36-39.

87) Caqrl Franzen, "Social News Apps Vie for News Readers' Attention," TPM Idea Lab, June 4, 2012, idealab.talkingpointsmemo.com/2012/06/social-news-apps-vie-for-news-readers-attention.php.

88) Carr, "Fissures Are Growing."

89) Sean Roach, "The Constant Gardener," *Columbia Journalism Review*, Mar.-Apr. 2012, 24-29.

90) Rodney Benson, "Arianna Huffington Meets Citizen Kane," *LeMonde Diplomatique*, May 2011.

91) Tim Rutten, "AOL Hearts HuffPo: The Loser? Journalism," Los Angeles

Times, Feb. 9, 2011, latimes.com/news/opinion/commentary/la-oe-rutten-column-huffington-aol-20110209,0,7406565.column.

92) Coates et al., *Vocus State of the Media Report 2011* (Vocus), 2, 3, 8.

93) "Obstacles to Change: The Culture Wars," in *The Search for a New Business Model* (Washington, DC: Pew Research Center, Project for Excellence in Journalism, 20120》

94) MichaelWolff, "The Web Is Dead: Long Live the Internet: Who's to Blame? Them," *Wired*, Sept. 2010, 122-27, 166.

95) 고맙게도 힌드먼은 곧 출간할, 잠정적으로 '코끼리와 나비'(*The Elephant and the Butterfly*)라는 제목이 붙은 책을 내가 먼저 볼 수 있도록 해주었다. 인용도 이 책에서 가져온 것이다.

96) John Naughton, *What You Really Need To Know About the Internet: From Gutenberg to Zuckerberg* (London: Quercus, 2012), 268-69.

97) Matthew Hindman, *The Myth of Digital Democracy* (Princeton, NJ: Princeton University Press, 2009), 51-54.

98) "News of the World," *The Economist*, Mar. 17, 2012, 73.

99) Rutten, "AOL. Hearts HuffPo."

100) 같은 글.

101) David Watts Barton, "What I Saw at the Hyperlocal Revolution," Columbia Journalism Review online, Nov. 17, 2011, cjr.org/the_news_frontier/what_i_saw_at_the_hyperlocal_revolution.php. 모든 것을 자원자들에게 의존하는 저널리즘에는 다음과 같은 결정적인 문제가 발생한다. 자원 봉사자들은 자신이 원하는 것만 커버할 것이며, 아무에게도 책임을 지지 않는다. 내가 2010년 중서부의 유명한 한 대학을 방문했을 때의 일이다. 인터넷이 새로운 저널리즘의 시대에 대한 충분한 근거를 제공하고 있지 못하다는 나의 주장에 대해 어떤 저널리즘 교수가 반론을 제기했다. 그는 자신을 비롯해 지역 일간지로부터 해고된 여러 친구들이 웹사이트를 개시했다고 설명했다. 영화와 음악, 레스토랑, 야구시합, 그리고 자신들이 거주하는 도시의 예술 현장을 커버하는 웹사이트다. 그는 이 웹사이트가 커버하는 게 올드미디어에 의해 만들어지는 것만큼이나 더 좋다고, 심지어 더 좋다고 주장했다. 후원과 약간의 군소 광고들로부터 수익을 얻는, 대부분 자원봉사자에 의존하는 활동이었다. 나는 그 교수에게 이 웹사이트는, 가끔씩 결정적인 지역설정의 이슈들이 결정되는 카운티 이사회는 얼마나 잘 커버하고 있는지 물었다. "카운트 이사회?" 그는 이렇게 반문했다. "우리는 그런 따위는 커버하지 않아. 그렇게 하려면 내게 돈을 줘야 할 거야." 정확하게 그러하다.

102) 저내틱에 관한 내용은 다음 글에서도 살펴볼 수 있다. Ryan Smith, "My Adventures in Jourantic's New Media Landscape of Outsourced Hyperlocal News," The Guardian, July 6, 2012; Michael Miner, "The Burbs' First Look at Journatic," *Chicago Reader* online, Apr. 27, 0212, chicagoreader.com/Bleader/archives/2012/04/27/the-burbs-first-look-at-journalist; Hazel Sheffield, "Journatic Busted for Using Fake Bylines," *Columbia Journalism Review* online, July 6, 2012, cjr.org/behind_the_news/media_start-up_journatic_buste.htp; Robert Channick, "Tribune Newsroom Staffers Petition Editor over Use of Journatic," *Chicago Tribune*, July 26,2012; Anna Tarkov, "Journatic Worker Takes 'This American Life' Inside Outsourced Journalism," Poynter, June 30, 2012, poynter.org/latest-news/top-stories/179555.

103) Hazel Sheffield, "Pasadena Publisher Launches a System for Outsourcing Local News," Columbia Journalism Review online, Aug. 27, 2012, cjr.org/behind_the_news/pasadena_publisher_launches_a.php.

104) Buster Brown, "Robo-Journos Put Jobs in Jeopardy," Huffington Post, July 19, 2012, huffingtonpost.com/buster-brown/robo-journalism_b_1683564.html. 《하트퍼드커런트》(Hartford Courant)는 자신의 스페인어 판을 만들기 위해 자신의 전체 사이트를 구글 번역으로 이미 돌리고 있다. 전직 이 신문 칼럼니스트인 베시 레이나는 번역에 있어 보다 지독한 실수들 중 몇 가지를 열거하면서, 이렇게 말했다. "각각의 기사에서 찾아낸 많은 문제점들을 고치는 데 몇 시간이나 들곤 했다." Andrew Beaujon, "Hartford Courant's Spanish Site is Google Translate," Poynter, Aug. 17, 2012, poynter.org/latest-news/mediawire/184645를 보라.

105) *Information Needs of Communities*, 16.

106) 몇 해 전반 하더라도 가혹하다고 여겨졌겠지만 지금은 프린트에서 디지털로의 이동에 있어 선지적인 것으로 찬미를 받은 신문 발행인의 접근 방식에 관해서는, David Carr, "Newspapers' Digital Apostle," *New York Times*, Nov. 14, 2011, B1, B6을 보라.

107) Diane Ravitch, *The Death and Life of the Great American School System: How Testing and Choice Are Undermining Education* (New York: Basic Books, 2010)에 핵심 포인트가 신중하고 신뢰감 가게 잘 정리되어 있다.

108) 이에 관한 탁월한 논의는, Floyd Norris, "Colleges for Profit Are Growing, With U.S. Aid," *New York Times*, May 26, 2012, B1, B7.

109) 이러한 조사 작업은 McChesney & Nichols, *Death and Life of American Journalism*에, 특히 패이퍼백 판 서문에 잘 정리되어 있다.

110) Tom Sities, "Layoffs and Cutbacks Lead to a New World of News Deserts," Nieman Journalism Lab, Dec. 8, 2011, niemanlab.org/2011/12/tom-stities-layoffs-and-cutbacks-lead-to-a-new-world-of-news-deserts.

111) John Nichos, *Uprising: How Wisconsin Renewed Politics of Protest, from Madison to Wall Street* (New York: Nation Books, 2012),115.

112) 이러한 테마의 변종들에 관해서는, Charlie Beckett & James Ball, *Wikileaks: News in the Networked Era* (Malden, MA: Polity, 2012); Micah I. Sifry, *Wikileaks and the Age of Transparancey* (Berkeley, CA: Counterpoint, 2011)을 보라.

113) Heather Brooke, *The Revolution Will Be Digitised: Dispatches from the Information War* (London: Heinemann, 2011), 77-78.

114) Glenn Greenwald, "How the US Government Strikes Fear in Its Own Citizens and People Around the World," speech to the Lannan Foundation, Mar. 8, 2011, published on AlterNet.org, Mar. 21, 2011.

115) Jane Mayer, "The Secret Sharer: Is Thomas Drake an Enemy of the State?" *New Yorker*, May 23, 2011을 보라. 또한 Patrick B. Pexton, "Leaks Bill: Bad for Journalism, Bad for the Public," *Washington Post*, Aug. 3, 2012을 보라.

116) Jay Rosen, "The People Formerly Known as the Audience," in Michael Manderberg, ed., *The Social Media Reader* (New York: New York University Press, 2012), 13.

117) Hindman, *Myth of Digital Democracy*, 51-54.

118) Rodney Benson, "American Journalism Between a Rock and a hard Place: Are Foundations the Solution?" PowerPoint presentation, University of London, Apr. 2, 2012. 벤슨은 곧 출간할 *How Media Ownership Matters* (Oxford University Press)로부터 예비적인 결과들을 제시했다.

119) 만약 정부가 비영리 뉴스 미디어를 격려할 수 있는 모든 조치를 취해 주면 문제 해결에 도움이 될 것이다. 그 대신 미 국세청은 저널리즘을 상업적인 사업으로 간주하고 있으면서, 새로 착수한 수많은 정당한 활동에 비영리 지위를 부여하는 것도 한참 질질 끌었다. 기금마련을 더욱 어렵게 만든다. 프리프레스는 이것을 핵심 조직 캠페인으로 가져갔다. Ryan Chittumn, "Non-profit News and the Tax Man," *Columbia Journalism Review*, CJR.org, Nov. 17, 2011.

120) Charles Lewis, Brittney Butts & Kaye Musselwhie, "A Second Look: The

New Journalism Ecosystem," Investigative Reporting Workshop, Nov. 30, 2011, investigativereportingworkshop.org/ilab/story/ecosystem.

121) "IRS Policy and the Future of Nonprofit News," Free Press, Apr. 16, 2012, freepress.net/irs.

122) 조시 스턴스가 2012년 5월 23일 이메일로 전한 말이다.

123) 에릭 뉴턴이 2012년 5월 23일 이메일로 전한 말이다.

124) 에릭 뉴턴이 2012년 5월 7일 이메일로 전한 말이다.

125) Carroll Bogert, "Old Hands, New Voice," *Columbia Journalism Review*, Mar.-Apr. 2009, 29-31.

126) 에릭 뉴턴이 2012년 5월 23일 이메일로 전한 말이다.

127) 《뉴욕타임스》는 궁극적으로 CMD의 ALEC에 관한 지속적인 취재를 계속해서 따라갔다. Mike McIntire, "A Conservative Charity's Role as Stealth Business Lobbyist," *New York Times*, Apr. 22, 2012, A1, A18.

128) Christine Haughney, "The Undoing of the Daily," *New York Times*, June 4, 2012, B8.

129) David H. Weaver & G. Cleveland Wilhoit, *The American Journalist in the 1990s: U.S. News People at the End of an Era* (Mahwah, NJ: Lawrence Erlbaum Associates, 1996).

130) Mayur Patel & Michele McLellan, *Getting Local: How Nonprofit News Ventures Seek Sustainability* (Miami: Knight Foundation, October 18, 2011), 6.

131) "Public Broadcasting Revenne Reports," Corporation for Public Broadcasting, cpb.org/stations/reports/revenue.

132) Benson, "American Journalism Between a Rock and a Hard Place," 벤슨이 내게 말해 준 바와 같이, 《SF 프레스》는 또한 프린트 편도 만들어 내고 있다.

133) Charles Lewsi, "The Non-Profit Road," *Columbia Journalism Review*, Sept.-Oct. 2007; 그리고 Vince Stehle, "It's Time for Newspapers to Become Nonprofit Organizations," *The Chronicle of Philanthropy*, Mar. 18, 2009.

134) "Reporters Without Orders," *The Economist*, June 9, 2012, 64.

135) 같은 글, 65.

136) 조시 스턴스가 2012년 5월 23일 이메일로 보내온 내용.

137) "Reporters Without Order," 64.

138) Benson, "American Journalism Between a Rock and a Hard Place."

139) Michele McLella, "Emerging Economics of Community Media," in *The*

State of the News Media 2011: An Annual Report on American Journalism (Washington, DC: Pew Research Center, Project for Excellence in Journalism, 2011)에서 인용.

140) 에릭 뉴턴이 2012년 5월 7일 이메일로 보내온 내용이다.

141) McLellan, "Emerging Economics of Community Media"에서 인용한 것임.

142) 에릭 뉴턴이 2012년 5월 23일 이메일로 보내온 내용이다.

143) 2012년 포드재단이 《LA타임스》와 《워싱턴포스트》의 보도를 지원하기 위해, 이들에게 기부하기 위해 150만 달러를 조성했다는 사실은 놀랄 만한 일이다. 상업적인 저널리즘이 직면하고 있는 즉각적인 위기와 적절한 대체품를 만들어 내는데 실패한 비영리 섹터의 무능 두 가지를 동시에 인정하는 것이었다. Andrew Beaujjon, "Ford Foundation Gives Washington Post $500,000 Grant for Government-Accountabality Reporting," Poynter, July 30, 2012, poynter.org/latest-news/mediawire/183327을 보라. 어떤 비평가는 이렇게 썼다. "포드재단은, 좋은 저널리즘을 위해 보다 많은 돈을 썼어야 할 제도권 신문의 보도에 나타난 갭들을 단기적으로 메우는 것 대신에 보다 장기적인 조치에 보다 집중했어야 했다." Pablo Eisenberg, "Ford Needs a Smarter Approach to Newspaper Grants," *Chronicle of Philanthropy* online, Aug. 14, 2012, philanthropy.com/article/Ford-Needs-a_smarter-Approache/133629를 보라.

144) 에릭 뉴턴이 2012년 5월 7일 보내온 이메일.

145) Tim de Lisle, "Good Times, Bad Times," *More Intelligent Life*, July-Aug. 2012, 102-11.

146) *Papers of Thomas Jefferson*, vol. 11: 48-49, press-pubs.uchicago.edu/founders/print_documents/amend1_speechs8.html.

147) John Nichols & Robert W. McChesney, *Tragedy and Farce: How the American Media Sell Wars, Spin Elections, and Destroy Democracy* (New York: The New Press, 2005)에서 이 문제를 보다 길게 다루고 있다.

148) 마지막으로, 1791년 제퍼슨과 매디슨은 조지 워싱턴 대통령에게 가장 대담하고 논쟁적인 팸플릿 발행인인 토머스 페인을 우체국장으로 임명하라고 제안했다. 조직화된 종교와 고정된 재산 그리고 권위 일반에 대한 페인의 도전에 불편함을 느끼고 있던 워싱턴에게 그것은 급진적인, 너무 급진적인 아이디어였다. 이 역사는 McChesney & Nichols, *Death and Life of American Journalism*에 보다 상세히 언급되어 있다.

149) Potter Stewart, "Or of the Press," *Yale Law Report* 21, no. 2 (Winter, 1974-75): 9-11.

150) Donald R. Simon, "Big Media: Its Effect on the Marketplace of Ideas and How to Slow the Urge to Merge," *The John Marshall Journal of Computer and Information Law* 20, no. 2 (Winter 2012): 273에서 인용.

151) Alex de Tocqueville, *Democracy in America* (1840; New York Signet Classics, 2001), 93.

152) 리처드 존이 2009년 6월 이메일로 전한 말이다

153) Michael Hasting, *The Operators: The Wild and Terrifying Inside Story of America's War in Afghanistan* (New York: Blue Rider Press, 2012), 28.

154) Rodney Benson & Mathew Power, *Public Media Around the World: International Models for Funding and Protecting Independent Journalism* (Washington, DC: Free Press, 2011), 61.

155) 같은 책, 34, 49-53. 프랑스 정부는 프랑스 신문 산업의 수입 중 대략 13퍼센트 정도를 제공한다. 미국 신문 업계가 2008년 올린 총 수입은 대략 480억 달러였다. 미국신문협회(The Newspaper Association of America), naa.org/TrendsandNumbers.aspx의 자료를 보라. 나의 추정 금액은 프랑스 정부가 프랑스 신문들이 처한 위기에 대처할 목적으로 조성한 9억 5천만 달러의 긴급 3년 보조금을 포함하고 있지 않다. 일인당 기초로 볼 때, 이는 마치 미국 정부가 3년에 걸쳐 50억 달러의 추가 보조금을 내놓은 것과 똑같은 액수다.

156) "Democracy Index 2011: Democracy Under Stress," *The Economist*, Intelligence Unit, pages-edit.com/rs/eiu2/images/EIU_Democracy_Index_Dec2011.pdf.

157) *Freedom of the Press 2010* (Washington, DC: Freedom House, 2010), freedomhouse.org/report/freedom-press/freedom-press-2010.

158) 에디슨 탠독 주니어와 브루노 다카하시는 프리덤하우스 데이터를 2010년의 국가 만족도에 관한 갤럽 데이터와 비교해 보면서, 활력 넘치는 자유언론 시스템의 존재가 한 나라의 행복의 신뢰할만한 지표가 된다는 결론을 내렸다. 탠독은 이것을, "커뮤니티 내 여러 수준의 부패를 폭로하는 데 도움이 되는" 감시견 기능의 탓으로 돌렸다. Andrew Beaujun, "Study: Happiest Countries Have Press Freedom," Poynter, Aub. 5, 2012, poynter.org/latest-news/mediawire/184146을 보라.

159) 2009년과 2012년 사이에, 주 차원에서 공영방송 지원금의 극심한 삭감이 이루어졌다. 공화당이 정부를 지배하고 있는 주에서 특히 그러했다. Josh Sterns & Mike Soha, *On the Chopping Block: State Budget Battles and the Future of Public Media* (Washington, DC: Free Press, Nov. 2011).

160) 로드니 벤슨이 2012년 6월 4일 이메일로 보내 준 내용이다.

161) Benson and Powers *Public Media Around the World*, 9.

162) 로드니 벤슨이 2012년 6월 4일 이메일로 보내 준 내용이다.

163) Josh Stearns, "Public Television: We're #1," SaveTheNews.com, Feb. 28, 2012.

164) Reporters Without Borders, *2011-2012 World Pres Freedom Index*, Jan. 25, 2012, en.rsf.org/IMG/CLASSEMENT-2012/C-GENERAL_ANG.pdf.

165) James Curran, Shanto Iyengar, Anker Brink Lund & Inka Salowara-Morning, "Media System, Public Knowledge, and Democracy: A Comparative Study," *European Journal of Communication*, 24, no. 1 (2009): 5-26.

166) Stephen Cushion, *The Democratic Value of News: Why Public Service Media Matters* (2013년에 출간 예정).

167) Benson & Powers, *Public Media Around the World*, 34, 49-53.

168) Rodney Benson, "Public Funding and Journalistic Independence: What Does the Research Tell Us?" in McChesney & Pickard, eds., *Will the Last Reporter Please Turn Out the Lights*, 314-19.

169) 영국《옵저버》(The Observer)의 피터 프레스턴은 상업 저널리즘이 "썰물처럼 빠져나가고" 있으며, 우리 인쇄 매체에 있던 "19,000명의 기자와 작가 그리고 사진사들이 없이" "뉴스 제공은 극적인 양상으로 줄어들 것"이라고 지적한다. Peter Preston, "Without Print's News Gatherers, Plurality Becomes Academic," *The Observer*, July 8, 2012, 44를 보라.

170) 예를 들어, Nick Davies, Flat Earth News (London: Vintage, 2008), Jay G. Blumler & Stephen Coleman, "Political Communication in Freefall: The British Case-and Others?" *International Journal of Press/Politics* 15, no. 2 (2010): 139-54를 보라. 아울러 Miguel-Amo Murado, "Spain's Cowardly Purge of the Journalists Who Ask Difficult Questions," *The Guardian*, Aug. 7, 2012, guardian.co.uk/commentisfree/2012/aug/07/spain-purge-journalists-gourment-votes를 보라.

171) James Carey, "American Journalism on, Before, and After Setember 11," in Barbie Zelizer & Stuart Allan, eds., *Journalism After September 11* (New York: Routeldge, 2002), 89.

172) 브루스 애커먼도 자신만의 독특한 바우처 제안서를 내놓았다. Bruce Ackerman, "One Click Away: The Case for the Internet News Voucher" in McChesney

and Pickard, eds., *Will the Last Reporter Please* 써구 *Out the Lights*, chap. 28.

173) Bill Grueskin, Ava Steves & Lucas Graves, *The Story So Far: What We Know About the Business of Digital Journalism* (New York: Columbia Journalism School, 2011).

174) Todd Gitlin, "A Surfeit of Crises: Circulation, Revenue, Attention, Authority, and Deference," in McChesney & Pickard, eds., *Will the Last Reporter Please Turn Out the Lights*, 101.

7. '디지털 혁명'은 과연 혁명인가

1) 이 포인트는 《뉴욕타임스》의 사설에서 빼어나게 정리되어 있다. "The End of Privacy?" *New York Times*, July 14, 2012를 보라.

2) Robert Heilbroner, *The Nature and Logic of Capitalism* (New York: W.W. Norton, 1985)에 이 포인트는 탁월하게 잘 정리되어 있다.

3) 이 대목은 John Bellamy Foster, Brett Clark & Richard York, *The Ecological Rift* (New York: Monthly Review Press, 2010), 54-72에서 빌려온 것이다.

4) Adam Smith, *The Wealth of Nations* (1776; New York: Modern Liberary, 1937), 173.

5) 이런 결과는 2012년 5월 굿테크놀로지(Good Technology)가 돈을 대고 원폴(OnePoll)이 실시한 한 설문조사에서 나온 것이다. "Good Technology Survey Revels Americans Are Working More, But on Their Own Schedule," July 2, 2012, good.com/news/press-release/current-press-releases/161009045. 아울러 Ina Fried, "Mobile Technology Frees Workers to Work Any 20 Hours a Day They Choose," *AllThingsD*, July 2, 2012, allthingsd.com/20120702/mobile-technology-frees-workers-to-work-any-20-hourss-a-day-they-choose를 보라.

6) Joseph F. Stiglitz, "Introduction: The World Wakes," in Anya Schiffrin & Eamon Kircher-Allen, eds., *From Cairo to Wall Street: Voices from the Global Spring* (New York: The New Press, 2012), 2.

7) JeffeyD. Sachs, formeword, Schiffrin & Kircher-Allen, eds., *From Cairo to Wall Street*, xvi.

8) Stiglitz, "Introduction; The World Wakes," in Schiffrin & Kircher-Allen, eds., *From Cairo to Wall Street*. 또한 Immanuel Wallenstein, "Structural Crisis in the World-System," *Monthly Review*, Mar. 2011, 13-19를 보라.

9) Paul Krugman, *End This Depression Now!* (New York: W.W. Norton, 2012).

10) Catherine Rampell, "More Young Americans out of High Schhol Are Also out of Work," *New York Times*, June 6, 2012, B1.

11) John Vidal, "Civilisation Faces 'Perfect Storm of Ecological and Social Problems'," *The Guardian*, Feb. 20, 2012. 생태적인 위기가 많은 과학자들이 생각했던 것보다 더욱 심각하다는 증거가 계속해서 나오고 있다. Justin Gillis, "Study Finds More of Earth is Hotter and Says Global Warming Is at Work," *New York Times*, Aug. 7, 2012, A13을 보라. 비극적이게도, 기후 변화에 관한 우려를 불식시키기 위한 막대한 홍보 캠페인 탓에, 십 년 전과 비교해 2012년 문제의 심각성을 인식하고 있는 미국인들의 수는 오히려 줄어들었다. James lawrence Powell, *The Inquisition of Climate Science* (New York: Columbia University Press, 2011)을 보라.

12) David Brooks, "The Structural Revolution," *New York Times*, May 8, 2012, A23; 그리고 Edward Luce, *Times to Start Thinking: America in the Age Descent* (New York: Atlantic Press, 2012).

13) Richard Wolff, *Democracy at Work: A Cure for Capitalism* (Chicago: Haymarket, 2012), 서문.

14) Charles H. Ferguson, *Predator Nation: Corporate Criminals, Political Corruption, and the Hijacking of America* (New York: Crown Business, 2012)을 보라,

15) 디지털 혁명과 정보 기술이 경제 성장에 끼칠 영향력에 관한 지금까지 가장 뛰어난 연구 조사는, 보다 이른 시기 다른 주요 기술들의 역할과 비교하여, 다음과 같이 결론을 내린다. 경제성장의 강력한 원천이라는 측면에서, 정보 기술은 자동차나 보다 앞선 주요 기술혁신들 수준에 전혀 이르지 못한다. 산업 자본주의에서 경제 성장의 핵심 요인인 투자와 자산에 대한 기술의 추동 능력은 점차 줄어들어가고 있다. 그리하여 건강한 자본주의 경제와 전통적으로 연계되었던 형태의 경제성장을 이룰 전망은 앞으로도 크게 밝아지지 않을 공산이 높다. Robert J. Gorden, "Is U.S. Economic Growth Over? Faltering Innovation Confornts the Six Headwinds," Working Paper #18315, National Bureau of Economic Research, Aug. 2112, nber/org/papers/w18315을 보라.

16) Compustat North America, Fundamentals Annual, Wharton Research Data Service(WRDS), University of Pennsylvania (2012sus 6월 4일 검색).

17) Andrew J. Sherman, *Harvesting Intangible Assets* (New York: Amacom, 2012), xi.

18) Peter H. Diamandis & Steven Kotler, *Abundance: The Future Is Better Than*

You Think (New York: The Free Press, 2012), 9.

19) Erik Brynjolfson & Andrew McAfee, *Race Against the Machine* (Lexington, MA: Digital Frontier Press, 2011), 76.

20) 디지털 시대의 초기에 제러미 리프킨도 이러한 입장이었다. Jeremy Rifkin, *The End of Work: The Decline of the Global Labor Force and the Dawn of the Post-Market Era* (New York: G.P. Putman's Sons, 1995)를 보라. 제조 기술의 혁명적 잠재성에 대해 비판적인 시선을 돌린 최근의 책은, Peter Marsh, *The New Industrial Revolution: Consumers, Globalization and the End of Mas Production* (New Havens, CT: Yale University Press, 2012)이다.

21) 여러 다양한 정치적 관점에서 이와 유사한 주장을 펼치는 또 다른 사람들이 있다. 예를 들어, 2008년 프랑스에서 최초로 출판된 Moulier Bautang, *Cognitive Capitalism*, trans. Ed Emery (Malden, MA; Polity, 2011)이 있다. 이 주제에 관한 비판적인 논의에 관해서는, Luis Suarez_Villa, *Technocapitalism* (Philadelphia: Temple University Press, 2009)를 보라,

22) Karl Marx & Friedrich Engels, *The Communist Manifesto* (1848; New York: Monthly Review Press, 1964), 10-11.

23) Paul A. Baran & Paul M. Sweezy, "Some Theoretical Implications," Monthly Review, July-Aug. 2012, 26-27. 이 에세이는 2012년 까지는 발표되지 않았다. 원래는 이들의 책 Monopoly Capital (New York: Monthly Review Press, 1966)에 포함하기 위해 쓰인 것인데, 1964년 배런이 급작스럽게 사망하면서 두 저자들로부터 모두 허락을 얻지 못했기 때문이다.

24) 미국은 현재 같은 수의 노동자들을 갖고 1999년에 비해 대략 23퍼센트 더 많은 산출량을 생산하고 있다. 그런데 실질임금은 똑같거나 줄어들었다. David J. Lynch, "Did That Robot Take My Job?" *Bloomberg Businessweek*, Jan. 9-15, 2012, 15를 보라.

25) John Markoff, "Skilled Work, Without the Worker," *New York Times*, Aug. 19, 2012, A1을 보라.

26) 미국인 생활수준의 하락과 특히 빈곤의 증대에 관한 감동적인 진술에 관해서는, Chris Hedges & Joe Sacco, *Days of Destruction, Days of Revolt* (New York: Nation Books, 2012)를 보라.

27) Moira Herbst, "Where Are the US Jobs? Ask the Corporate Cash Hoarders," *The Guardian*, Aug. 5, 2012.

28) Stiglitz, "Introduction: The World Wakes," in Schiffrin & Kirsher-Allen, eds., *From Cairo to Wall Street*, 16.

29) Joseph E. Stiglitz, *The Price of Inequality: How Today's Divided Society Endangers Our Future* (New York: W.W. Norton, 2012), 32.

30) Eduardo Porter, "The Spreading Scourge of Corporate Corruption," *New York Times*, July 11, 2012, B1, B5. 글렌 그린왈드는 자신의 책 *With Liberty and Justice for Some: How the Law Is Used to Destroy Equality and Protect the Powerful* (New York: Metropolitan Books, 2011)에서 미국 내 법 지배의 급격한 추락에 관해 평가를 내렸다. 그의 주장은, 글로벌 엘리트들이 자국에서의 세금을 기피하기 위해 외국은행계좌에 21조 달러를 은닉해 두고 있다는 사실을 밝혀낸 전직 맥킨지 수석 경제학자의 2012년에 배포된 보고서에 의해서도 입증된 바 있다. 미국의 자본가들이 상당수를 차지한 것은 물론이며, 이러한 사실은 규칙에 따라 플레이를 하는 사람들의 머리를 돌게 할 것이 틀림없다. Heather Stweart, "21 Trillions Hoard Hidden from Taxman by Global Elite," *The Guardian*, July 212, 2012.

31) 이 문제에 관한 논의는, Morris Berman, *Why America Failed: The Roots of Imperial Decline* (Hoboken, NJ: Wiley, 2012), 59-62를 보라.

32) Bob Herbert, "Risking the Future," *New York Times*, Feb. 2, 2009.

33) American Society of Civil Engineers, Infrastructure Report Card, infrastructureportcard.org.

34) "A Patch on the Road," *The Economist*, July 7, 2012, 34.

35) E.J. Dionne, "America Needs a Better Ruling Class," *Washington Herald News*, Apr. 17, 2011, heraldnews.com/opinions/columbists/x1225326173/E-J-DIONNE-/America-needs-a-better-ruling-class.

36) Stigliz, *Price of Inequality*, chap. 12; Robert Pollin, Back to Full Employment (Cambridge, MA: MIT Press, 2012).

37) Michal Makecki, "Political Aspects of Full Employment," in *Selected Essays on the Dynamics of the Capitalist Economy* (Cambridge, UK: Cambridge University Press, 1970), 139.

38) Krugman, *End This Depression Now!*, 94-95.

39) 자본주의가 개혁될 수 있다고 진정으로 믿으며 또한 뉴딜이나 사회 민주적 노선을 따라 그것을 개혁코자 하는 경제학자들 (그리고 활동가)들에게 있어 커다란 아이러니는, 자본주의에 충성을 서약함으로써 자신의 왜소한 위상을 스스로 강화시켜 준다는 사실이다. 미국에서의 뉴딜에서부터 북유럽에서의 보다 전반적인 변화에 이르는 - 진보적인 자본주의 개혁의 여러 조치들은, 권력을 가진 자들이 개혁을 실행에 옮기지 않으면 훨씬 더 나쁜 일이 벌어질 수 있다는 우려를 가지면서 이루

어진 일이었다. 권력을 가진 자들의 주의를 끌기 위해서는, 단순히 자본주의를 개혁하는 데 목표가 있는 경우라도, 자본주의에 대한 근원적인 비판을 지지하고 또한 반자본주의 운동을 지지하는 것이 정치적으로 유효할 수 있다.

40) "A Third Industrial Revolution," The Economist, Apr. 21, 2012. 이에 관한 특별히 뛰어난 논의는, Juliet B. Schor, *Plentitude: The New Economics of True Wealth* (New York: Penguin Press, 2010, 4장을 보라.

41) Jerry Mander, *The Capitalist Papers: Fatal Flaws of an Obsolete System* (Berkeley, CA: Counterpoint, 2012), 3, 4.

42) 같은 책, 11.

43) James Robbin, "Free Market Flawed. Says Survey," *BBC News*, Nov. 9, 2009, news.bbc.co/uk/2hrs/8347409.shn.

44) "New Poll: Socialism is Gaining Popularity in America," *Cleveland Leader*, Apr. 9, 2009, clevelandleader.om/node/9655.

45) John Maynard Keyne, "Economic Possibilities for Our Crandchildren," in Essays in Persuasion (New York: W.W. Norton, 1963), 358-73을 보라. 이 에세이는 1930년에 최초로 출판이 되었다.

46) John Maynard Keynes, "National Self-Sufficiency," *Yale Review* 22 (1933): 761.

47) Christopher Hayes, *Twilight of the Elite: America After Meritocracy* (New York: Crown, 2012), 239.

48) Schor, Plentitude; Wolff, *Democracy at Work*; Gar Alpervitz, *America Beyond Capitalism: Reclaiming Our Wealth, Our Liberty, and Our Democracy*, 2nd ed. (Boston: Democracy Collaborative Press, 2011); David Basamian *Occupy the Economy: Challenging Capitalism* (San Francisco City Lights Books, 2012)에서 리처드 울프가 나눈 대화. 아마도 이 주제에 관한 최고의 논의는 Wolff, *Democracy at Work*에서 찾아 볼 수 있다.

49) Yochai Benkler, *The Penguin and the Leviathan: How Cooperation Triumphs over Self-Interest* (New York: Crown Business, 2011)

50) Jeffrey D. Sachs, foreword, in Schiffrin & Kircher-Allen, eds., *From Cairo to Wall Street*, xvii.

51) Hayes, *Twilight of the Elites*, 238.

찾아보기

ㄱ

ㄹ

ㅁ

ㅂ

ㅅ

ㅇ

ㅈ

ㅊ

ㅋ

ㅌ

ㅍ

ㅎ